KB261829

최재천의
책갈피

최재천의 책갈피 나는 이 책을 이렇게 읽었다

1판1쇄 | 2011년 8월 16일
1판7쇄 | 2020년 10월 16일

지은이 | 최재천

펴낸이 | 정민용
편집장 | 안중철
책임편집 | 최미정
편집 | 강소영, 윤상훈, 이진실

펴낸 곳 | 폴리테이아
등록 | 2004년 3월 27일 제2009-000213호
주소 | 서울 마포구 신촌로14안길 17(노고산동) 2층
전화 | 편집_02.739.9929/30 영업_02.722.9960 팩스_0505.333.9960

인쇄 | 천일_031.955.8083 제본 | 일진_031.908.1407

값 15,000원

ISBN 978-89-92792-22-6 03300

이 도서의 국립중앙도서관 출판시도서목록(CIP)은 e-CIP홈페이지(www.nl.go.kr/ecip)와
국가자료공동목록시스템(www.nl.go.kr/kolisnet)에서 이용하실 수 있습니다.(CIP제어번호: CIP2011003132)

최재천의

책갈피

나는 이 책을 이렇게 읽었다

| 최재천 지음 |

폴리테이아

차례 

서문 • 9

|1부| 역사를 읽는다

이승만은 죽어서도 갈등을 조장하고 있다 『끝나지 않은 역사 앞에서』 • 15
새마을운동은 성공한 운동이었을까 『그들의 새마을운동』 • 18
친일파 64명에 대한 사법 역사 『풀어서 본 반민특위 재판기록』 • 21
외길 선비의 조선왕조 회화사 결정판 『겸재 정선』 • 24
이 책은 '고발'이 아닌 '교훈'이다 『친일인명사전』 • 28
재미있고 시각적인 현대판 일기로 재탄생 『열하일기』 • 31
친일이 '대일 협력'이라고 『윤치호의 협력일기』, 『윤치호 일기』 • 34
신세대와 여성의 유쾌한 반란 『미래를 여는 한국인史』 • 38
분단 극복 사학자의 자존심 섞인 독백 『역사가의 시간』 • 42
우주의 눈 VS 왕조의 눈 『사기와 한서』 • 46
다산의 길을 좇아 렌즈에 담다 『다산의 후반생』 • 50

|2부| 교양을 읽는다

생각하는 백성이라야 삽니다 『함석헌 저작집』 • 57
고전 동화가 지닌 진부함을 깨뜨리다 『세상으로의 첫 여행을 떠날 때 읽는 동화』 • 60
삶과 죽음에 대한 일본 문화사 『납관부 일기』 • 63
저자의 개인사를 넘어 한반도의 현대사로 『옥중서신』 • 66
쉬운 우리말이 사회를 바꾼다 『우리글 바로 쓰기』 • 70
성자의 말년 고독 『공자 최후의 20년』 • 74
가공의 신화가 아닌 천재의 모습 『모차르트 그 삶과 음악』 • 78
종교 간 분열을 넘어선 희망과 대안 『다석 마지막 강의』 • 82
옳은 것임을 알면서 왜 실천하지 못할까 『가치를 다시 묻다』 • 85
왜 떠나는지 생각하고 떠나라 『여행의 숲을 여행하다』 • 89
스포츠 민족주의의 초기 문화사 『조선의 사나이거든 풋뽈을 차라』 • 92
'못난 나'를 넘어서는 '관계 맺기' 『사랑받을 권리』 • 96

정치인이 아닌 '인간 김대중' 『김대중 자서전』 • 99
책에서 배우고, 위로 받고, 즐거움을 얻다 『나는 오늘도 책을 읽었다』, 『지의 정원』 • 103
속옷으로 감추어진 속내는 어떠할까 『팬티 인문학』, 『여자가 섹스를 하는 237가지 이유』 • 107
우리 시대가 당면한 문제는 무엇인가 『파워 오피니언 50』, 『서울대 명품 강의』 • 111
우리를 '생각하게' 만든 진정한 스승 『리영희 평전』 • 115
인류 정신 기원 시대, 무슨 일이 있었을까 『축의 시대』 • 119
한국인 눈으로 본 예수의 생애와 말씀 『예수 평전』, 『서양문명을 읽는 코드, 신』 • 123
쓰기는 나타냄, 읽기는 받아들임 『읽기의 역사』, 『잃어버린 책을 찾아서』 • 127
예술 발전을 통한 자유의 진보 『보이지 않는 용』, 『예술은 무엇을 원하는가』 • 131
상상력 촉발, 잡학의 흥미로움 『베르나르 베르베르의 상상력 사전』, 『거의 모든 사생활의 역사』 • 135
일본 학계의 중국 사상 연구 『논어징』, 『중국 사상 문화 사전』 • 139
어머니! 당신은 위대합니다 『어머니』, 『마더 릴리언의 위대한 선물』 • 143

|3부| 생명을 읽는다

영리사업과 자선사업은 결합될 수 있을까 『블루 스웨터』 • 149
자연과 함께 순환, 그 시작은 똥 『시골똥 서울똥』 • 152
이산화탄소 감축의 절박한 현실 『기후변화의 정치학』 • 155
밥상 혁명이 시작됐다 『밥상 혁명』 • 159
물은 산을 넘지 않아야 한다 『강은 흘러야 한다』, 『생명의 강』 • 162
자연에 의한 진화는 '지상 최대의 쇼' 『그래픽 종의 기원』, 『지상 최대의 쇼』 • 166
기후변화가 부르는 폭력과 전쟁 『기후의 문화사』, 『기후전쟁』 • 170
위기의 지구에 대한 '실천적 가르침' 『우리가 머무는 세상』 • 174
유기농 공정무역 커피, 한국에 오다 『커피의 정치학』, 『히말라야의 선물』 • 178
동물은 인간에게 무슨 말을 하고 싶을까 『우리가 먹고 사랑하고 혐오하는 동물들』, 『동물권리
    선언』 • 182
건강심리학으로 본 인간의 수명 『나는 몇 살까지 살까』, 『우리는 왜 아플까』 • 186
인간의 육식, 최선입니까 『고기, 먹을수록 죽는다』, 『피자는 어떻게 세계를 정복했는가』 • 191

|4부| 정치를 읽는다

승산 있는 대통령직 어떻게 수행해야 하나 『대통령학』 • 197
민주공화국 주권자의 권리와 책임 『시민』, 『시민사회』 • 200
진보의 위기를 진보에 묻다 『다시 진보를 생각한다』 • 204
정치적 공간을 배회하던 죽음 『아무도 기억하지 않는 자의 죽음』 • 207
이 시대 정치 리더십이란 『문제는 리더다』 • 210

문제는 경제가 아니라 정치다 『세계 금융위기 이후』 • 213

미국 헌정사에서 찾은 진보의 교훈 『진보의 힘』 • 217

광주 민중은 신자유주의에 대항했다 『공통도시』 • 221

더 나은 세계란 누구를 위한 세계인가 『민주주의는 죽었는가』, 『다시 민주주의를 말한다』 • 225

서브프라임 사태에 대한 정치적 반응 『처음에는 비극으로 다음에는 희극으로』 • 229

타자와의 공존, 테러의 정치학 『테러』, 『누가 무장단체를 만드는가』 • 233

정치적 평등, 우리 사회도 가능한가 『위건부두로 가는 길』, 『정치적 평등에 관하여』 • 237

불로소득 환수의 원칙 『공정국가』 • 241

정치에 대한 영원한 질문들 『진보와 보수의 12가지 이념』, 『보수는 어떻게 지배하는가』, 『정치가
　　　우선한다』 • 244

세금 공평하게 거둬 제대로 쓰고 있을까 『프리 라이더』, 『대한민국 금고를 열다』 • 249

정치인에게 소명이란 무엇인가 『막스 베버, 소명으로서의 정치』, 『후쿠자와 유키치의 아시아침
　　　략사상을 묻는다』 • 253

|5부| 경제를 읽는다

글로벌 게임 법칙의 불공평함 『세계는 평평하지 않다』, 『세계는 울퉁불퉁하다』 • 261

시장경제 아래서는 자유도 평화도 없다 『거대한 전환』 • 265

가난한 사람에게 절실한 금융 인권 『그라민은행 이야기』 • 268

책임 있는 소비, 책임 있는 생산 『사라진 내일』, 『월드체인징』 • 271

교과서에 안 나오는 재미있는 경제 이야기 『36.5℃ 인간의 경제학』 • 275

자본주의 성장이 인간을 행복하게 했을까 『케인즈는 왜 프로이트를 숭배했을까』, 『존 메이너
　　　드 케인스』 • 278

연방준비제도의 살아 있는 권력 『살아있는 역사 버냉키와 금융전쟁』 • 282

기업은 상품이 아니라 브랜드를 생산한다 『슈퍼 브랜드의 불편한 진실』 • 285

금융 세계에서 일어나는 자연 세계 진화 시스템 『금융의 지배』, 『다윈평전』 • 289

이 시대의 작가정신, 재벌 권력을 파헤치다 『허수아비춤』 • 293

자유 시장 자본주의의 중요한 진실 『그들이 말하지 않는 23가지』 • 296

현대자본주의 분석의 가장 유용한 이론 『자본』, 『엥겔스 평전』 • 300

불평등 커지면 사회는 불안정 『위기는 왜 반복되는가』 • 304

2008년 세계 금융위기 원인과 교훈 『폴트 라인』, 『더 나은 삶을 상상하라』 • 308

|6부| 사회를 읽는다

언론소유의 위기가 언론의 위기를 부른다 『미디어 모노폴리』 • 315

로스쿨 학생들의 성장 다큐멘터리 『치열한 법정』 • 318

한국 사회에서 짓밟힌 이주노동자의 존엄성 『아빠, 제발 잡히지 마』 • 322

권력형 사회가 아닌 평등형 사회를 위해 『보노보 찬가』 • 325

"내 말을 따르지 않는 자는 사탄의 세력이요" 『한국교회의 일곱 가지 죄악』 • 328

시민에게 주어진 기억하고 알아야 할 의무 『잔인한 국가 외면하는 대중』 • 332

재판권과 검찰권아 좀 겸손하면 안 되겠니 『인저스티스』, 『부러진 화살』 • 335

극복해야 할 '거인주의적 개인주의' 『공동체론』 • 339

열심히 일해도 가난할 수밖에 없다면 『워킹 푸어』 • 342

신성불가침의 한국 스포츠에 '한 방' 『어퍼컷』, 『스포츠 코리아 판타지』 • 345

세상을 바꾸는 '구글의 힘' 『구글드』 • 349

합법적 생각에 '똥침'을 놓다 『불법사전』 • 353

영화보다 재미있는 인권 이야기 『불편해도 괜찮아』 • 356

스스로 배우는 자기학습 방식 『프랑스 경제사회 통합 교과서』 • 360

우리 집과 서양 집의 공통점은 『한국 주거의 공간사』, 『우리 건축 서양 건축 함께 읽기』 • 363

복지국가가 뭐길래 『복지국가 스웨덴』, 『어떤 복지국가에서 살고 싶은가』 • 367

'정보 권력' 누구의 소유인가 『위키리크스 : 권력에 속지 않을 권리』, 『위키리크스 : 마침내 드러나는 위험한 진실』 • 371

대한민국 대학 교육의 현주소 『대학 주식회사』, 『미친 등록금의 나라』, 『왜 잘사는 집 아이들이 공부를 더 잘하나』 • 375

한국 IT산업과 애플의 차이점은 『한국 IT산업의 멸망』, 『아이 리더십』 • 380

|7부| 세계를 읽는다

미국식 일방주의 시대가 저물고 있다 『미국의 마지막 기회』 • 387

북한은 과연 핵무기를 포기할 것인가 『오바마의 미국과 한반도, 그리고 2012년 체제』 • 391

비관적으로 예측한 통일 이후의 미래상 『국가의 사생활』 • 394

신성불가침 한미동맹과 미국 패권사 『한미동맹은 영구화하는가』, 『전쟁의 집』 • 397

한반도 평화를 향한 행동하는 양심 『통일 지향의 평화를 향하여』 • 401

학살과 전쟁은 역사가 아니라 현실 『크리스탈나흐트』, 『눈물의 땅 팔레스타인』 • 404

미국 중심적 지식·미디어의 틀을 넘어 『값싼 석유의 종말 그리고 우리의 미래』, 『세계화 시대의 경제 파워』, 『오늘의 미국, 여전히 세계의 주인인가』 • 408

지구에서 벌어지는 마지막 식민지 전쟁 『북극해 쟁탈전』 • 413

한반도 비핵화 해법은 『북핵 롤러코스터』, 『오바마와 김정일의 생존게임』 • 416

서구가 포장한 인권이 정답일까 『왜 인도주의는 전쟁으로 치닫는가』 • 420

석학이 바라본 한반도 통일 전망은 『스칼라피노 교수의 신동방견문록』 • 424

강대국 중국을 바라보는 '우리의 눈', '서구의 눈' 『중국의 내일을 묻다』, 『중국이 세계를 지배하면』 • 428

● 일러두기

1. 외래어 고유명사의 우리말 표기는 국립국어원의 외래어 표기법을 따랐다. 그러나 관행적으로 굳어진 표기는 그대로 사용했다.
2. 책이나 신문 등은 겹낫표(『 』)로, 인용된 책 속의 제목은 큰따옴표(" ")로, 영화·드라마나 인터넷 신문 등은 가랑이표(〈 〉)를 사용했다.

서문

'문자 공화국'을 살아간다. 말이 문자가 됐고 문자가 말이 됐다. 말들은 모여 공론을 이뤘고 공론이 물결 되어 공화국을 건설했다. 중심에 책이 있다. 종이책이건 전자책이건 상관없다. 서구에서 구텐베르크는 '혁명'이지만, 동양에서 직지(直指)는 혁명이 되지 못했다. 구텐베르크 혁명은 종교개혁으로, 르네상스로, 마침내는 시민혁명의 뿌리가 되어 근대 공화정을 만들었다. 세계 최초로 금속활자를 발명한, 자랑스러운 우리나라에서 금속활자는 왜 지식의 대중화, 보편화로, 나아가 시민혁명에까지 이어지지 못했을까? 살아 있는 글자를 좋아하는 사람으로서, 사회과학이라는 현실 학문을 전공했던 사람으로서 더구나 현실 정치에 한 쪽 발을 담그고 있는 사람으로서 성찰할 수밖에 없는 역사의 화두다.

어릴 때부터 읽고 쓰기를 좋아했다. 닥치는 대로 읽는 걸 즐겨했다. 책을 좋아했다. 책을 읽는 일, 사는 일, 모으는 일, 나누는 일, 쓰는 일과 늘 함께 해온 것 같다. 초등학교 2학년 어느 봄날, 학교에 갔다 오자 마자 가방을 던져두고 양지바른 시골집 마루에 걸터앉아 책을 보고 있 었다. 엉덩이는 마루 위에 걸친 채 반쯤은 누웠고 다리는 마루에 걸친 채 흔들리고 있었다. 그렇게 해서 한 권을 다 읽고 몸을 일으켰을 때, 시골집 강아지가 바짓가랑이를 물어뜯고 있었다. 이미 바지 한 쪽이 죄다 찢겨나간 상태였다. 부모님께 혼날 생각을 하니 이미 일은 벌어 진 것. 커다란 막대기를 집어 들고 거의 울다시피하며 그렇게도 예뻐 했던 강아지를 쫓아다녔다.

대학 때였다. 왜 그랬을까? 마지막 저술은 회고록이 아닌 '책에 대 한 책'을 써야겠다고 마음먹었다. 깊은 영향을 주고받은 책 수십 권을 추린 다음, 다음 세대에게 건네고 싶은 생각을 담고 싶었다.

대학 때부터 책을 모으기 시작했고 지금도 읽건 안 읽건 책 사는 버 릇은 여전하다. 어느 때부턴가 꼼꼼하게 책을 관리하기 시작했다. 책 을 손에 넣을 때마다 장서표를 붙이기 시작했다. 판화가 남궁 산 선생 이 새겨 준 '꽃 피고 새 우는' 나무 그림이다. 아직까진 책을 나누는 일, 권하는 일에 그리 게으르진 않다. 2년 전에는 컨테이너 두 대에 보관 중이던 책을 분류하여 영남대학교 도서관 등에 나눠 드리기도 했다. 책을 선물할 때에는 꼭 "책을 쓰는 일, 펴내는 일, 사는 일, 읽는 일, 나 누는 일, 소장하는 일은 인간의 의무입니다"라고 새긴다.

수년 전, 책을 읽고 나면 이제부턴 간단한 기록이라도 남겨야겠다 고 맘먹었다. 이전까지는 줄을 긋거나 책장을 접어 흔적을 남기고, 뒷 장에 읽은 날과 몇 줄을 적는 식이었다. 책에 대한 열정을 강제하고 싶 었다. 성찰로 직결되는 독서 습벽을 만들고 싶었다. 거친 성정을 교정 하고 싶었고, 수행의 방편으로 삼아야 했다. 동양학의 전통을 이어받아 명(命)을 바꾸어 나가고 싶었다. 이런 생각들이 모여 〈싸이월드 미니홈피〉에 '독서 일기'를 적어 나갔다.

욕심이 과했다. 그저 책에 대한 공적 소개를 했으면 싶었는데 그것이 서평 쓰는 일로까지 이어졌다. 정치 일선에서 잠시 떠날 수 있었던 게 복이 됐다. 진심이다.

정치인에 대한 편견이 상당한 나라에서 정치인 출신에게 서평을 맡긴다는 것은 모험이었을 것이다. 어떻게 편집회의에서 통과될 수 있었을까. 지금도 『주간경향』 독자 분들과 『경향신문』 관계자들, 특히나 처음 제안한 윤호우 편집장을 비롯한 『주간경향』 여러분들께는 마음 깊은 곳에서 우러나는 감사의 정을 가지고 산다.

세상을 살아간다는 게 빚지는 일, 독자들께야 당연한 빚이었고 출판사와 저자 분들에게도 많은 빚을 지게 됐다. 척박한 우리네 출판 시장에서 책을 쓰고, 번역하고, 만들고, 유통시키는 분들의 정성을 새삼 기억한다. 책을 쓰는 일은 더 이상 돈도 되지 않고 별다른 명예조차 되지 못한다. 머리 숙이고 싶다.

2009년 3월부터 한 주 한 주 주제를 가지고 책 칼럼 형식의 "최재천의 책갈피"를 계속하다 보니 어느새 2년이 지나 100선이 넘어섰다. 실제 다룬 책은 153권이나 쌓였다. 이제 한 권으로 묶어 낼 때가 됐다고 판단했다. 돌이켜 보니 책을 고르는 일, 읽는 일, 안내하는 일, 어쭙잖게 평가하는 일, 모든 게 부끄러움이다.

오해나 오독도 있을 것이다. 이런 부담을 조금이라도 덜어 내기 위해 글을 쓸 때면 '애써 피했던' 신간 안내 자료 등을 참조해 '주관적' 서평 앞부분에 간단한 소개로 정리했다. 작업은 김순영 박사와 장봉근 씨의 도움이 있었다. 감사의 인사를 드려야겠다. 아울러 부족한 조각

글을 한 권의 멋진 책으로 만들어 준 출판사와 편집자 여러분들에게도 감사를 드린다.

적어 두어야 할 이야기가 있다. 개인사적 입장에서 책에 대한 글을 쓰고 있는 요즘 일만큼 가치 있는 일은 없었던 듯하다. 책을 안내하는 일이 아니었다. 책을 읽는 일이었고, 공부하는 일이었다. 성찰하는 일이었고 근신하는 일이었다.

지금까지 펴냈던 내 이름의 책들 모두는 돌아가신 아버님의 정성이었다. 오로지 아버님 은혜다. 그리움은 변함없다. 1997년이었으니 벌써 14주기다. 대학 시절 서원했던 '책에 대한 책'이 후대에 대한 약속이었고, 이번 책은 그 때의 생각 한 허리를 베어 쓰는 일이기에 잠시 아들에서 이제 두 딸을 가진 아버지의 마음으로 돌아가고 싶다.

그래서 이번 책만큼은 사랑하는 두 딸 서연이와 세연이가 '책을 사랑하고 아끼고 나누고, 나아가 오랜 세월 전해질 수 있는 훌륭한 책을 쓰기'를 바라는 마음에서 아이들에게 전한다. 아버지께서도 손녀들의 사랑이 그리우실 게다.

2011년 8월
최재천

1부

역사를 읽는다

이승만은 죽어서도
갈등을 조장하고 있다

『끝나지 않은 역사 앞에서』(인물로 읽는 한국사 10)

이이화 지음 | 김영사 펴냄

평생 동안 한국사를 연구해 온 역사학자 이이화는 "인물로 읽는 한국사" 시리즈를 통해 역사 속에 묻혀 있던 인물들을 발굴하고, 잘 알려진 인물들을 오늘의 관점에서 재평가했다고 평가받았다.

"인물로 읽는 한국사" 시리즈의 열 번째 저작이 『끝나지 않은 역사 앞에서』다. 저자는 이 책을 통해서 근·현대 열 명의 정치가들을 다룬다. 모두 한국 정치의 주역이 되거나 또는 그의 맞수였던 사람들로, 이들의 유년 시절부터의 성장 과정으로부터 시작해 당시의 격변과 그 속의 첨예한 갈등의 구조를 풀어낸다.

대한민국 정부 수립의 주역이지만 독재의 길을 걸었던 이승만과 박정희. 이들과 같은 시기에 정치적으로 대두되었던 신익희, 조병옥, 조봉암, 장면과 이북에서 활동한 김두봉, 김일성. 그리고 좌우합작을 주도했던 허헌, 백남운까지 좌우를 가리지 않고 역사적 인물을 통해 한국 현대사의 이야기를 풀어 나간다.

어린이를 위한 위인전이건, 어른을 위한 평전 혹은 열전이건 간에 누구나 인정하면서도 고치지 못하는 고질이 있다. 처음부터 위인으로 태어났다는 이른바 '위인 예정설', 이어지는 '영웅주의 사관'이 그것이다. 역사적 인물임에도 남다른 태몽을 꼭 가지고 있고, 심지어는 20개월이 넘어 태어나기도 한다.

이이화 선생은 인물사를 쓰는 나름의 원칙으로 이 점에 도전했다. 원고지만 1만 매가 넘고, 책으로는 열 권이다. 한국사 시대를 통틀어 260명을 책에 담았다. 하지만 어느 한 군데도 비범한 태몽을 꿨다거나, 어릴 적부터 천재 소리를 들었다거나, 집안이 훌륭하단 따위의 얘기는 쓰지 않았다.

마지막 권인 『끝나지 않은 역사 앞에서』는 이승만·박정희부터 김두봉·김일성까지 열 명에 대한 한국 현대사 인물 열전이다. 이제 김일성의 항일 유격대 활동을 제 마음대로 쓸 수 있는 시대에 이른 것도 특별하지만, '건국' 61주년의 해인지라 이승만 편에 주목하지 않을 수 없었다. 저자도 이 점에 대해 지적하며, 이승만에게만 무려 100여 쪽을 할애했다.

"이승만은 죽어서도 갈등과 분열을 조장하고 있다. 우리는 이승만이 최초의 민주공화국 대통령으로서, 반공 국가를 수립한 국부로 우러러 보기보다 절차 민주주의를 훼손한 인물, 음모와 술수로 민주 절차를 왜곡한 지도자로 인식하는 비애를 맛보고 있다." 저자의 입장은 광복절을 뒤로 하고 건국절을 내세우는 행사가 대한민국의 정통성을 왜곡하는 일이라는 것이다.

반대편에 뉴라이트 계열의 사학자 유영익이 있다. 2008년에 출간된 책이다. "이승만이 대한민국을 건국한 것은 '하느님과 밤새도록 씨름한 끝에 드디어 하느님의 축복을 받아 낸' 구약성경의 유명한 인물 야곱의 이야기를 연상시키는 위업(偉業)임이 틀림없습니다." 『대한민국 건국 60년의 재인식』, 좀 더 거슬러 올라가면 조선일보사에서 1995년에 펴낸 책 『거대한 생애 이승만 90년 상·하』도 같은 입장이라 할 수 있다. 철저한 중립적 입장에서 "사실과 자료로 말하게 하는 실사구시의 입장"을 취한 책도 있다.

"이승만에 대해서는 사실과 무관하게 호오(好惡), 긍부(肯否), 훼예포폄(毁譽褒貶)이 극단적으로 갈라졌기 때문에, 사실과 평가를 구별하고 학문적 열정과 감정이입을 준별하기가 쉽지 않았다." 이승만 연구로 박사 학위를 받은 정병준 교수의 2005년 책 『우남 이승만 연구』의 서문이다.

다른 듯하면서도 유사한 부분은 흥미롭다. 유영익은 "이승만이 1915년경부터 재미 교포 사회 일각에서 분열주의자로 낙인"찍히게 되었다는 점은 인정한다. 1945년 '분명히' 잘못된 얄타 밀약설 폭로로 "소련을 경계하는 미국의 보수적인 반공주의 세력, 특히 미 군부와 공화당 일부 세력으로부터 높은 평가를 받게 되었지요. 그들 가운데 한 사람이 바로 아시아 우선주의자로서 반소·반공 의식이 투철했던 태평양 지역 연합 군사령관 맥아더였습니다"와 같은 부분도 얼핏 그렇다.

저자는 강원룡 목사의 회고록 『역사의 언덕에서』를 통해 이승만을 드러내는 방식도 택했다. 강 목사가 이승만을 처음 만났을 때 이승만은 깨엿을 망치로 쪼개 주면서 "그대들은 내 아들이나 다름없다"고 말했다. 그러고는 중간에 얼굴을 찌푸리고 손가락을 후후 불었다. 강 목사 일행이 혹시 엿을 깨다가 손가락을 다친 줄 알고 놀라자 그는 "아냐, 내가 왜놈들한테 붙들려 갔을 때 고문당한 손가락이 지금도 종종 아파서 그래"라고 대꾸했다. 강 목사는 나중에 이승만이 일본에 잡혀간 일이 없음을 알고 이렇게 기록했다. "그 사람은 필요에 따라 얼마든지 거짓말을 할 수 있는 사람이었다." 인물에 대한 평가가 이렇게 다를 수도 있다. 그래서 이승만에 대해서는 연구가 더 필요하고, 책이 더 필요하다.

새마을운동은
성공한 운동이었을까

『그들의 새마을운동』

김영미 지음 | 푸른역사 펴냄

새마을운동은 한국 현대사에서 농촌 사회의 획기적인 변화를 가져온 광범위한 개발 운동이었고, 박정희 정부가 그 대부분의 공로를 독점해 왔다. 하지만 저자는 이러한 기존의 인식과는 다른 방향에서 새마을운동을 조명한다.

저자는 농촌과 농민의 시각에서 글을 저술함으로써, 일제강점기부터 부단하게 노력해 왔던 농촌 스스로의 근대화 노력에 초점을 맞추어 새마을운동을 농민과 농촌 사회가 주체인 역사로 재해석한다.

이 책은 새마을운동의 기수가 된 인물에 대한 심층 면접을 통해 구술 채록, 구술 자료를 문헌 자료와 대조하는 등 8년간의 연구를 통해 새마을운동 시기의 농민들이 새마을운동에서 무엇을 보고 듣고 느끼고 행동했는지를 생생하게 보여 준다.

박정희 대통령의 '새마을운동'이 있었기에 '새마을'이 생겨났다. 지금까지 공인된 역사나 통념은 그렇다. 아니다. '새마을'이 먼저 있었고, '새마을 지도자'가 아닌 '농촌 지도자'가 이미 있었다. 그런 다음 정부 주도의 '새마을운동'이 있었다. '새마을'과 '농촌 지도자'와 '새마을운동'

이 결합하면서 비로소 우리 상식 속의 '새마을'이 탄생했다. '역사 대중화'에서 '대중의 역사화'로 방향을 바꾼 저자 김영미의 『그들의 새마을 운동』의 결론은 그렇다.

생경하다. 도발적인 목소리도 그렇고, 연구 방법이나 저술 방법도 그렇고, 저자의 결론도 처음엔 어리둥절했다. '새마을운동' 시대를 살아왔기에 새마을운동을 나름대로 이해하고 있다고 생각해 온 지독한 선입견 때문이었을까.

1971년 정부는 전국 3만3,267개 행정 리·동에 시멘트를 335부대 씩 지원하여 전 리·동에서 일제히 '새마을가꾸기운동'을 추진하게 했다. 이 책의 무대가 된 경기 이천시 부발읍 아미리 사람들도 당시 시멘트 300부대와 리어카 한 대를 받았다. 다른 마을에서는 시멘트 사용법을 몰라서 처음 받은 이 물건을 내다 버리는 사람도 많았지만 아미리 사람들은 그렇지 않았다.

이들이 이 책의 주인공이다. 박정희 대통령도 아니고, 내무부 장관도 아니고, 새마을운동 중앙회도 아니다. 도서관 공문서보다는 현장을, 정부 자료보다는 구술을 택했다. 그리하여 이 책은 정치사·관변사에 익숙해 온 우리 사회의 연구 방식에, 그리고 새마을운동에 대한 기존의 통념에 일종의 '뒤집기 한판승'을 거둔다. 저자의 문제의식과 결론을 요약하는 것만으로도 고맙고 또 고마운 일이 될 것이다.

새마을운동은 마을 공동체의 자율적 운동이었을까. "국가의 정책은 효율성과 가시적인 성과를 중심으로 강압적으로 시행되었다. ……새마을운동에서 농민들이 운동의 자율적 주체였다고 보기는 힘들기 때문이다."

새마을운동은 농촌잘살기운동으로 성공했을까. "새마을운동은 청년들이 농촌에서 잘 살 수 있다는 희망을 갖게 하는 데 실패했다. 1970년대 농촌 청년들은 더 빠른 속도로 도시로 유입되어 갔다."

새마을운동은 순수한 사회운동이었을까. "박정희 정부는 새마을운동을 통해 낙후된 농촌의 근대화, 정치적 위기 타개, 유신 체제 지지 기반 마련이라는 세 가지 목적을 수행하고 있었다."

새마을운동은 유신 독재 체제와 무관했을까. "새마을운동은 곧 공화당의 세력 기반을 마련하는 것이었으며 유신 체제에 대한 지지 기반을 확대하는 것이었다. 박정희 정부는 농촌에서 새마을운동을 통해 농민층에 대한 영향력을 강화함으로써 도시 지역의 유신 반대 여론을 상쇄시키고 이를 통해 집권을 연장할 수 있었다."

새마을운동은 역사상 처음으로 시도된 운동이었을까. "(일제) 식민지 지배 당국이 추진한 농촌진흥운동은 한 세대 후 박정희 정부가 주도한 새마을운동의 기원이 된다. …… 새마을운동의 최고 지도자인 박정희뿐 아니라 새마을운동을 주도했던 관료들이나 마을 청장년들이 모두 농촌진흥운동의 유경험자들이라는 점은 두 운동의 직간접적인 관련성을 유추케 한다."

저자의 말을 빌자면, 이 책은 새마을운동에 대한 역사학계의 첫 번째 연구서다. 논쟁의 시작인 셈이다. 그럼에도 감히 예언하자면, 이 책은 새마을운동사와 영원히 동행할 것이며, 더 오래도록 살아남을 것이다.

친일파 64명에 대한
사법 역사

『풀어서 본 반민특위 재판기록』(전 4권)

정운현 편역 | 선인 펴냄

친일 문제 전문가인 정운현 전 친일반민족행위진상규명위원회 사무처장이 10년
에 걸친 노력을 모아 출간한 이 책은 박흥식, 김길창, 김연수를 포함해 해방 공간
에 반민특위가 조사한 친일반민족행위자 688명 중 64명에 대한 재판과정 전반의
기록이다.

원래 반민특위 재판 기록은 1993년에 출간됐지만, 영인본이라 초서 투성인 한자
와 좋지 않은 원본 상태로 인해 읽어 내기 어려웠으며, 또 한자를 읽어 내더라도
이 시대에 대한 다양한 지식이 없으면 이해할 수 없는 내용으로 가득했다. 이에
저자는 쉬운 우리말과 주석으로 풀어 일반인이 접할 수 있게 내놓았다.

전 4권으로 구성된 이 책은, 국회도서관이 소장 중인 친일파 관련 서적 가운데 본문
의 일부가 먹으로 칠해져 내용을 알아볼 수 없도록 훼손되는 등 친일파 관련 자료
가 점차 훼손되는 실정에서 친일 관련 자료의 대중화 작업에 큰 기여를 하고 있다.

피의자 이산연은 조선인으로서는 최초로 청주에 있는 일본 신사의 신
직(神職)이 됐다. 그의 부친도 경찰 소속으로 악랄한 친일파였다. 피의

자는 "조선이 일본에 속하여 있으니까 조선 사람의 조상보다 일본인의 조상이 중하다고 생각하고 있었던 신념"에서 신사거출비를 징수할 때 "신사거출비는 다른 세금과 달라서 내지 않으면 비(非)국민이 될 터이니 내라"고 강요했다.

피의자 김창영은 만주국 치안부 독찰관 시절에 항일군 병력 약 700여 명을 감언이설로 귀순시켜 관동군의 군사작전에 공헌하거나 이른바 김일성 부대의 귀순 공작에 실패한 이후에 이들에 대한 토벌 공작에 협조하는 등 수백 명의 항일 조선군이 체포 또는 사살당하도록 했다.

반민족행위특별조사위원회(반민특위) 조사관이 물었다. 김창영은 "만주지구에서 토벌공작에 특별히 자진 협력한 인물을 열거하라." "……일본 육사를 졸업한 후 병합 이전에 한국의병을 토벌하는 등 일본에 협력했다는 박두영은 일제의 명을 받아 간도성 내에 있는 독립군에게 박해를 가했다고 하며, 이기권은 관동군의 특명을 받아 자비를 들여 간도성을 중심으로 일제에 충성을 다한 자"라고 답하면서도 "신변이 자유롭다면 두세 곳에 문의해 반민 피의자들을 보고하겠으나 구속된 몸이 되어 불가능한 일입니다"라고 대답했다.

일제의 아성인 헌병대의 2등 헌병보(병장)로서 헌병 군조의 보조 역할을 하며 무수한 애국 청년 투사들을 박해한 혐의로 구속된 피의자 박종표가 있다. "고문 방법은 곤봉, 죽봉 등으로 난타하거나, 2, 3일간 굶기거나, 잠을 재우지 않거나, 방화용 수조의 얼음 위에 정좌케 하여 얼음물을 퍼붓고 얼음물에 몸을 거꾸로 매달아 부채질을 하거나, 또 마구 차거나, 불로 지지는 등의 고문을 했다는데 모두 사실인가?" "네, 사실입니다." 하지만 박종표는 다른 대부분의 혹독한 고문 사실에 대해선 "본인은 뺨을 몇 대 때리는 정도였습니다"라며 철저히 상관에게 책임을 전가했다.

1949년 반민특위가 있었다. 친일파 688명에 대한 사건을 취급했다. 이 가운데 기록이 남아 있는 건 채 1할도 되지 않는다. 재판 관련 기록 전체가 온전하게 보존된 것은 거의 없다. 의도적 훼손을 의심케 한다는 것이 편역자 정운현의 말이다. 하긴 국회도서관 소장 친일파 관련 서적들 중에도 훼손돼 있는 사례는 흔할 정도다. 반민특위 사건의 재판기록은 전부 손으로 쓴 수기체고 한자투성이인 데다 글씨체 역시 대부분 초서에 가까운 흘림체다. 그것도 벌써 60여 년이 지난 고어체다.

난해한 자료와 글을 요즈음의 우리말과 법률 용어로 풀어낸 다음 네 권의 책으로 묶었다. 정운현의『풀어서 본 반민특위 재판기록』(전 4권)이다. 이 책은 총 64명의 친일파에 대한 재판 기록을 담았다. 충정공 민영환 선생의 친동생인 민영찬의 재판 기록도 있고, 호남의 갑부 현준호도 있고,『동아일보』사주였던 인촌 김성수의 동생 김연수(경방 사장)의 기록도 있다. 실록이자 사법 기록이자 역사다.

친일 연구가이자 언론인인 정운현에 대해서는 굳이 설명할 필요를 느끼지 못한다. 정운현은 노무현 정부 시절 과거 청산 작업의 하나로 시작된 '제2의 반민특위'라 할 수 있는 친일반민족행위진상규명위원회의 사무처장으로 2년 반가량 일하기도 했다. 이보다 앞선 1980년대 후반부터 친일 문제에 전념해『친일파』(전 3권),『서울시내 일제 유산 답사기』,『나는 황국신민이로소이다』,『군인 박정희』등 친일 관련 전문 서적을 출간했다. 웬 친일파 타령이냐고? 지금까지의 친일 청산은 턱도 없다. 반민특위가 불과 60년 전이다. 과거로부터의 교훈을 외면한다. 한일병합 100년이다.

외길 선비의
조선왕조 회화사 결정판

『**겸재 정선**』(전 3권)

최완수 지음 | 현암사 펴냄

가헌 최완수는 식민 사관으로 인한 조선왕조 오백년의 정체설을 부정하기 위해, 조선 문화의 찬란함을 밝힐 주인공으로 진경 문화의 대표적 지식인이자 화가인 겸재 정선을 선택했다. 1971년 간송미술관 제1회 전시회로 '겸재전'을 개최한 것을 시발로 겸재 정선에 대한 연구가 계속되었으며, 겸재 정선의 전문가로서 많은 출판물을 통해 겸재 정선을 대중에 알리는 작업을 지속해 왔다.

이 책은 약 40년간의 겸재 연구 성과를 총망라했다. 겸재 정선이 어떻게 그처럼 위대한 업적을 남길 수 있었는지 그의 내외 가계와 가정 형편, 교우 관계, 학맥 연원은 물론 당시 문화 성격과 정치 현실, 사회 상황, 경제 여건 등을 아울러 입체적인 시각으로 재조명했다.

겸재 정선이 살던 시대 배경과 그와 교유하던 당시 문인들에 대한 일화와 작품까지 함께 볼 수 있다. 그림과 문학과 역사가 한데 어우러진 조선왕조 회화사의 결정판이라고 할 만하다.

간송미술관의 가을 전시회가 시작됐다. 시민의 축제다. 한 해 두 번 전시회로 자연의 순환을 실감하곤 한다. 이번은 '도석화(道釋畵) 특별전'. 가헌 최완수 선생은 1966년 스물넷의 나이에 간송미술관으로 '출가'한다. 간송 전형필 선생은 일찍이 겸재 정선의 가치를 알아보고 국립중앙박물관보다 더 많은 161점의 작품을 수집했다. 연구는 마음 맑고 눈 밝은 후학의 몫. 1971년 가을, 미술관은 첫 번째 전시로 '겸재전'을 열었다. 40년이 걸렸다. 200자 원고지로 3,673장, 겸재도판 206장, 국배판 변형으로 1,370면, 책으로도 세 권이다. 평생 외길을 걸어온 고고한 선비의, 치열한 수도승의 '진신 사리'이자 조선왕조 회화사의 결정판이 바로 『겸재 정선』이다.

저자인 최완수 선생은 "문화를 식물에 비유할 때 이념이 뿌리라면 예술은 꽃"이라 했다. 일제의 식민 사관에서 벗어나 "조선 시대를 긍정적으로 보는 것만이 우리 전통 문화의 맥락을 제대로 이어 놓는 것이라는 생각"은 조선 시대 전반에 대한 연구로 이어졌고, 미술사로 귀결됐다. 저자는 표암 강세황이 『겸재화첩』 발문에서 "겸재가 동국진경(東國眞景)을 가장 잘 그렸으니"라고 한 봉어를 내중회·학문화하여 조선 후기는 '진경 시대', 조선 후기의 문화는 '진경 문화', 그 시절의 산하를 사생해 낸 그림은 '진경산수화'로 각각 호명했다. 뿌리는 '명나라의 멸망 이후 조선이 곧 중화(中華)라는 조선 중화주의가 있었다'고 보았다. 근거로서의 '조선 중화주의'를 둘러싼 학계의 논의는 여전하다. 저자는 "겸재가 노론을 배경으로 하는 선비 화가이고 그의 그림은 조선 성리학의 정통론을 고수하던 노론의 후원을 받으면서 형성된 것으로 조선 중화주의의 영향"이라는 입장이다. 반론은 "저자의 설이 율곡 이래 서인에서 노론으로 이어지는 사상적 계보를 작위적으로 강조한 연역적 이론이며, 예술 외적 요인을 배제한 견해"라는 입장이다. 넓게는 한국 사관, 좁게는 조선 시대 미술사의 큰 흐름을 저자가 되돌려 놓은 데서 비롯되는 필연적 논쟁일 것이다. 저자는 시대에 대한 조명과 함께 겸재의 그림을 체계화하고 재해석했다.

"중국 북방화법의 특징적 기법인 선묘(線描)와 남방화법의 특징적 기법인 묵묘(墨描)를 이상적으로 조화시키는 방법이었다. 화강암봉으로 이뤄진 골산인 경우 북방화법인 선묘로 표현하고, 수목이 우거진 토산인 경우 남방화법인 묵묘로 표현하면서 한 화면에 이 두 가지 산의 모습을 조화롭게 배치하는 것을 화면 구성의 기본으로 삼으려 한 것이다."

저자는 겸재의 화풍이 골산은 양이고 토산은 음으로, 성리학의 기본 경전인 『주역』의 음양 조화 원리에 맞춘 화면 구성법이라고 했다. 이는 중국인들도 미처 해결하지 못한 남북방화법의 이상적 조화라고 했다. 우리 땅, 우리 산하를 그려내는 조선 고유 화법의 창안이라고 자리매김했다. 이로써 조선 후기는 새롭게 되살아났다. 조선왕조판 르네상스였다. 비로소 겸재는 저자의 연찬에 의해 화성(畵聖)의 반열에 오르게 된 것이다.

참된 깨달음은 깊은 산속 법당에 있는 것이 아니다. 도리어 세간에 있다고 했다. 저자는 간송미술관으로 들어간 이래 한평생 여일하게 풀먹인 한복을 입고 그곳에서 먹고 자며, 연구하고, 가르친다. 겸재에게는 진경산수화풍의 영향을 받은 겸재파가 있었다. 혈연조차 없는 저자에게는 문파가 있다. 깐깐하기로 소문난 저자가 책의 서문에 문하생들의 이름을 꼬박꼬박 적었다. 얼마 전 출판기념회가 있었다. 여전히 홍안인 저자가 감사의 인사를 했다. 특별히 문하생들에 대해 고맙고 자랑스럽다는 인사를 했다. 그래서 역사는 계속된다.

겸재뿐 아니라 조선왕조 문화사는 저자에게 큰 빚을 졌다. 세월이 흐른 뒤 어느 누군가에 의해 저자의 학문적 성취가 환하게 조명될 날이 올 것이다. 확신한다.

이 책은
'고발'이 아닌 '교훈'이다

『친일인명사전』

민족문제연구소 펴냄

이 책은 을사늑약 전후부터 광복까지 국권 침탈, 식민 통치, 침략 전쟁에 적극 협력함으로써 우리 민족 또는 타민족에게 신체적·물리적·정신적으로 직간접적 피해를 끼친 자들을 수록했다. 매국 행위에 가담했거나 독립운동을 직접 탄압한 반민족 행위자는 전원 수록했으며, 일정 직위 이상의 부일 협력자에게 책임을 묻고, 대중적 영향력이 큰 지식인과 문화예술인에게 엄중한 기준을 적용하여 친일 인물을 선정했다.

역사학계를 중심으로 정치, 경제, 사회, 문화, 예술 등 각 분야의 교수와 학자 150여 명이 편찬위원회를 만들어 분야별 전문위원 180여 명이 참석, 3천여 종의 문헌 자료를 수집하여 검토한 끝에 민족문제연구소에서 편찬한 『친일인명사전』은 우리 근·현대사에 대한 뼈아픈 성찰과 반성의 기록이다.

이 책은 2004년 국민 모금에서 3만여 명의 시민들이 7억 원의 편찬 기금을 지원하고, 1만여 명의 대학교수들의 지지를 받고, 그 외에도 많은 시민들의 격려와 후원을 통해 만들어졌다.

"일제 말 때 27세의 젊은 나이로 하동군수를 지내면서 저 자신의 출세와 보신에 눈이 어두워 (군민들을) 죽창으로 위협까지 했던 저를 너그럽고 따뜻하게 맞아주신 하동 군민들에게 진심으로 사죄드립니다."

원로 법학자 이항녕 교수는 1991년 7월 바르게살기운동 하동군협의회 초청 강연회에서 또다시 머리를 숙이고 용서를 빌었다. 이 교수의 친일 반성문은 이미 1970년대 중등 교과서에 실려 있던 터였다.

일제 치하에서 당시 국민학교 교사로 일했던 김남식 선생이 있다. 광복 이후부터 지금까지 선생은 "왜정 때 학생들에게 일본말 쓰기를 시킨 것에 대해 벌을 받는 의미"로 하루도 빠짐없이 동대문구 주변의 쓰레기를 주웠다.

충남 광공부장으로 일한 현석호 선생의 회고록이다. "일제를 반대하는 투쟁 대열에 참여하지 못하고, 자신의 안일과 출세를 위해 힘쓴 것도 사실이다. 그러므로 오늘의 해방과 독립이 일본의 패망과 미국의 승리에 기인한 것이기는 하지만 그 궁극적 원인이 조선 민족의 독립을 위해 3·1운동을 비롯한 국내외의 투쟁에서 뼈를 갈고 피를 뿌린 수많은 순국선열의 공로라는 것을 생각할 때 나 같은 사람은 참으로 죄스럽고 부끄러움을 금할 수 없었다."

광복 후 대검 차장을 지낸 엄상섭 등 여넓 명의 검사는 1948년 8월 "왜제하(倭制下)의 검사, 즉 고관(高官)을 지냈다는 것만은 한없이 후회되는 일입니다. 왜제통치(倭制統治)에 협력을 했다는 것만은 아무리 사과를 하여도 모자랄 것입니다"라며 사표를 제출했다. 이 모두는 『친일인명사전』에 실린 내용이다. 사전이 '고발'이 아닌 '교훈'인 이유다. 물론 끝내 친일을 부정하며 일생을 마친 이도 많다. 적극적으로 자신의 친일 행각을 은폐하는 이들이 있었는가 하면, 후손들까지 나서서 은폐를 시도하는 이들도 있다. 정반대로 역사의 법정 앞에 '따뜻한' 교훈을 남긴 이도 많다.

친일 문제를 대할 때마다 나 역시 두려움에 떨며 '내가 일본 제국주의 시대에 살았다면 독립운동에 참여했을까 일제의 주구가 됐을까'를 생각해 보게 된다. 고백컨대 자신이 없다. 그렇다면 나는 친일에 대해 비판할 권리를 가져서는 아니 될까?『조선일보』는 사설에서 "조국 광복 운동에 손가락 하나 담근 적이 없는 정체불명의 인사들이 그때(반민특위·광복회)보다 여섯 배나 많은 사람을 친일 인사로 사전에 실어 놓은 것"이라 했다. 한나 아렌트가『예루살렘의 아이히만』에서 말한 '악의 평범성'이란 개념이 있다. 이를 두고 숭실대 김선욱 교수는 "자기가 무슨 일을 하고 있었는지 전혀 깨닫지 못했던 자"를 뜻한다고 했다. 비슷한 맥락에서 친일은 '개인 책임'이 아닌 '집단 책임'이라고 주장하는 이들이 있다. '반공'이 아니면 '친일'을 입에 올리지 말고, '반공'으로서 이미 '친일'을 극복했다고 주장하는 이들도 있다. '독립운동가'가 아니었다면 '친일파'를 비난할 권리조차 없다는 이들까지 있다.

할아버지가 일제 치하에서 관료로 일했던 이윤 선생이 있다.『친일인명사전』편찬 작업의 순서로 2005년 9월에 수록 대상자 선정 절차가 있었다. 그때도 일부 언론은 난리였다. 이 선생이 친일인명사전편찬위원회로 편지를 보냈다. "이제 친일인명사전의 편찬에 앞서 일차적으로 단순히 그에 수록될 명단만을 발표했을 뿐인데도 세상은 왜 이리도 소란스러운지? 붓을 놀려 살고 있는 소위 '조·중·동'을 필두로 하여 입에 게거품을 물고 자신들의 부끄러운 과거를 속죄하지 못하는 무리들에게 새삼 연민의 정을 느낍니다. 비록 보잘것없는 일개 무명 교사일망정 내 자신부터 민족문제연구소 회원으로서 이런 어두운 과거를 규명하고 그 시시비비를 가리는 일에 전폭적인 성원을 보냅니다." 탓하는 게 아니라 좋은 나라를 만들자는 것이다. 그래서 역사 앞의 의무다.

재미있고 시각적인
현대판 일기로 재탄생

『**열하일기**』(전 3권)

박지원 지음 | 김혈조 옮김 | 돌베개 펴냄

이 책의 역자 김혈조 교수는 연암 산문문학 연구에 일생을 매진한 전문 학자다. 그동안 수십 종 이상의 많은 열하일기 번역본이 발간되었지만, 오역과 오류가 많았다. 그러나 저자는 오랜 연암 박지원 산문문학 연구에 기반하여, 그동안 풀지 못하고 여러 학자들이 미상(未詳)으로 남겨 둔 부분을 모두 풀어냈다고 자부할 만한 성과를 거두었다.

이 책은 고전에 익숙지 않은 세대까지도 부담 없이 읽을 수 있도록 적재적소에 관련 주석을 실었다. 또한 연암이 다녔던 장소를 직접 답사하며 글의 진위를 확인하고, 아울러 사진 촬영을 병행해 현장감을 높이는 도판으로 활용함으로써 가히 '결정판'이라 불릴 만한 『열하일기』를 출간하게 되었다.

이 책은 박지원이 1780년 청나라 황제의 생일을 축하하는 사절단과 함께 청나라에 다녀오자마자 집필한 작품으로, 당시의 현실성 없는 반청 사상과 조선의 양반 사대부를 비판하는 내용으로 구성되어 있다.

연암 박지원의 『열하일기』를 모르는 사람은 거의 없다. 그렇다고 『열하일기』를 제대로 읽은 사람도 거의 없을 것이다. 연암이 길을 갔던 만주벌판에서 시린 바람 불어오는 이때야말로 『열하일기』 읽기에 대한 부채 의식을 던져 버릴 좋은 기회다. 좋은 번역본이 나와서다. 도서출판 돌베개는 자랑스럽게도 '새 번역 완역 결정판'이라 이름 붙여 역자 김혈조 교수의 "얼굴을 다소 간지럽게 만들"었다. 『열하일기』의 번역본은 여럿 있었다. 1948년에 시작된 최초의 전문 번역인 김성칠 선생본, 북한 국립출판사의 리상호 선생본, 이가원 선생본, 민족문화추진회에서 나온 민족문화문고본, 윤재영 선생의 박영문고본, 가장 최근에 출간된 고미숙 선생 등의 편역본 등이 대표적이라 할 것이다. 그런데도 또 다른 번역이 필요했다.

『열하일기』 내용 가운데 심양의 한 골동품점에서 중국의 젊은이들과 밤을 새워 필담한 내용을 기록한 '속재필담' 부분이 있다. 자리를 함께한 중국인 가운데 비치라는 사람은 나이는 35세인데 아들을 여덟 명이나 두었다. 짓궂은 연암이 물었다. "자제 여덟 명은 모두 한 어머니에게서 나서 젖을 먹였는가요." 비치는 웃음만 지으니 친구인 배관이 나섰다. "두 분 작은 마나님이 더 있는데, 좌우에서 끼고 도와 드렸답니다. 나는 여덟 아들이 부러운 게 아니라 한 남자가 세 여자를 거느렸다는 게 더 탐납니다(還有兩小夫人 左右夾助 吾不羨他八龍 慕渠一姦)." 온 방안 사람들이 한바탕 웃었다. 마지막 부분 '慕渠一姦'(모거일간)이 문제였다. 직역하면 '한 번 간통하는 것이 그립다'라는 말이 된다.

지금까지 번역자들은 고심 끝에 이 부분을 순화시켜 "작은 마누라나 하룻밤 빌려 쓰면 그만이겠소" 식으로 번역했다. 그런데 김 교수가 보기에 이는 상식적으로 말이 안 되는 소리였다. 친구 마누라를 빌려 달라고 하면 주먹다짐을 할 일이지 한바탕 웃을 일이 아니지 않은가.

김혈조 교수도 처음엔 "그의 한 번 간통이 부럽습니다"라고 직역했다. 번역해 놓고도 이는 영 찜찜한 일이었다. 김 교수의 고백이다. "윤문을 할 때도 어찌하지 못하고 그대로 넘어갔다가 출판 교정을 볼 때에 이르러서야 이런 번역은 있을 수 없다는 생각이 문득 들었다. 분명 오역이라는 생각이 들어 다시 원문을 확인하며 대조해 보았다. 그리고 '姦'(간)이라는 글자를 보는 순간 어떤 영감이 스치고 지났다." 연암만이 가능했던 수사 기교임을 알아챈 것이다. 연암은 글자의 상형적 모습을 이용한 파(破)자식 표현으로 원문을 쓴 것이다. 이는 연암체의 한 특징이었다. 여기에서 기존 번역과 새 번역의 길이 갈라졌다. 연암체의 특징을 깨달은 순간 본문의 '姦'(간)이 한자의 본래 뜻 '간통'보다는 '여자 셋'이라는 파자로 해석할 수 있게 된 것이다.

김 교수는 번역을 마무리하기 위해 2008년 가을 연구년이라는 유배를 선택했다. 중국 산동성으로 가 1년을 머물렀다. 그곳에서 다시 중국의 현장과 풍속, 영인본 등 각종 전고를 확인했다. 사진을 찍고 자료를 수집했다. 그래서 재미있고 시각적인 현대판 일기로 다시 태어났다. 그리하여 김 교수가 생각하는 『열하일기』의 진정한 주제인 "있었던 세계, 그리고 있는 세계에 대한 비판과 통찰을 통해서 있어야 할 세계를 전망하고 모색"하는 작업에 동참할 수 있도록 이끌었다. 기껏 고전을 번역해 출간해 봐야 공공도서관에서 1천 권조차 구입해 주지 못하는 나라가 우리나라다. 2009년에는 경제 위기를 핑계로 예산을 조기 집행하느라 공공도서관의 1년치 도서 구입비를 상반기에 모두 집행했다. 운이 없게도(?) 이 책은 9월 말에야 출간됐다. 돈도 안 되는 『열하일기』와 같은 고전을 새롭게 번역하고 출간하는 일은 고마운 일이다. 우리는 독서로써 값해야 한다.

친일이
'대일 협력'이라고

『윤치호의 협력일기 : 어느 친일 지식인의 독백』

박지향 지음 | 이숲 펴냄

이 책은 윤치호라는 인물을 전체적으로 조망한 연구서다. 저자인 박지향 교수는 친일파라는 선입견을 넘어 그의 삶이 지닌 복잡함과 다면성을 살펴보고자 했다. 특히 윤치호가 역사의 순간들을 최전선에서 지켜봤으며 그것을 11권의 일기에 낱낱이 기록한 점에 주목한다.

일제강점기의 대표적 지식인이며 사회 지도자였던 윤치호. 동시에 그는 가장 지탄 받는 친일파 거두의 한 사람으로 지목된다. 그의 일기에는 60여 년에 걸친 국내외 사건들과 당시 인물들에 대한 뒷이야기가 담겨 있다. 이 책은 일기를 통해 윤치호의 사상을 추적하고, 그가 대일 협력에 이르게 된 원인을 이해하기 위해 정신세계를 분석한다.

저자는 그의 행동이 모두 정당화될 수 없고 많은 오류를 저지른 것도 분명한 사실이지만, 윤치호가 현실주의자였으며 그로 인해 민족 저항운동을 비현실적인 것으로 판단했다고 주장한다. 당시의 국제 정황에서 조선의 독립은 불가능하다고 판단했고, 어느 정도 협조를 통해 일본 제국의 이기를 이용하고자 했다는 것이다. 윤치호의 사상이 그리는 궤적을 따라 그의 행동을 최대한 객관적으로 보여 주고자 했다.

『윤치호 일기 : 1916~1943』

윤치호 지음 | 김상태 편역 | 역사비평사 펴냄

누구나 익히 알고 있는 친일파이자 동시에 조선 최초의 근대적 지식인인 윤치호
는 1883년부터 1943년까지 60년 동안 거의 매일 영문으로 일기를 썼다.
일상생활뿐만 아니라 공인으로서의 활동, 국내외 정세에 대한 견해와 전망 등을
꼼꼼히 기록했다. 그가 직접 겪은 여러 사건들의 미묘한 정황, 정국의 추이와 민
심의 동향, 각종 루머, 많은 지인들의 인성이나 사상, 행적을 엿볼 수 있는 내용을
일기에 담았다.
책은 각 주제별로 3·1운동 전후, 만주사변 전후, 중일전쟁·태평양전쟁 전후, 일
제하 조선 기독교와 윤치호, 윤치호가 본 일제하 조선의 자화상으로 구성되어 있다.

윤치호는 19세기 후반 일본, 중국, 미국에 유학한 한국 최초의 '근대적'
지식인이자 개화·자강 운동의 지도자요, 일제 식민지 시기 기독교계
의 최고 원로였다. 그는 3·1운동이 시작되자마자 총독부 기관지 경성
일보와의 인터뷰에서 '독립운동 무용론'을 피력했다. 중일전쟁 발발 이
후에는 기독교계의 친일을 주도했고, '내선일체론'에 앞장섰으며, "차
마 우리 아이들 이름이 블랙리스트에 오르게 만들 수는 없어" 이토(伊
東)로 창씨개명했다(1940년 5월 25일 일기).

1941년 조선총독의 자본 기구인 중추원의 칙임관 대우 고문에 임
명되어 해방될 때까지 연임하면서 매년 3천 원의 수당을 받았다. 1945
년 4월 3일 일본 제국의회 귀족원 칙선 의원에 임명됐다. 일제강점기
조선인으로 귀족원 의원에 선임된 예는 1945년 4월 일곱 명과 이전에
선임된 세 명 등 모두 열 명에 그쳤다(『친일인명사전』, "윤치호").

윤치호는 일기를 썼다. 1883년부터 1943년까지 장장 60년 동안,
그것도 거의 전부를 영어로 썼다. 윤치호의 '영문' 일기는 김구 선생의

『백범일지』만큼이나 우리 근대사의 최고 사료다. 일기에 대한 번역과 해석 작업이 꾸준하다.

먼저 일부분의 편역이긴 하지만 2001년에 출간된 김상태의 『윤치호 일기』가 편리했다. 2009년 민족문제연구소가 펴낸 『친일인명사전』도 '일기'를 참고 문헌 삼아 무려 4쪽이 넘도록 배려했다. 지금까지는 '친일' 관점이었다. 박지향 교수는 '협력'을 들고 나섰다. 책 제목이 『윤치호의 협력일기』다. 이 책은 "'친일파'라는 단어 대신 '대일 협력'이라는 단어를 사용한다." 그 이유는 "친일파는 특정 개인의 '좋지 않은 자질'로 환원돼 '단죄를 전제로 하는 배타적이고 고정된 이미지'를 만들기 때문"이라고 했다.

『친일인명사전』은 '친일'을 대체적으로 이렇게 정의했다. "일제의 국권 침탈에 협력한 자, 일제의 식민 통치 기구에 참여한 자, 항일운동을 방해한 자, 일제의 침략 전쟁에 협력한 자, 지식인, 종교인, 문화예술인으로서 일제의 식민 통치와 침략 전쟁에 협력한 자, 기타 친일 행위자." 협력은 이미 친일의 개념 속에 충분히 포섭돼 있었다. 그렇다면 왜 굳이 '협력'일까. 일종의 수정주의다.

근거는 주변부 이론, 포스트식민주의 등 외국 학계의 새로운 이론과 이를 적용한 친나치에 대한 프랑스의 재해석 움직임이다. "저항과 협력이 그렇게 이분법적으로 구분되는 행위가 아니고 둘 사이의 경계는 이전에 생각했던 것보다 훨씬 더 유동적이라는 사실, 저항과 협력 사이를 왔다 갔다 할 수 있다는 인식, 나아가 저항과 협력이 하나의 행위 안에서 공존할 수 있다는 인식이 인정"되고 있다는 바탕 아래 윤치호를 변호한다.

낙인을 피해 보려다가 면책을 주장했다. "(서양에서는) 강제력에 대한 협조는 본질적으로 잘못된 것이 아니라는 사실이 인정받게 된 것이다." 일반화의 오류다. "우리 사회에서 발견되는 '저항하지 않으면 다 협력자'라는 식의 이분법적 판단은 서양 학계에서 이미 설득력을 잃은 지 오래다." 전제의 오류다. "따라서 윤치호가 자발적으로 소신껏 친일을 하였다는 일부 연구자의 판단은 정확한 것이 아니다." 주관성의 과잉이다.

윤치호는 사망하기 두 달 전에 "한 노인의 명상록"(An Old-Man's Ruminations)이라는 두 통의 영문 서한을 작성해 미군정과 이승만에게 보냈다. '조선인은 민주주의를 운영해 나갈 능력이 없다'는 내용과 "무슨 수로 군국주의자들의 명령과 요구를 거역할 수 있었겠습니까? 그러므로 누군가가 일본의 신민으로서 한 일을 가지고 비난하는 것은 어불성설입니다"라고 썼다. 인간적 고뇌를 뛰어넘는 반성이라고는 없다. 일본조차도 패전 직후 '공직 추방령'을 통해 일정한 지위에 있었던 사람들의 정치적인 책임을 물었다. 읽는 내내 '이념의 과잉'에 힘들었다.

신세대와 여성의
유쾌한 반란

『**미래를 여는 한국인史**』(정치사회편, 경제편)

박세길 지음 | 시대의창 펴냄

2010년 한국, 우리는 누구이며 민주주의란 무엇인지 근원적인 고민이 요구되는 이때, 『다시 쓰는 한국현대사』로 유명한 박세길이 20년 만에 새 세대를 위한 민중사를 들고 나왔다.

이 책은 미래를 열어갈 새로운 세대의 '나'를 세계의 중심으로 사고하는 특성이 역사와 민주주의 발전 과정의 자연스러운 산물임을 강조하며, 이 덕목에 대한 깊은 신뢰와 긍정을 바탕으로 박세길 특유의 소박하지만 힘 있는 민중적 직관과 성찰로써 한국인의 현대사를 정리했다.

다양한 중심의 존재를 인정하는 신세대 특유의 다원주의 사고, 온라인의 속성, 촛불 시위를 관통하는 '공존의 패러다임'으로 정치사회편을 풀어냈다면, 한국 경제의 체질과 시스템을 총체적으로 바꾸기 위해 '신자유주의를 넘기 위한' 한국 경제의 이해를 위해 경제편을 풀어냈다.

미국의 양심으로 불리는 미국 매사추세츠공대학(MIT)의 노엄 촘스키 교수에게 물었다. "교수님께서는 바람직한 발전의 모델을 보여 준 나라가 현실 세계 가운데 어디라고 보십니까?" 교수가 답했다. "한국입니다. 한국 국민들은 제국주의 식민 지배를 딛고 일어나 다른 나라에 종속되지 않고 독자적으로 경제발전을 이루면서 동시에 독재 정권에 항거해 평화적인 방법으로 민주주의를 이룩했습니다. 세계 최고의 휴대전화와 인터넷 보급률을 자랑할 정도로 첨단 기술이 온 국민들에게 퍼졌고, 2002년에는 네티즌의 힘으로 개혁적 정치인을 대통령으로 선출할 정도로 풀뿌리민주주의가 발전했습니다." 우리 현대사다. '한국인史'다.

학교에는 '국사'가 있었다. 오로지 사지선다형에서 정답을 찍기 위한 객관식 수험용이었다. 사법시험 1차 시험에 한국사가 있었다. 이번엔 오지선다형. 난이도가 조금 강화된 것 빼고는 똑같았다. 시험이 끝남과 동시에 역사에 대한 지식은 달아났고, 역사의식은 맹목이었다.

초등학교 때나 대학교 때나 한국사의 시작은 늘 선사시대였다. 타제·마제 석기와 각종 토기를 구분하다 보면 어느새 역사에 대한 호기심은 멀어지곤 했다. 우리 곁에 가장 가까이 있어 끊임없이 교훈을 주고받아야 할 현대사는 관심 밖이었다. 현대사는 이념의 영역이고, 정치의 영역이고, 분단의 영역이었다. 현대사는 강단사학이 다룰 수 있는 분야가 아니고, 정치학이나 사회학이나 남북 관계학에서 다루는 학문이 됐다. 지금 이 순간의 역사를 저술하는 일 자체가 때로는 반정부 영역 또는 관변 영역에 속박됐다. 시민들은 현대사에 눈을 감았다. 1987년 민주화 투쟁이 승리하고 난 이듬해에 저자는 『다시 쓰는 한국현대사』를 출간하기 시작했다. 고백컨대 나는 현대사의 가치를 그때 비로소 알게 됐다. 현대사에 대한 역사 인식은 온전히 저자의 몫이었다.

저자가 '한국사'가 아니라 '한국인사'라는 제목으로 현대사를 정리했다. 가치 지향적이라는 느낌이 강하다. 책은 두 권이다. 한 권은 정치사회편이고, 다른 한 권은 경제편.

정치사회편에서는 신자유주의를 넘어서는, 새로운 과제를 수행할 수 있는 주역이 신세대임을 선언했다. 신세대는 기존의 패러다임을 뒤집는 유쾌한 반란의 주역이다. 공존의 패러다임을 바탕으로 삼는 이들의 속성은 독립적 개체인 '촛불'이 수평적으로 연대하는 촛불 시위로 형상화되기에 이르렀다.

이들과 함께 반란을 이끈 또 하나의 주역은 여성이다. 호주제를 폐지하고 사회적 참여를 강화해 나가는 차별 극복의 역사가 곧 현대사다. MBC 드라마 〈내 이름은 김삼순〉이 중요한 사료가 됐다. 미디어는 독점에서 공존으로 나아가며 신세대의 패러다임에 호응했다. 미디어 공존 시대의 주역인 온라인 매체에 가장 적극적으로 반응하고 열정을 보인 것이 바로 신세대, 그 중에서도 여성이었음은 저자의 논리를 강화시킨다. 새로운 한국인들은 '왜 분단을 막지 못했는가'라는 질문을 넘어 '사상 최고의 프로젝트, 통일'을 만들어 내고 '동아시아 공존의 허브, 한반도'를 건설할 주역이 될 것이다.

경제편은 경제현대사다. 삼성전자가 어떻게 해서 세계 최고 수준의 반도체 신화를 일궜는지를 긍정적으로 분석했다. 우리가 정보통신 (IT) 강국이 될 수 있었던 것은 중국이나 일본의 문자보다 컴퓨터에 입력하는 속도가 일곱 배나 빠르다는 점, 민주화의 영향력 등이 내재돼 있음을 정리했다. 재벌과 부동산 투기에 대한 역사적 맥락도 놔두진 않았다. 세월만큼이나 저자가 변했다. 희망과 긍정이 상당하다. 공존의 패러다임을 바탕으로 새로운 시대를 만들고자 하는 저자의 의지가 낙관론에 줄이 닿아 있다. 20년 전 독자인 나도 저자만큼이나 변해 있을까.

한 해 차이로 동시대를 살아온 저자와 독자의 삶이 어느새 한국현대사가 돼 있음을 느낀다. 저자는 역사가 단지 과거사가 아니라 현대사이고 미래사임을 일깨워 준다. 빚 갚을 일이 난망하다.

분단 극복 사학자의
자존심 섞인 독백

『**역사가의 시간**』

강만길 지음 | 창작과비평사 펴냄

일제강점기부터 현재까지 한국사의 굴곡을 고스란히 겪어 온 원로 사학자 강만길이 시간을 거슬러 올라가 자신의 삶을 한국 근·현대사라는 격류의 가운데에 놓고 개인의 삶과 역사가 어떻게 조우하는지 '역사학적'으로 재구성한 자서전이다. 한평생 우리 근·현대사를 왜곡 없이 객관적으로 바라보기 위해 치열하게 살아온 진보적 지식인의 삶의 기록인 동시에, 한국 사회에서는 보기 드문 역사학자의 자서전이라는 점에서 특별한 문헌적 의미도 지닌다.

저자는 평생 일기를 쓸 엄두를 내지 못했다. 군사정권 시절 몇 번씩이나 서재를 검색당해야 했고, 남영동 치안본부 대공분실에 끌려가 취조를 당했기 때문에 평생 일기를 쓸 엄두를 내지 못했다. 이제 저자는 30년이 넘도록 우리 현대사를 공부하고 겪으면서 쓰기를 바라왔던 '내가 겪은 우리 현대사'에 관한 이야기를 우리 앞에 꺼내 놓았다.

또한 이 책의 부록 "친일반민족행위 진상규명 일지"는 저자가 노무현 정부 시절 2년간 친일진상규명위 위원장으로 일하면서 '과거사 청산'이라는 역사적 사건이 전개되어 온 과정을 낱낱이 기록한 생생한 현장 보고서다.

원로 사학자 강만길 교수는 4·19국립묘지가 있는 서울 강북구 수유동에서 40여 년을 살았다. 거의 매일 아침이면 영령들이 안장된 깨끗하고 조용한 묘지에 가서 한 시간 이상 걷는 일이 일과가 됐다.

"어느 일요일 초등학생 손자를 데리고 4·19국립묘지에 산책 갔다가 그 많은 무덤이 묻히게 된 경위를 설명하고 모셔진 영정들을 보여주었더니 '할아버지는 그때 무엇을 했습니까'하고 물어서 가슴이 뜨끔"했다.

역사와 양심에 겸손했던 교수의 팔십 평생은 편치 못했다. 중일전쟁과 태평양전쟁을 겪었고, 8·15 광복, 6·25 한국전쟁, 4·19 혁명, 5·16 군사쿠데타, 5·18 광주민주화운동, 6·10 민주화운동, 민주 정권 성립 과정, 6·15 남북공동선언이 나온 제1차 남북정상회담 등 역사적 현장을 살았고 동참했다.

'역사가의 시간'은 그랬다. 시간은 모여 교수의 생애가 됐다. 역사가가 살아온 시간은 역사가 됐다. 수많은 역사적 사건 속에서 교수는 그때 무엇을 하고 있었을까. 사건들에 대해 그때는 어떻게 생각했고, 지금은 어떻게 생각하고 있을까. 역사적 사실들에 대해 역사학 전공자로서의 관점은 무엇일까. 본래 교수는 일기를 쓰고 싶었다. 그러나 일기조차 쓸 수 없는 불행한 시대를 살아왔다. 군사정권 시절에는 툭하면 서재를 검색당했고, 치안본부 대공분실에 끌려가 조사를 받아야 했으며, 해직 교수가 돼야 했기 때문이다. 어떤 생각을 남긴다는 것, 일기를 남긴다는 것 자체가 곧 불온의 증거였던 '국가 폭력의 시대', '분단 시대'였다.

1974년 교수는 천관우 선생의 책 『한국 사회의 재발견』에 대해 서평을 쓰게 됐다. "1945년 이후부터 민족통일이 이루어질 앞으로 어느 시기까지를 사학자적 입장에서 이름 붙인다면 '분단 시대사학'이라 할 수 있을 것이다"라고 했다. 우리 학계에 '분단 시대'란 말이 역사적 의미를 획득한 최초의 경우다.

당시만 하더라도 역사학계는 1945년 이후를 '해방 후 시대'로밖에 인식하지 못하고 있던 터였다. 교수는 역사상의 실학자들을 내세워 분단 시대 극복을 지향하는, 군사독재 청산을 지향하는 지식인의 존재가치를 부각시켰다. 글이 『창작과 비평』(1974년 여름호)에 실린 후 분단 시대라는 용어는 각 부문으로 퍼져 나갔다. 이후 교수는 '분단 시대 사학'을 극복할 수 있는 글들을 쓰게 됐고, 그것은 곧 직간접으로 군사독재를 비판하는 글들이 됐다. 교수의 글쓰기는 과거 사실의 실증에만 치중된 이른바 순수 논문보다 군사독재 체제 종식에 조금이라도 도움이 될 만한 글, 즉 현재성과 대중성이 높다고 생각되는 논설문으로 변해 갔다. 스스로 평했다. "역사학 전공자라기보다 섣부른 논객이 되어 갔다고나 할까."

역사학자로서 저자의 역사에 대한 기본 인식은 어떠할까. 변화냐. 당위다. 이상의 현실화다. 험한 세상을 살아온 사람답지 않게 긍정적이요, 낙관적이다. "역사 공부를 하면서 살아온 평생을 통해 꼭 하고 싶은 한마디를 하라면 역시 '역사는 변하고 만다'가 아닐까 생각한다. …… 역사가 변화하고 발전해 가는 큰 방향은 많은 곡절이 있으면서도 결국은 인류 사회가 지향하는 이상을 현실화해 가는 과정 그것이라는 생각이다. 인류 사회의 이상이 현실화되는 방향은 크게 말해서 전체 인류 사회가 정치적 속박으로부터 해방되는 방향, 경제·사회적 불평등으로부터 해방되는 방향, 문화·사상적 부자유로부터 해방되는 방향이며, 또한 세계 평화를 이루어가는 방향, 그것이라는 생각이다."

이런 교수를 두고 어느 역사학자는 "강 아무개는 휴전선상에서나 살 위인"이라 평한 적이 있다. 이에 대한 교수의 자존심 섞인 독백. "그런 말을 듣건 말건, 스스로는 철저한 평화주의자요 미래지향주의 역사학 전공자요 평화통일론자요 불행한 분단 시대를 극복하는 데 봉사하는 역사학, 즉 '분단 극복 역사학'의 주창자라 생각할 뿐이다"라고 말했다. 그래서 교수는 행복하다. 존경과 감사의 인사를 담는다.

우주의 눈 vs
왕조의 눈

『사기와 한서 : 중국 정사의 라이벌』

오키 야스시 지음 | 김성배 옮김 | 천지인 펴냄

사마천이 역사를 바라보는 눈은, 말하자면 우주의 눈이다. 우주 저쪽에서 중국이라는 장소에서 일어난 일들을 보고 있다. 그래서『사기』가 전한의 찬란한 무제 시대로 끝나고 있어도, 장차 멸망할 가능성을 가지고 있다. 역사를 '거울'이라고 할 때, 이 말의 의미는 사마천의『사기』에서 가장 명백하게 드러난다. 일단 정치를 잘못하면 어떠한 왕조라도 쇠퇴하고 멸망할 수밖에 없다.

반고의『한서』도 물론 '거울'로서의 측면이 없는 것은 아니다. 전한의 쇠퇴와 멸망은 당연히 기록되어 있다. 하지만 반고가『한서』를 쓴 것은 찬란한 한(漢) 왕조의 역사를 분명하게 하기 위해서였다. 사마천의『사기』가 신의 눈, 우주의 눈으로 쓰인 것이라면, 반고의『한서』는 현재의 왕조에 근거한 지상의 눈, 한 왕조의 눈으로 쓰인 것이다. 그리고『한서』이후, 중국 역대 왕조의 정사는 대개가 이러한 현 왕조(정권)를 위한 역사였다.

저자인 오키 야스시는 이러한『사기』와『한서』의 특징을 누구보다도 더 잘 이해했다. 이러한 두 사서의 특징을 바탕으로 유교와의 거리, 역사가들의 삶, 각 시대인들의 두 책에 대한 평가 등을 다루면서 역사서에 대한 풍부한 정보를 제공한다.

권위에 의해 인정을 받지 못한 것이 '야(野)'라면 나라에 의해 공인 받지 못한 역사는 '야사'(野史)다. 다른 쪽에 '정사'(正史)가 있다. '정사'는 기전체 형식으로 기술되고, 왕조의 권위에 의해 공인된 역사서다. 중국 정사의 대표는 사마천의 『사기』와 반고의 『한서』다. 『사기』가 130권, 『한서』가 100권이다. 이처럼 방대한 분량의 책이 서사 재료로서 종이가 아직 존재하지 않던 2000년도 더 이전에 쓰였다. 죽간이나 목간에 기록하는 작업이었다.

사마천은 왜 『사기』를 저술하게 됐을까. 궁형이라는 치욕 때문이었을까. 그건 아니다. 태사령이던 부친 사마담의 유언이었고 자신의 직무에 속했다. 나아가 동중서의 춘추공양학(春秋公洋學) 영향이 있었다. 궁형 없이 평범한 인생을 살았더라도 『사기』는 완성했을 것이다. 다만 궁형 때문에 중국 최초의 통사인 『사기』에는 더욱 특별한 느낌이 보태졌다.

반고도 부친의 뜻을 이어받았다. 부친 반표는 사마천의 『사기』를 잇는 역사서를 쓰려고 했으며, 실제로 『후전』 65권을 완성했다. 『후전』은 한 무제 시대로 끝난 『사기』의 뒷부분을 이어 쓴 것이나. 사마천보다 뒤 시대 사람인 반표는 당연히 사마천의 『사기』를 참조했다. 부친이 세상을 뜬 이후 반고는 본격적으로 집필에 들어갔다. 그런데 반고가 역사를 저술한다는 것을 안 어떤 이가 멋대로 역사를 고쳐 쓰고 있다며 문제를 제기했다. 후한의 명제(明帝)는 반고를 옥에 가두고 자료를 모두 몰수했을 뿐만 아니라 문초도 했다. 하지만 동생 반초의 노력으로 명제는 반고를 용서하고 반고를 난대령사로 등용해 『세조본기』를 집필토록 명했다. 나중에는 중단된 한나라의 역사 집필을 권유했다. 이렇게 해서 완성된 것이 『한서』 100권이다.

　반고는 사마천을 '명철보신'(明哲保身)하지 못했다고 비난했지만 자신도 최후에는 비참한 죽음을 맞게 된다. 가까운 친구가 대역죄를 저질러 자신도 측근이라는 이유로 투옥된다. 반고는 옥중에서 죽었다. 죽음이라는 점에서는 오히려 천수를 누린 사마천이 더 나았다고 말할 수 있을 것이다. 예나 지금이나 역사가의 운명은 가혹하다.

　저자는 『사기』와 『한서』를 종횡으로 비교하며 서지학적으로 검토하고 역사학적으로 평가한다. 통사인지 단대사인지, 유교를 근간으로 하는 사상적 거리는 어디쯤인지를 따져 놓았다. 동·서 양학에 대한 일본의 학문적 수준은 늘 놀라움 그 자체다. 현대 동양학은 더 이상 중국의 학문이 아니다. 일본학이다.

　역사적으로 볼 때 『사기』와 『한서』는 끊임없는 경쟁 관계였다. 후한에서 당나라 초까지는 『한서』가 우세했다면 중당 시대에 이르러 문벌 귀족들이 몰락하고 과거 출신 관료들이 득세하면서 『사기』의 지위는 확고해졌다. 명대에도 『사기』의 인기는 계속됐지만 청대에 이르러 고증학이 성행하자 다시 『한서』를 선호하는 성향도 생겨났다. 물론 지금 우리나라에서는 『사기』의 인기가 더 높을 것이다. 저자의 『사기』와 『한서』에 대한 결론은 이렇다. 사마천의 눈은 '신의 눈'이요, '우주의 눈'이다. 이에 반해 반고의 눈은 '지상의 눈', '왕조의 눈'이다. 사마천은 역사를 거울이라고 했다. '정치를 잘못하면 어떤 왕조라도 쇠퇴하고 멸망하게 마련이니 역사를 거울로 삼아 행동하라'는 것이다. 반고는 왕조의 절대성을 분명히 드러내는 쪽이었다. 찬란한 한나라 왕조의 역사를 분명하게 하기 위해, 바꾸어 말하면 현재의 왕조를 위한 책이었다. 거울이라기보다는 찬란한 현실에 대한 기록 자체였고, 정통성에 대한 확인이었다. 사마천과 반고의 대립되는 역사적 관점은 예나 지금이나 여전한 것 같다. 인간이 살아 있는 한 역사는 나아가고, 그렇게 역사는 기록되고 끊임없이 해석되기 때문이다. 오늘이 내일의 역사다. 인간 없이 역사가 없고 역사 없이 인간이 없다면 우리 시대는 좀 더 겸손을 요구한다.

다산의 길을 좇아
렌즈에 담다

『다산의 후반생 : 다산 정약용 유배와 노년의 자취를 찾아서』

차벽 지음 | 돌베개 펴냄

정조 치하 승승장구하던 다산의 운명은 정조의 갑작스런 죽음과 함께 모든 것이 바뀌었다. 1801년 11월, 다산은 형 정약전과 함께 기나긴 유배의 길에 올랐다. 그 모진 세월이 18년이다. 긴 유배 생활을 끝내고 고향 마재로 돌아온 다산은 다시 18년간 은자로서의 삶을 살고 생을 마감했다.

프로 사진작가인 차벽은 전라도 강진과 경기도 마재 등지에서 90여 컷의 사진을 직접 담아 유배지에서 많은 제자와 지인을 두었고, 600여 권에 달하는 수많은 저서를 내놓은 치열한 다산의 삶을 좇는다.

다산이 남긴 시문집을 비롯해서 다산과 교유한 주변 인물들의 문집까지 모두 검토하여 사실을 바탕으로 다산의 후반생을 재구성했다. 주변인들과 나눈 대화, 지어준 시문 등을 통해 당시의 모습을 그대로 재현해 내고 있다. 하지만 이들이 주인공은 아니다. 이들과 함께 만들어 간 다산의 기적과도 같은 치열한 삶을 매 꼭지마다 유배 직후부터 삶을 마감하기까지 시간의 흐름에 맞추어 보여 주고 있다.

"북풍에 눈 날리듯 / 남쪽 강진의 밥집까지 밀려 왔네. / 다행히 조각산이 바다를 가려 / 총총한 대나무로 세월을 삼는구나. / 옷이야 남녘이라 겨울에도 덜 입지만 / 근심이 많아서 밤에 술을 더 마시지. / 한 가지 일이 나그네 걱정 겨우 잊게 해주니 / 동백이 설도 전에 벌써 꽃피운 거라네."("객지에서 마음에 품은 생각을 쓰다")

술을 좋아하고 친구를 좋아했던 다산 정약용은 적극적 지지자였던 정조 대왕과 정승 채제공이 사망한 뒤, 1801년 11월 전라도 강진 땅으로 유배를 떠났다. 당시의 지배 세력인 노론은 지난 정권의 실세들을 내쫓기 위해 적당한 죄목을 찾던 중 천주교라는 기막힌 건수를 찾아낸 것이다. 다산은 비록 정조 생전에 천주교를 배교했지만, 어떻게든 옭아 넣으려는 그들 앞에서는 어쩔 수 없었다. 자형이 이승훈이었고, 외종형이 윤지충이었고, 그의 셋째형이 정약종이었다. 이들은 1801년 신유사옥 때 모두 죽임을 당했다. 다산은 정조 승하의 슬픔을 채 정리하기도 전에 차가운 겨울바람을 맞으며 유배의 길에 올랐다. 다산에게는 비극이었지만 후세의 사람들에게는 자부심이 된 유배 생활 18년은 그렇게 시작됐다.

전남 강진에서 태어난 것 말고는 다산과는 아무런 인연이 없었던, 프로 사진작가이자 아마추어 다산 연구가가 글과 사진으로 『다산의 후반생』 36년을 답사했다. 다산이 쓴 시와 산문을 읽으며, 다산이 걸었던 길을 쫓아 카메라 렌즈에 담아냈다. 그간 학계의 성과를 바탕으로 철저히 고증해 가며 절묘하게 문학적 상상력을 더했다.

글과 사진이 동행하는, 90여 컷의 사진 예술은 다산의 후반생 36년의 인생길을 슬프게 펼쳐 보인다. "나는 임술년(1802) 봄부터 곧 저술을 업으로 삼아 붓과 벼루만을 곁에다 두고 아침부터 저녁까지 쉬지 않았다. 그 결과 왼쪽 어깨에 마비 증세가 나타나 마침내 폐인의 지경에 이르고, 시력이 아주 어두워져서 오직 안경에만 의지하게 되었는데, 이렇게 한 것이 무엇 때문이었겠느냐?"("두 아들에게 보여 주는 가훈") 오로지 학문의 길이 성인의 길이었다.

유배 18년, 해배의 성은이 도착하여 귀양살이에서 풀려났다. 1818년 9월 14일 다산은 아들과 제자들과 함께 우마차를 끌고 귀향길에 올랐다. 그동안 모아 놓은 자료와 저술한 600여 권의 책, 초서한 자료 등을 다 갖고 올라왔으니, 우마차 가득 짐을 실었을 것이다. 18년 만에 고향땅을 밟은 다산은 큰형님 정약현과 함께 부모님의 묘소에 참배를 갔다. 하지만 해배가 곧 영광은 못되었다. 경제적으로도 육체적으로도, 그리고 입신양명을 꿈꾸는 유학자의 도리에도 힘들었다. 1830년 딱 한 번 조정의 부름이 있었다. 대리청정하던 효명세자가 위독하자 다산을 부른 것이다. 탕제의 일이었다. 다산이 제조한 약을 먹고 효명세자가 죽는다면 다산은 책임을 져야 했고, 조정의 명을 따르지 않는다면 불충이었다. 다산이 필요한 약재를 가져오라고 백리 길이 넘는 마재 집으로 사람을 보내 시간을 끌고 있는 동안 효명세자는 세상을 떠났다. 임시직이었던 다산의 벼슬도 날아갔다.

강진 유배 시절 다산에게는 홍임이라는 딸과 부인이 있었다. 그 부인과 딸이 다산초당에 함께 기거했다. 이것이 역사적 사실이라면 다산이 강진을 떠날 때 딸 홍임은 8~9세 정도였을 것이다. 이 일을 두고 해배 후 부인 홍씨와의 사이가 한동안은 불편했을 것이다. 다산은 부인 홍씨와의 결혼 60주년 회혼 잔치에 맞춰 '회근시' 한 편을 지어 주었다. 그리고 회혼 잔칫날 아침 다산은 영면에 들었다.

"60년 풍상의 바퀴 눈 깜짝할 새 굴러 왔지만 / 복사꽃 화사한 봄빛은 신혼 때와 같네. / 살아 이별 죽어 이별이 늙음을 재촉하나 / 슬픔 짧고 즐거움 길었으니 임금님 은혜겠지. / 오늘밤 뜻 맞는 대화가 새삼 즐겁고 / 그 옛날 붉은 치마엔 먹 흔적이 남아 있네. / 나눠졌다 다시 합해진 내 모습 같은 / 술잔 두 개 남겨 두었다 자손에게 물려주려네.”
('회근시')

2부

교양을
읽는다

생각하는 백성이라야
삽니다

『**함석헌 저작집**』(전 30권)

함석헌 지음 | 한길사 펴냄

기독교 사상가, 인권 운동가, 언론인으로서 두 차례 노벨 평화상 후보자로 선정되기도 한 '한국의 간디' 함석헌의 저작들을 모아 총 30권으로 정리한 이 책은 20세기를 대표하는 사상가로서 함석헌이 설파했던 현장으로부터 우러나온 그의 사람됨과 인간으로서의 도리, 그리고 생명의 본질을 본격적으로 소개한다.

함석헌의 철학, 역사 관련 에세이들을 모은 제1권 『들사람 얼』부터 제30권 『뜻으로 본 한국역사』까지 총 30권으로 구성된 『함석헌 저작집』은 정치, 언론, 교육, 종교의 혁명을 강조하며 항상 사유하고 실천하는 것을 미덕으로 삼았던 함석헌 선생의 글을 통해 현대사회 속에서 물질적 삶에 사로잡힌 독자들의 혼을 깨우고자 한다.

특히 30권의 책을 관통하여 거듭 반복되는 함석헌 선생의 일관된 주제들, 즉 민중 사관과 고난 사관, 비폭력 평화주의, 세계주의로의 이행, 사회진화론, 종교적 가치관, 상생론적 같이살기운동 등 개인과 민족을 뛰어넘는 보편적 인류로서의 담론을 형성하는 주제들을 통해 독자들 역시 깨우침을 얻을 것을 요구한다.

"쓰다가 말고 붓을 놓고 눈물을 닦지 않으면 안 되는 이 역사, 눈물을 닦으면서도 그래도 또 쓰지 않으면 안 되는 이 역사, 써놓고 나면 찢어 버리고 싶어 못 견디는 이 역사, 찢었다가 그래도 또 모아대고 쓰지 않으면 아니 되는 이 역사, 이것이 역사냐? 나라냐? 그렇다. 네 나라며 내 나라요, 네 역사며 내 역사니라."(제30권『뜻으로 본 한국역사』)

그러면서도 선생님은 끝없이 쓰고, 말하고, 경책했다. 그 말과 글이 모여 30권이나 되는『함석헌 저작집』으로 만들어졌다. 1988년 당시 20권으로 간행된 전집을 토대로, 새로 찾아낸 말과 글을 모았다. 상업주의를 넘어선 출판사의 열정이 놀랍다. "일본은 자기 사상가들의 전집을 주기적으로 재간행한다. 한국은 재간행은커녕 정리도 안 해준다. 죽으면 그걸로 끝이다." 한길사 김언호 대표의 말이다. 그래서 부끄럽다. 나 또한 서양 사상과 문화에 대한 사대주의를 벗어나지 못한다. 오리엔탈리즘의 포로가 된 지 이미 오래다. 우리 사상과 학문의 뿌리를 찾는 데는 그저 게을렀다.

2009년 출간된 최원식 교수의『제국 이후의 동아시아』를 읽다 놀란 일이 있다. "일본이 아시아의 영국이 된다면 조선은 아시아의 프랑스가 되지 않으면 안 된다"는 고균(古筠) 김옥균의 문장을 찾고서다. 개화파들이 부국강병을 추구한 대국주의자였음을 설명하기 위한 글이다. 조선 후기 한반도의 미래에 대해 고민했음을 말해 주는 중요한 학문적 증거였다.

박지원, 정약용, 신채호, 정인보, 유영모, 백낙청 등 한국의 대표적인 근·현대 사상가들이 있다. 과연 이분들의 책을 제대로 읽은 적이 있었던가. 재해석되거나 그저 언론에 거론되는 수준 말고 뭘 알고 있을까. 우리 근·현대 사상가의 이름을 찾아내기도 쉽지 않다. 서양 사상가들의 이름은 당장 수십 명이라도 적을 수 있다. 그런데 우리 사상가들에 대해서는 턱없이 인색했다. 그렇다면 한국 근·현대에는 사상도 철학도 존재하지 않았을까. 사상가, 철학가는 당연히 존재했으되, 이를 발견하고 재해석하는 데 태만했던 나와 너, 우리 모두의 탓 아니겠는가.

전집은 "나라는 씨알의 나라요, 세계는 씨알의 세계다." "나라를 일으켜 세우는 것은 말하는 씨알밖에 없습니다." "씨알 여러분, 바다 밖으로 희망을 가지고 나가십시오. 이제 세계는 한 나라입니다." "생각하는 백성이라야 삽니다. 생각하는 백성이라야 역사를 지을 수 있습니다"라는 선생의 말씀을 부제로 삼았다. 민중과 씨알, 비폭력 평화주의, 세계주의(globalism), 종교적 다원주의 등 거대 담론들이 유장하게 펼쳐 있다.

"씨알은 아이들입니다. 아이들의 심정을 알고 아이들의 말을 들을 줄 아는, 어른 정치가 아닌, 아이 정치가를, 천하를 좀 둬 둘 줄 아는 정치가를 좀 보내 주시구려!"(제8권『씨알에게 보내는 편지 1』)라는 말씀은 정치 과잉의 시대에 가슴을 흔들어 놓는다.

사상의 깊이와 무게, 30권이라는 책의 두께가 감히 읽을 엄두를 내지 못하게 한다. "방법을 묻느냐, 믿음이 적은 자야. 사랑에는 방법이 없다." 말만 앞서고 또다시 뒤돌아서고 마는 나 같은 이를 위한 준비된 말씀이다. 출판사가 전집 출간 기획 기념으로 펴낸『사랑에는 방법이 없습니다』라는 맛보기 말씀집의 제목은 여기에서 왔다. 문제는 무관심이다. 우리 사상과 철학에 대한 악의적 방관이다.

고전 동화가 지닌
진부함을 깨뜨리다

『세상으로의 첫 여행을 떠날 때 읽는 동화』

잭 자이프스 지음 | 김경숙 옮김 | 사이 펴냄

옛 이야기에 대한 마르크스주의적 접근으로 잘 알려진 저자 잭 자이프스는 "백설 공주", "신데렐라", "라푼젤", "빨간 망토의 소녀", "인어공주" 등 세계적으로 유명한 동화들을 재구성하여 이 책에 담았다.

이 책은 기존의 유명 동화들 속에 불의하고 부당한 세상에 대한 순종, 남성성과 여성성의 고착화, 물질 만능주의적 요소, 인종차별적 요소 등의 은밀한 이데올로기가 보편적인 가치로서 내재되어 있음을 염두에 두고, 이를 현대사회를 살아가는 어린이들이 올바르게 판단할 수 있게끔 재구성하여 책 속에 담았다.

저자는 이 책을 통해 어린이들이 더 이상 고전 동화에서 찾을 수 있는 원시적 형태의 형식과 사고에 사로잡히지 않고 재구성된 동화 속에 내재되어 있는 인도주의적 가치를 추구하기를 기대한다. 또 기존 동화에서의 여성상에서 벗어나 새로운 여성상을 제시하고, 이들이 주체적인 사회의 구성원이 될 수 있는 발판을 마련하고자 한다.

왕자는 무릎을 꿇고 앉아 신데렐라에게 유리 구두를 신겨 주려 애씁니다. 그제야 신데렐라는 어젯밤의 느낌과는 달리 왕자의 코가 우습게

"

생겼다는 걸 알아차리죠. '아무래도 이 유리구두가 발에 안 맞는 척 해야겠어.' 신데렐라가 마음먹었습니다.

독재자 여왕이 통치하는 마운틴스 왕국의 다이아몬드 광산에 일곱 난쟁이 광부들과 힘들게 일하는 보석 세공사 백설이 있습니다. 여왕은 백설이 만드는 보석 장신구가 마음에 들어 왕궁에 잡아 두려 합니다. 백설은 왕궁에서의 편안한 삶을 거부하고 광산의 동료들에게로 도망칩니다. 광산노동자들이 중심이 되어 반란을 일으킵니다. 여왕은 거울에게 백성들의 복종을 명령합니다. 거울이 대답합니다. "부유하고 오만했던 여왕님, 백성들은 당신을 버렸습니다."

인어처럼 물고기의 꼬리를 가진 것이 아닌, 사람과 생김새가 아주 비슷한 루살카가 있습니다. 왕자도 빠질 수는 없겠죠. 첫눈에 반한 두 사람은 일주일 만에 결혼을 하지요. 두 사람은 꿈처럼 달콤할 거라는 기대를 안고 첫 키스를 합니다. "하지만 왕자에게 루살카는 너무나 차갑고 미끄덩했고, 루살카에게 왕자는 너무나 뜨겁고 거칠거칠합니다."

불편하시죠. 『세상으로의 첫 여행을 떠날 때 읽는 동화』의 일부입니다. 사실 저도 읽는 동안 그런 느낌이었습니다. 어느 아이들과 마찬가지로 제 아이들도 인어공주나 백설공주와 같은 공주의 세계를 무척 사랑합니다. 그래서 저도 공주 동화책을 읽어 주기도 하고, 함께 디즈니 영화를 보기도 하고, 캐릭터 상품을 선물하기도 했지요. 때로는 두 딸을 공주님이라고 부르기도 합니다. 그래서일까요. 초등학교 1학년인 둘째는 아직도 공주를 색칠하거나 공주 동화책을 손에 들곤 합니다. 저나 아이들이나 공주·왕자와 마법·환상의 세계에 푹 빠져 살아온 셈이지요.

심청이는 인신매매 당한 것이고, 이도령은 춘향이를 찾아오지 않아 한을 품고 죽었다는 전설만큼이나 백설공주나 신데렐라의 원래 얘기가 이러저러하다는 이야기는 참 많지요. 이 책은 그런 차원에서 벗어납니다. 고전동화가 지닌 진부함과 이데올로기성을 깨뜨립니다. 이 책의 편자는 동화 이론의 세계적인 권위자입니다. 편자는 페미니스트 작가, 시인, 판타지 작가 등을 동원해 미래 세대의 젊은 여성을 위한 성장 동화집을 창작합니다. 문제의식은 단순하면서도 보편적입니다. 지금까지 고전동화가 갖는 부정적인 측면을 여덟 가지로 정리합니다. "첫째로 여자들은 가난한 소녀이거나 예쁜 공주이며, 그들은 수동적이고 순종적이고 유순하게 행동할 때만 보상을 받는다. 둘째, 계모는 항상 고약하다. 셋째, 최고의 여성은 가정주부다. 넷째, 여성들에게는 아름다움이 최고의 가치다. 다섯째, 남자들은 공격적이고 빈틈이 없어야 한다. 여섯째, 돈과 재산은 인생의 가장 바람직한 목표다. 일곱째, 마법과 기적을 통해 사회문제들이 해결될 수 있다. 여덟째로 동화는 종종 흰 피부색을 아름다움이나 미덕과 동등하게 생각하고, 유색의 피부를 추함과 동일시힌다는 점에서 은연중 인종차별적이다."

공감하지요. 크리스마스 선물이 산타할아버지가 아니라 부모님의 선물임을 알아차린 순간, 유년 시대는 끝난 것이라고 얘기하는 사람이 있더군요. 동화의 세계, 환상의 세계에서 현실로 돌아오는 순간은 색다른 고통일 겁니다. 동화 속 세상을 저 또한 부정하고 싶지 않습니다. 다만 환상의 세계를 인정하더라도 고전 동화를 재해석하고 끊임없이 재창조하려는 노력은 계속돼야 하겠지요. 그렇다면 이 책은 한편으로 아이들을 위한 동화책이기도 하면서 부모들을 위한 동화 교육 안내서이기도 하고, 다른 한편으로 여전히 편향적 이데올로기성에서 벗어나지 못하는 어른들을 위한 동화일 수도 있다는 생각이 드네요.

삶과 죽음에 대한
일본 문화사

『납관부 일기』

아오키 신몬 지음 | 조양욱 옮김 | 문학세계사 펴냄

1993년 일본에서 출간된 이 책은 독자들의 입소문에 의해 매년 재판을 거듭하는 스테디셀러가 된 책으로, 작가가 1973년 관혼상제 회사에 입사하여 염습과 입관이라는 작업을 맡게 되면서 스스로를 진정시키기 위해 쓴 일기에서 탄생되었다. '납관부'(納棺夫)는 죽은 사람을 깨끗하게 씻겨서 마지막 작별의 화장을 해주고, 영원한 여행을 떠나기 위한 의상을 입혀(염습) 입관(入棺)하는 사람을 말한다 작가는 열린 '생'을 바라보며, 사자(死者)를 똑바로 응시한다. 그리고 사자를 응시함으로써 우리가 상실한 생의 본원적인 빛을 회복시키려 한다.
작가는 납관부 일로 죽음을 대하면서 마음을 가다듬기 위한 생각을, 또 생사에 대한 고민을 자신의 일기에 담았다. 그 일기 속에는 저자가 찾은 죽음과의 만남을 통한 삶의 의미가 담겨져 있다.

"사(死)는 의사가 바라보고, 사체(死體)는 납관부(納棺夫)가 바라보며, 사자(死者)는 사랑하던 사람이 바라본다."

  납관부는 죽은 사람을 깨끗하게 씻기고 수의를 입혀(염습) 입관하는 사람의 일본식 한자 이름이다. 우리말로 바꾸면 장의사쯤 될 것이다. 오로지 생계를 위해 무명 시인에서 장례회사의 납관부로 일하게 된 작가 아오키 신몬(靑木新門)은 "납관부는 '시체 처리사'가 아니라 죽은 이가 안심하고 사후의 세계로 갈 수 있게 돕는 사람"이라고 말한다. 염습과 입관의 일을 끝내고 나면 대학 노트에 아무렇게나 휘갈겨 일기를 썼다. 1993년에 도쿄가 아닌 지방에 있는 한 출판사가 『납관부 일기』를 펴냈다. 스테디셀러가 됐다. 2009년에 일본 영화 최초로 이 책을 원제로 한 영화가 아카데미 외국어영화상을 받았다. 이 책을 일본 문화 전문가 조양욱 씨가 번역했다.

  납관부 일을 시작한 지 열흘 뒤쯤 10년 이상 만난 적이 없는 집안의 숙부가 찾아왔다. 몇 대를 이어 온 가문의 직계 장손이 장의사가 됐다는 사실을 몹시 나무랐다. 가문의 수치라며 의절을 선언했다. 아내도 작가가 하는 일의 내용을 알아차렸다. 잠자리를 하려 했지만 거절당했다. 대화를 통해 풀어 보려 했지만 허사였다. 아내는 급기야 아이들의 장래를 생각해 달라면서 울음을 터뜨렸다. 며칠 뒤 다시 아내에게 다가갔다. "더러워, 가까이 오지 마." 아내가 히스테리하게 고함을 치며 질겁했다. 날카로운 칼로 푹 찔린 것 같은 충격을 받았다.

  오랜만에 일거리가 들어왔다. 상갓집 현관 앞에 들어서자 오래된 기억이 떠올랐다. 첫사랑 여인의 집이었다. 요코하마로 시집갔다는 소식을 바람결에 들었다. 마음을 단단히 먹고 집안으로 들어갔다. 다행히 그녀가 눈에 띄지 않았다. 작업을 시작하는 순간 얼굴에는 땀이 맺히기 시작했다. 흰옷 소매로 이마를 닦으려는 순간 어느 결에 땀을 닦아 주는 여인이 있었다. 작업이 끝날 때까지 곁에 앉아 내 얼굴의 땀을 닦아 주었다. "내 모든 존재가 그대로 인정을 받은 것처럼 여겨졌다." 숙부가 암으로 입원했다. 어머니는 제발 한 번 문병 좀 다녀오라고 성화셨다. 의식불명 상태에서 순간 의식이 돌아왔다. 아차 잘못 왔구나 싶었다. 그때 숙부가 손을 꼭 잡고 "고맙구나"를 되풀이했다. 장례식 때 '숙부님 용서해 주십시오'하고 빌면서 분향했다. 눈물은 쉴 새 없이 흘러내렸다.

새로 써 붙인 80쪽을 제외하면 초판은 고작 170쪽에 불과한 손바닥 책이다. 일기이자 논픽션이다. 그러나 삶과 죽음에 대한 종교적·철학적·과학적 명상은 그윽하다. 삶과 죽음에 대한 일본 문화사이자 죽음을 다룬 일본 문학의 성취도 상당 부분 들여다볼 수 있다. 작가의 문학적 재능과 논픽션이라는 호기심이 결합되면서 읽기는 편한 책이지만 폭과 깊이 및 울림은 짧지 않다. 책 한 권에서 일본의 저력을 절감한다. 맹목 같지만 이것조차도 일본의 힘이 아닌가 싶다. 우리나 일본이나 상·장례에 대한 터부와 의식이 많은 부분에서 유사해 더욱 그런 생각을 갖게 한다. 좀 더 현실적 관점에서 일본인 특유의 직업관과 이를 전문성으로 극복해 내는 방식도 눈여겨볼 만했다.

인간은 누구나 죽을 때에는 아름다운 죽음을 맞고 싶어 한다. 그러나 무엇이 아름다운 죽음인지에 대해선 아무도 말하지 못한다. 잠자듯이 가는 건지 꽃잎처럼 휘날리는 건지, 지나온 생의 평가에 따라 미추가 달라질 수 있는 건지, 상태인지 과정인지 결과인지 아무도 대답할 수 없다. 2009년 우리는 여러 죽음과 장례를 맞이했다. 다들 삶과 죽음의 의미에 대해 묵상하는 한 계기가 됐으리라. 이 책은 그런 성찰과 묵상을 도와줄 수 있다. 착한 책이다.

저자의 개인사를 넘어
한반도의 현대사로

『**옥중서신**』(전 2권)

김대중, 이희호 지음 | 시대의창 펴냄

김대중 전 대통령이 이희호 여사에게 남긴 편지와 메모를 종합하여 펴낸 『옥중서신』 제1권과, 반대로 이희호 여사가 김대중 전 대통령에게 보낸 편지로 구성된 『옥중서신』 제2권은 옥중 편지를 넘어 김대중 전 대통령의 사상과 가치관, 그리고 이를 바라보는 이희호 여사의 시각이 담긴 일종의 연구 논문이자 문학비평서, 철학서라 할 만하다.

이 책은 1980년 내란음모사건, 1976년 3·1민주구국선언사건, 1978년 서울대학병원 이감 등의 상황에서 김대중 전 대통령이 이희호 여사에게 남긴 편지와 메모, 그리고 이희호 여사가 김대중 전 대통령에게 남긴 편지로 구성되어 있으며 김대중 전 대통령의 민주화를 향한 강한 열망과 투쟁 과정을 고스란히 보여 준다.

제1권에서 김대중 전 대통령은 껌 종이, 과자 포장지 등에 못으로 눌러쓴 메모를 이희호 여사에게 전달하는 등 당시 급박했던 시대 상황 속에서도 민주화를 위한 치열한 투쟁을 보여 준다. 주요 민주 인사들의 이름을 알파벳으로 처리하는 등 민주화 투쟁의 다양한 방식도 확인할 수 있다. 이희호 여사가 보낸 편지에는 김대중 전 대통령을 격려하기 위한 소소한 근황에 대한 소개, 그리고 국내외 정세 및 사회문제 등을 소개함으로써 현실 감각을 잃지 않게 하려는 등의 노력을 보여 준다.

2009년 10월 6일 오후 2시 국립서울현충원 김대중 전 대통령 묘역, 김 전 대통령 묘비 제막식 현장. 식순의 여섯 번째는 이희호 여사의『옥중서신』헌정이었다. 식이 시작될 때부터 어깨를 심하게 들썩거리며 눈물방울을 보이던 이 여사가 보자기에 싸인 책을 헌정하기 위해 일어섰다. 제단 앞에서 윤철구 비서가 책 보따리를 풀어 두 권의 책을 여사에게 건넸다. 한 권은 "김대중이 이희호에게"라는 부제였고, 다른 책은 "이희호가 김대중에게"라는 부제였다. 여사는 정중하게 1천 쪽이 넘는 두 권의 책을 제단에 올렸다. 공저자 가운데 한 사람이 다른 공저자에게 바치는 헌정, 남아 있는 자가 떠나간 자에게 바치는 헌정, 평생을 동지로 동행해 온 자가 동반자에게 바치는 헌정. 이로부터『옥중서신』은 역사가 됐다. 저자들의 일생 그대로, 개인사를 넘어 한반도 현대사가 됐다.

김 전 대통령은 생전에『옥중서신』의 재출간을 결심했다. 이런저런 이유로 공개할 수 없었거나 미처 책에 담지 못한 여러 편지가 남아 있었기 때문이다. 자서전과 함께 남은 생에 대한 정리 작업의 일환이었던 셈이다. 그렇게 하여 원고 정리를 끝내고 세직에 들이기려던 8월, 뜻밖에도 김 전 대통령은 세상과 작별을 고했다.

"못 한 개(이쑤시개 길이의 것) 끝이 연한 것 넣어 주시오."(『옥중서신』1, 1978년 8월 31일)

"볼펜 하나 넣어 주시오. 내가 잘 관리할 터이니 염려 마시오."(8월 18일)

"1. 미제 볼펜심 내일 중 넣어 주시오. 2. 빤스에 허리를 넓은 고무천으로 댄 것은 넣지 말고 천을 겹쳐서 그 사이에 고무줄 넣은 것으로 바꿔 주시오. 그래야 그 사이에 펜을 찔러 넣을 수 있어요."(9월 18일)

1978년 3·1민주구국사건으로 진주교도소에 수감 중이던 김 전 대통령은 지병 치료를 위해 '특별 감옥'인 서울대병원으로 이감됐다. 말만 병원일 뿐 햇빛이 완전 차단되고, 정보 요원과 함께 24시간을 생활해야 하는 지옥 같은 곳이었다. 하루에 두 번 식사를 가져오는 이 여사에게 김 전 대통령은 비밀리에 메모를 전달했다. 필기도구를 구하지 못한 김 전 대통령은 껌 종이, 과자 포장지 등에 못으로 한 자 한 자 글씨를 눌러 썼다. 음화처럼 숨어 있던 말들이 이번 재출간을 통해 되살아났다. 서신의 복원이 아니라 역사의 복원이다. 한승헌 변호사는 책의 재출간에 부쳐 "『옥중서신』은 편지 형식을 빌린 신앙고백이자 나라와 세상을 진단하는 간증이며, 내일을 위한 처방"이라고 했다. 또한 "역사탐구이자 문명비평이며, 연구논문이기도 하고, 민족과 역사 앞에 띄우는 간절한 소망의 메시지"라고 했다. 더 이상 덧붙일 필요를 느끼지 못한다.

조선 시대에는 '유배지 문화'가 있었다. 한양 땅에서 조선 팔도로 귀양살이를 떠난 사람들은 좌절을 떨치고 일어나 유배지에서 학문을 연찬하고, 제지를 가르치고, 시(詩), 서(書), 화(畵), 서한 등으로 위대한 유산을 우리에게 남겨 주었다. 특히 정치적 이유로 유배를 떠난 학자일수록 더욱 그러했다. 유배가 없었다면 추사의 세한도도 다산의 목민심서도 없었을지 모른다. 유배지 문화에 대응하는 '교도소 문화'가 있다. 지난 시절 군사 쿠데타 정권은 인권을 탄압하고 민주주의의 수호자들을 끊임없이 격리시켰다. 교도소는 그래서 도서관이 됐고 화실이 됐다. 김남주의 시와 이응로 화백의 문자추상, 그리고 『옥중서신』이 다 이 덕분이라면 이 또한 역사적 아이러니인 셈이다. 끝없는 긍정의 힘으로 역사의 진보를 믿어야 하고, 아픈 역사의 반복을 저지해야 하는 것이야말로 시민의 의무다. 마지막으로 이 여사의 편지 한 구절.

"어느 누구보다 더 큰 한과 더 큰 고난, 치욕의 쓰림과 저림을 몸소 체험한 당신에게 반드시 하나님의 사랑의 손길이 당신을 크게 축복해 주실 것을 믿습니다."(『옥중서신 2』, 1982년 8월 3일)

쉬운 우리말이
사회를 바꾼다

『우리글 바로 쓰기』(전 5권)

이오덕 지음 | 한길사 펴냄

우리말과 우리글을 살리기 위해 힘써 온 이오덕 선생이 쓴 이 책은 중국어, 일본어, 영어 등의 외국 언어로 인해 일정 부분 무시 받고 또 그 본질이 침해 받기도 한 우리말을 지키자는 목표 의식 아래 저술되었다.

1989년 중국어, 일본어, 영어가 우리말을 어떻게 침해하고 있는지, 또 이에 대해 '말의 민주화'라는 용어와 함께 대안을 제시하는 제1권이 발간되며 사회적으로 뜨거운 인기를 얻었던 이 책은 이에 힘입어 1992년 개정판과 함께 우리말을 어떻게 하면 제대로 쓸 수 있고 궁극적으로는 살릴 수 있는지에 대한 구체적이고 세부적인 방안을 제시한 제2권을 펴냈다. 이오덕 선생이 직접 펴낸 마지막 책이라 할 수 있는 제3권은 제 1, 2권의 내용을 정리하는 성격을 갖고 있다. 그리고 제 4, 5권은 이오덕 선생의 유고를 모아 새로이 출간되었다.

저자는 삶 속에서 말과 글을 깨우치기를 강조한다. 사람은 '일하면서 살아가는 가운데서 비로소 사람다운 마음을 가지게 되고, 사람다운 감정을 지니게 되고, 사람다운 행동을 하게 된다. 말도 삶에서 배워야 살아 있는 말이 되고, 글쓰기도 물론 그렇다. 책 읽기도 자기의 삶이 있어야 비로소 읽은 것이 제 것으로 유익하게 된다'는 것이다.

더 이상 글을 쓸 수 없다. 이오덕 선생의 책을 읽고 나면 그렇다. "쉬운 말로 쓰고, 우리말로 쓰고, 살아 있는 말로 쓰는 것"이 '사람다운 글쓰기'인데 그럴 수가 없다. 1989년 『우리글 바로 쓰기』 제1권이 처음 출간됐다. 그때 책 읽기의 충격이 지금도 생생하다. 제 2, 3권으로 이어진 책은 그동안 25만 부가량 팔렸다. 선생은 바른 말과 바른 글을 두고 우리 곁을 떠났다. 남은 글들이 제 4, 5권으로 편집되면서 모습을 달리해 전집이 됐다. 표지의 훈민정음과 도드라진 한글 자음이 선생의 공덕을 일깨운다.

문자는 신성 왕조의 산물이다. 통치를 위한 수단이 아니라 신과 소통하기 위한 수단이었다. 사람과 사람이 소통하기 위한 수단으로서의 문자는 한참 뒤의 일이다. 그런데 아직까지도 고대 왕조의 부활을 꿈꾸는 이들이 있는 것 같다. 말을 문자의 감옥에 가두려는 사람들이다. 이들은 전문직이라는 이름으로 어려운 말만 골라 쓴다. 한자 병용이라는 명분으로 한자를 더 사랑한다. 세계화라는 이름으로 영어를 더 즐겨 쓴다. 말과 글을 공연히 어렵게 만든다.

이런 시대의 사람들은 자신의 "삶과 삶의 느낌을 바르고 자유스럽게 글로 나타낼 수 없다. 말과 글이 일반 민중에서 떠나 민중을 등지는 길로 가게 되고, 따라서 사람들의 생각이나 행동도 비민주로 되기 쉽다." "글이 세상을 움직이는 이 시대에는 누구든지 하고 싶은 말을 자유롭게 글로 쓸 수 있어야"하고 "그래야 민주주의도 되는 것"인데 말과 글이 다르고, 글쓰기가 특정 계층의 전속이던 왕조 시대로 되돌아가게 되는 것이다.

민주공화국의 기초는 말과 글이다. 우리말, 우리글이다. 선생은 말한다. "우리 국민들의 정신을 바로잡지 않고는 정치고 경제고 학문이고 교육이고 어떤 것이고 제자리에 바로 놓일 수 없다. 정신이 곧 말이고, 말이 정신이다. 깨끗한 말, 누구든지 잘 알 수 있는 쉬운 우리말로 말을 하고 글을 쓰면 우리 사회는 저절로 환하게 밝아지고, 모든 것이 제대로 될 것이다." 선생은 우리의 말과 글을 바로 세우는 일이 역사를 바로 세우는 일이라 했다. "어째서 정직하고 성실하게 일하면서 살아가는 사람은 지도자가 될 수 없나. 국회의원이고 장관이 될 수 없나. 어째서 말만 앞세우고 수단 방법 안 가리고 입신출세를 하려고 하는 재주꾼들만 설치는 사회가 되었나. …… 얼이 빠졌기 때문이다. 우리말, 우리 글자, 우리 땅, 우리 것을 귀하게 여길 줄 모르니 얼이 빠질 수밖에 없다. …… 이 근본 문제를 제대로 보지 않고는 절대로 우리 사회를 바로잡을 수 없고, 우리 역사를 바로 세울 수 없을 것이다."

근본 문제를 해결하기 위해 선생은 제안한다. "우리가 그 어떤 일보다도 먼저 해야 할 일이 외국말과 외국말법에서 벗어나 우리말을 살리는 일이다." 이는 "이 땅의 민주주의는 남의 말, 남의 글로써 창조할 수 있는 것이 아니라 우리말로써 창조하고 우리말로써 살아가는 것"이어서다.

선생의 희망은 책상이 아니었다. 말과 글을 직업으로 삼는 이들이 아니었다. 신문의 글쓰기는 혹독한 비판의 대상이었다. 아이들이 희망이었다. 선생은 "어른들이 쓴 글에서보다 아이들이 쓴 글에서 더 많이 감동하고, 더 많이 깨닫고 배웠다." 아이들의 글이 가장 바른 글이었다. 그리고 농사꾼 무지랭이들이 참이었다. "학교 공부를 하지 않은 사람, 그래서 글을 읽지 못하고 책을 읽지 못하는 사람, 그저 말밖에 할 줄 모르면서 살아온 농사꾼들, 그 밖에 일하면서 살아온 사람들이야말로 깨끗한 우리말을 하는 사람들이고, 산과 들에서 곡식을 가꾸면서 자연과 함께 살아온 사람들이야말로 가장 깨끗한 사람, 참된 철학과 사상을 가진 사람이라고 믿었다." 그렇게 살다 가셨다.

성자의
말년 고독

『공자 최후의 20년 : 유랑하는 군자에 대하여』

왕건문 지음 | 이재훈, 은미영 옮김 | 김갑수 감수 | 글항아리 펴냄

왕건문은 이 책을 통해 "왜 공자는 그토록 오랫동안 떠돌아야 했을까"라는 질문으로부터 출발하여 공자 타계까지 20년간의 공자의 행적에 초점을 맞춘다. 그가 바라보는 공자는 오늘날 세계 4대 성인으로 불릴 만큼 사상적으로, 또 학문적으로 업을 쌓은 이가 아닌 고뇌하는 인간이자 어느 한 국가에서도 꾸준히 정치적 이상을 펼치지 못한, 실패한 정치가로 비춰진다.

이 책은 공자가 정치가로서의 삶을 뒤로 하고 본격적으로 유랑생활을 시작한 55세부터 타계할 때인 73세까지 그의 행적에 주목해 떠돌이 생활을 하는 동안 맞닥뜨렸던 제후들의 냉대, 유랑 생활에 지친 제자들의 항변, 정치가로서의 삶과 이상으로 품었던 도(道)에 대해 느꼈던 딜레마 등에 대해서도 사료 분석과 공자 내면에 대한 예리한 추적을 통해 분석한다.

특히 현실에 처해 있는 정치적 입지에 만족하지 않고 실현하고자 하는 이상을 위해 끊임없이 움직였던 공자와 일정 부분에 있어서는 이를 이해하지 못했던 제자들과의 논쟁, 공자의 내면에 숨어 있던 도가적 측면과 유가적 측면이 서로 부딪히면서 내면적 합의를 이뤄 가는 과정에서 저술된 '논어'와 '춘추', 그리고 그 속에

녹아 있는 자아 찾기의 과정은 그간 '논어'와 공자의 삶을 규정해 왔던 익숙한 기준들과 시각들을 벗어난 새로운 면모를 보여 준다.

소크라테스는 독배를 들었고, 예수는 십자가에 매달렸다. 부처는 배탈이 원인이 됐고, 공자는 기원전 479년 봄에 '가슴 가득 이상을 품고' 아쉬움 속에 세상을 떴다. 공자는 사상가인가 혁명가인가 종교가인가, 봉건성을 담지한 반동인가 탁월한 현실 정치인인가.

사마천은 『사기』에 "공자세가"를 썼다. 공자에 대한 가장 오래되고 상세한 전기라지만 물론 불신도 그만큼 크다. 『사기』에 따르면 공자가 나이 쉰이 넘어 노나라의 대신으로 일할 때다. 공자는 이때 두 번에 걸쳐 살인을 교사한다.

한 번은 수준 낮은 음악가, 한 번은 정치를 어지럽힌 소종묘라는 사람에 대해. 그렇다면 세계 4대 성인이라고 하는 사람 가운데 당당하게 살인을 감행한 사람은 공자밖에 없다.

다른 한편 『논어』에서는 "정치를 하면서 어찌 살인할 필요가 있겠는가"("안연"편)라고 했다. 이런 공자에 대해 누구도 부정할 수 없는 사실이 있다. 공자는 '유랑'하는 사람이요, 망명객이었다라는 점이다. 이상을 좇아, 현실을 좇아 한평생 끝없이 꿈을 꾸던 사람이 공자였다. 꿈에 나타나는 것은 언제나 주공이었다. 이 꿈을 좇는 공자의 망명 생활이 합해 20년이 넘었다. 만년의 어느 날 독백이다. "심하도다. 나의 늙음이여! 오래되었도다. 내가 다시 주공을 꿈속에서 뵙지 못한 것도." ("술이"편)

대만의 학자가 『공자, 최후의 20년』을 되살렸다. 일본의 세계적 불교학자 나카무라 하지메의 『붓다의 마지막 여행』과 비견할 만하다. 만년의 유랑 속에서 공자와 제자 간의 갈등 및 성인으로서의 고독을 드러냈다. 한편 "도가적이고 은자적인 세상을 떠나려는 공자와 유가적이고 실천하는 공자"의 세계를 그렸다. 저자는 현실 속에서 실현할 수 없는 도를 추구한 공자가 마지막에 한 선택이 바로 요순의 도를 미래에 전한 『춘추』의 집필이라 했다. 공자의 말년은 쓸쓸했다. 공자를 지탱해 온 두 제자 자로와 안회, 그리고 아들이 먼저 세상을 떴다. 안연이 죽었을 때 공자는 "아아 하늘이 나를 망쳤구나"라고 했고, 자로가 죽었을 때는 "아아 하늘이 나를 저주했다"라고 했다("춘추공양전"편).

논어에는 오직 유(儒)라는 말이 한 군데 나온다. 공자가 자하에게 이르기를 "너는 군자의 유가 되어야지 소인의 유는 되지 말아야"("옹야" 편)라고 했을 뿐이다. 공자의 가르침을 유의 가르침, 즉 유교라는 식으로 부른 것은 정반대쪽에 위치한 '묵가'로부터 나왔다. 이때만 해도 무시하는 말이었다. 그런데 전한의 무제에 들어와 세상이 변했다. 오경 박사(五經博士)를 두면서 유교는 국교가 됐다. 공자는 중화 체제의 정통이 됐다. 유교 사상은 한민족의 지배 이데올로기가 됐고, 중국의 국가 체제와 정치체제를 이끌었다.

그리고 이런 유교 사상은 불교, 도교와 함께 동양 문화의 상징이 됐다. 우리 또한 이런 사상 체계 속에서 2천 년이 넘도록 살아 왔다. 중국이 제국주의와의 근대화 경쟁 속에서 패배하면서 공자는 한때 봉건의 상징이 됐다. 다시 중국이 공산주의 물결과 문화혁명의 틈바구니에 휩싸이면서 공자는 영영 몰락한 것처럼 비춰졌다.

중국권의 월드스타 주윤발이 공자가 되어 나타났다. 중국 공산당 정부에 의한 '화려한 복권'이다. 중국 영화진흥위원회는 얼마 전 중국 내에서 인기리에 상영 중인 할리우드 영화 〈아바타〉의 상영을 금지한다고 발표했다. 그 대신 공자의 전기 영화 〈공자-춘추전국시대〉를 상영하도록 했다. 우리나라에서도 〈공자〉는 〈아바타〉와 경쟁 중이다. 물론 흥행의 승자는 전 세계적으로 〈아바타〉다. 미국과 중국의 차이일까, 기독교와 유교의 경쟁일까, 서양 문명과 동양 문명의 차이일까. 겨울잠에서 깨어난 중국 경제의 잠재력만큼이나 공자의 재등장은 현실이다. 공자는 더 이상 기원전 500년대 춘추전국시대의 유랑객이 아니다.

가공의 신화가 아닌
천재의 모습

『모차르트 그 삶과 음악』

제러미 시프먼 지음 | 임선근 옮김 | 포토넷 펴냄

일반 대중들을 상대로 역사적으로 위대한 음악가들을 쉽고 재미있게 소개해 온 낙소스(Naxos) 레이블의 "우리가 사랑하는 음악가" 시리즈는 세계적으로 잘 알려진 작가이자 음악가 제러미 시프먼의『모차르트, 그 삶과 음악』을 펴내며 가장 위대한 작곡가이며 천재 작곡가였던 모차르트의 삶을 재조명한다.

이 책은 먼저 모차르트가 살았던 당시 시대상을 소개하고, 그 뒤로 작곡가로서의 그의 삶을 유년 시절부터 추적해 간다. 당시 높은 지성의 소유자였으나 좌절된 야심가로서의 아버지 아래에서 모차르트가 겪어야 했던 성공과 좌절의 성장 과정과 낭비벽으로 인한 가난한 삶, 그리고 비극적인 죽음에 이르기까지 파란만장했던 그의 삶은 어렵지 않게 독자들에게 다가간다.

다섯 살 때의 작품부터 유작에 이르기까지 모차르트의 음악을 풍부하게 인용하면서 매혹적인, 그러나 정의하기 어려운 한 인물의 참모습을 드러낸다. 외부자의 시각으로 바라본 그의 삶뿐만 아니라 작곡가 본인, 그리고 그를 둘러싼 주변 인물들의 생생한 증언들도 담고 있어 모차르트를 바라보는 새로운 시각을 제공한다.

볼프강 아마데우스 모차르트의 천재성은 음악에만 국한되지 않는다. 그는 '복잡다단한 인간성에 대한 뛰어난 통찰력'을 지닌 작가였다. 등장인물의 성격은 오페라 노랫말에서 드러나는 것이 아니다. 노랫말이 실린 음악에서다. 1786년 5월에 초연된 〈피가로의 결혼〉은 오페라 역사상 빼어난 걸작 가운데 하나다. 〈피가로의 결혼〉 3막에 나오는 육중창. 놀랍게도 모차르트는 여섯 사람이 동시에 저마다 각기 다른 노래를 부르게 하면서도 각 노래의 성격을 일관되게 유지시켰다. 음악 잡지『피아노』의 에디터이자 음악가들의 전기 작가로 널리 알려진 저자 제레미 시프먼은 "드라마 작가로서 모차르트는 셰익스피어에 비견할 만하다"고 치켜세웠다.

모차르트가 살던 세상은 그의 음악 세계가 지닌 완벽한 질서나 충만한 아름다움과는 유사점이 거의 없는 난폭한 변화의 시대였다. '영원한 어린이'로 '과거의 왕국'에 살던 그는 음악적 진전을 통해 극적·정서적·정신적 표현의 영역을 확장시켰다. 그래서 오늘날 그의 영향력은 음악 분야에만 한정되지 않는다. 이른바 '모차르트 효과'다.

영화와 연극을 통해 21세기에 넘겨진 모차르트의 일생은 낭만적 상상을 자극하기엔 더없이 좋은 선물이었다. 특히 '영원한 어린이'라는 이미지가 그랬다. 19세기만 하더라도 '영원한 어린이'가 표준이었다. 20세기 상반기에 이런 시각이 급작스럽게 흐려지더니 강한 반전이 찾아왔다. 볼프강 힐데스하이머가 쓴 대중적인 전기가 한 계기가 되기도 했지만 이보다는 연극에서 영화로 제작된 〈아마데우스〉의 영향이었다. 영화에서 모차르트는 '영원한 어린이'일 뿐만 아니라 '음악이라는 영역을 빼고는 자기 앞가림도 못하는 경망한 바보'로 묘사됐다. 이 책의 가치는 바로 이 지점에서 출발한다.

최근 연구에 따르면 모차르트 집안에서 진짜 '영원한 어린이'는 모차르트가 아니라 아버지 레오폴트였다. 둘은 늘 따로였고, 아버지는 죽는 순간까지 모차르트에게 매달렸다. 가공의 신화와는 달리 천재들의 실제 모습에서 공통적으로 보이는 특징이 하나 있다. 권력이다. 바로 모차르트가 그렇다. 루이 15세의 연인인 퐁파두르 부인에게 차갑게 거절당했을 때 모차르트는 다음과 같이 말했다고 전해진다. "내게 입맞추기를 거절한 그대는 누구십니까? 황후께서는 내게 입을 맞추었습니다."

질병과 가난에 시달리던 모차르트에게 회색으로 차려입은 정체불명의 방문객(영화에서는 살리에리)이 〈레퀴엠〉의 작곡을 의뢰한다. 일화는 천재에 대한 범인의 질투로 형상화됐다. 죽음은 독살이었고, 아무도 알 수 없는 무덤의 위치 또한 이를 뒷받침하는 증거가 됐다. 〈레퀴엠〉을 의뢰한 이는 발제크 백작이었다. 백작은 곡의 모든 권리를 사들여 손수 악보를 필사한 다음 자신의 작품으로 둔갑시키곤 했다. 간소한 장례 절차, 그리고 다른 주검들과 함께하는 '자루 매장' 방식은 당시로서는 통상적인 일이었다. 사후 200년이 지나도록 무수한 연구 논문, 책, TV 프로그램, 영화가 쏟아져 나왔음에도 독살설을 뒷받침할 만한 증거는 전혀 발견되지 않았다.

모차르트가 남긴 음악의 천상적인 순결함, 선과 악 사이에서 흔들리는 균형, 그의 이중적인 성격 등의 요소가 두루 뒤섞여 자극적인 한 잔의 술로 조제됐다. 그러나 사실 이는 모차르트가 세상에 남긴 극히 일부분을 토대로 하여 음악에는 문외한인 사람들을 위해 조제된 것이다.

저렴한 가격에 수준 높은 연주를 담은 음반 제작사인 낙소스의 "음악가 시리즈"가 번역됐다. 낙소스 레이블과 와인을 사랑하는 번역자가

마치 음악가에 대한 다큐멘터리 영상을 해설하듯 편안하게 풀었다. 아
직까지 음악가의 전기를 전달하는 가장 이상적인 방법이 활자와 음악
을 동시에 접하게 하는 일이라면 표지 안쪽의 시디 두 장은 유용할 것
이다. 모차르트가 편안해 할 것 같다.

종교 간 분열을 넘어선
희망과 대안

『다석 마지막 강의』

류영모 지음 | 교양인 펴냄

불경, 성경 등 종교 학문을 섭렵하며 모든 종교의 근원은 결국 하나라는 다원주의적 종교관과 철학에 두루 능통했던 대석학 다석 류영모의 가르침을 정리하여 펴낸 이 책은 다석 타계 후 그의 가르침을 받을 수 없었던 후학들이나 대중들이 다석 사상의 정수를 배울 수 있는 좋은 기회를 마련해 준다.

1971년 전남 광주에서 자생적 금욕 수도 공동체 '동광원'의 수녀와 수사들을 대상으로 일주일간 다석이 했던 강의의 녹취록을 바탕으로 저술된 이 책은 다석의 종교관인 '일원나교'(一元多敎), 즉 다양한 종교가 존재하고 그 가르침은 모두 다르지만 결국 이를 관통하는 진리는 하나임을 말한다.

다석은 이를 입증해 내기 위해 '맹자', '중용', '주역', 구약과 신약 성경, 불경 등을 두루 섭렵했고 이를 아우르며 그 속에 내재되어 있는 공통적인 진리를 탐구하고, 이를 위한 방편으로써 예수와 석가를 신앙의 대상이 아닌 가르침을 얻는 '스승'의 개념으로 재정립할 것을 이야기한다. 또한 넓은 시각에서 동서 간 사상의 화합을 주장하며 오늘날 종교 간 벌어지고 있는 분열과 갈등을 넘어 상생할 수 있는 희망과 대안을 제시해 준다.

"사람은 죽음의 입 안에 있다. 죽음이 입을 다물면 죽는다." 마하트마 간디의 말이다. 메이지 시대 걸승으로 나중에 도쿄대학교 인도철학 교

수를 지낸 하라단산이 도쿄대 학장의 장례식 법문을 하게 됐다. "그대
들도 죽는다." 딱 한마디였다. 2009년 98세를 일기로 세상을 떠난 '중
국인의 스승' 지셴린이 아흔 넘어 설법했다. "우리는 걸어가고 있다. 우
리 앞에 있는 것은 이 세상에서 나가는 문이다." 영원히 우리와 함께할
것 같던 법정 스님도 떠나갔다. 스님의 죽음 얘기. "죽음은 삶의 한 모
습입니다. 삶의 한 과정입니다. 죽음이 없다면 삶은 무의미해집니다.
죽음이 받쳐 주고 있기 때문에 삶이 빛날 수 있습니다."

　그렇다면 다석(多夕) 류영모 선생의 '죽음 강의'는 어떠했을까. 다석
에게 있어 죽음은 "몸 옷을 벗고 위로 올라가는 것"이다. 그래서 죽는
것을 겁낼 필요가 없었다. "믿음에는 죽음에 겁이 없다"는 것이다. 다
석이 다른 자리에서 말한 걸 박영호 선생이 풀었다. "종교의 핵심은 죽
음이다. 죽는 연습이 철학이요, 죽음을 이기자는 것이 종교다. 죽는 연
습은 영원한 생명인 얼나(참 나)를 기르기 위해서다. 몸이 사는 것이 사
는 것이 아니요, 몸이 죽는 것이 죽는 것이 아니다. 몸으로는 죽지 않겠
다고 야단쳐도 안 되고, 몸이 죽으면 끝이라고 해도 안 된다. 몸나가 죽
는 것은 확실히 인정하고 봄나의 죽음이 끝이 아니라는 것을 깨닫는
것이 신앙이다."

　지난 2008년 7월 아시아에서는 최초로 우리나라에서 "세계 철학자
대회"가 열렸다. 이때 한국을 대표하는 철학자로 소개된 이는 다석과
함석헌 선생. 다석은 30년 전에 이미 우리 곁을 떠났다. 다석은 81살
되던 1971년 8월 광주에 있는 자생적 금욕 수도 공동체 동광원에서 '마
지막' 강의를 했다. 이 강의를 수사 한 사람이 녹음했다. 2000년이 되
어서야 강의 녹음테이프의 존재가 알려졌고, 이를 다석의 직제자 박영
호가 풀었다. 예수도 석가도 자신의 말을 자기가 정리하지 못했다. 이

는 제자들의 몫이었다. 동서고금을 회통하는 다석 사상을 처음 접하는 이가 이번 강의록을 통해 이해하기는 결코 쉬운 일이 못된다. 직제자는 다석의 강의를 날짜순이 아니라 주제별로 재분배함과 동시에 다석의 삶과 말을 동서고금의 성인의 삶과 말에 교직시키면서 다석의 사상을 온전히 드러내 보였다. 그래서 우리는 기독교를 큰 줄기로 삼아 한 국적이면서도 세계적인 종교 사상의 체계를 세운 우리나라 대표 철학자 다석의 사상을 다시 만날 수 있게 됐다.

사실 정통 기독교적 입장에서 다석의 기독 신앙은 받아들이기 쉽지 않다. 이유는 여럿이다. 첫 번째, 다석의 종교관은 종교 다원주의와는 구별되는 일원다교(一元多敎)인 '가르침은 여럿이지만 진리는 하나'에 있다. 수사와 수녀들을 상대로 한 이번 19장의 강의 가운데 맹자 강의가 둘, 중용·주역·요가·가톨릭의 봉헌경 강의가 각각 하나다. 두 번째, 다석에게 "선생이라곤 예수 한 분밖에 없"었다. 그러나 예수는 신앙의 대상이 아니라 깨달음의 스승이다. 다석에게 석가와 예수를 절대시하고 우상시하는 것은 잘못된 길을 가는 것과 같다. 세 번째, 다석에게 현존 기독교는 지나치게 사도 바울이 만들어 낸 육체 부활 신앙, 타율 신앙, 교리 신앙의 틀에 갇혀 있는 것으로 평가됐다. 바울의 교회는 예수가 흘린 피로 속죄함을 믿어라, 예수가 심판하러 오는 것을 믿어라 하는 등의 완전히 타율적인 신앙인 것이다. 다석은 일평생 수도, 교육, 금욕의 삶을 실천한 끝에 마침내 깨달음의 경지에 들었다. 그 깨달음의 경지, 믿음은 어떠했을까. '생사와 애증, 욕망의 노예인 제나(自我, 에고)로 죽고 진정한 나인 얼나(하느님이 주신 영원한 생명)로 솟나야 한다'는 것이었다. 그래서 다석은 종교 간 분열과 갈등을 넘어선 희망과 대안으로 이 험한 세상에 다시 찾아왔다.

옳은 것임을 알면서
왜 실천하지 못할까

『가치를 다시 묻다 : 새로운 시대의 가치혁명을 위하여』

이윤영, 윤한결, 인디고 유스 북페어 프로젝트팀 지음 | 궁리 펴냄

꾸준한 인문학 공부를 바탕으로 청소년 인문 교양지『인디고잉』과 국제판『인디고』에서 활동하고 있는 저자 이윤영과 윤한결, 그리고 글로벌 인문학 프로젝트팀 '인디고 유스 북페어'가 펴낸 이 책은 우리네 삶을 살아가는 데 있어 정답이 정해질 수 없는 윤리적 가치판단을 바탕으로 어떻게 사는 삶이 옳은 삶인지를 함께 생각해 볼 기회를 준다.

이 책은 인디고 유스 북페어에서 갖게 된 질문인 긴게러 존재로서 우리는 어떤 가치를 삶에서 우선시해야 하는가로부터 시작한다. 책은 노엄 촘스키, 반다나 시바, 지그문트 바우만 등 세계의 지성들과의 인터뷰와 이 문제에 대해 직접적으로 질문을 하고 있는 청소년들의 생각을 바탕으로 보편적 가치라 여겨졌던 것들이 지켜지지 않는 현대사회에서 기존 가치들을 재조명하고 이를 되살리려는 시도를 한다.

또한 이 책은 인터뷰와 고찰에 머무르지 않고 가치에 대해 연구하고 이를 현실 세계에 반영하여 실천으로 옮기고 있는 전 세계 사람들과의 만남을 통해 결국 '새로운 시대의 가치 혁명'이라는 이 시대가 필요로 하는 실천 형식을 도출해 내려 한다.

청소년을 대상으로 하면서도 참고서나 학습 교재를 팔지 않는 서점이 있다. 만화책도 문구류도 팔지 않는다. 서가는 철학, 역사, 문학, 예술, 교육, 생태·환경 등 여섯 개로 정리했다. '인디고 서원'이다. 책만 팔진 않는다. 정기적으로 인문학 세미나를 개최한다. 서원을 자주 드나드는 중·고생과 대학생들은 인문 교양지『인디고잉』(INDIGO+ing)을 만들었다. 2009년 초 이들 가운데 20대 초반의 대학생들을 중심으로 글로벌 인문학 프로젝트팀을 만들었다. 이른바 '보통대학 경쟁학과 불행학번'들이 저지른 일이다. 서원에서는 2년마다 한 번 '인디고 유스 북페어'를 연다. 2008년 1회 때의 주제는 '인간'(人+間)으로, 인간이 관계적 존재임과 동시에 윤리적 존재임을 확인하는 자리였다.

2010년 여름에 두 번째 행사가 있었다. 주제가 바로 책 제목인『가치를 다시 묻다』이다. 우리는 사랑, 평등, 자유와 같은 가치들을 우리 사회의 보편적 가치로 받아들인다. 그런데 "이런 가치들이 중요하고 옳은 것임을 알면서도 왜 삶에서는 그것들을 실천하지 못할까"하는 게 출발이다. 오대양 육대주로 선지식들을 찾아 나섰다. 진리를 갈구하는 이 시대의 선재동자들이다.

이들이 만난 사람 가운데에는 하워드 진 보스턴대학교 명예교수도 있다. 진 교수는 2009년 1월 세상을 떴다. 이들은 어쩌면 마지막으로 강의를 들은 한국의 학생이었을 것이다. 노엄 촘스키 매사추세츠공과대학(MIT) 교수도 만났고, 인도의 물리학자이자 환경 운동가 반다나 시바도 만났다. 불확실성에 사로잡힌 근대의 성격을 '액체성'이라는 개념으로 설명한 영국 리즈대학교 명예교수인 지그문트 바우만도 만났고, 그 제자로 바우만의 공부를 체계적으로 정리하고 있는 같은 대학 교수 마크 데이비스도 만났다. 배움엔 끝이 없고 연대성은 공간을 넘어섰다. "인터뷰가 끝나고 며칠 뒤 우리가 독일에 머물 때 데이비스의 메일이 도착했다. 우리가 주고 간 세 권의 책과 열 장이 넘는 영문 자료를 모두 읽었으며, 너무나 공감하고 지지하기에 자신이 우리가 발행하는 『인디고잉』의 국제판 부편집장으로 활동하고 싶다는 메일이었다. 지구 저 멀리 우리와 함께 꿈을 꾸는 사람을 발견하는 것만으로도 가슴이 벅찬데 이렇게 먼저 우리와 함께 공동 기획을 하고 함께 일하고 싶다고 제안하는 사람을 만난 것은 처음이었다. 그 벅찬 가슴을 어떻게 말로 설명할 수 있을까."

이 시대의 현인들이 진리를 전파했다. 우리가 꿈꾸는 좋은 사회는? "자신이 속한 사회가 결코 충분하다고 생각하지 않는 사람이 많은 곳입니다. 그래야만 현재 상태로부터 개선과 발전이 있을 수 있기 때문입니다."(바우만) 그러기 위해서는 무얼 해야 하나? "삶을 바꾸기 위해서는 그에 대한 결단을 내리고 실천해야 합니다."(촘스키) 희망이 있을까? "희망은 동사입니다. 존재의 상태를 말하는 것이 아니라 변화하는 행동을 말하는 것입니다. 즉, 사람들에게 '세상을 바꾸는 것이 쉽지 않죠? 우리의 이 짐을 나눠 가집시다'라고 요청하는 것이 아니라 '네, 이것은 도전입니다. 누구에게나 내리막도 있고 오르막도 있는 것이죠. 하지만 이를 통해 우리는 늘 살아 있음을 느끼잖아요. 늘 깨어 있게 되고, 늘 배울 수 있고, 늘 멋진 사람들을 만나게 되고, 새로운 질문들을 갖게 되는 것입니다'라고 말해야 합니다."(프랜시스 무어 라페) 우리 같은 청소년들에게 가능한 일일까? "물론입니다. 청소년은 단지 청소년이기 때문에 중요한 존재입니다! 그들은 세상을 새롭게 살아갈 수 있고, 기존 세력이 오래된 구조만을 생각하는 것과 달리 모든 것을 통합해 볼 수 있는 능력이 있습니다."(반다나 시바)

어른이 아니라 청소년들 스스로 만든 책이다. 서울이 아닌 부산이다. 공부하는 내내 든든하고 고마웠고 부끄러웠다. 서평이 아니라 기사를 쓰고 싶었다.

왜 떠나는지
생각하고 떠나라

김재기 지음 | 김재기 사진 | 향연 펴냄

여행과 사진을 좋아해서 20여 년간 스물여섯 차례에 걸쳐 전 세계를 여행한 철학과 교수 김재기는 이 책을 통해 이제는 우리의 삶에서 큰 부분을 차지하며 익숙해진 개념인 여행을 인문학, 그 중에서도 철학이라는 새로운 시선으로 바라볼 것을 권고한다.

이 책은 여행과 철학적 사유를 연결 지으면서 과연 우리의 삶에서 여행은 어떠한 의미를 가질 수 있는지, 어떤 가치를 가지는지에 내에 제기의 오랜 여행 경험과 에피소드들, 자료들을 바탕으로 문제 제기를 한다. 동시에 독자들은 저자와 문제 의식을 공유하면서 각자의 생각을 고찰해 볼 수 있다.

과거에 비해 여행이 개인에게 미치는 영향이 커지는 만큼 기존 여행이 갖고 있던 협소한 의미에서 벗어나 여행을 자신의 삶의 질을 한 단계 높이는 동시에 스스로에 대해 생각하며 세상을 바라보는 시각을 넓히고 또 새롭게 다듬을 수 있는 좋은 기회로 삼을 필요성을 제기 한다.

산벚꽃이 바람에 흩날린다. '봄날의 행락은 어느 곁으로 떠나 버렸는가?'(三春行樂在誰邊) 스스로를 묶어 떠나지 못하는 사이에 봄날은 간다.

세계관광기구(UNWTO)는 올 한 해 전 세계 여행자 수가 10억을 넘을 것으로 예측했다.

여행안내서 『론리 플래닛』의 창간자 토니 휠러에게 "여행하면서 가장 좋았던 곳이 어디였습니까"라고 물었다. "공항의 출국장입니다."

여행은 길을 떠나면서 시작된다. 저자가 생각하는 여행의 제1계명은 '왜 떠나는지 생각하고 떠나라'다. 그렇다면 왜 떠나는가. 여행하는 동안 우리는 꿈을 이룸과 동시에 꿈에서 깨어난다. 저자에게 있어 여행은 "환상과 현실 사이의 줄타기" 같은 것이고, 여행자는 "언제나 현실과 환상 사이에서 떠도는 불안한 나그네"다. 책의 경계는 얼핏 모호하다. 여행만큼이나 불안한 줄타기다. '인문학의 눈으로 바라본 여행의 모든 것'이라는 부제가 좌표다. 여행에 관한 인문학적 성찰을 꿈 꾼 듯하다. 그러나 호기심을 통해 여행을 안내했고, 기자 출신답게 우리 사회의 '관광' 현실을 외면하지 못했다.

다른 한편 책은 저자의 일기다. 스페인 여행길에서 누군가는 한번쯤 꿈꾸었음직한 만남이 전개된다. 밤늦은 이방의 항구도시. 목적지를 향한 마지막 버스는 길이 끊겼고, 우중충한 불빛 아래 거리의 여인들이 포구를 배회하는 부두 건너편 뒷골목. "죄송합니다, 손님. 지금 방이 하나밖에 없네요. 다른 방은 다 찼거든요." 통속을 넘어서 심장은 뛴다. 그래서 여행의 가장 큰 매력은 내일 무슨 일이 일어날지 모르는 것이라 했을 것이다.

HRMMS(Hotel-Restaurant-Monument-Museum-Shop Syndrome) 증후군이란 말이 있다. 여행 가서 '호텔, 식당, 기념물(명소), 박물관, 상점'에만 돌아다니는 행태를 슬쩍 비틀어 만든 말이다. 남 이야기가 아니었다. 무작정 떠나지 말라는 것. 저자는 철학의 담장을 넘는다. 인간이 지혜로운 인간인 호모사피엔스라면 본래는 준비하는 인간인 호모 프레파란스(Homo praeparans)이기에 여행 준비는 최선을 다해야 한다고 훈계한다. 여행 준비는 크게 세 가지다. 하나는 돈·시간·체력이라는 하드웨어, 둘은 정보·배경지식·언어라는 소프트웨어, 마지막은 인격·교양·자세다. 이 정도면 전인격이다. 여기에다 가상훈련까지 주문한다. 저자의 논리에서야 당연하다. 여행은 "때때로 생존을 위한 전투"라고 했다.

산업혁명은 마차에서 철도 시대를 열었다. 부르주아들의 여가 생활이 가능해졌다. "자신을 해방시키고 어디서 무슨 일이 일어나든지 그것을 자신에게 친숙한 양식으로 바꾸려 하지 말고 있는 그대로 받아들일 때, 그때야 비로소 진짜 여행을 하게 된다. 그리고 내가 보기에는 이것이 여행과 관광의 차이다."

그렇다면 가는 곳마다 한식당을 찾는 나는 뻔하다. 남는 건 사진뿐이라며 디지털카메라의 셔터를 눌러 대는 것 또한 상습이다. 길에서 만난 현자의 충고다. "내 나이가 벌써 70이 넘었소. 게다가 우리 집에는 지난 40년 동안 세계 곳곳에서 찍은 사진이 수만 장이나 있다오. 방 하나를 가득 채울 정도야. 그 사진들을 다시 들여다보는 것도 어려운판국에 이제 내가 사진을 더 찍어서 뭐 하겠소?" 꿈과 현실, 인문과 실용의 줄타기는 절묘하다. "술은 내가 마시는데 취하긴 바다가 취하"는 성산포처럼 여행은 저자의 일이었으되 여행의 가슴 떨림은 독자의 몫이다. 나도 떠날 수 있을까. "우리 앞에 아무것도 없다면 그때는 끝까지 다 온 것이다. 우리 뒤에 아무것도 없다면 그때는 앞에 시작이 놓여 있는 것이다."(칼 샌드버그) 어차피 떠나야 하고 언젠가 떠나야 할 인생이라면 떠나는 훈련은 계속돼야 한다. 꽃이 지기에는 그래도 봄이다. 책을 덮고 난 뒤 떠나야 할 이유를 찾았으면 좋겠다.

스포츠 민족주의의
초기 문화사

『조선의 사나이거든 풋뽈을 차라』

천정환 지음 | 푸른역사 펴냄

한국 근대시기의 문화사와 현대사회에서의 문화 연구를 진행하는 성균관대학교 교수 천정환은 이 책을 통해 조선인들에게 있어 '민족' 개념이 부여된 경위와 이 민족주의 이데올로기가 가진 의미, 상징, 그리고 그 작동 방식을 스포츠라는 개념과 결합하여 고찰한다.

2002년 한일 월드컵 이후 대한민국에서 월드컵과 축구 국가대표팀 경기가 갖는 의미는 과거에 비해 월등히 중요해졌다. 이 책은 1800년대 말 조선인들 사이에 '민족' 개념이 형성되게 된 과정과 민족주의 이데올로기의 의미, 작동 방식이 당시 스포츠와 밀접한 관련을 갖고 있으며 스포츠 민족주의가 곧 문화민족주의로 완성되어 오늘날 존재한다고 주장한다.

일제강점기 시절 일본에 비해 문화적으로, 그리고 신체적으로 열등하다는 인식이 자연스럽게 내재되었던 조선인들 사이에서 스포츠라는 동력이 어떻게 민족주의를 형성했는지, 그리고 그것이 이어져 오늘날 국가주의적 스포츠와는 어떻게 관련이 되는지를 다양한 역사적 사건을 바탕으로 밝혀내면서 스포츠 민족주의의 실체를 입증한다.

"사나이거든 풋뽈을 차라." 『개벽』 1920년 11월호 기사다. 더없이 함축적인 제목의 이 글은 "조선 사람이 어렸을 때부터 업혀 길러지고 꿇어앉는 습관이 있어서 다리도 짧고 양복을 입어도 폼이 안 난다고 했다. 그래서 한창 인기를 끌고 있던 야구도 좋고 정구도 좋지만, 특히 축구를 권장하노라 했다. 축구를 하면 다리가 길어지고 튼튼해져서 민족적인 신체 결함을 고칠 수 있다는 것이다."

1990년이 지나 남아프리카공화국 월드컵이다. 한국의 차두리 선수는 야생마처럼 초원을 질주하고 북한의 정대세 선수는 감격의 눈물을 흘린다. 다리는 길어지고 몸은 튼튼해졌다. 조선의 사나이들이다. 한국 근대 문화에 글 맑고 눈 밝은 천정환 교수가 2005년 출간된 『끝나지 않는 신드롬』 개정판으로 『조선의 사나이거든 풋뽈을 차라』라는 책을 내놓았다. '자본-민족(국가)-미디어'의 삼각 체제에 의해 유지·재생산되는 스포츠 민족주의의 초기 문화사다.

1936년 8월 9일 밤 11시 2분, 베를린은 오후 3시 2분. 그날따라 베를린의 날씨는 더워 최고 기온이 30도를 넘었다. 조선 땅은 물난리였다. 그해 따라 장마는 두 달 동안이나 이어지고 있었다. 품팔이를 해서 먹고살아야 하는 노동자들은 풀칠하기도 어려웠지만 식민지 조선 사람들은 라디오에, 소문에 귀를 기울였다. '손군 일착!' 손기정 선수는 2시간 29분 12초라는 올림픽 신기록을 세웠다. 물난리와 상관없이 마라톤 우승 축하 열기는 계속됐다. 『동아일보』가 가장 열성이었다. 『조선중앙일보』는 상대적으로 '이성'이 있었으며, 『조선일보』는 중간이었다. 8월 13일 『조선중앙일보』는 손기정 사진을 실으면서 일장기를 희미하게 처리했고, 8월 24일 『동아일보』는 일장기를 지웠다. 조선총독부는 언론이 부추긴 올림픽 신드롬과 일장기 말소 사건을 거시적 차원에서 파악하고 있었다. 그것은 조선 민족주의자들이 벌이는 '민족적 비타협 운동'의 연장선상에 있는 것으로 여겨졌다. 식민 통치는 더욱 폭압적으로 변해 갔다. 그럼에도 "가을부터 조선일보가 챙긴 반사 이익은 대단했다. 동아와 중앙의 독자 상당수가 조선일보에 흡수되었다."

1940년 올림픽은 일본 제국주의 차례였다. 일본은 나치처럼 국운을 걸었다. 그런데 국제정치적 환경은 일본 편이 못됐다. 1938년 7월 15일 일본은 올림픽 개최를 포기하기로 결정했다. 올림픽 포기가 결정되자 경성의 『조선일보』가 사설을 썼다. 사설은 먼저 동양에서 첫 번째로 개최되기로 한 올림픽이 중지된 것은 "섭섭을 불금(不禁)"하는 일이라 했다. 이어서 『조선일보』는 제가 일본 각의를 대신하는 양 시국의 급박함과 올림픽 중지 결정의 불가피함을 설명했다. 손기정이 우승한 날로부터 만 4년이 지난 1940년 8월 10일 『동아일보』와 『조선일보』가 폐간됐다. 식민 통치의 비대칭 파트너이자 식민지 민중을 과잉 대표하던 정치 이념으로서의 문화민족주의, 부르주아 민족주의의 생은 거기까지였다.

민족주의에 기반을 둔 한·일 간의 축구를 둘러싼 경쟁 관계는 때론 긍정적이지만 여전히 소모적이다. '공한증'이라는 단어가 보여 주듯이 한·중 간의 스포츠 민족주의는 새롭다. 한국과 일본은 16강 진출을 위해 서로를 의식하며 각축하고 있고, 중국은 한·일 축구의 아시아 대표성을 두려워하는 한편 부러워한다. 여전히 축구는 서구화·근대화의 징표다. 이뿐만이 아니다. 한국전쟁 60주년, 민족국가의 꿈조차 이루지 못한 남북은 월드컵에서 체제의 우월성을 등에 업고 경쟁하고 있다. 세계 언론은 '천안함'을 잊고서 서로를 응원하는 남북관계를 희한한 눈으로 바라본다. 종합 편성 경쟁과 방송 사영화의 두려운 현실 앞에서 SBS의 독점 중계는 새로운 신호다. 그럼에도 Again 2002년을 꿈꾸는 시민사회의 광장 문화는 살아 있다 못해 붉다. 생활체육과 구분되는 엘리트 체육은 자본과 정치와 언론과 민족과 역사와 늘 함께할 수밖에 없는가 보다.

'못난 나'를 넘어서는
'관계 맺기'

『사랑받을 권리』

일레인 N. 아론 지음 | 고빛샘 옮김 | 웅진지식하우스 펴냄

'사랑'과 '호감'이라는 키워드를 바탕으로 상담을 진행해 온 임상심리학자 일레인 N. 아론은 이 책에서 심리적 상처 속에는 개별 사례들에 공통적으로 영향을 미치는 프레임이 있다는 사실을 착안해 내고 이를 자기 자신을 평가절하하는 신리 기제인 '못난 나'로 상정하여 저서에 담아낸다.

'순위 매기기'와 '관계 맺기'라는 사회적 행동을 지배하는 요인들로부터 출발하여 스스로에 대한 자존감의 부족으로 형성되는 '못난 나'라는 심리 프레임은 우울증, 수치심, 질투, 열등감 등 다양한 심리적 문제로 이어지며, 따라서 이 책은 이 프레임을 통해 문제를 새로운 방향으로 해결할 수 있다고 얘기한다.

저자는 일시적인 미봉책에서 벗어나 문제를 형성했던 근원적인 원인, 즉 심리 프레임을 바꿈으로써 근본적인 문제 해결이 가능하다고 말한다. '못난 나'에서 벗어나 이를 근원적으로 형성하는 데 일조한 '관계 맺기' 단계에서 당당하고 아름답게 타인과 관계를 맺을 수 있도록 도와줌으로써 새롭게 태어날 수 있음을 풍부한 사례와 설문 조사를 통해 입증해 내고 있다.

"오늘은 그냥 슬렁슬렁했어." 경기에서 패배한 사람에게서 흔히 들을 수 있는 말이다. 최소화나 부정을 통한 자기방어다. "교수님 때문에 성적이 엉망이야." 전형적인 남 탓이다. 지나치게 자주 자신이 부당한 취급을 받는다고 느끼거나 생각한다면 '외부 요인 탓하기' 방어기제를 사용하는 것은 아닌지 의심해 봐야 한다.

"내 수준에 맞는 사람이 없어." 살아오면서 한 번쯤은 뻔뻔하게 허풍 떠는 나르시시스트를 만나 본 적이 있을 것이다. 하지만 그런 허풍선이들만 부풀리기를 좋아하는 것은 아니다. "돈만 밝히는 속물은 딱 질색이야." 이 말은 자기 자신이 속물이라는 사실을 알려 주는 신호다.

우리는 스스로 최악의 기분을 알아차리지 못하도록 하거나 회피하기 위해 방어기제들을 사용한다. 보통은 자신이 방어기제를 사용하고 있다는 사실을 인식하지 못한다. 위험한 일이다. 방어기제는 자신을 속이고 때로는 다른 사람들까지 속이기 때문이다. 방어기제 이전에 '못난 나'(Undervalued Self)가 있다. "나는 패배자야. 나는 아무짝에도 쓸모없는 존재야. 사람들이 나를 좋아하지 않는 건 당연해"라고 생각하는 나다. 우리의 내면 깊숙이 숨어 있는 그것은 스스로가 가치 없다고 느끼는 또 다른 '자신'이다. '못난 나'는 좌절과 패배를 피하려는 성향에서 비롯되는 우리 내면의 자아다. 과거에 실패하거나 좌절한 경험이 많을수록 우리 내면의 못난 나는 힘을 얻어 커진다. 못난 나는 순위 매기기가 필요 없는 경우에도 순위를 매기도록 만들고, 자신의 가치를 평가절하시켜 경쟁할 의지를 꺾는다. 저자는 20년 동안의 심리 상담을 통해 우울증, 수치심, 질투, 열등감, 불안 등 다양한 문제 속에 공통적으로 작용하는 프레임 '못난 나'를 찾아냈다.

'못난 나'를 넘어서는 방법은 '관계 맺기'다. 인간은 서로 관계 맺고 사랑하며 살아가는 존재다. 타인에게 영향력을 행사하고, 경쟁을 즐기며, 권력을 추구하는 존재다. 무엇보다도 인간은 주어진 상황에 맞는 최선의 방법을 선택할 수 있는 존재다. 따라서 내면의 '못난 나'라는 문제를 바로잡기 위한 첫걸음은 순위 매기기와 관계 맺기의 차이를 명확히 인지하는 것이다. 사실 순위 매기기와 관계 맺기는 모든 고등동물에게서 관찰할 수 있는 행동이다. 관계 맺기와 순위 매기기라는 말 대신 '사랑'(love)과 '권력'(power)이라는 말을 사용하기도 한다. 사랑은 넓게 보면 관계 맺기의 하위개념이라 할 수 있으며, 권력을 결정하는 것은 사실 순위 매기기라 할 수 있다. 그런데 사람들은 사랑, 즉 관계 맺기를 갈망하면서도 정작 타인과 관계 맺을 때는 늘 권력, 즉 순위 매기기에 치중했다.

책은 '셀프 심리 워크북' 형식이다. 자신을 관찰해야 한다. 트라우마로 봉인된 순진무구한 어린 시절의 나를 만나야 한다. 내가 왜 사랑을 거부하게 되었는지, 나는 왜 관계 맺기에 서툴 수밖에 없는지, 임상심리학자인 저자와의 상담을 통해 상처투성이였던 나와 이별한다. 이별 프로그램이다. '못된 나'와의 이별 여행이다. 살아가면서 단 한 번도 좌절감이나 열패감에 맞닥뜨리지 않는 사람은 없을 것이다. 그래서 인생을 경쟁과 비교의 연속이라 본다면 기쁨은 순간일 뿐 삶의 대부분을 고통에 사로잡혀 살아갈 수밖에 없다. 순위 매기기가 아니라 사랑이어야 한다. 사랑은 어떤 관계 맺기보다도 강렬하고 신비하다. 우리에겐 사랑할 권리가 있고 더불어 사랑받을 권리가 있다. 여름휴가는 떠나는 일이다. 고루하고 번잡한 일상에서 자연과 나를 찾아 떠나는 여행이다. 왜곡된 나를 떠나 참된 자아를 만나는 여행길이다. 사랑받을 권리만큼이나 사랑할 의무를 깨닫는 여름휴가이기를.

정치인이 아닌
'인간 김대중'

『**김대중 자서전**』(전 2권)

김대중 지음 | 삼인 펴냄

이 책은 기존 도서들이 김대중을 정치인으로서, 대통령으로서 분석해 온 것과는 차별화하여 그의 탄생으로부터 서거까지 인간 김대중의 삶을 기록한다. 그의 구술과 잔존 자료들을 바탕으로 쓰인 초고를 김대중이 직접 검토·수정한 책으로 서거 후 발간됐다.

이 책 제1권은 김대중의 출생에서부터 대통령 취임 전까시 그의 어린 시절과 정치인으로서의 김대중이 권위주의 정권 아래 겪었던 역정을 통해 그 이면에 있는 우리 민중들의 굴곡진 삶과 위정자들의 폐단을 함께 보여 준다. 더불어 김대중의 대한민국에 대한 비전과 정책들, 그리고 민주주의를 위해 항거하는 그의 모습을 통해 저자의 민주화, 그리고 대한민국에 대한 열망을 확인할 수 있다.

제2권은 대통령 취임 이후부터 영면에 들기까지를 조명한다. 그가 대한민국 민주화와 미래에 대한 비전을 실행할 수 있는 처음이자 마지막 기회를 어떻게 활용했는지, 그리고 퇴임 이후 행적을 추적한다. 이 책을 통해 우리는 그의 삶과 우리의 삶을 바라보고 그 속에서 중요한 것이 무엇인지에 대해 다시 한 번 고찰해 볼 수 있다.

"하의도 동쪽 기슭 / 일제히 뒤집어지는 풀섶에서 / 흑염소들이 고개를 돌리고 바라보네 / 먹구름 밀어내는 은박(銀箔)의 바다를"(황지우 시인)

김대중 전 대통령이 다시 우리 곁을 찾아왔다. 자서전이다. 황망히 떠나느라 미처 남기지 못한 말들이 있었다. "나보다 먼저 세상을 뜬 사람도 있지만 나와 동시대를 호흡하는 이들도 있다. 그들이 진정 고맙다. 나 때문에 고통을 받고, 다치거나 죽은 사람들이 얼마나 많은가. 나는 많은 사람들을 울렸다. 그러면서도 그들의 눈물을 제대로 닦아 주지 못했다. 그들에게 진정 용서를 구하고 싶다."

삶과 죽음 앞에서 우리처럼 나약하고, 우리처럼 슬퍼했던 그저 한 사람으로서, 김대중의 자서다.

김대중 전 대통령의 첫아이는 딸이었다. 그런데 첫아들을 얻자마자 홀연 세상을 떠났다. "아이를 차마 묻지도 못하고 있었다. 그때 친구가 소식을 듣고 지프차를 몰고 찾아왔다. 차에 죽은 아이를 싣고 산으로 향했다. 관이 너무 작았다. 그는 나를 한사코 따라오지 못하게 했다. 친구는 혼자서 딸을 묻고 돌아왔다. 지금도 그 아이를 떠올리면 아프다. 내게도, 생각하면 아려오는, 딸이 있었다. 이름은 소희였다."

"아내는 자주 가슴앓이를 했다. 그날도 가슴앓이가 심해 약을 먹었는데 그것이 어찌 잘못되었는지 혼수상태에 빠졌다. 의사와 함께 집에 오자 아내는 숨져 있었다. 병이 났어도 제대로 치료 한번 받지 못하고 저세상으로 갔다. 나는 통곡했다." 아내를 묻고 난 뒤, 두 아들의 손을 잡고 남산에 올라갔다. 서울 시내를 내려다보았다. "어머니는 좋은 분이셨다. 너희도 알 것이다. 그런 어머니를 잊어서는 안 된다. 어머니는 저세상에서 너희들을 지켜보고 계신다." 어린 자식들은 말이 없었다. "돌아서서 나는 또 울었다. 잔인한 세월이었다."

5·16 혁명 직후 또 다른 불행이 찾아왔다. 누이동생은 이화여대 재학 중에 쓰러졌다. 병명은 심장판막증이었다. "서울 적십자병원에서 동생의 죽음을 지켜보며 내가 한 일이라고는 눈물을 뿌리는 것뿐이었다. 내 무능을 원망하며 가슴을 쳤다. 정치로 나선 것이 그렇게 후회되었다. 나는 가난한 가장이었다.

동생에게 아무것도 해주지 못했다. 암담한 정치 현실을 개탄하며 하루하루를 연명했기에, 내 한 몸 추스르기도 힘이 들었던 것이다. 누이동생 묘 앞에 서면 지금도 눈물이 난다. 회한이 밀려온다. 동생의 죽음 앞에 지금도 아무 할 말이 없다."

1972년 5월, 이번엔 어머니 차례였다. 둘째 부인으로 회한의 삶을 살아온 어머니였다. 그 어머니에게 대통령은 "효도 한번 제대로 하지 못했다. 선거에서 늘 떨어졌다. 감옥에 갇히고, 죽을 고비도 두 번이나 넘겼다. 이는 어찌 됐건 불효였다. 어머니는 늘 놀란 가슴으로 사셔야 했다."

1974년 2월, 하의도에서 비보가 날아들었다. "연금 중이라 위독하다는 전갈을 받고도 문병 한 번 못 드렸는데 끝내 돌이기셨다. 나는 아버지 장례식장에도 가지 못한 불효자가 되고 말았다. 천추의 한이고, 그 일을 생각하면 가슴이 천근만근이다. 아버지는 나를 얼마나 애타게 기다리시다 돌아가셨을까."

그럼에도 '사람' 김대중은 결코 좌절하지 않고 역사와 국민을 믿었다. 첫 남북정상회담, 첫 노벨 평화상 수상 등 대통령의 공생애(公生涯)는 이미 역사가 됐고, 일생은 위인의 반열에 올랐다. 그래서 이번엔 '사람' 김대중을 얘기하고 싶었다.

'사족'이란 단어의 용처를 알겠다. 대통령은 재임 기간 중 재심 신청을 하지 않았다. 사법부의 부담을 덜어 주고 싶어서였다. 2004년 1월, 이른바 '김대중 내란음모사건'의 재심 재판이 있었다. "재심 공판에는 최재천 변호사가 시종 수고했다. 그의 논지는 매우 명쾌했다."(제2권 536쪽)

책에서 배우고, 위로 받고, 즐거움을 얻다

『나는 오늘도 책을 읽었다』

최성각 지음 | 동녘 펴냄

정형화된 장르에서 벗어나 물질주의적 행태에 사로잡힌 인간 군상과 자연에 대한 무례한 태도에 문제의식을 갖고 쓴 글을 모두 문학이라 대접하는 작가 최성각은 이 책에서 그간 읽어 온 책의 서평을 수록하면서 독서 이면에 위치한 그의 삶, 또 그 속의 아픔들을 함께 보여 준다.

총 3부로 구성하여 각각 저자의 쓸쓸했던 젊은 시절을 건디게 해주었던 책들, 그리고 사회와 시대를 돌아보며 비판할 수 있는 근거들을 마련해 준 책들, 마지막으로 환경 운동가로서 만났던 책들을 소개한다. 그래서 서평집의 겉모습을 가진 '사회 비평집', '문학집', 생명 사상의 내용을 담은 '사상서'라 할 만하다.

저자는 이 책을 통해 단순히 서평뿐만 아니라 우리가 살고 있는 시대의 아픔, 그리고 그 속에 자리 잡고 있는 저자의 삶을 바라봐 줄 것을 요구한다. 동시에 우리 시대 환경책 목록이라는 부록까지 포함해 총 200여 권이 넘는 도서 콘텐츠들을 바탕으로 도서를 읽는 것만으로도 세상이 좋아질 수 있음을 얘기한다.

『지의 정원』

다치바나 다카시, 사토 마사루 지음 | 박연정 옮김 | 예문 펴냄

사회적 문제부터 과학적 영역까지 광대한 활동 영역 안에서 21세기를 살아가는 데 필요한 교양과 지식이 과연 무엇인지에 대한 물음을 던져온 저자 다치바나 다카시는 일본의 대표적인 논객 사토 마사루와 함께 이 책을 통해 독서의 필요성과 주체적 삶을 영위하기 위해 필요한 교양을 어디로부터 얻을 수 있는지에 대해 이야기한다.

두 사람은 책이 인간의 역사에서 어떻게 시작되었고 어떻게 영향을 끼쳤는가를 논한 다음 각자가 읽은 책을 소개하고 비평한다. 소크라테스, 마르크스, 톨스토이 등에서부터 미야자키 하야오의 애니메이션까지 만날 수 있다.

두 지성인의 독서론과 인생론을 대담의 형식을 통해 공유하면서 책에 담겨 있는 지적 내용들을 일방적으로 독자들에게 수용할 것을 강요하는 것이 아니라 현대의 지식 세계를 연속적인 것으로 바라보고 단편적인 지식의 파편이 아닌 지(智)의 전체상을 파악할 수 있도록 가장 효과적인 '교양'을 배양하는 방법을 제시한다.

"거름을 치운 뒤, 아버지가 느닷없이 새끼돼지 한 마리의 다리 한 짝을 들고 허공에서 빙빙 돌리더니 냇물에 휙 던지시는 것이었다. 어미돼지가 새끼를 낳았는데 열두 개의 젖꼭지 수보다 한 마리 더 낳았다는 것이다. …… 저녁을 먹은 뒤, 어른들 몰래 집을 빠져나온 나는 40년 전 지방 소도시의 캄캄한 어둠을 헤치고 아버지가 돼지를 던졌던 지점에서부터 바다에 이르는 10리길 방둑을 냇물을 따라 뛰듯이 걸어 내려갔다. …… 새끼돼지 소리였다. 꿀꿀꿀, 춥고, 배고프고, 외롭고, 무서움에 찌든 새끼돼지의 가냘픈 울음소리가 냇물 가장자리에서 들렸다. 아버지가 버린 그 새끼돼지였다."(최성각, 『달려라 냇물아』)

그때 그 어린이가 '환경 운동을 하는 글쟁이'가 되어 썼던 책, 『달려라 냇물아』의 한 대목이다. 다시 읽어도 울음이 인다. 고백컨대 나는

이 글을 읽고부터 최성각 선생의 '학생'이 됐다. 선생이 '책에 대한 책'을 펴냈다. '외로운 잡독가'라는 것을 정체성으로 간주해 온 선생의 책에 대한 사랑이자 삶에 대한 눈물이다.

"나는 골목에 똥이 그득한 광산촌 사택촌 끝자락의 한 자취방에 엎드려, 책을 읽으면서 여러 차례 흐느껴 울었다. 그래서 세로 조판의 '청년사'판 내 첫 『나를 운디드 니에 묻어주오』에는 지금도 내 눈물자국이 배어 있다. 그것은 디 브라운도 말하듯, 그 책이 '기분 좋은 책'이 아니어서가 아니라, 일차적으로는 백인의 야비한 잔혹성 때문이고, 두 번째로는 우리 현실 때문이었다."(최성각, 『나는 오늘도 책을 읽었다』)

책은 지금 내 글과 같은 흔해빠진, 남의 생각들을 슬쩍 훔쳐온 그저 그런 '책 소개'가 아니다. 서평집의 통속을 훌쩍 뛰어넘는 환경과 생명에 대한 사상서다. 삶이요, 에세이다.

'이 기절초풍하고 혼비백산하는 정신의 대공황 시대에 한 점 등불 든 생명사상가'의 '어떤 공포 소설보다도 무서운 책'이라는 소설가 김성동의 추천사에 동의한다. 선생은 단지 '책벌레'가 아니었다. 오로지 독서 그 자체가 목적은 못 되었다. 선생은 "책에서 배우고, 위로를 받고, 가장 큰 즐거움을 느끼곤 했다. 그러나 책이 즐거움만 준 것은 아니었다. …… 책은 책보다 더 놀랍고 대단한 것이 바로 이 세상이라는 것을 알려 주었다. 책은 책에만 빠져 있는 삶이 매우 한심하고 불쌍하다는 것도 알려 주었다. 책은 또한 이 세상이 한번 살아 볼 만한 곳이 되도록, 서 있는 곳에서 할 수 있는 한 지극한 마음으로 노력하는 것이 사람의 도리라는 것을 가르쳐 주기도 했다." 책을 사랑하기보다는 삶을 사랑할 수밖에 없었으며, "책보다 중요한 것은 언제나 삶"이었다.

이번 책의 특장 중 하나는 주로 3부에 자리한 환경과 생태에 관한 책들의 지극한 안내다. 스콧 니어링, 웬델 베리, 헬라나 노르베리 호지, 다카기 진자부로 등 세계적인 생태사상가들의 생각을 선생의 삶과 생각을 통해 만난다.

2010년 8월 초 출간된 일본의 소문난 독서가이자 저술가인 다치바나 다카시와 사토 마사루의 『지의 정원』은 특별한 독서 대화록이다. 두 사람은 400권의 책을 추천한다. 먼저 소장하고 있는 책 중에서 각자 100권씩을 소개하고, 다음으로 현재 판매되고 있는 문고와 신서 중에서 100권씩을 추천한다. 책마다 한 줄에서부터 몇 페이지에 걸쳐 코멘트를 달았다. 단순한 안내가 아닌, 교양이다.

'독서' 행위를 시작으로 해서 진정한 '교양'을 함양하고 '주체적인 존재'로 거듭나는 현대인들이 늘어나길 바라는 두 지성인의 '일본판' 독서론이다. '실천적' 지성으로 분류하기에 마뜩찮지만 책에서 길을 찾아 책으로 길을 내는 두 지성의 대화는 아름답다. 추석 귀성은 노스탤지어다. 좋은 책들의 목록이 그 길을 안내할 것이다.

속옷으로 감추어진
속내는 어떠할까

『팬티 인문학』

요네하라 마리 지음 | 노재명 옮김 | 마음산책 펴냄

요네하라 마리는 이 책에서 '속옷은, 특히 하반신에 입는 속옷은 사회와 개인, 집단과 개인, 개인과 개인 사이를 분리하는 최후의 물리적 장벽'으로 자신만의 속옷에 대한 고찰을 바탕으로 우리에게 너무나 익숙한, 하지만 관심 있게 지켜본 적이 없는 속옷을 통해 시대의 흐름과 문화의 변화를 반추하며 세계의 문화사를 바라본다.

십자가의 예수 그리스도 상의 하복부에 둘러져 있는 천에서부터 시작해서 오늘날 흔히 생각하는 속옷까지, 저자는 속옷의 기원을 밝히면서 이 속옷과 관련된 시대적 생활상의 변화까지 소개한다. 또한 시대를 지배하는 정치적, 경제적 이데올로기가 사람들의 생활상은 물론이거니와 속옷으로 대변되는 서민층 여성들의 사생활에도 큰 영향을 미쳤음을 얘기한다.

속옷의 탐구 과정을 담은 이 책을 통해 저자는 시대별로, 그리고 동시대의 지역별로 수치심이 어디에서부터 오는지에 대한 통찰을 보여 준다. 그리고 기존의 딱딱한 프레임이 아닌 새로운 소재와 발상을 바탕으로 역사를 돌이켜 보고 세계 문화를 바라보는 신선한 프레임을 제공한다.

『여자가 섹스를 하는 237가지 이유』

신디 메스턴, 데이비드 버스 지음 | 정병선 옮김 | 사이언스북스 펴냄

진화심리학에 관한 학문적 토대를 바탕으로 짝짓기 전략, 성(性) 간 갈등, 세력, 지위, 사회적 명성 등의 키워드들을 통해 진화심리학을 일반 대중들에게 알리는 데 큰 기여를 한 저자 데이비드 버스는 여성의 성에 관환 최고 권위자로 인정받는 신디 메스턴과 함께 이 책에서 다양한 심리적 차이에서 비롯된 237가지의 성적 동기를 확인하는 작업을 시행한다.

책은 전 세계 다양한 인종과 민족, 연령, 성 정체성을 가진 여성 1천여 명과의 직접 설문 조사를 통해 단순히 즐거움과 사랑의 표현 방식, 그리고 번식 방식이라는 기존의 이유를 뛰어넘는 그들의 성적 동기들을 밝혀 보고 이들 여성들의 심리 기저에 깔려 있는 이유를 심리학, 진화 심리학, 생리학, 의학 등 다양한 과학적 도구들을 통해 분석한다.

저자들은 여성들의 성적 동기가 성적 끌림, 육체적 즐거움, 애정의 표현 방식부터 자존감 상승의 도구, 복수의 방식, 직업, 심지어 다이어트에 이르기까지 다양할 뿐만 아니라 심층적으로 복잡하고 다면적임을 밝혀낸다. 이를 통해 기존의 남녀의 성적 욕망, 성적 행위와 관련된 오해들을 풀어내고 나아가 성이 여성의 삶과 주변의 사랑하는 사람들을 돕는 과정에서 유용한 도구로서 활용 되기를 기내한다.

바지 형식의 옷이 탄생한 것은 석기시대까지 거슬러 올라간다. 이는 인간이 말을 타기 시작한 3천~6천 년 전보다 훨씬 전이다. 말을 타기 위해 바지와 팬티를 고안한 것이 아니라, 바지와 팬티를 입고 있었기 때문에 말을 탈 수 있었다는 주장이 더욱 설득력이 있다. 그래서 "팬티가 먼저다."

일본의 탁월한 에세이스트 요네하라 마리가 처음으로 유치원에 갔던 날, 십자가에 흥미가 생겼다.

"깡마른 아저씨가 양팔을 옆으로 벌리고 달라붙어 있는 것이 예사롭지 않았다. 자세히 보니 아저씨에게는 턱수염이 있었다. 나뭇잎으로 짠 관을 쓰고 옷은 거의 입지 않았다. 배꼽이 거의 그대로 드러나 있었다. 그때 뒤에서 불쑥 말소리가 들렸다. '정말 이상한 팬티야.' '팬티가 아니야. 저건 훈도시야.'"

속옷의 문화인류사가 탄생했다. 기원은 남방인가, 북방인가? 아니면 기마민족인가, 농경민족인가? 속옷은, 특히 하반신에 입는 속옷은 사회와 개인, 집단과 개인, 개인과 개인 사이를 분리하는 최후의 물리적 장벽이다. 그렇기 때문에 방대한 역사나 경제를 보통 사람의 시선으로 포착해 볼 좋은 수단이 될 수 있다고 생각했다. 심각한 역사적 사건과 사소한 이야기를 연결하는 접점이 될 수 있었다. "아랫도리 속옷에는 모든 흥미로운 이야기가 담겨 있으리라는 속내"도 있었다. 러시아어 동시통역사의 전문성이, 특히 일본과 러시아를 중심으로 속옷의 문화사를 꼼꼼히 탐색했다. 두 나라의 속옷이 글의 중심이 될 수밖에 없었던 것은 물론 한계이기도 하다.

예전 일본에서는 알몸이나 속옷 차림으로 일을 하는 사람들이 많았다. 그런데 어느 순간 알몸은 수치심이 되었다. 미군이 진주하면서 서구의 기준에 맞춰 몸을 가리게 된 것이다. 그 흐름은 이렇다. '부끄러움이라는 감정을 전혀 의식하지 않는다. → 외국인과 부끄러움에 관한 태도가 다르다는 사실을 의식한다. → 외국인의 입장을 이해한다. → 감춘다. → 부끄러움을 의식한다.'

부끄럽기 때문에 감추는 것이 아니라, 감추기 때문에 부끄러움이 생긴다는 것. 지방의 경우, 외국인이 많았던 도시보다 알몸에 대한 수치심을 자각하는 시기가 더 늦은 것인지도 모른다고 했다. 원래 이 책은 『치쿠마』라는 잡지의 연재물이었다. 연재 과정에서 각지의 전문가들이 글에 대한 반응을 보태 보다 풍부해질 수 있었다. 연재가 끝난 뒤 단행본 발간을 미루고 있던 차, 저자는 난소암 진단을 받았다. 수술을 받았지만 1년 4개월 만에 재발했다. 악성이었다. "이 책의 테마에 내 모든 인생을 걸어도 부족하다고 생각하고 있었는데, 내 인생의 마지막 시간이 카운트다운에 들어갔다." 2006년 56세를 일기로 세상을 떴다.

제목이 주는 호기심만으로도 충분히 베스트셀러의 반열에 오른 책이 있다. 『여자가 섹스를 하는 237가지 이유』다. 진화 심리학자와 여성 성전문가가 만나 너무도 중요하지만 지금껏 모든 이들이 간과해 온, 또는 차마 묻지 못했던 질문을 던졌다. "여자들은 왜 섹스를 할까?" 3년간에 걸친 온라인 조사에서 서로 다른 인종과 민족, 연령, 성 정체성을 지닌 여자들이 내놓은 답은 무려 237가지. 동기들은 세속적인 것에서 영적인 것에 이르렀으며, 이타적인 것(내 남자가 스스로에게 만족감을 느끼게 해주고 싶었다)에서 복수심에 불타는 것(나 몰래 바람을 피운 남편에게 복수하고 싶었다)까지 이르렀다. 수세기는 아닐지라도 수십 년 동안 남자들은 쾌락을 얻기 위해 섹스를 하고, 여자들은 사랑해서 섹스를 한다는 이야기가 통념으로 자리 잡아 왔다. 하지만 조사 결과는 여자들도 즐거움에 탐닉하고 있음을 확인했다.

속옷과 그 속의 이야기는 인간의 가장 본질적이면서도 드러내기 힘든 부분이다. 하나는 운명과는 달리 경쾌하고, 다른 하나는 경험적이면서도 분석적이다.

우리 시대가
당면한 문제는 무엇인가

『파워 오피니언 50』

웨인 비서 지음 | TRANS-FAT 옮김 | TENDEDERO 펴냄

기업의 지속 가능성과 책임에 대해 연구하는 싱크탱크 'CSR 인터내셔널'의 설립자이자 담당자인 웨인 비서는 영국 케임브리지대학교 지속 가능성 연구소에서 동문 3천 명을 대상으로 세계관 형성에 가장 많은 도움을 준 책들을 추천받아 이 책을 발간해 냈다.

이 책은 세계적인 환경 운동가 레이첼 칼슨, 그라민 은행의 설립자이자 노벨 평화상 수상자 무하마드 유누스, 사회적 책임 운동가 랄프 네이더 등 사회의 굵직한 이슈들에 대해 큰 영향을 끼쳐 온 인물들의 명저를 소개하면서 현재 전 세계적으로 주목받고 있는 담론들을 한눈에 담는 동시에 저명인사들의 의견을 통해 우리가 어떻게 대응해야 할지에 대해 생각할 수 있도록 돕는다.

이 책은 단순히 명저 50권의 서평을 묶어놓은 서평집의 의미를 넘어 오늘날 쉽게 답할 수 없는 질문들에 대해 서로 다른 입장과 견해를 소개해 줌으로써 독자들로 하여금 균형 잡힌 시각 속에서 자신만의 사고를 전개해 나갈 수 있도록 한다.

『서울대 명품 강의』

최무영 지음 | 김세균 옮김 | 글항아리 펴냄

서울대학교 사회과학연구원은 2009년부터 2년 동안 일반 대중을 상대로 기획했던 "아름다운 공동체를 향한 사회적 상상력과 교양"이라는 강좌의 내용을 묶어 이 책을 펴냈다. 이를 통해 우리 사회의 주요 화두가 되어 온 다양한 문제들에 대해 어떤 문제의식을 갖고, 어떤 관점에서 어떻게 살아가야 하는지에 대해 함께 생각해 볼 여지를 준다.

우리 사회에서 '정의'와 '윤리'가 정치학, 인문학, 경제학 등의 학문과 현실에 미치는 영향력이 증대되는 상황에서 저자들은 과학, 역사, 철학, 민주주의, 소수자, 이념 등 우리들에게 익숙한 키워드들에 대한 익숙함의 '환상'을 깨는 데 주안점을 두고 있다.

이 책은 이론적인 담론을 벗어나 저자들이 일상생활에서 겪게 된 사례들을 바탕으로 지극히 현실적인 문제에서 출발한다. 각각의 교수들이 자신들이 전공한 분야에 대한 사례를 바탕으로 논의를 진행해 나가면서 미시적인 사회적 문제와 동시에 거시적인 흐름을 이해할 수 있도록 돕는다. 이를 통해 삶을 바라보는 관점과 자세, 궁극적으로 '윤리'가 현대사회에서 가지는 가치를 재조명할 수 있는 기회를 제공한다.

"우주는 객체들을 모아 놓은 곳이 아니라 주체들이 모여 교감하는 곳이다."(토마스 베리) 우리는 우주선 '지구'호에 산다. "우주선 지구호에 관한 정말로 중요한 사실 하나가 있다. 바로 사용 설명서가 딸려 나오지 않았다는 점이다."(벅민스터 풀러) 따라서 지구에는 '비상구'가 없다. 그렇다면 한 주체인 우리는 오늘과 미래를 향해 묻고 성찰하고 행동해야 한다. "우리 시대는 절망해야 하는 시대가 아니라 행동해야 하는 시대"(에르빈 라슬로)이기 때문이다. 목마른 이가 샘을 파야 한다.

여기 책 속에 길이 있다. 2008년 영국 케임브리지대학교 지속 가능성 리더십(Sustainability Leadership) 과정은 야심에 찬 프로젝트 하나를 시작했다. 지속 가능성에 관한 가장 권위 있는 책 50권을 선정하고 저자와의 인터뷰를 통해 핵심적인 내용들을 정리하기로 했다. 3천 명 이상의 리더십 과정 동문들과 저명인사들이 선정에 참여했다. 『파워 오피니언 50』은 바로 이 프로젝트의 결과물이다. "우리 시대가 당면한 사회, 환경, 윤리적 문제는 무엇이며, 이에 대한 창의적 해결책은 무엇인가?"를 물었다. "현재 우리의 딜레마는 답이 없는 것이 아니라 번지수가 틀린 곳에서 답을 구하려"(재닌 M. 베니어스) 하고 있었다. 책 속에 책을 담았다.

이 책에 소개된 50권의 책들은 지난 50년간 지속 가능성 논의가 어떻게 진화하고 발전했는지를 친절히 보여 준다. 일례로 과거『침묵의 봄』 등에서 주를 이뤘던 자원 보존 윤리와 성장에 대한 경고는『우리 공동의 미래』에서 지속 가능한 개발에 대한 논의로 진화했다. 자본주의의 승리와는 관계없이 경제학을 개혁하려는 움직임은『기로에 선 자본주의』에서 더욱 강해졌다. '서양에서 성공한 자본주의가 왜 다른 지역에서는 실패하는가'라는 질문을 던지고『자연자본주의』에서 자본주의의 대안을 발견한다.

책에 소개된 50권의 책들은 모두가 한국 사회에 번역되어 읽혀졌을까? 놀랍게도 19권이나 빠졌다. 이것이 성장 신화에 깃든 한국 사회의 우울함일까. 한 권의 책에 할애된 지면은 그리 많지 않지만, 압축미는 강력하다. 세계적 사상가들의 목소리가 그대로 전해지는 느낌. 그동안 우리 사회에 잘 알려지지 않았던 알도 레오폴드, 토마스 베리, 만프레드 막스 니프와 같은 저자들도 만날 수 있다. 국내 출간 도서에 대한 안내는 조금 부족했다. 어려운 소형 출판사들의 사정을 헤아리지 못하는 건방떨기다.

　서울대학교 사회과학대학 소속 사회과학연구원이 있다. 2009년 여름 처음으로 시민들을 대상으로 하는 "아름다운 공동체를 향한 사회적 상상력과 교양" 강좌를 개설했다. 한상진, 장달중, 정진성 교수 등 해당 분야의 석학들이 참여했다. 강의를 하고 강의록으로 묶어 냈다. 제목이 현실적이다. 『서울대 명품 강의』다.

　윤순진 교수는 '겨울에 개나리 피는, 계절을 잃어가는 시대'를 얘기했다. "기후 변화는 1,200만 년이라는 긴 시간에 걸쳐 만들어진 화석연료를 300년이라는 짧은 시간에 소진해가고 있는, 자연의 흐름과 속도를 넘어선 현 산업사회의 삶의 방식에서 야기된 문제"라는 관점. 기후 변화는 온실 기체의 증가라는 대기의 물리화학적 조성 변화로 야기된 문제이지만, 그것은 본원을 파고들면 결국 사회, 경제, 문화의 문제로부터 발생했다는 것이다. 그렇다면 해법은 결국 사회 변화에 달려 있게 되는 셈. 더한 충격이 있어야 할까. "모든 대안이 사라졌을 때 비로소 사람들과 국가들이 현명하게 행동"(아바 에반)하니까 말이다.

　『명품 강의』는 강의를 통해 역사, 생명 등 열여덟 개 생각의 고리를 제시한다. 더 읽어 볼 책들에 대한 안내가 고맙지만 앞선 책처럼 역시나 부족한 느낌. 2010년 출판 시장을 구획해 버린 『정의란 무엇인가』와 『그들이 말하지 않은 23가지』는 비판적 사유와 대안에 대한 우리 사회의 지적 토대를 튼튼히 했다. 이번에 소개하는 '책 속의 책'과 '강의록' 또한 이용하기에 따라서는 좋은 길잡이가 될 수도 있을 것이다.

우리를 '생각하게' 만든
진정한 스승

『리영희 평전』

김삼웅 지음 | 책보세 펴냄

'사상의 은사'와 '의식화의 원흉'이라는 극단적인 대명사로 불리는, 한국 현대사 지성의 거두로 인정받는 언론인 리영희 교수의 파란만장했던 생애와 사상을 조명하는 책 『리영희 평전』이 오랜 시간 동안 반독재 야당 언론인으로 활동했고 거목들의 평전을 저술하며 한국 현대사를 정리해 온 후배 언론인 김삼웅에 의해 발간되었다.

이 책은 그간 십수 권의 저서와 수백 편의 글을 저술한 리영희의 삶과 그를 바라보는 각계각층의 다양한 '리영희론'을 수렴하고 정리했다. 리영희와 오랜 교감을 나눈 후배 언론인인 저자가 리영희에 대한 애정과 신뢰를 바탕으로 리영희의 사회적 업적뿐만 아니라 그의 가족사와 인간관계 등 개인적인 사항까지 상세하게 담았다.

진정한 특종 기자로서 국제 정세의 맥을 읽는 탁월한 능력을 바탕으로 전 세계의 권력자들을 불편하게 하고, 동시에 사회의 지식인들에게는 양심의 횃불로서, 그리고 일반 대중들에게는 지식의 양식을 선물해 준 리영희의 삶은 평전 속에서 여전히 민주와 자유, 진리를 위해 봉사한 휴머니스트로서 독자들과 만난다.

"내(리영희)가 글을 쓰는 유일한 목적은 진실을 추구하는 오직 그것에서 시작되고 그것에서 그친다. 진실은 한 사람의 소유물일 수 없고 이웃과 나눠져야 할 생명인 까닭에 그것을 알리기 위해서는 글을 써야 했다. 그것은 우상에 도전하는 이성의 행위이다. 그것은 언제나 어디서나 고통을 무릅써야 했다.

지금까지도 그렇고 영원히 그러리라고 생각한다. 그러나 그 괴로움 없이 인간의 해방과 발전, 사회의 진보는 있을 수 없다."(『우상과 이성』 서문)

아홉 번 연행됐고, 다섯 번 구치소에 갔다. 세 번 재판을 받아 총 1012일의 감옥생활을 했다. 언론계에서 두 번 퇴직당하고, 교수직에서 두 번 해직당했다. '우상의 칼에 맞선 이성의 펜' 리영희 선생의 일생이었다.

2009년 10월, 저자 김삼웅이 평전을 준비하고 있다고 알려드리자, 선생은 손사래를 치면서 백지에 이렇게 적었다. "분에 넘치는 칭찬을 받으면 군자는 그것을 부끄럽게 여긴다."(聲聞過情 君子恥之 『맹자』) 선생은 평전의 출간을 기다리셨다. 2010년 12월 2일 지상에서의 마지막 생신상을 받던 날, 『리영희 평전』이 헌정됐다. 선생은 이승에서의 과업을 다 끝낸 듯 그 겨울 우리 곁을 떠났다.

널리 알려진 선생의 옛 이야기 하나. 6·25 전쟁은 끝났지만 지리산 공비토벌작전은 계속됐다. 어느 날 연대장이 장교들의 노고를 위로하기 위해 기생들이 나오는 소문난 술집에서 술판을 벌였다. 선생은 옆자리에 앉은 기생 논개에게 2차 갈 것을 제안했고 어렵게 동의를 받아냈다. 그런데 어느 순간 그녀가 사라지고 없었다. 화가 난 선생은 사는 집을 알아내어 그길로 지프를 타고 쫓아갔다. 선생은 복받치는 술기운과 감정에 못 이겨 권총을 뽑아 허공을 향해 발사했다. 총소리에 기겁한 '논개'가 살려 달라고 애원하리라 여겼다. "아무리 미천하고 힘없는 사람이라도 총으로 굴복시키려 들지 마세요. 사람이란 마음이 감동하면 총소리 내지 않아도 따라갑니다. 당신도 차차 사람과 세상을 알게 될 겁니다. 돌아가세요." 선생은 그녀의 당당한 기품에 눌려 대꾸할 말을 잃었다. "맨손의 진정한 용자 앞에서 가장 비겁한 존재가 되어 버린 권총 찬 자신이 한없이 부끄러워졌다." 선생은 마음을 가다듬고 진심을 다하여 사죄한 다음, 깊은 절로 한 기생의 인격적 위대함에 대한 예의를 표시하고 발을 돌려 싸리문을 젖히고 나왔다.

선생은 "1960년대부터 한국 현대사에서 냉전 이데올로기의 허구성을 적나라하게 파헤쳤으며, 어둠을 통해 동시대 인물들의 역사 인식의 지평을 한 단계 끌어올린"(김만수) 지성이었다. "사상의 은사 / 시대의 선구자 / 60년대 70년대 80년대 대표적 지성 / 아 이 한반도의 살아 있는 지성 / 불 / 얼음 / 우리들의 전위와 후방"(고은)이었다. 우리 모두의 스승이었다. 근거는 이렇다. "(우리가 선생을) '사상의 은사', '생각의 스승'이라고 부를 수 있다면, 그것은 그가 훌륭한 '정보'나 '견해'를 들려주었기 때문이 아니라, 그가 우리를 '생각하게' 했기 때문이다."(고병권) 그렇다 우리 모두를 생각하는 사람, 깨어 있는 사람으로 만들어 준 진정한 스승이었다.

1994년 선생은 한국이 베트남민주공화국과 수교를 하게 되고, 기업들이 몰려가는 것을 보면서 『베트남 인민에게 먼저 사과할 일』이란 글을 썼다. '베트남 파병이 곧 애국'이던 시절, 전쟁의 진실을 목놓아 외쳤던 선생이었다.

"한국인이 베트남에 돈벌이하러 가는 것은 베트남 인민의 이익에

도 부합한다. 그러나 돈벌이에 앞서서 한국은 어떤 형식으로건 사과의
표시가 있어야 하지 않을까? 나는 그렇게 생각한다." 필자도 그렇게 생
각했다. 국회에서 처음으로 일하게 되었을 때 첫 번째 외교적 행위가
주한 베트남 대사를 불러 함께 식사하며 개인적으로나마 사과의 의사
를 전달한 일이었다. 선생의 영향이었을 것이다.

인류 정신 기원 시대,
무슨 일이 있었을까

『축의 시대 : 종교의 탄생과 철학의 시작』

카렌 암스트롱 지음 | 정영목 옮김 | 교양인 펴냄

세계적인 종교학자이자 종교비평가인 카렌 암스트롱은 이 책에서 인류의 정신적 발전은 시대별로 존재했던 중심축을 기점으로 이루어져 왔다고 주장한다. 그녀는 다양한 민족의 역사와 정신적 변화 과정을 나란히 놓고 살펴보며 각각의 문명이 '축의 시대'를 통과하는 과정을 보여 준다.

저자는 중국, 인도, 이스라엘, 그리스 등 네 국가로 내표되는 문명 간에서 서로 전혀 교류가 없던 상황에도 불구하고 비슷한 시기에 사유의 혁명이 발생했음을 바탕으로 독일 철학자 카를 야스퍼스가 창안한 문명사적 용어 '축의 시대'를 채용하여 이를 인류 역사에 접목시켰다.

저자의 비교종교학적 지식과 영성적 통찰력이 결합된 이 책은 축의 시대를 살아온 공자, 노자, 자이나교, 고타마 싯다르타, 예레미야, 이사야, 소크라테스, 플라톤 등의 현자들이 삶 속에서 피할 수 없는 진실에 직면해 보여 준 자기중심주의에서 벗어나기, 올바른 행동 양식, 가치 체계들을 비교 분석하면서 인류 정신사에 거대한 전환점이 되었던 '축의 시대'들에 대해 고찰한다.

"축의 시대(Axial Age)는 큰 두 제국 사이의 공백기, 자유를 위한 휴식, 가장 명료한 의식을 가져다주는 깊은 한숨이라고 부를 수 있다."

독일 철학자 카를 야스퍼스는 동서양을 막론하고 인류가 정신의 기원으로 인정할 수 있는 시대, 인류 공통의 기축(基軸)이 되는 시대를 '축의 시대'라 이름 붙였다. 17세에 수녀원에 들어갔다가 7년 만에 환속한 이후 종교학자로 방향을 바꾼, 우리 시대 가장 선도적인 종교문제 비평가 카렌 암스트롱은 『축의 시대』를 대략 기원전 900년부터 기원전 200년 사이의 시기로 설정한다.

대체 무슨 일이 있었던 걸까? 서로 전혀 교류가 없었던 네 지역(인도, 중국, 이스라엘, 그리스)에서 어떻게 비슷한 시기에 생각의 혁명이 일어날 수 있었을까? 인도에서는 싯다르타가, 중국에서는 공자·노자가, 이스라엘에서는 예레미야·이사야가, 그리스에서는 소크라테스·플라톤이 등장했다. 이들 현자는 어떻게 우주와 인간과 삶에 대해 같은 결론에 이르렀을까?

공통의 역사적 배경이 있었다. 시기는 조금 달랐지만 대부분 사회경제적 변화, 전쟁이라는 수난의 시간을 겪어야 했다. 도시에 모여 살면서 발생하는 폭력과 무질서를 해결하는 데 전통적 관습이나 신에게 올리는 희생제의는 별무효과였다. 인간은 신화의 세계에서 벗어나 인간 자신에게 집중하기 시작했다. 인간 심리, 개인의 자아, 도덕과 윤리의 문제가 제기되었다.

'축의 시대'를 몰고 온 거대한 변화다. 종교적 전통이 창조됐다. 공포와 고통이 그 뿌리다. 현자들은 이런 고난을 부정하지 않는 것이 필수적이라 주장했다. 고난을 완전히 인정하는 것이야말로 깨달음의 전제 조건이었다. 현자들이 남긴 중요한 통찰 중 하나는 '삶의 피할 수 없는 진실인 고난과 직면해야 한다'는 것. 삶이 예나 지금이나 고통이라면, 그 고통은 어디에서 비롯되는 것일까? 현자들은 '자기중심주의'에서 원인을 찾았다. 그래서 '자기'를 버리는 방법을 찾는 것이 그 시대 현자들의 공통된 목표였다. 이제 무엇을 믿느냐보단 어떻게 행동하느냐였다.

현자들은 황금률과 양보, 공감, 자비로운 생활을 요구했다. 사람들이 자기중심주의와 탐욕, 폭력과 무례를 버려야 한다고 강조했다. 각각의 종교적·철학적 전통은 나름의 방식으로 황금률을 정립했다. '네가 당하고 싶지 않은 일을 남에게 하지 마라.' 세상 모든 존재의 신성한 권리를 존중하는 것이야말로 사랑이요, 자비였다. 철학이요, 종교였다.

그렇다고 축의 시대가 완벽했던 것은 아니다. 가장 큰 결함은 여성들에게 무관심했다는 것이다. 축의 시대의 정신성이 군사적 힘과 호전적 상업 활동의 지배를 받는 도시이다 보니 시골 경제에서 누렸던 여성의 지위는 상실됐다. 여성 현자들도 없었고, 현자들의 눈에 여성들의 존재가 들어오지도 못했다.

이제 와서 왜 '축의 시대'일까? 2000년이 지난 지금에도 많은 사람들이 종교적인 영감에 기초한 테러리즘에 의존한다. 그들은 때때로 공포, 절망, 좌절에 내몰린다. 때로는 축의 시대의 이상을 완전히 훼손하는 증오와 분노에 내몰리기도 한다. 고통은 여전하다. 시대의 위기가 축의 시대의 영감을 그리워한다.

대응은 크게 두 가지다. 첫째는 자기비판이다. 축의 시대의 전통을 이어받은 예수의 말씀처럼 남의 눈의 티를 보지 말고 자기 눈의 들보를 보자는 것. 둘째는 현자들의 본을 따라 실천적이고 효과적인 행동에 나서자는 것이다. 그렇다면 싸우는 대신 종교적 기회로 삼자는 것.

저자의 눈에 예수는 겸애(兼愛)였고, 무량심(無量心)이었고, 아힘사(불살생)였다. "그는 자신을 처형한 자들을 용서하며 죽었다. 그의 가장 놀라운 가르침은 모든 증오를 금지한 것이다." 크리스마스다. '하늘엔 영광, 땅에는 평화'다. 우리 모두는 사랑이어야 한다.

한국인 눈으로 본
예수의 생애와 말씀

『예수 평전』

조철수 지음 | 김영사 펴냄

철학과 신학을 공부하며 국내 최초 앗시리아학 박사로서 당대 문헌을 바탕으로 신격화된 예수가 아닌 인간 예수를 연구하는 저자 조철수는 이 책을 통해 예수의 삶을 재조명한다. 또한 예수가 말한 진리의 실체가 무엇인지, 또 예수는 왜 고통을 받으며 죽어가야 했는지에 대해 창세기 및 신약성경 등 히브리어 원전과 예수가 제자들과 직접 나눈 대화, 수많은 논문과 단행본을 바탕으로 밝혀내려 한다. 이 책은 예수의 탄생에서 죽음, 부활과 승천, 그리고 승천 이후 초대 교회에서 바라본 예수의 모습 등을 열네 개의 장으로 나누어 소개한다. 저자는 20세기 발견된 사해문헌에 나오는 '사악한 사제'가 과연 예수를 지칭하는 것인가라는 질문으로부터 출발해 히브리어로 쓰인 초기 유대교 문헌과 재해석된 가르침이 아닌 예수와 제자가 직접 나눈 대화, 사해 문헌들의 해석을 통해 예수의 일대기를 보여준다.

저자는 그동안 탄생과 죽음, 부활과 승천에 있어 예수를 둘러싸고 있던 수많은 논란과 의문들에 대한 진실을 밝혀내려는 시도의 일환이자 예수의 삶을 바라보는 기존의 시각에서 벗어난 새롭고 혁신적인 해석으로 예수의 인류애적 가치를 재조명한다.

『서양문명을 읽는 코드, 신』

김용규 지음 | 휴머니스트 펴냄

철학과 신학을 전공하고 '지식 소설'이라는 새로운 장르를 개척해 독자들이 철학에 대해 쉽게 다가갈 수 있도록 저술해 온 저자 김용규는 이 책을 통해 너무나 급박하게 우리에게 퍼진 서양 문명의 부작용을 기독교에서 말하는 신에 대한 이해를 충실히 배양함으로써 그 대안을 찾을 수 있다고 얘기한다.

오늘날 우리 사회가 서양 문명과 관련하여 직면한 문제점들인 가치의 몰락, 의미의 상실, 물질주의, 냉소주의 등에 대한 해법을 기독교가 서양 문명에서 차지하는 위치와 의미, 그리고 기독교 속의 '신'의 본질이 무엇인지를 탐구하는 과정에서 찾을 수 있다고 말한다. 바로 이 지점에서 저자는 한국인 인문학자의 시각으로 서양의 신을 바라보려 시도한다.

저자는 서문에서 신과 인간의 관계, 존재와 존재물의 속성, 창조주와 피조물의 관계, 신의 섭리와 인간희생, 그리고 신의 유일성과 인간의 연대성에 대해 얘기하고 본문에서 기독교와 신, 그리고 그 최고의 가치들이 몰락하면서 서양 문명이 어떻게 위기에 봉착했는지, 그리고 이를 해결할 저자만의 방책을 소개한다.

당신의 속옷을 가지려는 사람이 당신을 재판에 선 이유는 속옷을 훔쳐갔다고 여겼기 때문이다. 서로에게 입증할 증거가 없다면 어떻게 이 사건을 해결할까. 간단히 반으로 잘라 나눠 가지라고 판결할까. 이런 경우에 대한 대표적인 예화가 '솔로몬의 재판'이다. 국내 유일의 수메르어 전공자, 국내 최초의 앗시리아학 박사인 저자 조철수는 예수가 속옷을 가지려는 자에게 겉옷을 주라고 말하는 배경을 솔로몬의 재판과 비교한다. 속옷을 반으로 나눌 수도, 속옷을 팔아서 그 돈을 반으로 나눌 수도 없다. 나눈들 똑같은 속옷을 살 수가 없다. 억지로 재판을 걸어 속옷을 가지려는 사람은 비양심적인 사람이다.

　그런데 그 사람에게 자기 겉옷을 준다고 한다면 판사는 누가 양심이 있고 속옷의 진짜 주인인지를 판단할 수 있을 것이다. 솔로몬은 모세의 토라(Torah, 율법)를 바르게 배우고 실행한 지혜로운 통치자이며 현자로 기억된다. 이런 배경에서 겉옷을 내주라는 예수의 가르침을 이해할 수 있다는 것이 저자의 생각. 예수의 성경 해석에 대한 지식은 랍비 유대교의 미드라쉬나 엣세네의 성경 해석에서 발견할 수 있다. 사해문서 가운데 『하박국서 해석』이 있다. 책에는 '진리'라고 불리는 유망한 사제가 있었는데, 마음이 교만해져 하느님을 떠났으며 재산 때문에 공동체의 법규들을 배반했다고 한다. 그는 선동자로 몰려 재판에 회부됐으며 쓰라린 고통 속에 죽어갔다. 해석서의 작성 주체인 엣세네파의 시선이다. 저자는 그 사나이가 바로 예수라는 가정에서 출발해 고대 유대 문헌 등에 대한 치밀하고 정확한 고증을 통해 한국인의 눈으로 예수의 생애와 말씀을 재구성했다. 『예수 평전』이다. 2010년 1월 출간된 이래 판을 거듭하고 있는 900여 쪽에 이르는 인문학의 성취다.

2010년 12월 900여 쪽에 이르는 또 한 권의 정통 인문학 서적이 출간됐다. 『서양문명을 읽는 코드, 신』이다. 독일에서 철학과 신학을 공부한 철학자 김용규다. 구약은 "빛이 있으라 하시매 빛이 있었고"(창세기 1장 3절)처럼 신이 '말'로 우주를 창조했다고 했다. 그 '말'이 신약성서에서는 '말씀'이 되고 동시에 그것은 성자라는, 좀 더 구체적인 주역으로 등장한다. 사도 요한은 "태초에 말씀이 계시니라. 이 말씀이 하나님과 함께 계셨으니 이 말씀은 곧 하나님이시니라. 그가 태초에 하나님과 함께 계셨고 만물이 그로 말미암아 지은 바 되었으니, 지은 것이 하나도 그가 없이는 된 것이 없느니라"(요한복음 1장 1~3절)고 했다. 기독교가 발 딛고 있는 초석인 '성육신'(成肉身)이라는 말이 바로 여기에서 나왔다. 4명의 복음서 기자 가운데 오직 사도 요한만이 성육신을 강조한다.

　당연하게도 요한복음에는 예수가 세례 요한에게서 세례를 받는 장면이 없다. 예수는 인간으로 세상에 온 신이어서 태초부터 이미 신성하기 때문이다. 구약에서 신의 '말'을 나타내는 히브리어 '다바르'가 신약에서는 그리스어 '로고스', 즉 '말씀'으로 번역된다. "요한복음 기자가 로고스라는 말을 사용했을 때 그 자신에게나 구약에 친숙한 독자들에게도 다바르와 로고스의 극히 다양하고 깊은 의미들이 아름답고 신비로운 통일성을 이루어 마치 동시에 퍼져 나가는 많은 교회 종소리처럼 울렸을 것이다." 한 세계를 지배하는 신 개념은 그 세계의 사람들이 추구하는 가치들을 고스란히 반영한다.

　이 책에서 집요하게 천착해 온 기독교의 신개념은 애당초 상반·대립하는 히브리 종교와 그리스 철학의 불가능한 종합을 시도함으로써 이루어졌다. 그것은 인류가 이루어 낸 최초이자 최고의 종합이었다. 헬레니즘과 헤브라이즘을 주축으로 한 서양 문명이 이 종합을 통해 비로소 출발을 알렸기 때문이다. 인문학의 부재에 대해 불평한 적이 종종 있었다. 하지만 인문학계는 조용히 놀라운 성취를 이룩하고 있었다. 분명한 도약이다. 이제 공은 독자에게로 넘어왔다.

쓰기는 나타냄,
읽기는 받아들임

『읽기의 역사』

스티븐 로저 피셔 지음 | 신기식 옮김 | 지영사 펴냄

뉴질랜드 오클랜드의 폴리네시아 언어 및 문학연구소 소장인 스티븐 로저 피셔는 『언어의 역사』, 『쓰기의 역사』에 이은 3부작의 마지막 작품으로 『읽기의 역사』를 펴냈다. 시대와 공간, 인종과 민족, 문화를 불문하고 우리 모두를 아우르고 있는 읽기 문화의 역사를 추적하는 것이 이 책이 갖는 사명이다.

이 책은 최초 메소포타미아 문명과 이집트의 읽기 문화에서 출발하여 대륙별로 어떻게 읽기의 문화가 시작되었는지, 또한 천천히 시대를 따라가며 읽기 문화와 관련된 인쇄 기술의 발달이나 세계의 역사에 큰 족적을 남긴 종교혁명과 같은 사건들이 읽기 문화와 어떻게 관련이 되는지에 대해서도 그 연관성을 찾는다.

이 책은 읽기 문화의 역사적 발전 과정을 추적하면서 과거와 현재에 읽기 문화가 차지하는 위치와 의미뿐만 아니라 미래 세계에서 읽기 문화가 어떠한 변화 과정을 겪을 것인지, 또 어떤 기술을 바탕으로 읽기 문화가 존속될지에 대해 고민한다.

『잃어버린 책을 찾아서』

스튜어트 켈리 지음 | 정규환 옮김 | 민음사 펴냄

독서광인 저자 스튜어트 켈리는 이 책에서 많은 이유로 유실된 고전, 아직 미발견된 걸작들, 그리고 걸작의 반열에 오를 수 있었던 미완성 원고 등 지금은 존재하지 않거나 혹은 한 번도 존재하지 않았던 걸작들에 얽힌 역사를 보여 준다.

'세계 문학사는 사라진(사라질 뻔한) 책들의 역사'라는 말이 있을 정도로 소실되거나 아예 세상 빛을 보지 못할 뻔 했던 책들이 많이 존재한다. 시황제의 분서갱유 때 소실되어 후세에 전해지지 못했던 육경 중 '악기'나 포프가 불길에 던져 넣은 원고를 조너던 스위프트가 빨리 건져내지 않았다면 역시 소실될 뻔한 '던시애드' 같은 작품들이 바로 그것이다.

스튜어트 켈리는 이 책에 바로 이러한 사례들을 장르나 시대, 공간에 제약받지 않고 재미있게 풀어놓고 있다. 독자들은 파란만장한 책의 모험을 읽음으로써 현존하는 책들에 대한 애정을 느낄 수 있다.

인류 최초의 문자 기록들은 무디고 무딘 쐐기 모양의 설형 글자체다. 내용은 상거래, 물품 비축과 재고 목록 기록들. 기원전 2000년대의 첫 수세기 무렵, 문학이 시작됐다. 문학은 기록됐고 퍼져 나갔다.

기원전 약 1300년께 이집트 기록. "새긴 돌보다 두루마리가 나으니라. / 어떤 사람이 죽었다. 그 시체는 먼지가 되었다. / 그리고 그의 가족도 이 땅에서 사라졌다. / 죽은 사람을 기억하는 것은 책이며 / 책을 읽는 화자의 입을 통해서이니라."

쓰기의 역사다. 읽기의 역사다. '기억하려면 읽어라'고 했다. 아니다. '살려면 읽어라.' 프랑스 소설가 구스타브 플로베르다. 읽기와 쓰기는 결코 하나가 아니었다.

"쓰기는 기술이며 읽기는 기능이다. 쓰기는 처음부터 고안된 것이며, 그 후로 의도적으로 적응시켜 온 것이다. 읽기는 인간이 쓰기의 잠재적 가능성을 보다 깊이 이해함에 따라 진화한 것이다. 쓰기는 일련의 차용과 제련의 역사이며, 읽기는 연속된 사회적 성숙 단계의 역사다. 쓰기는 나타냄이며 읽기는 받아들임이다. 쓰기는 공적이며 읽기는 사적이다. 쓰기는 한정적이며 읽기는 개방적이다. 쓰기는 순간을 얼려 포착한다. 읽기는 영원하다.”

뉴질랜드의 폴리네시아 언어 및 문학연구소 소장 스티븐 로저 피셔의 『언어의 역사』, 『쓰기의 역사』와 함께 3부작을 이루는 『읽기의 역사』다. 이러한 읽기는 고독, 버림받은 사랑, 일상의 조용한 절망들을 쫓아내는 우리의 친구이자 위안이다. 사르트르처럼 책에서 진리를 발견하기도 한다. 한 권의 책이 약속하는 탈출구 혹은 구원을 껴안는 사람들도 있다. 찰스 디킨스의 『데이비드 카퍼필드』가 ‘언제나 유일한 위안’이었다고 고백하듯, 어린 시절의 읽기는 평생을 같이하는 소중한 순간으로 생생하게 살아남는다. 읽기는 “제6감인 것이 틀림없다.”

『잃어버린 책을 찾아서』의 저자 스튜어트 켈리가 문학에 빠지게 된 것은 고전 그리스어를 공부하면서부터였다. 애초에는 체육 시간을 회피하려는 술책으로 시작했지만, 그리스 비극을 계기로 주말 아르바이트로 몇 달간 돈을 모으고, 배를 곯으며 점심값을 아껴 펭귄판 고전 그리스의 극작품들에 흠뻑 빠져들었다. 잘 정돈된 독서 체계에 가해진 첫 충격은 자신이 알고 있는 그리스 극작품이 사실은 전부가 아니었음을 알게 되었던 때. 저자는 열다섯의 나이에 마치 신의 계시처럼 ‘우리가 읽고 싶어도 결코 만날 수 없는’ 사라진 서적 목록의 작성에 착수했다.

따지고 보면 세계 문학사는 상실된 문학의 역사다. 모든 자연력이 문학을 해치려고 공모한다. 불꽃과 홍수, 건조 작용으로 부서뜨리는 공기, 게다가 종이는 스스로를 먹어 치운다. 종이는 자체에 포함된 황산 성분 때문에 서서히 타버린다.

가장 단순한 형태의 망실은 파괴다. 종교적 혹은 정치적 이유의 분서도 있다. 미하일 바흐친은 카자흐스탄에서 유형 생활을 하면서 성서 한 권을 가지고 담배를 말아 피운 뒤에 도스토예프스키를 논한 자기 저작마저 담배 종이로 써버렸다.

세상의 빛을 보지 못한 원고들도 있으니, 이는 그 작자의 생명이 작품 완성 이전에 종결된 경우이다. 잃어버린 책의 또 다른 범주는 저자가 기획하여 작업해 나갔지만 실제로 쓰는 일에까지는 이르지 못하여 영원히 배아 상태로 멈춰 버린 것이다. 1764년 이탈리아 방문길에 에드워드 기번은 로마의 카피톨 유적지에 앉아서 탁발수사들이 저녁 기도문을 부르는 것을 듣고 있노라니 "이 도시의 쇠락과 멸망을 쓰자는 생각"이 문득 스치고 지나갔다. 2년 뒤 『로마제국 쇠망사』의 첫 권이 나왔다. 기번은 이 저작을 완결하고는 "군사와 예술, 교회와 국정에서 헨리 8세의 재위부터 현대까지 영국에서 활약한 가장 저명한 인사들"을 다룬 총서를 쓰겠다는 소망을 품었다. 거기까지였다. 『잃어버린 책을 찾아서』는 문학의 대체사이고 비문이자 밤샘이며 가설 상의 도서관이자 존재할 수도 있었을 것에 대한 애가다. 읽고 쓰기는 언어와 시공간의 한계를 뛰어넘는다. 그러기에 인류는 오늘도 읽고 또 쓴다. 인류의 역사다.

예술 발전을 통한
자유의 진보

『보이지 않는 용』

데이브 히키 지음 | 박대정 옮김 | 마음산책 펴냄

미술계 안팎으로 가장 강력한 영향력을 행사하는 미국 미술평단의 '이단아'인 데이브 히키가 미국 예술계에 이 책으로 커다란 파장을 일으켰다. 책의 요지는 "아름다움은 보는 사람의 눈에 달린 것이며, 미술 작품은 보는 즐거움을 줘야 한다"는 것이었다.

데이브 히기는 1993년 이 책 초판 출간 직후 미국 학계에서 거센 반발을 샀다. 작품의 겉모습을 그 안에 담긴 '의미'보다 중요시하는 것으로 비친 그의 주장에, 보수적인 학계는 발끈했다. 당시 한 대학에서 히키가 강연하던 도중 그 자리에 참석한 교수들이 우르르 일어나 나가 버렸는가 하면, 강연료 지급이 보류됐고 히키는 고소 위협까지 받았다. 결국 그 초판집은 절판됐으며 히키는 16년이 지난 2009년, 개정 증보판으로 다시금 도전장을 내밀었다.

이 책에서 저자는 문학적인 비유와 철학적 사유로 논지를 펼쳐 나간다. 앤디 워홀과 라파엘, 카라바조, 메이플소프, 존 러스킨, 들뢰즈, 푸코 등을 인용해 소위 '아카데미' 미술계를 공략한다. 점잖은 비평이라기보다는 행동을 촉구하는 선언에 가까운 이 책은, 예술과 아름다움을 바라보는 우리의 기존 관념을 재점검할 기회를 제공한다.

『예술은 무엇을 원하는가』

크리스티안 제렌트, 슈테엔 키틀 지음 | 정인회 옮김 | 자음과모음 펴냄

독일에서 젊은 미술 평론가로 주목받고 있는 크리스티안 제렌트와 슈테엔 키틀은 청소년 모니터링단을 모집해 장별 원고 집필이 끝날 때마다 읽히는 등 철저한 검증을 통해 딱딱한 지식을 나열하는 미술 전문서가 아닌 누구나 이해하기 쉬운 대중 미술 교양서를 펴냈다.

이 책이 여타의 미술사 책과 다른 가장 큰 특징은 저자의 적극적인 개입과 해석에 있다. 저자는 예술이 항상 사회와 유기적으로 결합되어 있음을 전제하면서 그림을 주체적 위치에 놓고 그 주변에 역사적 현실과 예술가, 관람자의 시각을 동시다발적으로 투영시킨다. '예술을 둘러싼 사회문화사'라는 관점으로 서양 미술의 역사를 재조명하는 것이다.

모두 20장으로 구성된 책은 '예술은 무엇이며, 무엇을 원하는가'라는 질문에 대한 명확한 해답을 들려주지 않는다. 하지만 그림이 그려지고 만들어지기까지 예술가, 주문자, 관람자라는 수많은 요소가 개입되듯이, 미술이라는 단 하나의 요소만으로 존재할 수 없음을 깨닫게 해준다. 시각, 감각, 사유를 둘러싼 미적 의식이란 사회라는 공동체를 떼어 놓고는 존재할 수 없기 때문이다.

아름다움을 바라보는 전복적 시선이다. 논의는 불친절하다. 1990년대 초 미국, 보수와 진보 간 '문화 전쟁'이 한창이었다. 제시 헬름스 상원의원이 메이플소프의 외설적인 사진전을 비난했다. 뒤이어 국립예술기금은 대폭 삭감됐다. 저자인 데이브 히키는 작가의 열렬한 옹호자였지만, 헬름스의 행동 또한 정당하다고 주장했다. 작가에게 창작할 자유가 있듯, 헬름스에게는 자신의 신념에 반하는 작품에 반대할 자유가 있다는 이유에서였다. 저자의 화살은 미술관이나 평론가로 향했다. 법률이나 상원의원의 눈치나 보고, 표현의 자유라는 이름 아래 예술을 박제시키고 마는 평론가들 행동이 훨씬 더 비민주적이었던 것이다.

원시 예술에는 설명이 따로 필요 없었다. 보고 느끼면 그만이었다. 하지만 어느 순간 작품 이미지에 의미를 부여하는 성직자와 관료들이 생겨났다. 이들은 예술을 자신들의 눈으로 재단했다. 르네상스 시기에 이르러서야 역사상 처음으로 이들의 권위가 쇠퇴하기 시작한다. 예술품 거래가 아닌 감상에도 해설과 평론은 중개인처럼 필요할까. 자유의 결정체인 예술이 이런 설명과 해설에 의존할 수밖에 없는 것일까. 저자의 미학적 관점에서 아름다움의 임무란 애호가들을 참여시켜 발언권을 주고 그들의 힘을 인정해 주는 것이다. 그런데 그 자리, 이미지와 구경꾼 사이에 영영 사라진 줄 알았던 기관이나 비평가가 끼어든 것이다.

분노는 표현됐다. 1993년 『보이지 않는 용』이 출간됐다. 아름다움은 미술관장이나 비평가들의 의견에 달린 것이 아니라 보는 사람의 눈에 달렸다니, 학계가 가만히 있었겠는가. 초판은 절판됐다. 그로부터 16년이 지난 2009년, 서문과 '아메리칸 뷰티'라는 에세이를 보탠 개정 증보판이 출간됐다. 책의 요지는 예술의 세상에 '참여하는 민주주의'다. 아름다움은 그 자체가 목적이 아니라, 기존의 통념에 저항하고 세상을 바꿀 수 있는 수단으로 쓰일 때 강력한 힘을 발휘한다. 미술은 세상의 모든 것을 담을 수 있다. 그 힘은 우리가 생각하는 것보다 훨씬 더 전복적이다. 그런 아름다움의 언어가 곧 민주주의다.

이번엔 친절한 책. 과연 『예술은 무엇을 원하는가』. 미술 전문 기자 및 저술가로 활동 중인 독일의 크리스티안 제렌트와 슈테엔 키틀은 딱딱한 미술 전문서가 아닌 청소년 독자도 흥미 있게 읽을 수 있는 미술 교양서를 쓰고 싶었다. 새로운 시도를 했다. 청소년 모니터링단을 모집해 장별로 집필이 끝날 때마다 원고를 읽게 하고 의견을 들었다. 청소년 권장 도서로 지정됐다. 책의 줄기는 유럽 미술사. 이를 예술의 자유라는 일관된 관점으로 조명했다. 예술도 사람의 일이기에 논쟁은 항상 뒤따른다. 의외로 예술을 둘러싼 논쟁은 없어서는 안 되는 것이기도 하다. 때로는 극적인 성격을 띠기도 했고 유혈 사태를 일으키기도 했다. 그러나 이러한 논쟁은 순수하게 예술만을 대상으로 한 것은 아니었고, 항상 사회의 여러 세력들과 상호 작용하며 전개되었다. 이것이 바로 예술의 역사다.

예술은 사람들에게 상상과 유희의 문을 열어 주고, 지금까지 생각하지 못했던 것을 생각하게 함으로써 이 자유를 쟁취해 나간다. 따라서 예술과 정신적 자유는 서로 밀접하게 연관돼 있다. 그러나 그렇다고 해서 예술이 정치 투쟁이나 경제적 속박, 그리고 종교 교리에서 자유로운 것은 아니다. 예술이 이러한 구속에서 자유로워진 것은 비로소 20세기의 민주주의 사회에 들어서면서부터다. 이때서야 예술은 거의 모든 사회적 속박과 규칙에서 벗어났다. 반대급부로 예술가들은 사회에서 안정된 기반을 상실하게 되었다. 오늘날 예술은 더 이상 이데올로기나 종교를 위한 선전을 하지 않는다.

대신 예술가들은 사람들을 각성시키는 데 성공했다. 이렇게 해서 예술은 논란의 대상이 되었고 생동감을 얻었다. 사람들이 논쟁을 예술의 생산적이고 중요한 부분으로 인정하게 된 것이다. 이 책은 예술의 갈등이 얼마나 생산적으로 발전했는지, 이를 통해 인간의 정신적 자유는 얼마나 진보했는지를 수많은 사례와 작품으로 제시한다. 그런 점에서 앞선 저자의 도발적 문제 제기와 연결된다.

상상력 촉발,
잡학의 흥미로움

『베르나르 베르베르의 상상력 사전』

베르나르 베르베르 지음 | 이세욱, 임호경 옮김 | 열린책들 펴냄

상상력을 촉발하고 사고를 전복시키는 기묘한 지식, 잠언, 일화, 단상 383편을 담은 이 책은 『개미』, 『타나토노트』, 『뇌』, 『나무』, 『파피용』, 『신』에 이르기까지 수많은 세계적 베스트셀러를 써낸 '상상력의 거장' 베르나르 베르베르의 마르지 않는 상상력이 어디에서 발원한 것인지 엿볼 수 있는 책이다.

문학, 과학, 인류학, 심리학, 전설, 신화, 연금술, 처세, 심지어 게임까지, 온갖 분야를 넘나드는 흥미로운 이야기들은 때로는 독자를 역설적 상황으로 몰아 생각에 잠기게 만드는가 하면, 때로는 인간의 본질을 꼬집는 일침으로 웃음을 터뜨리게 한다.

베르베르가 쓴 작품의 씨앗들을 곳곳에서 발견할 수 있다는 것도 이 책을 읽는 묘미다. 예를 들어, '사랑을 검으로 삼고 유머를 방패로 삼으라'라는 짧은 말로 이루어진 '무기'라는 항목과 웃음의 생리학적 분석을 담고 있는 '웃음'이라는 항목은 "농담이 태어나는 곳"이라는 단편(『파라다이스』에 수록)의 주제와 소재다. 그것은 또 베르베르의 최신작 장편 『키클롭스의 웃음』으로 확대 발전한다. 눈 밝은 독자는 이렇게 이미 써진 작품뿐만 아니라 아직 써지지 않은 작품의 아이디어를 훔쳐볼 수도 있을 것이다.

『거의 모든 사생활의 역사』

빌 브라이슨 지음 | 박중서 옮김 | 까치글방 펴냄

빌 브라이슨은 어느 날 한 가지 이상한 사실을 깨닫게 된다. 어째서 우리는 역사상의 여러 전투와 전쟁에 관해서는 그렇게 열심히 연구하면서, 정작 역사의 진정한 구성 요소에 관해서는 그다지 진지하게 생각하지 않는 것일까? 그가 말하는 역사의 진정한 구성 요소란 바로 수세기에 걸쳐서 사람들이 행한 일상의 여러 가지 일들이다. 결국 대부분의 역사란 거창한 것이 아니라 바로 그렇게 오랜 세월 동안 지속된 사람들의 일상적인 업무가 아닐까 하는 생각이 든 것이다.

결국 인류의 역사상 가장 중요한 발견들 대부분은 지금 우리가 살고 있는 이 집 안에서 얼마든지 살펴볼 수 있다는 것을 깨달은 빌 브라이슨은 자택인 영국 노퍽 주의 오래된 목사관을 이 방 저 방 돌아다니면서 집안 세계를 둘러보는 '내 집 여행'에 나선다. 이 방에서 저 방으로 돌아다니며, 그 각각이 사생활의 진화에서 어떤 역할을 담당했는지 살펴보는 것이다.

책은 사람들이 그동안 무심히 지나쳤던 것들에 대한, 그야말로 거의 모든 이야기를 담고 있다. 그렇다고 따분한 역사를 지루하게 소개하는 것이 아니다. 주변에서 매우 흔하게 보아왔던 것들에 어떤 과거와 역사가 숨겨져 있는지를 세심하게 풀어내고 있다.

어린 시절 빌 게이츠는 '백과사전을 처음부터 끝까지 다 읽는 책벌레'였고, 스티브 잡스는 '지구 대백과사전'에 빠져 살았다. 백과사전은 상상력의 보고일까, 결과일까. 베르나르 베르베르는 열네 살 때부터 혼자만의 비밀스러운 노트를 기록했다. 노트가 1996년『상대적이며 절대적인 지식의 백과사전』이 됐다.

　새로 나온『베르나르 베르베르의 상상력 사전』은 거기에 230개 이상의 새로운 항목을 추가했다. "누가 너에게 해를 끼치거든 앙갚음을 하려 애쓰지 말고, 그저 강가에 앉아 기다려라. 머지않아 그 사람의 시체가 떠내려가는 것을 보게 될지니."(중국 속담) 두 줄을 갓 넘어선다. 인류는 세 차례에 걸쳐 자존심 상하는 일을 겪었다. 첫 번째는 코페르니쿠스가 지동설을 제창한 일, 두 번째는 다윈이 진화론을 들고 나온 일, 세 번째는 프로이트가 인간은 그저 성적인 파트너를 유혹하고자 하는 욕망에 이끌리고 있을 뿐이라고 선언한 일이다(인류의 자존심을 상하게 한 세 가지 사건). 그저 베르베르의 사견일 뿐이다.

"건배는 프랑크족의 전통이다. 그들은 건배를 하면서 각자 자기 잔의 술 방울이 다른 사람의 잔에 떨어지게 했다. 그럼으로써 그의 술잔에 독을 넣지 않았다는 것을 증명해 보이는 것이었다. 술잔을 세게 부딪칠수록 흘러넘치는 술이 많아지므로, 서로의 술이 섞일 가능성도 높아진다. 따라서 술잔을 세게 부딪칠수록 더 정직한 사람으로 여겨지게 된다"("건배") 과연 그럴까. 잔을 높이 들어 건배하는 전통은 술과 친한 거의 모든 문화권의 전통일진대, 모든 나라의 건배가 프랑크족에게서 전래됐을까. 그래서 여전히 '상대적이며 절대적'이다. 상상력을 촉발하고 사고를 전복시키는 기묘한 이야기들이 잔뜩 담겨 있는 '백과사전'이다. 그리고 '상상력 사전'이다.

언론인 겸 저술가 빌 브라이슨은 스스로가 백과사전이다. 그야말로 잡학 사전이다. 브라이슨 부부가 영국의 최동단 노퍽 주에 있는 영국국교회의 옛 목사관으로 이사 간 지 얼마 되지 않았을 때의 일이다. 어느 순간 집이 작가에게는 일종의 수수께끼로 가득한 장소가 됐다. 집안을 한번 여행해 보자는 생각을 품게 됐다. 이 방 저 방 돌아다니며 그 각각이 사생활의 진화에서 어떤 역할을 담당했는지를 살펴보고 싶었다. 욕실은 위생학의 역사가 될 것이고, 부엌은 요리의 역사, 침실은 성행위와 죽음과 잠의 역사가 될 것이고, 뭐 그런 식이었다.

그런데 막상 둘러보니 실상은 전혀 달랐다. 발견하게 된 놀라운 사실은 이 세상에서 벌어지는 사건이란 그것이 무엇이든 간에 결국 누군가의 집에서 끝나게 마련이라는 것이다. 집안 생활의 역사는 단순히 침대와 소파와 난로의 역사에 불과한 것이 아니었다. 에펠탑과 시체 도둑질을 비롯해 모든 사건들에 관한 역사였다. 집이란 역사와 동떨어진 대피소가 아니었다. 『거의 모든 사생활의 역사』였다.

책은 시간상으론 집이 건축된 1851년을, 공간상으론 잉글랜드를 중심으로 삼았다. 역사 탐방은 부엌을 거쳐 거실과 식당으로 간다. "동인도 회사가 존재하게 된 원인은 사실 후추와 향신료였지만, 그 운명은 결국 차였다. 1696년 윌리엄 피트는 차에 대한 세금을 크게 줄이는 대신 무시무시한 창문세를 도입했으며(차보다는 창문을 밀수하는 쪽이 훨씬 더 힘들 것이라는 논리적인 가정에 근거한 결정이었다), 이로써 차 소비에 끼친 영향은 그야말로 즉각적이었다. 1699년부터 1721년 사이에 차 수입은 1만3천 파운드에서 120만 파운드로 거의 100배나 늘었다. 노동자들은 차를 꿀꺽꿀꺽 마셨고 귀부인들은 우아하게 홀짝홀짝 마셨다. 역사상 최초로 계급을 막론하고 너도나도 마신 음료였으며, 역사상 최초로 하루 가운데 차 마시는 시간이라는 의례적 지위를 마련한 음료였다. 한 세기 반 동안 차는 동인도회사의 핵심에 있었으며, 또한 동인도회사는 대영제국의 핵심에 있었다." 이런 식이다. 부엌에서 후추로, 정부로, 세금으로, 차로, 동인도회사로, 대영제국으로, 그러다 다시 집으로 돌아오는 서술 방식이다. 책은 다락방에서 끝이 나지만, 백과사전의 흥미로움은 계속된다.

일본 학계의
중국 사상 연구

『논어징』(전 3권)

오규 소라이 지음 | 임옥균 옮김 | 소명출판 펴냄

이 책은 한마디로 『논어』의 주석서다. 오규 소라이가 자신의 고문사학적인 입장에서 『논어』를 해석하고 분석한 성과를 이 책에 주석으로 담은 것이다.

소라이는 일본학자이지만 주자(朱子)의 각종 학설에 정면으로 맞서, 고대의 유학경전, 즉 오경(五經)을 종횡으로 활용하면서 자신의 주장을 펼쳤다. 그가 구사한 한문의 수준도 보통 학자들을 뛰어넘는 것으로, 일본을 넘어 중국과 조선의 지식인들에게도 어필할 수 있는 것이었다.

소라이의 주장의 핵심은 송나라 유학자들의 주장은 모두 불교나 도가의 영향을 받은 것으로 고대부터 전해져온 선왕(先王)의 도(道)와는 거리가 멀다는 것이었다. 그는 그러한 주장을 『논어』를 분석하고 주석을 단 『논어징』을 통해서 하나하나 입증해 보였다. 주자학에 대한 적극적인 반론, 『논어』에 대한 재해석, 그리고 고대 경전에 대한 해박한 지식과 활용은 그가 동아시아 차원에서도 보통의 학자 수준을 넘어서고 있음을 보여 준다.

『중국 사상 문화 사전』

미조구치 유조 외 엮음 | 김석근 외 옮김 | 책과함께 펴냄

도쿄대학교출판회가 창립 50주년을 기념해서 출판한 이 책은 미조구치 유조 등 중국학의 대가들 세 사람이 중국학 전공학자 73명과 함께 쓰고 엮었다.

저자는 이 사전을 '중국의 사상 문화에 대한 사전'이라고 말한다. 이 책은 중국학 주요 개념어의 틀 안에 머물지 않고 그 개념어를 낳은 정치, 경제, 사회와 같은 역사적 배경까지 파고들어 서술한 사전이다. 그 사상을 정태적으로 특징짓지 않고 동태적 존재로 파악하며 지식인의 세계뿐 아니라 민중 세계로까지 확장해서 다루기 때문에, 이 책은 '사상 문화 사전'이다

이 책의 가장 큰 특징은, 중국사상사를 이해하는 데 가장 기본적인 개념 66개 항목에 대해서 그 역사적 생성과 의미 내용의 변천 과정을 서술하고 있다는 점이다. 이러한 성과는 일본의 중국 학계가 10여 년에 걸쳐 행한 '중국 사상사의 기초 범주' 공동 연구의 결과물이기도 하다.

1940년대 일본 도쿄대학교, 나중에 '학계의 천황'으로까지 불리게 된 20대의 마루야마 마사오는 일본 정치사상사 연구의 신기원을 열었다. 오규 소라이(荻生 徠, 1666~1728)라는 에도시대 대표적 사상가의 저작을 치밀한 독일의 사회과학적 방법론으로 분석해냄으로써 일본 '근대성'의 뿌리를 밝혀냈던 것이다.

마루야마는 소라이에게서 도덕과 정치의 분리라는 마키아벨리적 사유의 근대성, 그 근대성의 일본적 전개를 찾아낸다. 일본 정치의 발견이었다.(김용옥) 마루야마의 명저 『일본 정치사상사 연구』는 1995년 김석근 박사에 의해 비로소 번역됐다. 이 책의 핵심이 소라이의 사상인데, 소라이학(學)의 핵심은 『논어』를 분석하고 주석을 단 『논어징』(論語徵)이다.

소라이는 자신의 고문사학적인 입장에서 『논어』를 해석하고 분석한 성과를 주석으로 담았다. 송나라 유학자들의 『논어』에 대한 해석을 반박하고 소라이 이전에 활약한 이토 진사이의 『논어 고의』를 비판했다. 『논어』의 모든 문장에 대해 주석을 단 것은 아니었고, 자신이 흥미를 가진 대목만 골랐다.

같은 시대 조선의 학자들은 일본 사람들의 유학사상에 대해 무시하는 쪽이었다. 다산 정약용조차도 처음에는 그랬다. 하지만 소라이의 제자 다자이 다이의 책을 읽고 나서는 전혀 다른 평가를 하게 된다. "이제 그들의 글과 학문이 우리나라를 훨씬 초월했으니, 참으로 부끄러울 뿐이다." 그동안 국내 학계의 소라이에 대한 이해는 마루야마가 소개한 한도 내였다. 소라이를 마루야마가 재해석했기 때문이다. 이기동 교수팀이 주도한 『논어징』(전 3권)의 번역을 통해 우리는 비로소 소라이를 직접 만날 수 있게 됐다. 『논어』에 대한 새로운 주석을 얻게 됐다. 조선 시대부터 주자학 일변도로 발전해 온 국내 학계에서 반주자학적인 학설을 소개하는 일은 과거에는 이단이었고, 지금도 그리 넉넉지는 않은 모양이다. 그래서 우리 유학 연구의 한 지평을 열었다. 중국의 사상과 문화를 우리가 항상 일본에게 건네주었다고 생각하는 통념에 대한 정반대의 깨달음이다. 동양의 문화와 사상에 대한 이해를 넓힐 수 있는 좋은 계기다.

의심의 여지 없이 동양학, 중국학에 대한 본산은 일본이다. 2001년 도쿄대학교출판회가 창립 50주년을 기념해 『중국 사상 문화 사전』(中國思想文化事典)을 출판했다. '사전'(辭典)이 아니라 '사전'(事典)이다. '사상', '문화' 혹은 '사상과 문화'가 아니라 '사상 문화'다. 중국학 분야의 전문가가 총동원되어 중국학의 가장 기본적인 개념 '욕'(欲), '현학'(玄

學), '음양'(陰陽) 등 66개 항목에 대해 통사적인 해설을 시도했다. 일본 중국학계의 10여 년에 걸친 '중국 사상사의 기초 범주'라는 공동 연구의 결과물이다.

'천하'(天下)에 대한 항목을 보자. 주나라 초기 천명(天命)사상이 생겨난다. 얼마 후 천(天)으로부터 지상 세계의 왕이 부여받은 민(民)과 강토(疆土)라는 생각은 위의 천에 대한 아래의 민이나 토지라는 관념을 낳았다. 열국의 공통된 정치, 경제, 문화권이 형성되어 천하 관념이 성립된다. '중국'이라는 개념도 황하 중류 지역을 중심으로 확대된다. 전통적인 천하관은 근대국가의 이행에 있어 지체로 작용했다. 중화가 화(華)인 까닭은 문화적 우월에 있으며, 설령 이적(夷狄)이 군사적으로 중국을 침략한 경우에도 문화적 우월감은 본질적으로 타격을 받는 일이 없다는 것을 전제한다. 장기적으로 이들은 중국 문화에 동화되어 무력화되리라는 것을 기대할 수 있기 때문이다.

그런데 이적이 문화적으로도 우월하다면? 또한 주권국가끼리의 대등한 조약 관계가 아닌, 중국 황제의 지고성을 전제로 책봉과 조공이라는 불평등한 관계를 계속해서 강요한다면? 이런 중국의 천하사상은 청일전쟁의 패전으로 끝을 맺는다. 비로소 중국은 자신들도 여러 나라 중의 하나라는 사실을 받아들일 수밖에 없게 된다. 최후의 조공국인 조선의 독립을 승인했고 종주권을 포기해 책봉·조공 관계는 완전히 과거의 것으로 변하고 말았다. 천하사상의 마지막이다.

사전의 번역에 세 분이 고생했다. 김석근 박사가 번역자로 이름을 올렸다. 반갑다.

어머니!
당신은 위대합니다

강상중은 재일 한국인 최초 도쿄대학교 정교수로서 2009년 언론과 독자들의 열광적인 호응을 얻은 『고민하는 힘』을 출간했다. 그의 부모는 일제강점기 일본으로 건너가 정착한 재일교포 1세다. 이 책은 저자가 어머니의 죽음을 겪은 후, 전후 혼란기의 역경을 버텨내며 자식들을 키웠던 재일 1세들의 기억을 어머니의 삶을 통해 기록하고자 쓴 책이다.

저자는 2009년 『고민하는 힘』의 한국어판 출간 기념 강연회에서, 만약 중학교 3학년으로 돌아간다면, 할아버지, 할머니, 어머니, 아버지에 대해 더 많이 알고 싶다고 했다. 어린 시절 어머니가 내면에 품고 살았던 '기도의 세계'는 한국의 오랜 인습과 풍속, 토속적인 신앙과 통했다. 교육을 받고 지식을 터득한 자신에게 어머니의 세계는 썩어 가는 과거의 유물에 불과하다는 생각이 들었다고 한다.

하지만 세월이 흘러 나이 듦에 따라 반감만 가득했던 어머니의 삶을 지탱해 준 그 세계가 무척 그립고 친근한 것으로 다가왔다. 저자는 이치를 알고 합리적인 언어를 구별한다는 나를 비롯한 사람들이 사실은 어머니가 늘 붙잡고 살아가는 힘의 근원이 되어 주었던 그 '기도의 세계'를 잃어버렸음을 깨닫게 된 것이 이 책을 쓰게 한 가장 큰 이유라고 말한다.

『마더 릴리언의 위대한 선물』

지미 카터 지음 | 에버리치홀딩스 편집부 옮김 | 에버리치홀딩스 펴냄

지미 카터는 퇴임 후 더욱 존경받는 대통령이다. 왕성한 활동으로 국제사회 평화에 기여하며 '가장 귀감이 되는 전직 대통령'이라는 평가를 받고 있다. 비영리단체 카터재단을 설립해 후원과 자원봉사를 벌이고, 2002년에는 국제 분쟁을 중재한 공로로 노벨 평화상을 수상하기도 했다. 아흔을 바라보는 나이에도 여전히 가난한 이들을 돕는 나눔의 삶을 살고 있는 지미 카터. 과연 무엇이 그를 평화의 전령으로 거듭나게 했을까?

카터의 삶은 어머니 릴리언 카터의 삶과 많이 닮았다. 1976년 대통령 당선 후 백악관 기자회견에서 "나를 키운 어머니 릴리언부터 만나보라"고 했을 만큼 그에게 어머니는 '놀라운' 존재다. 아들 지미 카터가 쓴 사모곡인 이 책은 아이보다 익살스럽고 남자보다 용감했으며 천사보다 따뜻했던 릴리언의 이야기다.

책은 세상의 잣대와 시선을 과감히 내던지고 소소한 가치를 실현하기 위해 기꺼이 맨발로 인도 마을을 걸어 다녔던 여자. 한 남자의 아내, 네 아이의 엄마로도 모자라 수많은 흑인과 인도 노동자들의 이웃이 되어 주었던 천사. 일흔 살의 최고령 평화 봉사 단원. 미국의 어머니로 존경받은 그녀의 삶을 담고 있다.

강상중 교수의 어머니는 남쪽 바닷가 진해에서 태어나 16세 때 전쟁이 한창이던 일본으로 건너가 살았던 '식민지의 여자'였다. 교수의 어머니에게는 '순남' 말고도 '하루코'라는 이름이 있었다. 어려서 죽은 장남 '하루오'의 기억을 끌어안듯이 어머니는 줄곧 하루코라는 이름을 고집했다. 하루오의 기일이 되면 어머니는 어김없이 '갓난아기의 속옷'을 태워 연기가 올라가는 모습을 바라보면서 중얼중얼 속삭이듯 혼잣말을 하곤 했다. "하루오, 이제 하늘로 올라가거라. 내년에 또 만나자." 이때의 어머니는 눈가가 촉촉해지면서 항상 울먹이는 목소리가 되곤 했다.

해방 후 고향으로 돌아가지 못하고 일본 땅에서 살아남아야만 했던 자이니치 1세대인 어머니. 사실상 '문맹'이었던 어머니는 괴로울 때

나 슬플 때, 또는 몸이 고단할 때면 항상 기도를 했다. 자신을, 그리고 가족을 파멸시킬 듯한 사건이 일어날 때마다 어머니는 오로지 손을 모아 빌고 또 때로는 기도하면서 진혼의 춤에 몰입하곤 했다.

어머니의 1주기 제사를 마치고 난 얼마 후 교수의 집에 소포가 배달됐다. 생전에 어머니가 녹음해 둔 목소리 편지였다. 형수가 어머니의 1주기를 맞아 유품을 정리하던 중 우연히 발견한 모양이었다. 편지는 '2003년 설날 데쓰오에게'로 시작됐다. 데쓰오는 교수가 한국 이름 강상중을 쓰기 이전의 일본 이름이다. 교수는 옛 일본 제국 육군 헌병 출신으로 한국에서 변호사로 성공한 숙부의 권유로 처음 한국을 찾은 이래, 비로소 자신의 존재를 한국인으로 규정했었다. "데쓰오, 이 어미는 참 행복했다. 고생도 했지만 좋은 사람들을 많이 만났다. 하지만 사람들이 나더러 미쳤다고 했을 때는 서글펐다. 그래도 내가 조상을 소중하게 받들지 않으면 누가 할까 싶어 여러 가지 제사도 지냈다. 하지만 이제 그런 일은 앞으로 없어지는 시대가 되겠지.

우리 세대는 예로부터의 법도를 지켜 나가면서 그 힘으로 어떻게든 일본에서도 살아올 수 있었다. 앞으로는 더 이상 일본도 조선도 없는 시대가 오겠지. 데쓰오, 너는 아버지나 내가 모르는 세상을 많이 가르쳐 주었다. 자세히 이해하지는 못했지만 그런 세상이 있다는 것도 알았으니 그것만으로도 글을 모르는 나한테는 즐거웠다. 데쓰오, 고맙다, 정말 고맙다 ……." 어머니는 살아생전 "내가 글을 알았다면 여러 가지 이야기를 써서 남길 수 있었을 텐데"라며 늘 아쉬워했다. 교수의 『어머니』는 '어머니가 위탁하신 유언'이다.

지미 카터 전 대통령의 집은 남부 조지아 주였다. 대공황의 막바지인 1938년께까지 실업자들은 일자리를 찾아 남으로 남으로 내려왔다.

어머니 릴리언 카터는 음식이나 물을 얻으러 온 사람들을 결코 문전박대하지 않았다. 어머니가 이번 주에 유난히 많은 떠돌이가 찾아왔다고 하자, 이웃 농장의 부인이 말했다. "우리집 마당에는 얼씬도 하지 않으니 다행이지 뭐예요." 다음에 방랑객이 찾아오자 어머니는 왜 다른 집엔 가지 않고 우리 집으로 왔냐고 물었다. "부인, 실은 우리끼리만 아는 표시가 있습니다. 우편함 기둥에 표시를 남겨 부인께서 사람들을 빈손으로 돌려보내거나 박대하지 않으신다는 것을 알리는 거지요." 얼마 후 우리는 눈에 잘 띄지 않게 날카로운 도구로 긁은 자국을 찾아냈다. 어머니는 그대로 놔두라고 하셨다.

대통령은 자신의 모든 사랑과 열정은 어머니에게서 물려받은 것이라고 생각했다. 대통령이 어머니를 회고한 『마더 릴리언의 위대한 선물』이다. 인종차별이 심했던 20세기 초반, 남부에서는 흑인이 간혹 백인의 집을 방문할 때는 반드시 뒷문으로 드나들어야 했다. 하지만 어머니는 달랐다. 흑인이 당당히 앞문으로 출입하게 했다. 당시 조지아 시골에서 흑인을 인간으로, 친구로, 이웃으로 대접한 최초의 백인 집안이 릴리언네 가족이었다.

예순여덟에 평화봉사단에 지원하고 인도까지 가서 나병 환자들을 돌본 사람, 거의 평생 남부 흑인과 빈민을 보살핀 간호사, 그가 어머니다. 나중에 평화봉사단 시절에 대해 인터뷰할 때 어머니는 당신의 심정을 몇 마디로 요약했다. "인도에서 내가 한 일은 아무것도 갖지 못한 사람들을 돕는 것이었습니다. 성경을 잘 몰라 정확한 인용은 못하지만 이런 구절이 있다고 합니다. '가난한 자를 도우면 백배로 갚아 주신다.' 나는 천배로 돌려받았습니다." 모든 남자는 가슴에 어머니를 담고 다닌다.(쿠바 속담) 어머니 ……

3부

생명을
읽는다

영리사업과 자선사업은
결합될 수 있을까

『블루 스웨터』

재클린 노보그라츠 지음 | 김훈 옮김 | 이른아침 펴냄

아프리카에서 소액대출은행 '두테림베레'나 미혼모들이 일하는 빵집인 '블루 베이커리' 등을 통해 빈민 구제 활동에 전념해 온 재클린 노보그라츠의 삶이 이 책에 담겨 그녀의 인생철학과 아프리카에서의 활동들을 자세히 보여 준다.

국제 은행가에서 빈민 구제 활동가로 변신한 저자는 아프리카에서 행해 온 빈민 구제 프로젝트들에서부터 세계 최초 비영리 벤처 캐피탈 '어큐먼 펀드'까지를 보여 주면서 현재 아프리카 대륙에 팽배해 있는 빈곤의 그늘을 드러낸다.

책은 가난의 진정한 원인이 어디에 있는가를 파헤치는 데 있어서 매우 신중해야 함을 강조한다. 원인이 복잡한 만큼 그 실마리 역시 신중히 선택해야 한다는 것이다. 저자가 30여 년 동안 남미와 아프리카와 서아시아 각국을 누비며 찾아낸 결론이다. 개별적인 빈곤들에 대한 원인 분석과 실상의 소개, 그리고 해결 방안이 다양하게 조명된다.

재클린 노보그라츠는 어릴 때 선물로 받은 푸른색 스웨터를 즐겨 입었다. 그런데 사춘기가 되니 옷을 입은 모양새가 달라지기 시작했다. 고

등학교 1학년이던 어느 날, "노보그라츠산에서 스키타면 되잖아" 하고
남자애들이 놀려댔다. 화가 난 노보그라츠는 그 옷을 헌옷 가게에 팔
아버렸다. 20년이 지난 1987년, 놀랍게도 르완다의 어느 거리에서 자
신이 판 푸른색 스웨터를 입은 소년을 만났다. 그 푸른색 스웨터가 책
제목이 되었다.

저자는 뉴욕에서 은행가로 일하다 세상을 변화시키겠다며 스물다
섯의 나이에 아프리카로 뛰어든다. 르완다에 아프리카 최초의 빈민은
행을 설립하고, 미혼모들을 모아 빵가게를 열었다. 이런 경험을 바탕
으로 미국으로 돌아와 스탠퍼드대학교 경영대학원에서 공부하고, 록
펠러재단에서 연구한 결과를 모아, 2001년 세계 최초의 비영리 벤처
캐피털 '어큐먼 펀드'(acumen fund)를 설립한다. 스스로 '끈기 있는 자
본'이라 불렀다.

이를테면 이런 사업이다. 아프리카 어느 회사에 모기장 직조 기계
와 기술을 도입할 수 있는 돈을 융자한다. 이 회사는 수천 명의 직원을
고용하여, 해마다 살충제를 처리한 반영구적 모기장 1,600만 장을 생
산한다. 그래서 저소득계층에 일자리를, 아프리카 사람들에게는 말라
리아로부터 안전을 제공하는 것이다. 인도에서는 가난한 사람들을 위
한 정보 유통 시스템을 만드는 기업과 맑은 물을 공급하는 회사에 투
자했다.

원조 기구, 국제 자선단체, 박애주의자들이 어느새 신식민주의자
로 부상하고 말았다는 비판이 있다.(『포린 폴리시』 2008년 7~8월호) 의존
과 간섭이라는 나쁜 연결 고리만 만들어 낸다. 원조와 지원이라는 임
무 자체보다 자신의 일을 위해 자기만족적으로 일한다는 분석도 있다.

프랑스의 한 유명한 잡지에 이런 사진이 실렸다. 식료품을 실은 비

행기가 아프리카 어느 지역 위를 날면서, 긴급 구호품을 떨어뜨린다. 그때 거의 다 죽어가는 사람들이 나타나 화물 쪽으로 몰려든다. 사진 설명은 '드디어 구호의 손길이 닿다'였다. 하지만 몸에 맞지 않은 무분별한 음식 공급은 이들을 도리어 죽음으로 몰고 간다. 장 지글러의 말이다.

얼마 전 유엔식량농업기구(FAO) 사무총장은 2009년 들어 전 세계 기아 인구가 10억 명을 넘어섰다고 밝혔다. 세계 인구 65억 명 가운데 15.4퍼센트가 굶고 있는 것이다. 그래서 자선과 지원은 분명 필요하다. 인간의 존엄에 바탕을 둔 인도주의적 정신이다. 저자는 인도주의적 발상과 시장 지향형 접근이 적절하게 조화해야 한다고 생각한다. 영리사업과 자선사업을 결합할 수 있다는 것이다. 그 실험이 바로 '어큐먼 펀드'다. 사실 우리나라야말로 외국의 원조를 통해 일어선 나라다. 하지만 공적 원조의 수준은 경제협력개발기구(OECD) 국가 중 하위권이다. 그래서 이 책은 우리에게 교과서다.

저자는 "모든 인간을 단일한 지구촌의 일원으로 보기 시작할 때라야만 모든 이가 가치 있는 삶을 이룩할 기회를 가질 자격이 있고, 이들도 지구촌의 한 구성원이라는 것을 인정할 때라야만 가난을 끝장낼 수 있다"고 말한다.

은행 입사 면접 때부터 "저는 은행원이 되고 싶지 않아요. 저는 세상을 변화시키고 싶어요"라고 말했던 저자다. 세상은 이런 '비현실적인' 사람들의 힘으로 변화하는 모양이다. 극작가 조지 버나드쇼의 말을 빌자면, "이성적인 사람은 자신을 세상에 적응시킨다. 하지만 비이성적인 사람은 고집스럽게 세상을 자신한테 적응시키려 한다. 그래서 모든 진보는 비이성적인 사람의 손에 달려 있다." 저자가 그 증거다.

자연과 함께 순환,
그 시작은 똥

『시골똥 서울똥』

안철환 지음 | 들녘 펴냄

개인 농장과 주말 농사 학교를 운영하면서 도시 사람들의 귀농을 돕는 활동을 하고 있는 저자 안철환은 이 책을 통해 오늘날 화두가 되고 있는 지구의 환경오염이 큰 시각에서는 순환 활동이 점차 줄어들면서 시작되었다는 논의를 통해 '순환 농법'이 지구, 특히 땅에 얼마나 큰 도움을 줄 수 있는지를 소개한다.

이 책은 밥과 똥이라는 두 개념으로 대표되는 '순환 농법'에 중점을 두고. 과거 축분과 인분을 사용했던 동양의 농법은 땅을 황폐화시키지 않으면서도 땅을 비옥하게 유지시키는, 먹은 만큼 땅으로 돌려보내는 '순환'이 이루어졌지만 서양에서 화학 비료가 발명되면서 이 순환의 연결 고리가 끊어졌다고 설명한다.

저자는 동시에 다양한 종자를 보호하고 종의 다양성을 유지하는 것의 중요성을 역설한다. 즉, 순환의 시작은 똥이며 다양성의 완성은 바로 종자인 것이다. 생태계의 건강을 위한 종의 다양성 유지에 대해 저자는 벼농사가 이 종자의 다양성을 보호하는데 가장 효과적이며, 부가적으로 '토종 종자'의 확보 및 보존을 하나의 방편으로 강조한다.

지리산 실상사에 가 보셨나요. 절 한편 '생태 뒷간'도 들르셨겠네요. 재래식 화장실이라서 불편하시던가요. 볼일을 마치고 쌀겨를 한 바가지

퍼다가 살살 뿌리는 일 잊지는 않으셨지요. 뒷간에 앉아 계실 때 나무 판자 사이를 뚫어 놓은 공간이 주는 전망 어떻던가요. 그 좁은 전망 사이로 보이는 봉우리가 지리산 최상봉 천왕봉이랍니다.

재밌는 이름의 책이 한 권 나왔습니다. 『시골똥 서울똥』입니다. 어린 시절 읽었던 '시골 쥐와 서울 쥐'를 연상시키는 제목이지요. 저자 안철환에게 있어 똥은 곧 밥이요, 밥은 곧 똥입니다. "똥은 밥을 먹고 나온 더러운 찌꺼기이지만 다시 밥을 만드는 거름이 되니, 밥이 곧 똥이 되고 똥이 밥이 되는 순환의 한 고리다." 저자는 똥을 이야기하는 것이 아니라 똥을 매개로 순환을 이야기합니다. "순환하지 않는 것은 생명이 없다. 사람 몸도 그렇고 땅도 그렇고 농사가 그렇다. 그래서 순환은 또한 창조이기도 하다." 그렇습니다. 문제는 순환입니다. 순환의 단절입니다. "지구의 환경오염은 밥과 똥의 순환이 끊긴 데서부터 비롯되었다고 해도 과언이 아니다. 말하자면 인간과 자연의 관계가 인간 위주의 일방통행식으로 굳어지면서, 환경오염, 자연 파괴가 생기기 시작한 것이다." 그래서 결국 똥 이야기가 한 권의 책이 됐습니다.

지구는 우주로부터 태양 복사 에너지를 받습니다. 그리고 우주를 향해 지구 복사 에너지를 내보냅니다. 이 순환이 끊기는 것이 지구온난화입니다. 적도에는 에너지가 넘치고, 극지방에는 에너지가 부족합니다. 에너지를 골고루 순환시켜야만 되겠지요. 대기가 이 일을 담당합니다. 무역풍이니 편서풍이니 하는 바람입니다. 바닷물의 흐름도 순환의 흐름에 동참합니다.

그렇지 않으면 적도 지방의 바닷물은 펄펄 끓어 고래가 익어 버릴 수도 있겠지요. 한반도 주변 바다의 해류가 바뀌고 있고, 그래서 동해안 어부들이 생전 보지도 못한 물고기가 그물에 걸려 깜짝 놀라기도

하는 일이 종종 벌어지기도 합니다.

순환의 문제입니다. 지표면의 70퍼센트가량이 물입니다. 물론 그 물의 대부분은 바닷물입니다. 0.65퍼센트의 물만이 강물이나 지하수 혹은 빗물을 이루는 수증기입니다. 그 물을 잘 활용하기 위해 4대강 유역에 단군 이래 최대의 토목공사를 벌이겠다는 것이 이명박 정부와 한나라당입니다. 지표면의 물은 태양에너지에 의해 증발되었다가 구름이 되어 봄·여름·가을에는 비라는 촉촉함으로, 겨울에는 눈이라는 따스함으로 다시 지표면으로 되돌아옵니다. 이런 순환을 통해 바다와 공기와 땅은 서로 물을 주고받고 지구 전체로는 균형을 유지합니다. 이 균형의 과정이 바로 순환입니다. 순환이 깨지는 곳에 사막화가 있고, 황사가 있고, 홍수와 같은 대재앙이 있습니다. 탄소의 순환 또한 놓쳐서는 안 될 일입니다. 인류는 산소를 들이마시고 이산화탄소를 내보냅니다. 땅속에서는 석유나 석탄의 모습으로, 바닷물 속에서는 탄산이온의 모습 등으로 존재하면서 생태계를 순환하는 중요한 흐름입니다. 유기체로서의 지구를 가능하게 하는 순환의 한 모습입니다.

저자의 생각은 이렇습니다. 모든 순환의 시작에 똥이 있습니다. 자연을 파괴하지 않고 자연과 함께 순환하면서도 자연의 한계를 뛰어넘는 일, 똥에서부터 시작할 수 있다는 겁니다. 핵심은 바로 발전이 아닌 순환이고, 획일화가 아닌 다양성입니다. 그리고 다양성은 종자의 다양성으로 완성될 수 있다는 겁니다.

주류 생태학에 젖어 살아온 시각으로 저자의 논지를 받아들이기엔 기존의 똥에 대한 생각만큼이나 불편함은 있습니다. 논리적 근거도 일반적 통념을 뒤엎기엔 아직은 힘에 부쳐 보입니다. 그럼에도 똥을 통해 순환을 강조하는 저자의 메시지는 분명합니다.

이산화탄소 감축의
절박한 현실

『기후변화의 정치학』

앤서니 기든스 지음 | 홍욱희 옮김 | 에코리브르 펴냄

사회 이론 분야와 계층론의 세계적 학자 앤서니 기든스는 사회학자로서의 그의 주력 분야와는 조금 다르다고 할 수 있는 현대사회의 기후변화 이슈와 정치와의 관계에 대해 조명한 이 책을 통해 기후변화와 현재 우리가 처한 상황, 이를 해결하기 위한 대안에 대한 나름의 의견을 밝힌다.

저자는 환경오염과 기후변화의 담론이 오늘날 우리 사회를 뒤덮고 있는 것처럼 보임에도 불구하고 사실상 이들이 우리에게 피부로 느껴질 만큼의 피해를 주지 않고 있기 때문에 우리는 이에 적극적으로 대응하지 않고 있다고 이야기한다. 그는 지금과 같은 상황에서 벗어나기 위해 정부의 적극적인 역할을 강조한다.

이 책은 국가가 갖고 있는 다양한 수준의 공권력을 활용해 크게는 국제사회에서, 작게는 지역사회까지 기후변화에 대한 담론을 형성하도록 노력해야 하며 더 나아가 에너지 안보와의 관계 역시 고려해야 한다고 말한다. 우리는 이를 통해 환경오염 및 기후변화라는 전 세계적 이슈에 대해 어떤 방법으로, 어떤 절차를 밟아 대안을 마련해야 할지에 대해 생각해 볼 기회를 가질 수 있다.

"가정에서 불을 밝히고, 난방을 하며, 교통수단을 이용하는 등 오늘날 우리에게 익숙한 생활 방식을 영위하는 데 쓰이는 모든 에너지의 총량을 인간 한 사람이 몸을 움직여 생산할 수 있는 에너지양과 비교한다고 생각해 보자. 그러면 오늘날 우리 미국인 각자는 365일 24시간 내내 150명에 이르는 '에너지 노예'의 시중을 받는 것에 비견할 수 있다." 여기까지는 미국 사람 이야기이고 지금부터는 우리나라 얘기다. 2007년 기준 이산화탄소 배출량은 세계 9위다. 2005년 기준 에너지 소비는 세계 10위, 석유 소비량은 세계 7위, 에너지 소비 증가율은 경제협력개발기구(OECD) 가입국에서 1위, 에너지 수입 의존도는 97퍼센트, 석유 수입은 세계 5위, 천연가스 수입은 세계 3위다. 리처드 하인버그처럼 '에너지 노예'로 비교할 만한 학문적 능력을 갖추지 못해 죄송하지만 필경 미국과 별반 다르지 않을 것이다.

2009년 여름 역사상 최초로 북극 항로가 열렸다. 부산항에서 출발한 화물선이 북극해를 거쳐 유럽에 닿았다. 지구온난화로 표현되는 기후변화다. 기후변화의 시작은 에너지다. 화석연료 사용이 온실가스 배출로 이어지고 지구 기온의 상승을 부채질한다. 그럼에도 나와 너, 우리는 잘못된 습관을 바꾸는 데 인색하다. 우리 생활 방식이 코앞에 닥친 거대한 위험의 원인인 데도 그저 태만이다.

이런 태만은 국제관계에서도 마찬가지다. '교토의정서'가 있었다. 산업화를 주도해 온 38개 선진국에 지극히 온건한 수준의 책임을 묻는 국제 협약이다. 2008년부터 2012년까지 온실가스 배출량을 1990년 대비 평균 5.2퍼센트로 줄이도록 의무화했다. 그러나 미국이 앞장서서 '국내 경제에 악영향을 주고, 중국 등 개발도상국의 의무 부담이 없음'을 들어 비준을 거부했다. 기후변화 국제협약은 무너졌다. 다시 반전이 있었다. 미국에 친환경적인 버락 오바마 정권이 들어섰고, 과학적 성과물이 쌓였다. 2007년 '기후변화에 관한 정부 간 패널'(IPCC)은 제4차 보고서를 발표했다. 과학자들은 "금세기 안에 산업화 이전보다 지구 온도를 2도 상승 이내로 묶어야 한다"고 주장했다. 다시 기후 체제에 대한 논의가 급물살을 탔다. 그래서 2009년 12월 7일부터 18일까지 덴마크 코펜하겐에서 '제15차 유엔기후변화협약 당사국총회'가 열리게 된 것이다. '포스트교토 체제'를 마련하려 하지만 전망은 그리 밝지 않다. 당장에 2009년 11월 미·중 정상회담에서 이 문제가 핵심 의제였지만 합의 도출에 실패했다.

'남북문제'로 기후변화 체제를 설명하는 이도 많다. 2007년 기준으로 중국은 전 세계 이산화탄소 배출량 1위이지만 산업혁명이 시작된 18세기 중반 이후 누적량으로 따지면 미국과 유럽연합(EU)이 중국의 네 배를 넘는다. 유엔(UN) 자료에 따르면 가장 부유한 계층 7퍼센트가 배출량의 50퍼센트를 차지하는 반면에 빈곤한 50퍼센트는 7퍼센트만을 배출한다. 그래서 남북문제이고, 그래서 돈 문제일 수밖에 없다는 것이다.

『제3의 길』로 익숙한 앤서니 기든스가 적절한 때에 『기후변화의 정치학』을 들고 왔다. 크게 세 가지 아이디어를 제시했다. 하나는 '책임국가론'이다. 기후변화 문제에 관한 한 국가는 일을 촉진하는 자이자 가능성을 열어주는 자로서 활동해야만 한다는 것이다. 둘은 '정치적, 경제적 통합론'이다. 관심과 이해관계와 대응의 통합을 얘기한다. 셋은 '개발 절박성'이다. 가난한 나라는 온실가스 배출이 늘어난다고 해도 앞으로 일정 기간에는 개발에 매진할 수밖에 없다는 것이다. 기든스도 '남북문제'의 현실성을 인정하는 것이다. 코펜하겐 체제가 성공

해야 한다. 지구는 우리가 미래의 후손으로부터 빌러 쓰고 있을 뿐이
다. 다시 1970년대로 돌아가 토건과 성장을 짝사랑하는 우리나라야말
로 절박한 책임의식이 요구되는 때다.

밥상 혁명이
시작됐다

『밥상 혁명 : 로컬푸드가 식량주권을 지킨다』

강양구, 강이현 지음 | 살림터 펴냄

인터넷 신문 〈프레시안〉의 기자인 강양구와 강이현은 이 책에서 전 세계적으로 진행되고 있는 '세계화'가 먹거리 문화로 이어질 경우 이는 결코 바람직한 방향이 아님을, 그리고 '로컬푸드'와 '식량주권'이라는 개념을 가져와 밥상 혁명이 무엇보다 시급한 문제임을 주장한다.

저자들은 자국에서 생산된 먹을거리, 즉 '로컬푸드'가 이를 생산하는 농민에게는 물론이거니와 소비자인 우리와 더불어 지구 환경에 어떤 긍정적인 효과를 가져오는지 미국, 영국, 인도, 일본, 프랑스, 캐나다 등의 사례를 통해 보여 주고 있다. 동시에 로컬푸드의 연장선상에 놓여 있는 '식량주권'이라는 것이 비단 식량 안보라는 국가적 개념일 뿐만 아니라 건강, 지역, 문화, 환경을 아우르는 개념임을 소개한다.

결국 이 책을 통해 저자들은 단순히 지역에서 나는 농산물을 먹음으로써 '자국 농민들을 살리고 나아가 국가의 식량 안보를 지키자'라는 기존의 맥락에서 더 나아가 로컬푸드와 식량주권이 지구 환경 문제와 미래의 식량 문제에 긍정적인 영향을 줄 수 있음을 좀 더 거시적인 입장에서 제시한다.

2003년 9월 10일 농민 이경해 씨가 멕시코 칸쿤에서 세계화에 항거하며 목숨을 끊었다. 금방 그의 죽음을 잊었다. 미국의 『뉴욕타임스』, 영국의『가디언』등 언론은 이씨의 고향을 찾아 한국 농촌의 '절망적인 현실'을 조명했다. 우리를 넘어선 밖에서는 '농민운동의 순교자'다. 저자들은 이 책을 "외로운 길을 먼저 간 이경해 씨에게" 헌정했다.

인터넷 진보 언론 기자로 일하고 있는 저자들의『밥상 혁명』은 크게 두 가지 열쇳말로 정리된다. 하나는 로컬푸드(local food, 지역 먹을거리)요, 둘은 식량주권(food sovereignty)이다. 식량주권은 식량 안보와는 다른 개념이다. 식량안보는 식량 확보만을 강조한다. 국민에게 식량을 공급할 수단으로 미국 등 먹을거리 수출국으로부터의 수입, 재고 관리 등을 최선의 방책으로 여긴다. 여기에는 '식량 자급'이 빠져 있다. 알려져 있듯이 우리의 식량자급률은 극빈국을 제외하면 최하위권이다.

식량주권은 내가 발 딛고 선 땅에서 직접 먹을거리를 생산하자는 생각이다. 내가 먹는 먹을거리의 질과 흐름을 스스로 통제하자는 것이다. 해법은 식량 자급에 있다. 식량 자급을 전통적 개념으로 풀어내면 신토불이다. 그래서 식량주권은 지역 먹을거리와 연결될 수 있다. 지금 우리가 먹는 먹을거리는 조선 시대 왕후의 찬보다 더 낫다. 한겨울에도 바나나가 식탁에 오른다. 먹을거리는 사람보다도 더 대륙과 해양을 넘나든다. 먹을거리가 이동한 거리를 '푸드 마일'이라고 부른다. 칠레산 포도는 2만 킬로미터를 헤엄쳐 와 우리 식탁에 오른다. 국립환경과학원이 정리한 자료에 따르면 2007년 현재 1인당 1톤의 먹을거리에 대한 푸드 마일이 우리는 5,121킬로미터, 프랑스는 869킬로미터다. 로컬푸드는 이동 거리가 짧아 별도의 화학 처리가 필요 없고, 제철 음식이어서 몸에 좋고, 이동에 따른 에너지 낭비가 없다. 그래서 로컬푸드가 친생태적이고 친지역적이다.

두 가지 개념을『밥상 혁명』의 중심에 놓고 나면 실천 방법은 자연스럽다. 세 끼 식사에 콩이 들어가는 일본에는 '콩 트러스트' 운동이 있다. 시민이 밭을 직접 사지는 않고, 대신 밭에서 나는 콩을 미리 정해진 가격으로 산다. 토지와 종자와 소농과 지역을 지키는 행동이다. 유전자변형식품(GMO)에 대한 거부다. 경제 원리보다는 사전 예방 원칙을 선호한다. GMO는 어떤 작물을 어떻게 재배할지에 관한 농민의 선택권을 빼앗는다. 기아에 시달리는 후진국에도 도움이 되지 않는다. 통계에 따르면 2002년에 영양실조에 허덕인 인구는 8억5,200만 명이었다. 그로부터 5년 동안 그 수치는 매년 400만 명 늘어났다.

2015년까지 굶주린 인구를 절반으로 줄이겠다는 새천년개발계획의 목표는 달성되지 못할 것이다.(『르몽드 디플로마티크』) GM 작물을 기르기 위해서는 대량 농업이 필수적이다. GM 작물은 소농을 죽이고 환경을 죽이는 일종의 범죄라는 것이다. 이런 식의 대안 운동은 시대적 흐름이다.

이들이 찾아간 지구촌 현장은 기업농보다 소농 운동이다. 생활협동조합이 있고, 농민 장터가 있고, 지역 장터가 있다. 시장 대신 민주주의가 있다. 먹을거리의 생산에서 소비까지 소비사와 생산자가 협동하며 결정하는 방식이다. 도시의 빈 땅을 찾아 텃밭을 일구는 운동도 있다. 공공 텃밭 가꾸기다. 이런 텃밭에서 가꾼 먹을거리를 '제로 마일 먹을거리'라 부르기도 하고, 로컬푸드만을 먹는 사람을 지칭하는 영어 단어(locavores)까지 있을 정도다. 세계라는 무대에서 우리가 당장 해결해야 할 전 지구적 이슈는 한둘이 아니다. 지구온난화가 있고, 대량 살상무기와 폭력이 있다. 불평등과 기아가 있는가 하면 밥상의 공포가 있다. 한 해가 가고 한 해가 온다. 그 시작과 끝이 건강에 매여 있고, 그 가운데 음식이 있을 것이다. 깨어나 행동해야 한다.

물은 산을
넘지 않아야 한다

『강은 흘러야 한다』

김상화 지음 | 미들하우스 펴냄

강과 인간 사이의 네트워크 형성을 통해 자연과 인간 상호 간의 공존을 추구하는 강 전문가 김상화는 이 책을 통해 이명박 정부가 적극적으로 추진하고 있는 4대 강 사업에 대해 정면으로 반박한다. 평생을 강과 함께 살아온 저자는 4대강 사업 이 오히려 강을 숙이는 행위라고 말한다.

강은 그 본질상 흘러야 한다는 저자의 주장에서 볼 때 4대강 사업이 내세우는 댐 의 건설과 굴토를 통한 유속과 유량 조절은 오히려 인위적인 조치로 인해 강을 죽일 수 있는 행위가 되는 것이다. 저자는 35년간 낙동강을 1,370여 차례나 도보 탐사하며 강과 유역 주민들의 환경 과제를 발굴하고 대안을 제시해 온 강 지킴이 로서 정부 정책을 조목조목 비판한다.

정부가 내세우는 명분인 4대강 사업을 통해 죽은 강을 되살리겠다는 부분에서도 저자는 반박한다. 산업화의 부작용으로 막대한 피해를 입은 건 분명한 사실이지 만, 많은 사람들의 끊임없는 관심과 노력으로 이미 회복세에 들어섰다는 것이다. 오히려 정부의 인위적인 공사가 강을 되레 해칠 수 있다고 말하면서 지금 초점이 맞춰져야 할 부분은 강의 본류가 아닌 지류라고 주장한다.

『생명의 강』

샌드라 포스텔, 브라이언 릭터 지음 | 최동진 옮김 | 뿌리와이파리 펴냄

세계물정책프로젝트의 의장인 샌드라 포스텔과 자연보전협회 담수이니셔티브 의장 브라이언 릭터는 이 책을 통해 강 살리기의 핵심 주제들을 물 관리 선진국들의 과학적 성과와 선구적 경험을 그동안 토대로 명쾌하게 설명한다.

이 책은 인간에게 있어 강은 어떠한 의미를 갖는지, 왜 강이 필요한지에 대한 근원적인 질문으로부터 출발하여 그동안 강과 하천을 보호하기 위해 이루어졌던 정책들과 노력들을 되돌아본다. 두 저자는 담수의 생물다양성과 하천 수계의 건강성을 위해 가장 중요하다고 주장하는 자연적인 유황의 복원에 대한 필요성을 역설한다.

기존의 하천에 대한 시각에서 벗어나 새로운 하천 관리 패러다임을 소개하면서 이 패러다임이 자리 잡기 위해 선행되어야 할 조건들에 대해 소개하고, 또 이를 다양한 실례들을 통해 입증한다. 하천을 살린다는 것이 무엇을 의미하고 어떻게 하는 것이 하천을 살리는 길인지, 나아가 생명이 흐르는 강이란 무엇인가에 대한 진지한 고민과 깊은 성찰을 담고 있다.

나일 강의 아스완 댐 건설을 놓고 논란이 일었다. 결국은 당시 이집트 대통령 자말 아브단 나세르가 내린 결정을 좇았다. 이때를 빗대기 위해 페르시아의 전통 시 한 구절이 인용됐다. "한낮에 왕이 입을 열어 한밤중이라고 말하면 현명한 사람은 달이 보인다고 말한다."

갑자기 낙동강이 죽고 병들었다. 5급수로 전락했다. 강바닥이 심각할 정도로 높아졌고, 자연 습지는 사라졌다. 철새가 찾지 않으며, 물고기가 살지 않는 강이 됐다.(국토해양부) 그런데도 과거의 행정부는 낙동강을 방치했다. "강을 이렇게 내버려 둔 나라는 세계에 없다"는 말까지 나왔다.

4대강 사업은 '기후변화와 친환경 녹색사업'으로 승화됐다. '낙동

강 공동체' 대표 김상화가 있다. 낙동강을 35년 동안이나 짝사랑해 온 이다. 그는 지난 35년 동안 낙동강의 발원지 태백에서 부산의 낙동강 하구까지 1,300리 길을 걸음으로 1,370차례나 답사했다. 그가 짝사랑 하는 낙동강의 실상은 탁상공론과 정반대다. 낙동강은 살아 있다. 낙 동강은 단순하게 '살고 죽고'하는 생물이 아니다. 강바닥은 전혀 높아 지지 않았다. 오히려 낮아진 곳이 많다. 강 연안에는 구담 습지, 해평 습지, 우포 늪 등 생태적으로 우수한 자연 습지가 발달해 있다. 강과 습 지에는 해마다 수십만 마리의 철새가 찾아들고 있다. 강의 거의 대부 분은 수질 기준 2등급 이상으로 양호하다. 그런데 멀쩡한 낙동강이 죽 었다. 아니 살아 있음에도 죽여 놓은 것이다. 4대강 사업이 '4대강 죽이 기'가 아니라 '4대강 살리기'가 돼야 했기 때문이다.

세계물정책프로젝트 의장 샌드라 포스텔과 자연보전협회 담수이 니셔티브 의장 브라이언 릭터는 물을 둘러싼 끊임없는 갈등 상황에 예 외 없이 나타나는 공통점을 두 가지로 정리했다. 결정으로 영향을 받 는 사람들이 의사 결정 과정에서 발언권을 가지지 못한다는 점, 결정 이 광범위한 공익보다는 권력과 영향력의 정치적 역학 관계를 반영하 고 있다는 점이다.

'4대강 사업'인지 '대운하 사업'인지를 놓고 벌어지는 우리의 갈등 도 예외가 아니다. 세계는 지금 하천 관리 패러다임의 대전환기에 놓 여 있다. 지금까지 전 세계의 큰 강 227개 가운데 60퍼센트가 댐과 보 등 각종 구조물로 조각조각 잘려 있다. 지난 세기는 하천에 대한 인간 의 지배와 통제의 시대였다. 막대한 경제적 이익을 가져올 것 같았던 하천 개조 사업들은 시간이 흐를수록 심각한 생태학적 손실을 가져왔다.

4대강 사업에서 가장 논란이 되는 부분이 강에 일정한 수심을 확보하고 항상 고정된 유량이 흐르도록 한다는 구상이다. 이는 20세기 하천 관리 정책 방식의 전형이다. 인간의 물 수요와 하천 생태계 자체의 물 수요를 균형 있게 유지하는 새로운 21세기 패러다임이 요구된다.

새로운 패러다임은 첫 번째 생물다양성의 중요성과 자연의 생태계 서비스 가치에 대한 인식을 제고하고, 두 번째 하천 본래의 유황(flow regime) 패턴을 어느 정도 복원하는 것이 하천의 건강과 기능을 보호하고 되살릴 수 있는 최선의 방법이라는 점에 대한 과학적인 합의, 세 번째 하천 관리에 있어서 더 개방적이고 공정하며 생태학적으로 지속 가능한 결과를 제공할 가능성이 높은 새로운 의사 결정 모델을 만들어 내는 것 등으로 정리된다. 자연은 더 이상 물을 만들어 내지 않는다. 현재 지구에 있는 물의 양은 장래에 지구에 있을 물의 양과 같다. 두려워해야 한다. 토목과 경제의 범주를 넘어서야 한다. 좀 더 겸손해야 한다. '자연'이어야 하고, 자연스러워야 한다.

김상화가 생각하는 강의 존재와 자연의 이치는 '산자분수령(山自分水嶺)'이란 다섯 글자에 온전히 녹아 있다. '산은 물을 건너지 않고, 물은 산을 넘지 않는다.'

자연에 의한 진화는
'지상 최대의 쇼'

『그래픽 종의 기원』

마이클 켈러 지음 | 이충호 옮김 | 니콜 레이저 플러 그림 | 랜덤하우스코리아 펴냄

이 책을 통해 오늘날 생명의 기원에 대한 탐구와 인간의 등장에 대한 연구에서 엄청난 영향을 미친 이론인 '진화론'이 어떻게 창시되었으며, 현재까지 그 연구 성과가 무엇인지에 대해 얘기한다.

이 책은 진화론의 개념을 다룬 원본이라 할 수 있는 '종의 기원'을 그래픽으로 이식한 작품이다. 크게 다윈이 어떻게 진화론에 대한 아이디어를 얻고 그 연구의 동기는 무엇인지, 그리고 종의 기원에 대한 전반적인 내용과 마지막으로 종의 기원 출간 이후 진화론 연구에서 중요한 족적들과 성과들을 일러스트 연표로서 정리하고 있다.

종교, 과학의 분야를 넘어 경제학이나 정치학의 영역 등에도 큰 영향을 미쳤던 '종의 기원'은 비전공자나 일반 대중들이 이해하기에는 어려울 뿐 아니라 그 방대한 내용을 모두 다룰 수 없다는 한계를 지녔다. 이에 그간의 번역본들은 번역가들의 자의적 해석과 자료의 취사선택이 이루어졌다. 이 책은 왜곡이나 생략 대신 그래픽으로의 압축을 선택함으로써 원전의 내용을 그대로 전달하고자 노력한다.

리처드 도킨스 지음 | 김명남 옮김 | 김영사 펴냄

동물 생물학자, 진화 생물학자이자 대중 과학 저술가인 리처드 도킨스는 전 세계적으로 인정받는 베스트셀러 과학 저술가이기도 하다. 그는 기본적으로 모든 생물들의 존재의 원인은 결국 '진화'에 의한 것이라는 내용을 중심으로 이 책을 통해 진화론에 대한 그의 논의를 굳혀 나간다.

저자는 창조론을 주장하는 사람들을 '신의 망상'에 빠진 사람들이라 말하며 진화는 회피할 수 없는 사실, 더 없이 자명하고 확실한 개념이라 주장한다. 다양한 사례를 바탕으로 자연선택이 정교하게 이루어지고 있는 역사적 변화를 보여 주고 그 중간 단계를 입증해 줄 만한 화석들이 충분히 발견되었음을 얘기한다.

진화론의 입문서로서 이 책은 충분한 의의를 갖는다. 상대적으로 대중들이 이해하기가 힘든 '종의 기원' 원전의 내용이나 그간 진화론과 관련되어 입증된 주장들을 리처드 도킨스는 과학, 종교, 역사, 철학 등 학문 분야에 얽매이지 않고 큰 범주 아래에서 훌륭한 비유를 활용해 이해하기 쉽게끔 설명해 준다.

1840년 찰스 다윈은 런던 교외에 자리한 다운이라는 마을로 이사했다. 4년 10개월 동안의 비글호 항해를 마치고 귀환한 지 3년 뒤, 사촌인 에마와 결혼한 지 1년 뒤의 일이다. 신잉심 강한 아내는 다윈에 대해 불안해했다.

"사랑하는 당신에게. …… 증명되기 이전에는 아무것도 믿지 않는다는 과학 연구의 관행에 지나치게 사로잡힌 나머지 과학의 방식으로는 증명할 수 없고, 그 진실이 우리의 이해 범위 밖에 있는 다른 것에 그것을 적용하지 않았으면 해요."(에마)

19세기 중반까지만 하더라도 사람들은 전지전능한 신이 완벽한 설계를 통해 자연계에 생명체를 촘촘히 심어 놓았으며, 각자의 자리는 단단히 고정돼 있다고 믿었다. 당연히 서열의 맨 꼭대기는 인간의 차지였다. 다윈은 이런 '전통적 생명관'을 완전히 바꿔 놓았다. 그는 '자연 선택'을 통해 개체 간에 차등적인 생존과 번식이 일어나며, 이로 인해 생명이 진화한다고 생각했다. 생명이 마치 나뭇가지가 뻗어 나가듯이 진화한다는 것이다. 우리는 이를 '생명의 나무'(tree of life)라고 부른다.

16세기에 니콜라우스 코페르니쿠스가 지동설을 주장하면서 지구가 우주의 중심이 아님을 입증했다면 2세기가 지난 뒤 다윈은 지구의 중심에 인간이 있다는 생각마저 빼앗아 갔다. 이제 인간은 또 다른 차원에서 철저히 겸허해질 수밖에 없는 존재가 된 것이다. '창조론'에 대응하는 '진화론'이다.

2009년은 다윈 탄생 200주년이자 『종의 기원』 출간 150주년이었다. 유네스코는 2009년을 '다윈의 해'로 정했다. 여기에 대응하는 2010년은 '생물다양성의 해'다. 다윈이 우리에게 '생물다양성의 참뜻을 선사'했다면 진화론에 대한 관심은 계속될 필요가 있다. 초등학교 시절 도서관에서 과학 만화를 읽었다. 지금 생각해도 어려웠다. 2010년 새해 들어 출간된 『그래픽 종의 기원』은 만화책이다. 과학 일러스트집이다. 『종의 기원』 1장부터 15장까지를 순서대로 따라가면서 핵심 내용들을 일러스트로 정리한 번역서다. 현재까지 남아 있는 다윈의 편지 1만4,500통 가운데 일부를 적재적소에 배치했다. 고등학생 정도의 눈높이라지만 과학을 '외면'해 온 어른들을 위한 책이다.

"먹고, 자라고, 썩고, 헤엄치고, 걷고, 날고, 땅을 파고, 몰래 다가가고, 추격하고, 도망치고, 앞질러 가고, 앞질러 속이는 무수한 종에게 우리가 둘러싸여 있는 것은 우연이 아니다. …… 우리는 너무나 아름답고 너무나 멋진 무한한 형태에 둘러싸여 있다. 그것은 우연이 아니다. 그것은 무작위적이지 않은 자연 선택에 의한 진화의 직접적인 결과다.

그것은 마을 유일의 게임, 지상 최대의 쇼다.”

그래서 도킨스에게 진화는 ‘지상 최대의 쇼’다. 『종의 기원』 이후 진화론의 진화와 증거를 한껏 담았다. ‘창조론’에 항변했다. 척추를 두고 누군가 “등에 품질 보증서가 있다면 거의 모든 사람이 당장 수선을 요구해도 좋을 것이다”고 했다. 도킨스가 말을 걸었다. “우리 조상들은 수억 년 동안 척추를 대체로 수평으로 둔 채 (네 발로) 걸었기 때문이다. 그러다가 갑자기 (두 발로 걷게 되는) 조정 작업이 가해지자 척추가 선선히 받아들이지 않았기 때문이다. 진정한 설계자가 직립보행하는 영장류를 설계했다면 네발 동물을 가져다가 땜질하는 대신 제도판으로 돌아가서 처음부터 다시 제대로 설계했을 것이다.”

신성 모독일까, 학문의 세계일까. 그래서 ‘창조론’과 ‘진화론’은 늘 논쟁의 중심에 있다. 그렇다면 성경만큼 진화론에 대한 관심 또한 놓아두어선 안 될 것 같다. 더욱이 『종의 기원』 마지막 문장이 다음과 같기 때문이다. “이 행성이 확고한 중력의 법칙에 따라 돌아가는 동안 그런 단순한 시작으로부터 매우 아름답고 경이로운 형태들이 수없이 진화해 왔으며, 지금도 진화하고 있다.”

기후변화가 부르는
폭력과 전쟁

『**기후의 문화사**』

볼프강 베링어 지음 | 안병옥, 이은선 옮김 | 공감IN 펴냄

막스 플랑크 역사연구소의 연구원 출신 저자 볼프강 베링어는 그간 수없이 진행되어 온 지구의 주기적인 기후변화를 과연 선조들은 어떻게 인식하고 대응했을까라는 질문에서 출발하여 이 책을 발간했다.

이 책은 먼저 기후 변화에 대한 기본적인 지식을 위해 기후 역사의 자료들과 그 변화의 원인들에 대해 소개한다. 그리고 기존의 도서들이 표방한 '통시적 관점'이 '고대-중세-근대'와 같은 시대 구분을 따라왔다면, 이 책은 대신 지구의 온난화-냉각화-온난화와 같은 역사 구분을 따라간다.

저자는 이처럼 기후 변화의 역사와 문명의 역사 간에 어떠한 연관 관계가 있는지를 밝히고, 또 인류는 문화적으로 어떻게 대응해 왔는지에 대해 논의함으로써 궁극적으로는 현대사회에서 경험하고 있는 기후변화에 과연 우리들은 기존의 자연과학적 방식에서 더 나아가 어떻게 대응해야 하고, 이를 오히려 기회로 탈바꿈시킬 수 있는지에 대해 얘기한다.

『기후전쟁』

하랄트 벨처 지음 | 윤종석 옮김 | 영림카디널 펴냄

독일의 대표적인 사회심리학자로서 기후변화의 진행이 인간 문화에 줄 수 있는 변동여부를 연구하는 하랄트 벨처는 이 책을 통해 오늘날 뜨거운 이슈 중 하나인 기후변화가 인류 사회의 정치적·경제적·사회적·문화적 측면에서 어떠한 영향을 미치고 있는지에 대해 소개한다.

저자는 허리케인 카트리나나 수단 내전과 같은 다양한 사례들을 제시하면서 기후변화가 서구 사회, 특히 사회 속에서 나타나는 폭력의 양상에 큰 영향을 미쳤음을 하나씩 입증해 나간다. 그 외에도 르완다에서의 학살, 홀로코스트, 이스터 섬에서의 생태 학살 등의 사례들은 저자의 논지를 점점 더 강화시킨다.

이 책을 통해 저자가 말하고자 하는 바는 비단 기후변화와 서구 사회, 폭력 간의 상관관계 그 자체에 그치지 않는다. 그는 기후 변화의 영향에 있어 이미 상당한 발전을 이룬 서유럽이나 북미 지역의 국가들은 그 영향이 미미한 반면에, 가난한 나라들은 영향을 고스란히 받고 있어 그 지역 내의 폭력 소요 사태 등도 덩달아 빈번하게 발생하고 고착화되고 있는 현실을 지적한다.

반복되는 흉작과 미지의 질병들, 폭우에다 급작스런 여름철 우박, 사랑하는 자녀의 돌연한 죽음. 이처럼 끔찍한 불운과 마주쳐야 했던 사람들은 책임을 덮어씌울 죄인을 물색하기 시작했다. 불운들이 그저 우연히 발생했다는 생각은 당시 유럽인들에게는 낯선 것이었다. 마법은 '소빙하기'(小氷河期, 13~17세기)의 가장 중대한 범죄였고, 마녀들은 이 재난들을 해명하기 위해 필요했던 속죄양이었다.

　1561년의 끔찍한 추위와 1562년 여름의 폭풍과 함께 흉작과 전염병이 잇달아 발생하면서 광범위한 마녀사냥이 시작되었다. 하지만 그토록 많은 '마녀'들을 불태워 죽여도 기후가 나아진 적은 거의 없었다.

　알고 보니 우리의 문화와 역사는 기후의 산물(기후 결정론)이었다.

독일의 볼프강 베링어가 기후변화가 인류 문명에 미친 영향을 탐색했다. 『기후의 문화사』다. 기후변화는 이상기후를 낳고, 다시 식량 부족을 낳는다. 식량 부족은 테러의 확산을 부추기고, 재해를 피해 이웃 국가로 이동하는 기후 난민들은 국경 분쟁을 일으킨다. 그래서 "기후 정책은 곧 안보 정책"일 수밖에 없다. 2007년 미국 중앙 정보국(CIA)과 독일 연방정부 산하 지구환경변화위원회의 공식 표현이다.

기후변화는 어떻게 해서 폭력과 전쟁을 불러오는가. 그간의 폭력에 대한 연구는 생태적, 이데올로기적, 인종적 요소성에 주목했다. 그러나 이제 다른 관점으로 들여다보면, 물과 토양 그리고 공기와 같은 기본적인 자원들이 폭력의 원인으로 작용하는 엄청난 역할을 파악할 수 있다. 독일의 사회심리학자 하랄트 벨처는 이런 '폭력성'의 관점에서 기후변화를 탐색했다. 『기후전쟁』이다.

물론 지구는 망한다. 상식이다. 포츠담 기후영향연구소가 제안한 지구 붕괴 시나리오를 보자. '약 8억 년 후 지구 평균기온은 30도까지 상승하지만, 이산화탄소는 지금은 물론이고 마지막 대빙하기에 비해서도 낮은 농도를 보인다. 모든 고등생물들은 멸종된다. 35억 년에서 60억 년 후에는 지구핵이 더욱 뜨거워져 지구의 기온이 1천 도로 상승한다. 이런 조건에서는 대기가 소멸하고 암석들이 녹아내린다. 지구는 탄생했던 순간처럼 뜨거운 지옥행성의 모습으로 종말을 맞게 된다.'

지구온난화 등 기후변화의 위험성을 강조하는 '기후과학자'들이 있고, 반대쪽에는 이들의 주장을 과장과 거짓투성이라며 비판하는 '기후회의론자'들이 있다. 독일의 두 저자들은 종래의 자연과학적 방법론을 벗어나 역사적, 문화적, 사회적 접근을 시도했다. 차이는 있다. 『기후의 문화사』는 기후변화를 끔찍한 재앙으로 파악하려는 시각을 단호하게 거부한다. 저자의 눈으로 볼 때 지구 역사 속에서 기후가 일정했던 적은 없었으며, '정상'적인 기후라는 것은 성립될 수 없는 가설일 뿐이다. "인간은 빙하기의 자손이지만 문명은 온난기의 산물"이라는 것. 저자는 토인비적 관점에서 '도전과 응전'을 강조한다. 변화된 조건에 적응하는 문화적 상상력이다. "시간은 변화하고 그 속에서 우리도 변화한다"는 라틴 격언이 마지막 문장이다.

『기후전쟁』은 현실에 대해 비관적이다. 기후변화로 인한 폭력과 갈등이 종래의 다른 갈등요인과 복합적으로 결합하여 더 많은 폭력을 야기할 것이라고 걱정하는 쪽이다. 그래서 제시된 두 가지의 대안이 좀 더 근본적이다. 기상학자도 역사학자도 아닌 '생산적인 통섭 정신'에 기반한 사회심리학자라서일까. '반성적 현대화'가 주된 메시지다. 탄소 기반형 경제체제에 의존하는 현재의 성장과 진보의 신앙에 대한 회의에서 출발한다. 기후변화의 위기를 문화 변동의 기회로 삼자는 것이다. 가을바람에 벌써 지난여름의 빗줄기를 잊었다. 인간과 대자연의 관계에 대한 성찰이 꼭 종교적 영역만은 아닐 것이다.

위기의 지구에 대한
'실천적 가르침'

『우리가 머무는 세상』

틱낫한 지음 | 안희경 옮김 | 판미동 펴냄

세계적인 불교지도자 틱낫한은 자연을 지키고 환경을 보호할 수 있는 방법 중 일반 대중들이 행할 수 있는 쉽고 효과적인 방법으로서 '각자의 마음을 돌보는 것'을 이 책을 통해 제시하고 있다.

저자는 스스로의 마음을 다스리면서 삶에 조그마한 변화를 만들어 가는 것이 환경을 보호하고 자연을 지키는 데에 엄청난 기여를 할 수 있음을 역설하면서 수많은 방법 중 대표적으로 소식하기, 그리고 채식 위주의 식단을 제시한다. 소식을 통해 현대사회에 팽배해 있는 무절제한 소비를 조절하고 또 지구의 부자연스러운 흐름을 야기하는 육식위주의 식단에서 벗어남으로써 역시 자연 회복에 큰 도움이 된다고 말한다.

자연 파괴를 막고 실질적이고 긍정적인 변화를 이끌어 내는 방법은 정부의 정책이나 정부 간 협약과 같이 개인의 수준을 넘어서는 것으로 인식하기 쉬운데, 저자는 이 책을 통해 개인들이 스스로의 마음을 돌보고, 쓰레기를 올바르게 버리는 등의 일상생활에서의 변화만으로도 세상의 모든 것이 상호 의존적 관계로 맺어진 상황 아래 자연 파괴 방지와 기후변화 해결에 큰 기여를 할 수 있음을 강조한다.

인간들은 스스로 꽤나 이지적이라고 생각한다. "난초는 대칭적인 꽃을 피워 내는 방법을 알고 있다. 달팽이는 완벽하게 매끄럽고 균형 잡힌 껍질을 만들 줄 안다. 그들의 지식에 비교하면 우리의 것이 그리 유별나게 가치 있는 것도 아니다. 우리는 난초와 달팽이 앞에 경건히 고개 숙여야 한다. 그리고 나비와 목련 나무 앞에서도 예를 갖춰 두 손을 모아야 한다. 모든 종류의 생물에게 존경을 담는 마음가짐은 우리가 가지고 있는 고결한 본성을 일깨우고 키워 줄 것이다."

살아 있는 부처, 틱낫한 스님이다. 원서의 부제는 "평화와 환경을 향한 불교적인 다가섬"이다. 『우리가 머무는 세상』은 행동을 요구한다. 스님에게 있어 불교는 "우리가 가지고 있는 가장 강한 형태의 휴머니즘이다." 그래서 불교는 책임감, 연민, 사랑과 친절을 지니고 사는 방법을 배우도록 도와준다. 모든 불교는 삶에 참여할 수밖에 없다. 스님의 걱정이 수미산 만하다. 오늘의 지구는 사려 깊지 못한 생산, 사려 깊지 못한 소비에 빠져 있다.

지구별 사람들이 그런 지구를 만들어 가고 있다. 지구별 사람들은 가정에서 폭력을 휘두른다. 그 사람들 모두가 지구온난화에 직면하고 있다. 그리고 종종 파국적인 기후 변화도 만난다. 지구별에 사는 우리 모두가 지구에 폭력과 미움, 차별과 절망을 이끄는 환경을 만들어 주고 만 것이다. 수련이 필요하다.

첫 번째 수련은 지구에 있는 모든 생명을 소중히 대하고 어떠한 죽이는 행동도 지원하지 않을 것을 서원하는 일이다. 나의 삶에서 목숨을 빼앗는 행위란 결코 존재하지 않는다. 두 번째 수련은 너그러운 마음을 가지고, 사회적 불평등과 착취, 억압을 지원하지 않겠다고 맹세하는 일이다. 세 번째 수련은 사회적 관계 속에서 책임감 있게 행동하고 성적으로 잘못된 행동에 관여하지 않기로 공약하는 일이다. 네 번째 수련은 무심코 내뱉은 말과 타인에게 귀 기울이지 않음으로써 오는 고통을 느끼는 일이다. 사랑을 담아 말하고, 다른 사람의 말도 마음으로 들을 것을 약속한다. 나와 가족, 사회를 위해 마음을 차려, 먹고, 마시고, 소비하는 것을 수련하는 일이 다섯 번째 수련이다. 온 마음을 깨워 살피는 수련이다. 사려 깊은 소비가 스스로를 치유하고 세상을 치유한다. 다섯 번째 수련이 우리 시대가 직면하고 있는 어려움에서 벗어나는 길을 제시한다. 몸과 마음뿐 아니라 지구까지 건강하게 지켜내는 법을 터득하게 되는 것이다. 우리가 이 수련을 따라하게 되면 품격 높은 인간의 가족으로서 지구온난화를 막아 내는 효과를 볼 수 있다는 것이 스님의 해법이다. 위기의 지구에 대한 스님의 불교적·실천적 법문이다.

명상과 실천의 불이문(不二門)을 넘어선다. "물은 높은 산에서 흘러내린다. / 물은 지구 속으로 깊이 달려간다. / 물은 기적과도 같이 우리에게 온다. / 그리고 모든 생명을 지켜 준다." 스님이 일러 주는, 수도꼭지에서 물을 틀 때의 명상법이다.

불교방송에서 일하다 지금은 캘리포니아에서 살고 있는 안희경 선생에게 '이 책을 옮기는 시간은 스스로의 가치를 찾아가는 번역 명상'이었다. "후다닥 해치우려 했던 허드렛일이 나와 가족, 우리별을 지키는 생명줄이었음을 알게 되었다. 설거지물은 세 바가지면 충분하다. 시간은 더 오래 걸리지만, 개수대 앞에 서 있는 나는 뒤치다꺼리나 하는 잔손이 아니라 지구의 생명을 살피는 요원이 되었다." 역자의 공감 없이 독자의 몰입을 기대할 순 없는 법. 틱낫한 스님의 프랑스 보르도 지방 플럼 빌리지 걸음법처럼, 느리게 더 느리게 읽는 것이 이 책의 독

법일 듯. "우리 모두는 이 지구별을 포근하게 안고 살피는 / 존재가 될
수 있다. / 우리의 아이들과 그 아이들의 아이들을 위하여. / 그들도 우
리처럼 이 별을 누릴 수 있도록, / 우리는 반드시 그 먼 시간을 마음에
두고 살아가야 한다. / 지금 그대가 꾸려 가는 이 삶은 세상을 향한 /
우리의 메시지가 되어야 한다."

유기농 공정무역 커피,
한국에 오다

『커피의 정치학』

다니엘 재피 지음 | 박진희 옮김 | 수북 펴냄

워싱턴주립대학교 사회학 조교수로서 공정무역과 지속 가능한 개발에 꾸준한 관심을 가져왔던 저자 다니엘 재피는 이 책에서 멕시코의 커피 재배 농민들의 삶에 초점을 맞춰 과연 공정무역은 제대로 이루어지고 있는 것인지, 또 공정무역으로 인해 사회·경제·환경적으로 어떠한 장점을 확보할 수 있는지에 대해 소개한다.

저자는 멕시코 오악사카 지역의 커피 재배 농민들에 대해 밀도 있게 연구를 진행해 나가면서 한편 이를 바탕으로 유기농 커피가 생산조합 회원들에 의해 국제 공정무역 시장에서 판매되는 일련의 과정들을 그려낸다. 그는 현재 공정무역이 갖고 있는 장점과 한계점을 동시에 밝히면서 그 기저에 깔린 공정무역의 복잡한 역사적 변천 과정과 세계시장과의 관계를 보여 준다.

오늘날 특히 윤리적 소비의 일환으로 커피 재배 과정에서 발생하는 환경문제나 노동문제의 해결에 기여할 수 있는 공정무역의 존재가 부각되고 있다. 저자는 많은 공정무역 지도자나 조합원과의 인터뷰 자료를 토대로 공정무역의 진실성과 강화의 필요성을 역설하고 있다.

히말라야 커피로드 제작진 지음 | 김영사 펴냄

프로듀서, 작가, 사진작가 등이 사회 공헌의 일환으로 재능기부를 하면서 결성된 히말라야 커피로드 제작진은 히말라야 해발 2천 미터 아래에서 커피 농장을 운영하는 네팔 커피 농민들의 애환을 그린 다큐멘터리 〈히말라야 커피로드〉를 제작했다. 그리고 그 다큐멘터리를 책으로 정리해 이 책을 발간했다.

히말라야 고산지대에 위치한 커피 농장에는 커피뿐만 아니라 농민들의 다양한 삶들도 엉글어 간다. 오지에 위치해 병원이나 가게 등 기본적인 복지 서비스를 누리지 못하는 상황에서 가장들은 가난 때문에 이주 노동을 떠났고 남은 가족들, 특히 아이들은 학교 가는 것도 포기한 채 '커피'라는 새로운 희망에 모든 것을 걸고 농장을 운영해 나간다.

아름다운 자연 풍광 아래 살아가는 이들의 삶은 일견 평화로워 보이지만, 조금만 자세히 들여다보면 생계를 이어나가기 위한 그들의 투쟁을 발견할 수 있으며 이는 분명 치열하다. 저자들은 어떠한 화학 농약이나 비료를 사용하지 않은 이 유기농 커피를 경작한 커피 농민들에게 정당한 보상을 해줄 수 있는 방법은 바로 윤리적 소비인 '공정무역'임을 강조한다.

"비참한 기분입니다. 물건을 살 수 있도록 우리에게 돈을 쥐어 주는 것이 커피뿐이기 때문입니다. 가격이 낮아진 이후로 우리가 슬픈 것도 그 때문이고, 사람들이 떠나가고 있는 것도 그 때문입니다."(멕시코 커피 농 페드로) 커피를 마시는 것이 정치적 행동이 될 수 있을까? 자유무역이 아닌 공정무역이라면(Fair Trade·Not Free Trade)? 공정무역 시스템은 이러한 불공평한 체제에 대한 직접적인 대응일 수 있다.

커피는 최초의 공정무역 상품으로, 여전히 가장 큰 규모를 자랑한다. 여러 가지 측면에서 공정무역 커피는 공정무역 운동과 같은 의미로 사용되기도 한다. 2000년 4월 시민운동가들은 미국의 주요 도시에서 '스타벅스 들볶기' 항의 시위를 열기로 했다. 하루 전날 스타벅스는 두 손을 들었다. 공정무역 인증 커피를 판매하기로 합의한 것이다. 스타벅스의 결정은 일종의 전환점이 됐다. 1999년에 590톤이었던 공정무역 인증 커피 수입량은 2009년 현재, 4만9,895톤까지 폭발적으로 늘어나, 총 10억 달러의 소매 가치를 발생시켰고, 미국 총 커피 소비량의 3퍼센트 이상을 차지하고 있다. 공정무역은 영세 농민들에게 커피에 대한 안정적인 '최저 가격'을 보장해 주고, 혹독한 커피 시장의 변동으로부터 이들을 보호한다. 공정무역은 자신들의 영향력을 높이기 위해 연대한 농민들이 민주적으로 조직한 단체들과 협력한다. 이를 통해 농민들은 보통 생산자와 소비자 사이에서 수익을 가로채 가던 중간상인들을 거치지 않아도 되고, 수확 전 신용거래를 할 수 있게 된다.

공정무역은 구매자와 판매자가 장기적 거래를 하는 데 역점을 두고 소비자가 구매한 커피를 누가 재배했는지 알아볼 수도 있는 시스템을 마련하는 것이다. 그렇다고 공정무역이 그저 착한 소비자 운동 수준일 수는 없디. 공징무익 운농은 현재 거대한 도전에 직면해 있다. 세계시장과 어떤 관계를 맺을 것인가의 문제다. '시장의 내부에서 시장과 싸우는 것'이 가능하냐는 것이다. 공정무역이 자본주의 시장의 논리 안에서 작동할까, 아니면 이런 시장에 대한 본질적 도전을 나타내는 것일까? 그래서 『커피의 정치학』이다. 워싱턴주립대학교 교수인 저자가 한 발은 멕시코의 커피 농장에, 다른 한 발은 공정무역을 대안시장으로 바라보는 진보적 관점에 담근 채 불공정한 무역 체제에 대한 대안을 제시한다.

중앙아메리카에서 중앙아시아로 건너오자. 아스레와 말레, 히말라야 품속에 깊숙하게 자리한 네팔의 어느 오지 마을. '좋은 사람들이 여기 정착하다'라는 뜻을 지닌 마을 이름처럼 좋은 사람들을 많이 만날 수 있는 곳. 마을 주민이라고 해야 겨우 열한 가구가 전부이지만, 모두가 어엿한 커피 농부들이다. "만약에 제가 유기농법으로 농사를 짓지 않는다면, 사람들의 건강에 해를 끼칠 거예요. 그래서 사람들에게 좋은 유기농법을 이용해 커피 농사를 짓고 싶어요."(열네 살 커피농 수바커르) 한국의 공정무역 단체 '아름다운 커피'가 커피 묘목 3천 그루를 지원했다. 마을 사람들은 유기농 커피를 만들겠다고 약속했다. 명색이 커피 농부인데도 커피를 단 한 번도 마셔 본 적이 없는 사람들, 커피가 어디에 쓰이는 물건인지조차 모르는 사람들, 그저 농사 지어 열매를 내다 파는 것으로 그쳤던 사람들, 이들의 순진무구함에 히말라야 만년설로 키운 유기농 공정무역 커피가 한국으로 건너왔다. 『히말라야 커피로드』다. 빠알간 커피 열매처럼 아름다운 이야기를 사상 처음으로 다큐멘터리 제작진 전원의 100퍼센트 재능기부로 만들었다. EBS 〈다큐프라임〉에 방송됐다. 다큐멘터리가 사진과 함께 책으로 묶여져 나왔다.

'커피의 인간학'이다. 브라질 전 대통령 룰라 말대로 세계무역을 '단지 부를 창출하는 도구가 아니라, 부를 분배하는 도구'로 만들 수 있다면 공정무역 커피는 세계경제 시스템을 재구성할 수 있는 대안일 것이다. 겨울 커피향이 따스하다.

동물은 인간에게
무슨 말을 하고 싶을까

『우리가 먹고 사랑하고 혐오하는 동물들』

할 헤르조그 지음 | 김선영 옮김 | 살림 펴냄

심리학과 교수로서 인간과 동물 사이의 상호 작용 간 일어나는 복잡심리학에 대해 연구해 온 인간과 동물 관계의 세계적인 권위자 할 헤르조그는 인간이 동물에 대해 보여 주는 비일관적이고 역설적인 모습에 주목하면서 이 책을 출간했다.

반려동물에 내한 필요성에는 공감을 하면서도 육식에 대한 선호가 유지되는 현실과 같은 비일관적이고 역설적인 상황에 대해 저자는 우리 주변에서 쉽게 찾아볼 수 있는 사례들을 활용해 이를 인간과 동물의 관계에 대한 더 넓은 범주에서 포괄적으로 다루고 있다. 저자는 이와 같은 역설적 현상 이면에는 인간의 심리 중 본능, 학습, 언어, 문화, 직관 등의 요소들이 뒤섞이면서 모순된 행동을 가능케 하는 심리적 메커니즘이 형성된다고 말한다.

저자는 다양한 사례들을 통해 인간과 동물 간의 관계에서 인간 본위의 심리 메커니즘에서 발현한 자의적인 해석 때문에 벌어지는 모순적 행동들이 생각보다 많음을 밝히면서 이제는 흑백논리가 아닌 새로운 시각에서 인간과 동물의 관계에 대해 생각해 볼 필요가 있음을 역설한다.

『**동물권리선언**』

마크 베코프 지음 | 윤성호 옮김 | 미래의창 펴냄

덴버대학교의 인간-동물관계연구소 상주 연구원이면서 제인 구달의 루츠 앤드 슈츠(Roots & Shoots) 프로그램의 대사직을 맡고 있는 마크 베코프는 이 책을 빌어 동물들이 외치는 소리 없는 아우성에 대해 인간이 신속하게 반응하지 않을 경우 지구상의 모든 생명체의 공멸로 이어질 수 있다고 경고한다.

저자는 인간이 자연을 인위적으로 활용할 수 있는 주체로 스스로를 인식하면서 자행했던 공장식 가축농장, 동물원 등의 사례들은 불가피한 결론이 아닌 인간의 선택에 의한 결과라고 주장한다. 즉, 인간의 선택 여하에 따라 지금과 같은 상황은 언제든지 변화될 수 있음을 강조한다.

궁극적으로 저자는 이와 같은 동물에 대한 관심과 애정의 기저에는 동물을 위하는 것이 곧 인간을 위하는 것이라는 신념이 깔려 있다고 말한다. 동물에게 쏟는 애정의 여파는 분명 인간을 포함한 모든 생명체로 이어지기 때문에 인간에게도 그 영향이 있으며, 따라서 더 늦기 전에 행동으로 옮겨야 함을 역설한다.

사파리에서 사자가 새끼 코끼리를 물어 죽였다. 어미와 새끼 사자들이 코끼리를 놓고 포식을 할 참이다. 순간 장례를 치르기 위해 코끼리 떼가 몰려오는 보기 드문 장관이 연출됐다. 모여든 코끼리들은 피범벅이 된 새끼 코끼리의 시신을 둘러쌌다. 발로 땅을 구르는 코끼리가 있는가 하면, 여전히 근처에 있을 게 분명한 사자 가족이 있는 쪽으로 혐오스럽다는 듯 코를 힝힝거리는 코끼리도 있었다. 하지만 대부분은 코로 시신을 부드럽게 어루만지며 훌쩍이더니 뒤로 물러서 조용히 모여 있는 다른 코끼리들 사이로 갔다. 코끼리들은 계속해서 도착했는데, 찾아온 코끼리의 수는 모두 합쳐 최소한 100마리에 이르렀다. 나중에 도착한 코끼리들은 예를 지키기 위해 다른 코끼리들 사이를 비집고 지나 시신 근처로 다가갔다가 다시 뒤쪽의 다른 코끼리들 있는 곳으로 물러

섰다. 지구를 위협하는 '탄소 발자국' 대신 '온정 발자국'이 필요하다.

2001년 갤럽이 미국 사람에게 식은땀이 날 만큼 무서운 존재가 무엇인지 물었다. 공포 대상 10순위 중 네 가지가 동물이었는데, 1위가 바로 뱀이었다. 추앙받는 의료선교사 슈바이처 박사는 모든 생명체를 경애하라고 가르쳤지만, 뱀을 쏘기 위해 늘 총을 소지하고 다녔다. 왜 이렇게들 뱀을 두려워할까.

객관적으로 보면 뱀에 대한 미국인의 공포는 이해하기 어렵다. 뱀보다는 개에 물려 사망하는 경우가 많은데 말이다. 한 해 미국에서 뱀에 물려 사망하는 사건은 열 건 정도. 뱀 공포증이 뱀과 벌거벗은 여성, 그리고 사과를 묘사한 청동기 시대 신화의 유물일까. 혹은 발이 없는 이질적인 모습이나 남근 같은 생김새 때문에 섬뜩해 하는 걸까.

과학자들은 200년 동안 뱀 공포증과 관련해 본성과 양육 두 가지 요인의 상대적 중요성을 놓고 논쟁을 계속했다. 인간과 동물의 관계학, 기존 학제의 구분을 넘어선 인류동물학이다. 복합심리학 전공의 할 헤르조그 교수의 『우리가 먹고 사랑하고 혐오하는 동물들』이야기다. 지구상에는 포유류, 조류, 어류, 파충류, 양서류 등 6만5천 가지 종류의 생물 종이 있다.

그런데 그 중에서 강아지, 고양이, 새 등 인간이 크게 관심 보이는 종은 한줌에 불과하다. 왜 우리는 대왕판다는 예뻐하면서 큰불도마뱀에게는 무심할까? 동물에 대한 우리의 사고방식은 보통 그 종의 특성에 따라 결정된다. 즉, 얼마나 매력적인지, 털로 뒤덮였는지, 인간과 얼마나 닮았는지 등을 고려한다. 모피 코트를 입고서 강아지를 안고 가는 사람, 동물에 대한 태도에서 발견되는 이 같은 모순과 허점은 어디에서 비롯되는 걸까. 생물학자 윌슨의 정리. "자연애는 단순한 본능이 아니라 개인들이 만지작거리고 분석할 수 있는 학습 규칙들의 복합체이다.” 우리가 사랑하고 혐오하며 잡아먹기도 하는 동물에게 우리가 보이는 태도와 행동, 유대감이 생각보다 훨씬 복잡함을 보여 주는 학문에 대한 흥미로운 교양서다.

인류동물학은 물론 ‘온정 발자국’마저도 ‘종(種) 우월주의’의 시각일 수 있다. 사람의 눈이 아닌, 동물의 눈으로 세상을 바라보자. 만일 동물들이 생각하고 느낄 수 있다면, 그들은 인간이 자신들을 대하는 방식에 대해 어떻게 여길까? 그들이 만일 인간의 언어를 구사할 수 있다면, 우리에게 어떤 얘기와 부탁을 할까? 생태학·진화생물학 명예교수 마크 베코프가 『동물권리선언』을 구성했다. 우리가 동물의 소리에 귀 기울여야 하는 여섯 가지 이유다. ● 모든 동물은 지구를 공유하며 우리는 더불어 살아야 한다. ● 동물은 생각하고 느낀다. ● 동물은 온정을 느끼며 또한 온정을 받을 자격이 있다. ● 교감은 배려로, 단절은 무시로 이어진다. ● 세상은 동물들에게 온정적이지 않다. ● 온정적인 행동은 모든 살아 있는 존재와 세상에 도움을 준다.

누구나 느끼듯 동물의 시대가 위협받는다. 동물 종들에게 최악의 시기다. 인간 스스로를 자연의 일부로 간주하지 않는 오만한 태도가 한 원인이다. 이 땅에서 슬프게 떠나간 동물의 영혼들이 평안하기를.

건강심리학으로 본
인간의 수명

『 **나는 몇 살까지 살까**』

하워드 S. 프리드먼, 레슬리 R. 마틴 지음 | 최수진 옮김 | 쌤앤파커스 펴냄

저자들은 이 책에서 '살을 빼라'라든가, '담배를 끊어라', '운동을 열심히 해라'와 같은 흔해 빠진 조언은 하지 않는다. 오히려 식습관, 운동량, 스트레스 같은 단편적인 요인들이 우리의 건강과 수명을 결정하는 것이 아니라고 말한다. 한마디로, 브로콜리를 많이 먹고, 값비싼 건강검진을 받고, 조깅을 열심히 한다고 해서 오래 사는 것은 아니라는 얘기다.

오히려 건강과 직접적인 관련이 있을까 싶은 요소들, 즉 성격, 인간관계, 결혼과 이혼, 초등학교에 들어간 나이, 직업적 성취와 사회적 성공, 종교 활동, 트라우마 경험 등이 훨씬 더 중요한 요소라는 결론을 내린다. 낙천적인 사람보다 걱정근심으로 전전긍긍하는 사람이 더 오래 살고, 파국론자들은 실제로 비명횡사하는 경우가 많았으며, 조깅을 열심히 해도 그 시간만큼 수명이 늘어나지는 않고, 스트레스를 아무리 많이 받아도 사회적으로 성공하면 노년까지 더 건강하게 살았다. 이러한 연구 데이터들을 바탕으로, 책은 많은 사람들이 거쳐 간 '건강한 인생 경로'를 흥미롭게 좇아가면서, 개개인의 삶에서 무언가를 선택해야 하는 순간 어떻게 해야 하는지, 어떤 성격을 가진 사람이 오래 사는지, 똑같은 환경에서도 왜 어떤 사람은 더 건강하게 잘 사는지 등의 심리학적 통찰이 빛나는 여러 지침들을 흥미진진하게 소개한다.

『우리는 왜 아플까』

데이비드 코필트, 대리언 리더 지음 | 배성민 옮김 | 동녘사이언스 펴냄

우리가 보통 병원에 가서 의사에게 진료를 받는 시간은 매우 짧다. 내가 왜 아픈지, 어떤 병에 걸렸는지, 어떤 습관이 잘못 됐는지, 궁금한 것은 많지만 다음 환자에 밀려 의사가 처방해 주는 주사를 맞고 처방전을 받아 약국으로 향해야 한다. 의사에게 이야기를 들었다고 해도 대부분은 '손을 잘 안 씻어서, 스트레스를 많이 받아서, 환절기라서, 세균에 감염되어서 ……' 등등 귀에 닳고 닳은 이야기만 되돌아올 뿐이다.

이 책은 누구나 한 번쯤은 고민했을 질문, "왜 나는 병에 걸렸을까?"에 대한 대답을 명쾌하게 들려준다. 그 원인을 풀어 가는 열쇠는 바로 심리학과 정신분석학이다. 책은 병의 원인을 한 사람의 소소한 일상과 삶에 주목해 찾는 새로운 접근 방식을 보여 준다. 저자들은 우리가 아픈 원인을 알기 위해서 먼저 우리의 마음과 몸의 관계를 잘 읽어야 한다고 말한다.

현대 의학은 병의 원인을 찾을 때 심리 영역을 거의 다루지 않는다. 세균이나 바이러스 혹은 유전자에서 원인을 찾다가, 거의 모든 심리·환경적 요인들을 설명할 수 있는 힘을 가진 '스트레스'라는 도구로 그것들을 덮어 버린다. 정신분석학자, 과학자인 두 저자는 여러 사례를 들어 언어와 감정이 신체에 미치는 영향을 설명함으로써 현대 의학에서 정신분석의 의미를 재정립한다.

1921년 9월 샌프란시스코의 어느 초등학교에서 퍼트리샤라는 재능 있고 성실한 여학생이 스탠퍼드대학교 심리학 교수 루이스 터먼에게 불려 나갔을 때, 퍼트리샤와 몇몇 친구들이 90년 이상 건강하게 살 수 있었던 길이 어떤 길인지 퍼트리샤도, 담임 선생님도, 터먼도 잘 몰랐다. 당시 터먼은 40대 중반이었다. 1956년 그가 세상을 떠났지만 후배 연구자들이 프로젝트를 계속 이어 갔다. 1,500명의 인생을 80년간 추적한 건강심리학 수명 연구 프로젝트였다. 하워드 프리드먼, 레슬리 마

틴의 『나는 몇 살까지 살까?』라는 책으로 만들어졌다. 비슷한 방법론을 채택한 연구가 있다. 하버드대학교의 '성인 발달 연구'(Study of Adult Development)다. 1930년대에 하버드대학교에서 학부 과정을 다닌 268명의 학생들을 73년이 지난 지금까지도 추적 중인 연구다. 대상자 중 케네디 대통령처럼 이미 세상을 떠난 이도 있다. 대부분은 이제 여든을 훌쩍 넘어섰다. 대상자들이 모두 세상을 떠나는 순간 비로소 연구는 막을 내릴 것이다.

최근에도 "50대 이후 삶을 결정하는 가장 중요한 변수는 47세 무렵까지 만들어 놓은 인간관계"라는 연구 결과가 발표됐다. 성숙한 태도로 인생의 난관을 극복하고 깊이 있는 사회적 관계를 유지한 사람들이 가장 행복하다는 것이 현재까지의 결과다.(조지 베일런트, 『행복의 조건』)

일곱 개 수녀원, 700명가량의 가톨릭 수녀들의 삶을 추적하여 성공적인 노화의 비밀과 알츠하이머병을 찾아 나선 연구가 있다. 1986년부터 시작된 데이비드 스노든 박사의 장기 연구 프로젝트인 '수녀 연구'다. 교육 수준과 생활양식이 비슷한 수녀들을 대상으로, 엄격한 지능검사와 신체검사를 거친 다음, 죽은 뒤에는 뇌까지 기증받아 연구 대상으로 삼았다. 수녀들의 협조가 절대적이었다. 범사에 감사하고 긍정적인 수녀가 훨씬 건강하게 오래 살았다는 사실을 증명했다.(데이비드 스노든, 『우아한 노년』)

100세 이상의 노인들 중에는 긍정적인 인생관을 가진 사람들이 많다. 이들의 낙천성은 원인일까, 결과일까. 연구들은 장수한 사람들의 성격이 낙천적이라고 보고한다. 하지만 심각한 결함이 있다. 적절한 비교집단이 하나도 없다는 점이다. 100세까지 산 사람들이 삶을 긍정적으로 바라본다고 하는데, 과연 누구와 비교해서 그렇다는 것인가.

사실 양초가 100개나 꽂혀 있는 생일 케이크 앞에서 누군들 희망적인 생각을 하지 않겠는가. 나이가 많은 사람이 비교적 행복하지만 그 행복은 장수의 비결이 아니라는 것이다. 통사적 연구를 통한 통념에 대한 문제 제기다. 금연·운동 등 사람들에게 건강에 관한 조언 목록을 주면 건강 증진에 중요한 영향을 미칠 수 있다고 생각하는 것들에 대한 오류를 지적했다.

레베카 웨스트는 사진을 볼 때마다 슬픔을 참을 수 없었다. 지평선 너머 펼쳐진 산맥을 찍은 사진이었다. 레베카는 정신분석 치료를 받으면서 갑자기 깨달았다. 산맥의 모양은 정확하게 주가의 등락을 나타내는 그래프와 맞아떨어졌다. 레베카가 어릴 때 아버지는 긴장한 가운데 아침식사를 하면서 주가를 확인했다. 잃어버린 기억과 기억에 얽힌 감정이 사진을 볼 때마다 되살아나 그녀를 지배한 것이다.

라캉과 프로이트를 연구하고 임상에서 정신분석을 하는 대리언 리더와 인체와 관련된 통계자료를 가지고 질병을 설명하는 응용수학을 하며, 정신신체의학(psychosomatic medicine)을 연구하는 데이비드 코필드가 만나 『우리는 왜 아플까』 하고 물었다. 이들에겐 '정신신체질병'은 없다. 주요 질병 가운데 오직 마음의 문제 때문에 걸리는 병은 하나도 없다. 마음의 영향력에서 완전히 벗어난 질병도 없다. 몸과 마음은 잠재적으로 얽혀 있다. 몸과 마음의 관계로 읽는 질병의 심리학이다. 이들은 개인의 소소한 역사에 주목하는 새로운 접근 방식을 채택했다. 정신분석에 대한 지식을 기반으로 삼았다. 우리가 일상 속에서 사용하는 '언어' 혹은 '말'이 갖는 힘에 주목했다. 언어가 만들어 내는 의미의 연결망을 통해 상징적으로 경험한 충격은 신체에 영향을 미치고, 신체의 증상들은 그 자체로 이미 하나의 상징적인 신호이자 외침이 된다.

저자들이 주목한 것은 이때의 충격, 좀 더 본질적으로 정신적인 요인들을 처리하는 방식이다. 서양의학은 데카르트의 기계론적 세계관에서 벗어나 일원적이면서도 통사적이고 학제간적 접근을 추구하고 있다.

인간의 육식,
최선입니까

『고기, 먹을수록 죽는다』

모비, 박미연 외 지음 | 함규진 옮김 | 현암사 펴냄

이 책은 세계적인 팝 아티스트와 운동선수, 최고 경영자(CEO) 등 전 세계에서 활동하고 있는 채식주의자 열일곱 명이 모여 육식이 주는 공해와 위험성에 대해 이야기한 책이다. 현대식 가축 사육 환경 탓에 갖가지 문제가 속출하고 있다는 것과 육식으로 인해 생기는 사회적 문제점을 총 10가지로 나누어 설명한다.

각 저자들이 장기간의 조사와 분석을 통해 얻어 낸 정보를 표와 그래프로 나타냈으며, 저자 각자가 어떤 실천적 프로그램을 통해 채식을 실천하고 있는지를 구체적으로 들려준다.

'지속 가능한 미래'라는 여유로운 수사학을 걷고 '생존 가능한 오늘'을 염려하고 탐구하고 실천한 이들이 똘똘 뭉쳐 육식으로 대변되는 현대인의 밥상을 걷어차자는 선언을 내놓는다. 우리가 알고 있는 것보다 훨씬 더 '고기'는 넓고 깊고 무거운 온갖 문제를 가진 '고준위' 위험 음식이다. 언제까지 인간이 이렇게 넘치게 먹을 수 있을까? 이 책은 강한 제목만큼이나 강력한 질문과 답을 제시한다.

『피자는 어떻게 세계를 정복했는가』

파울 트룸머 지음 | 김세나 옮김 | 더난출판 펴냄

오스트리아의 경제 전문 기자 파울 트룸머는 어느 날 냉동피자를 데워 먹다가 밀가루, 토마토, 살라미, 치즈, 마늘 등 포장지에 적혀 있는 열네 가지 첨가물 목록

을 보고는 궁금해졌다. "도대체 누가 무엇으로 어떻게 이 피자를 만들었지?" 그역시 피로와 허기 때문에 가끔씩 인스턴트 음식을 먹지만, "왜 사람들은 이 '나쁜음식'을 먹을까?"

그는 곧 냉동 피자에 들어가는 식자재와 첨가물의 생산 및 유통 과정을 조사하기 시작한다. 미국에서 거대 곡물 거래업체 CEO를 만나고, 이탈리아에서 아프리카 출신의 토마토 수확 노동자를, 독일에서는 파업 중인 우유 생산 농민을 만난다. 유전자 기술과 화학 기술, 각종 보조금, 무역 장벽, 대중매체 광고, 산업화한 생산 공정 등이 냉동 피자에 어떤 역할을 하는지도 알아본다.

이 책은 현대인의 식생활뿐 아니라 농축 산업, 무역과 유통, 과학, 주식시장을 마음대로 휘젓는 글로벌 식품 산업의 실상을 폭로함으로써, 맛과 속도와 가격으로 우리의 장바구니를 유혹하는 산업화된 가공식품들이 과연 무엇인지를 알려 준다. 저자는 유기농, 슬로푸드, 공정무역 등 더 나은 세상을 만들기 위한 여러 운동 과 더불어 소비자의 식생활 개선을 위한 방안도 제시한다.

출산용 암퇘지는 '임신용 우리'에 갇혀 지낸다. 1.3제곱미터 정도의 칸막이다. 돼지는 원래 호기심이 많고 사회성이 강한 동물이다. 방목장이라면 코를 땅에 박고 이리저리 다니며 먹이를 찾고 진흙탕에서 뒹굴었을 것이다. 4개월 동안의 임신 기간을 콘크리트 바닥에 서거나 눕거나 하며 커다란 오물간에서 풍기는 독한 암모니아를 쐬는 것 말고는 할 수 있는 게 없다. 몸을 돌릴 수조차 없다. 극단적 감금 생활로 건강은 악화되고 심리적 고통은 더할 나위 없을 것이다.

미국 루이지애나에서는 권투 시합 때 선수를 조롱해서는 안 된다. 웨스트버지니아 사람이라면 도전을 거절하는 사람을 비웃어서는 안 되고, 워싱턴 주에 산다면 코감기가 걸린 채 밖에 나가서는 안 된다. 하지만 농장 동물을 의식불명 또는 통각 상실 상태로 만들지 않은 채 거세나 부리 잘라내기 등 동물의 신체를 절단하면 안 된다는 법률 조항은 없다. 새끼 낳는 암퇘지를 몸도 돌리지 못할 만큼 좁은 곳에 가두면 안 된다는 법, 몸이 감당하지 못할 만큼 닭과 칠면조의 성장을 촉진해서는 안 된다는 법, 가금이나 양식 어류를 매년 수십억 마리씩 '비인도적으로' 살육하는 것을 막는 방법도 없다. 마치 그런 일들이 언어도단이 아니거나 잔인무도하지 않다는 듯, 산업적 축산영농업계는 이제껏 잘만 해왔다. 소비자들은 '가격' 말고는 관심 밖이었다.

한해 미국에서 사람의 식탁을 위해 도살하는 동물의 수만 114억 2,983만1,400마리. 더 이상의 동물 섭취가 죽을병을 불러오는 과잉과 공포의 시대에 '불편한 진실'을 털어 놓는 열일곱 명의 완전 채식주의자가 있다. 『천변풍경』의 작가 구보 박태원의 손녀이자 동물보호 활동가 박미연도 공저자로 참여한 『고기, 먹을수록 죽는다』이다. 이들이 주장하는 명제는 이렇다. 고기는 건강을 해치고 유례없는 인수 공동 전염병을 창궐시킨다. 고기는 동물 생명권을 해치고, 지구의 기후를 악화시키고, 환경을 해친다. 고기는 납세자를 골탕 먹이고, 노동자 착취를 낳는다. 고기는 지역사회를 무너뜨리고, 국제적 빈곤과 기아 문제를 일으킨다. 그런데도 고기를 먹어야 한나면? 세계보건기구의 대변인은 이렇게 말한다. "무엇보다도 우리는 우리가 동물을 대하는 방식과 기르는 방식, 상품화하는 방식에 대해 생각해 봐야 한다. 동물계와 인간계의 관계가 기본적으로 스트레스 상태에 있기 때문이다." 희망은 인간의 죄의식에 있다.

수백만 개의 냉동피자 위에는 언제나 정확히 일곱 조각의 살라미가 올라가 있다. 동물이 죽어야만 얻을 수 있는 고기다. 육류 한 마리를 도축하면 우리는 육류의 약 3분의 2만 먹은 것이다. 나머지는 우리가 섭취할 수 없는 뼈, 도축 찌꺼기, 껍질 혹은 지방이다. 바로 여기에서 동물 사료와 어분, 비누, 구두약, 혹은 맛있는 과일맛 껌을 제조하기 위한 젤라틴이 만들어진다. 독일의 돼지들도 식탁을 위해 고통스럽게 죽어간다. 규모가 작은 농가에서는 돼지 머리에 전기 충격을 가한 뒤 경동맥을 찔러 도축한다. 더 큰 규모는 이산화탄소로 가득 찬 컨테이너에 돼지를 몰아넣는다. 독일 동물보호연맹에 따르면, 돼지들이 의식을 잃지 않기 위해 버티는 시간은 보통 20초. 그런 다음 털을 제거하기 위해 데치는 설비 안에 넣는데, 실수로 돼지들이 제대로 의식을 잃지 않고 다시 깨어나는 경우가 종종 있다. 그러니까 돼지를 산 채로 끓는 증기에 데치는 것이다.

오스트리아에서 경제 전문 기자로 일하고 있는 파울 트룸머는 어느 날 저녁 살라미 피자를 먹으며 문득 의문을 가지게 된다. 이 소시지는 어디서 왔을까. 피자의 다른 필수 재료인 반죽, 토마토소스, 치즈는 누가 어떻게 만들었을까. 메이저 신문사에서 경제 데스크를 맡고 있는 특권 덕에 일반 소비자들은 결코 접근할 수 없는 여러 생산 현장을 만날 수 있었다. 글로벌 식품 산업이 가져온 경제와 환경, 건강 문제를 비판적 시각에서 정리했다. 기자 특유의 기사체다. 우리말 책 제목이『피자는 어떻게 세계를 정복했는가』라서 피자의 문화사로 오인할 수 있겠지만, 본령은 패스트푸드에 대한 날 선 비판이다. 유기농, 슬로푸드, 채식주의의 움직임을 살펴보고, 식습관을 위한 열 가지 조언으로 마무리한다. 가격의 속박에서 벗어나 소비자의 선택권을 확보하라는 것. 마찬가지로 고기를 줄이고 유기농 음식과 로컬푸드를 챙기라는 것. "당신 자신뿐만 아니라 다른 사람에게도 가끔씩은 색다른 것을 허락하라"는 것. 개인적으로 몇 달째 고기를 끊어서일까. 두 권의 책이 눈에 들어왔다.

4부

정치를 읽는다

승산 있는 대통령직
어떻게 수행해야 하나

『대통령학 : 국정 어젠다 성공에서 실패까지』

저자 폴 C. 라이트 지음 | 차재훈 옮김 | 한울아카데미 펴냄

2008년 2월 말에 장관 후보 세 명의 사퇴로 귀결된 인사 시스템 파문은 이명박 대통령의 어젠다 선택에 문제가 있음을 보여 주었다. 뒤이어 단기 성과주의에 입각한 대운하 건설 추진 및 무리한 한미 FTA 협상 타결 시도는 촛불 시위 정국을 낳았고 대통령의 임기 첫해를 고스란히 앗아 갔다.

임기 둘째 해는 금융위기설과 경기 침체 및 '용산 사태'로 시작했다. 한국은 미국과 달리 대통령의 재선이 허용되지 않는 임기제와 약한 정당 체제에 따른 책임 정치 실종이라는 특성을 보인다는 점에서, 국정 운영에 '명백한 단임제적 속성'을 염두에 두어야 한다.

이 책은 대통령이 자신의 국정 어젠다를 성공적으로 추진하고 실현할 수 있는 '조건'을 분석한다. 결론적으로 성공 가능성이 가장 높은 임기 첫해 초반의 기회를 놓치지 말고 "움직이지 않으면 잃을 것이다"라는 명제를 명심하라는 것이다. 다채로운 근거와 논증으로 '성공 조건'을 분석하는 데 탁월한 통찰을 보여 준다. 하지만 상황에 따라 구체적으로 어떤 행동전략을 취해야 하는지에 대한 설명은 다소 미흡하다. 이에 옮긴이 서문에 언급된 일화와 그 함의는 본문을 보완하는 해법이 된다.

대통령은 대통령이 된 것만으로 '성공'이라 할 수 있을까. 대통령이라는 자리는 무엇으로 평가받는 자리일까. 번역판 제목은 『대통령학』. 번역서가 그렇듯 원제가 본래 의미를 드러내 준다. 『대통령의 어젠다 : 케네디에서 클린턴까지 국내 정책 선택』. 미국에서 초판은 1982년이었고, 세 차례에 걸친 개정 작업을 통해 레이건, 아버지 부시, 클린턴 대통령의 정책 결정 과정이 포함됐다. 미국 대통령제의 최근대사 30년에 저자의 20년 연구사가 세월만큼이나 두텁다.

본래 이 책이 번역된 건 2008년 2월 10일. 노무현 전 대통령의 서거가 이 책을 서평에 올리게 만들었다. 대한민국의 대통령 중 '정책'적으로 성공한 대통령은 몇 사람이나 될까. 우리 대통령은 처음 유진오 박사의 내각제 초안이 이승만 대통령의 자의적 결단에 따라 대통령제로 바뀌었던 것만큼이나 부침이 심하다. '87년 체제'의 산물인 5년 단임제는 여전히 불안정하다. 강한 대통령을 갈망하는 민심의 흐름에 따라 여전히 제왕적, 국민투표제적 대통령 시대를 살고 있다.

우리 사회에서 대통령이 되는 일은 한 개인의 절대적 성공 그 자체다. 그래서 마키아벨리즘이 난무하고, 쿠데타가 동원된다. '역사'(history)가 아니라 '그 사람의 성공 시대'(his-story)다. 대통령은 국민의 주권을 위임받았다기보다는 스스로 쟁취한 개인적 산물이 되고, 자연스럽게 '사적' 대통령이 되고 만다. 헌법기관으로서 대통령, 제도로서 정당은 턱없이 취약하다. 권력기관들 사이의 수평적 책임, 선거를 통한 정치적 책임을 묻는 시스템은 한계가 있다. 대통령의 인기는 당선된 순간 최정점을 마지막으로 임기의 끝을 향한 내리막 산행길이다. 대한민국에서 대통령은 실패할 수밖에 없는 개인적·구조적·헌정사적 특성을 가지고 있는 것이다.

저자는 미국의 역대 대통령 39명도 '승산 없는 대통령직'으로 불리는 문제에 직면해 왔음을 얘기한다. 정책 어젠다의 정치적·경제적 비용은 상승했지만, 어젠다의 인플레이션을 흡수할 수 있는 대통령의 능력은 이를 따라가지 못했다는 것이다. 의회가 변했다. 대통령의 '스타성'은 떨어졌다. 영향력이 감소되었다. 경쟁은 심화했다. 정책과 법안은 복잡해졌다. 의회·언론·시민들은 대통령을 불신하고 견제한다. 정책 이슈가 변했고, 정책 비용은 늘었다. 더 이상 "대통령직은 주목할 만한 성공을 이룰 수 없는 지위가 되었다."

그렇다면 어떻게 해야 '승산 있는 대통령직'으로 전환할 수 있을까. 충고는 크게 네 가지다. 충분한 사전 계획, 전문 지식 채택, 우선순위 설정, 아마추어에서 벗어나기다. 우리 대통령제에 적용하더라도 다를 것 같지는 않다.

노 전 대통령의 서거가 한국 사회에 슬픔과 숙제를 주었다. 그중 하나가 '대통령의 일은 어떠해야 하는가'일 것이다. 정책 수행이라는 관점에서 참고서가 될 것이다.

민주공화국 주권자의
권리와 책임

『시민』

신진욱 지음 | 책세상 펴냄

중앙대학교 신진욱 교수는 이 책에서 '시민'이 단지 하나의 단어가 아니라 오랜 역사 속에서 살아온 수많은 인간의 체험과 정신, 아픔과 열정이 그 안에 농축된 개념이라는 전제 위에 시민 개념이 고대, 중세, 근대를 거쳐 어떻게 변화해 왔는지를 살피고 아울러 시민이라는 개념 안에 담긴 이념의 힘을 강조한다.

시민이란 공동체의 관심사를 공유하고, 자유롭고 평등한 주체로 서로 관계 맺으며, 공동의 문제를 함께 숙의하고 해결하는 사람이다. 즉, 자유를 사랑하고 타인의 존엄과 자유를 존중하며, 평등한 관계 속에서 타인과 연합하고 그들과 함께 '더불어 사는 삶'을 실현하기 위한 공동의 가치와 행동 방안을 만들어 가는 사람이 바로 시민이다.

근래에 들어 시민의 권리, 시민의 권력, 시민의 참여가 폭발적으로 이야기되었다. 이런 맥락에서 2008년 한국의 촛불 집회가 가지는 의미는 중요하다고 말한다. 촛불 집회는 절제와 평화, 높은 사회의식과 성숙한 토론 문화를 드물게 보여 준 시민 정치 참여의 한 형태였다. 이렇듯 시민 개념은 당대에 속한 시민들이 공통으로 지향하는 이념을 필연적으로 내포하면서 변화, 발전하는 일종의 운동의 성격을 지닌다.

『시민사회 : 이론과 역사 그리고 대안적 재구성』

마이클 에드워즈 지음 | 서유경 옮김 | 동아시아 펴냄

마이클 에드워즈는 강단의 학자들과 현장의 활동가들 모두에게서 환영을 받는 몇 안 되는 시민사회 연구자 중 한 사람이다. 그는 좌파와 우파의 경계를 초월하여 가장 균형 잡힌 시각으로 시민사회 담론을 이끌고 있다고 평가받고 있다. 그런 그가 시민사회에 질문을 던진다. '시민사회는 민주주의의 덫인가 희망인가?' 그는 시민사회를 투영하는 프리즘으로서 세 개의 이론 축을 설정한다. 토크빌, 푸트남으로 이어지는 '결사적 삶으로서의 시민사회', 아리스토텔레스에서 홉스에 이르는 '좋은 사회로서의 시민사회', 광범위한 지지층을 확보하고 있는 하버마스주의자들의 공공 영역 개념을 원용한 '공공 영역으로서의 시민사회'가 그것이다. 저자는 상이한 사상학파들 간의 관계들을 참신하고 설득력 있게 종합적 시각으로 재구축한다. 나아가 시민사회는 우리가 성취해야 할 하나의 목표인 동시에 그 목표에 이르는 하나의 수단임을 보여 준다. 또한 이 목표와 수단을 서로 연계시키는 하나의 틀이어야 함을 주장한다.

시민일까, 국민일까? 나아가 시민사회일까, 아니면 국가일까? 프랑스 혁명은 역사에서 시민으로 인정받지 못한 노동자, 농민 등을 시민의 핵심으로 등장시켰다. '시민' 개념의 의미를 '인간' 일반으로 보편화하한 것이다. 신진욱 교수의 『시민』은 책세상에서 시리즈로 내고 있는 '비타 악티바'(실천하는 삶) 중 하나다. 2009년 대한민국, 국가는 비대하고 시민은 왜소하다. 2008년 늦가을에 출간된 책을 다시 들춰내는 이유다. 저자에게 있어 '시민이란 공동체의 관심사를 공유하고, 자유롭고 평등한 주체로 서로 관계를 맺으며, 공동의 문제를 함께 토론하고 결정하는 주체'다. 시민과 국민의 구별이 중요했다. 역사적으로 도시 국가가 발달한 이탈리아나 절대왕정의 역사가 없는 스위스 등에서는 국민이라는 개념이 크게 발달하지 않았다. 절대왕정의 힘이 커감에 따라

17세기 들어 국가권력이 최상위의 통치 구조로 올라섰고, 시민이란 개념은 기껏해야 국가에 복종하는 신민이나 도시에 거주하는 주민 정도로 폄훼됐다. 국민이라는 용어가 지니는 국가에 대한 종속성이다. 시민의 의미가 지니는 능동성·주체성과 차이가 있다. 물론 우리 사회에서는 시민과 국민의 개념이 혼용돼 있다. 국민의 개념 속에 국가 시민 또는 고대 그리스적 전통의 시민 개념이 포섭돼 있다. 그럼에도 나날이 국가는 거식증에 빠져 들고, 시민은 자유주의와 공화주의적 전통을 외면한다.

"독일은 1920년대에 당시로서는 세계에서 가장 선진적인 헌법 중 하나였던 바이마르헌법을 만들었지만, 1930년대 초반 히틀러와 나치당이 독일에서 전체주의 체제를 구축하는 데 동원한 최고의 수단은 바로 '법치주의'였다. 법의 왜곡과 오용을 막을 수 있는 시민들의 결집된 힘이 없었기 때문이다." 우리가 살고 있는 나라는 두 번의 군사 쿠데타와 수십 년 간의 군부독재로 얼룩진 헌정사이다. 그럼에도 "대한민국은 민주공화국이다"라는 헌법 제1조는 제헌 헌법 이래 단 한 번도 수정된 적이 없다. "민주공화국을 지키는 것은 생명 없는 법전이 아니라 민주적이고 공화적인 시민, 살아 움직이는 인간인 것이다." 그래서 저자에게 있어 "나는 시민이다"라고 말하는 것은 곧 "나는 민주공화국의 주권자로서 권리와 책임을 갖는다"라고 말하는 것과 같게 되는 것이다. 저자의 강렬한 의지를 존경한다.

자유로운 시민, 연대하는 시민, 참여하는 시민은 '시민사회'를 구성한다. "새로 정치 기관들을 만드는 데는 6개월이 걸리지만 절반쯤 생존 가능성이 있는 경제체제를 창조하는 데는 6년, …… 하나의 시민사회를 창조하는 데는 60년이 걸린다." 랄프 다렌도르프의 말이다. 시민

사회를 만들어가는 것만큼이나 해석은 더 어렵다. 이를테면 '참여연대'가 있는가 하면 '육해공군예비역대령연합회'가 있다. 둘 다 시민단체이고, 둘 다 시민사회를 구성한다. 이런 복잡계를 마이클 에드워즈는 『시민사회』에서 셋으로 정리했다. 결사적 삶으로서의 시민사회, 좋은 사회로서의 시민사회, 공공 영역으로서의 시민사회가 그것이다. 저자는 셋의 유기적 연계를 선호했다. '건강한 결사적 생태 체계'가 가능하다는 것이다. 그러기 위해서는 국가는 사회적 불평등의 조건들을 개선해야 하고, 시민사회는 결사적 삶 자체의 혁신이 필요하다는 것이다. 역시나 현존하는 시민사회의 위기가 2005년 여름에 출간된 이 책을 끄집어 낸 이유다. 대안은 시민사회의 몫이다. 강한 민주주의는 강한 국민, 강한 국가보다는 강한 시민, 강한 시민사회와 더 친화적이라고 믿기 때문이다.

진보의 위기를
진보에 묻다

『다시 진보를 생각한다 : 대한민국의 권력지도와 진보의 미래』

김창호 지음 | 동녘 펴냄

참여정부에 참여했던 김창호 전 국정홍보처장이 사회철학 박사, 언론인, 교수 등 다양한 분야에서 다채로운 경험을 쌓은 자신의 삶에 기반해 내놓은 진보 정치의 미래와 대안 담론에 관한 책이다.

이 책에는 보수 진영의 총공세에 무기력하게 밀리면서 한국 사회에 대한 새로운 비전을 내놓지 못하는 진보 진영에 대한 안타까움이 담겨 있다. 이러한 문제의식을 통해 저자는 노무현 전 대통령의 정치적 유산을 확대, 발전시키고자 한다.

저자는 제도권 내 정당 활동으로 제한된 기존의 진보 운동 방식으로는 지난 민주화의 성과를 보존하고, 시민사회에 대한 보수 세력의 헤게모니를 극복할 수 없는 만큼 진보적 시민 공동체 운동을 중심으로 본격적인 '하방 정치'를 전개해 나가자는 주장을 내세운다. 이러한 공동체 운동은 정당이나 명망가 중심의 '상층부 정치'와 달리, 자기 고유의 창발성과 자기 조직화를 통해 확장하는 속성이 있는 만큼 향후 진보 정치의 미래는 여기에 달려 있다고 말한다.

노무현 전 대통령은 '진보 시대를 대비한 미래 담론'을 준비했다. 그러나 세상은 그를 가만두지 않았다. 유서가 말했다. "책을 읽을 수도 글을 쓸 수도 없다." 노무현 행정부 국정홍보처장으로 일한 저자는 이 책이 '대통령과의 작업 연장선상'이라고 했다. 워낙 보편적이면서도 전문적일 수밖에 없는 주제를 택하다 보니 욕심이 과했던 걸까. 읽고 난 첫 느낌이 그랬다. 그렇다고 해도 한국적 보수주의에 대한 비평과 진보의 재구성이 본래 의도였다면 좀 더 구획되고 지난 정부 시절의 참여와 경험을 강조했어야 했다. 독자들이 책을 선택할 때의 기대는 바로 그 지점에 있기 때문이다. 같은 차원에서 언론 정책 부분은 별도의 저술로 독립시켰으면 어떠했을까. 언론 권력이 한국적 보수주의의 한 핵심이라고 평가했다. 여기에다 저자는 노무현 행정부의 언론 정책 책임자였다. 전직 보수 언론의 전문 기자 출신이었다. 이 점에서 저자는 기록과 증언 의무의 담지자이기 때문이다.

다시 한국의 진보를 논하기 위한 방편으로 저자는 '진보의 위기를 진보에게 물었다.' 지난 진보 진영의 노무현 행정부에 대한 비판을 평가 대상에 올렸다. 저자는 이를 "진보 개념을 특권적으로 점유함으로써 사실상 사익화하는 현상"의 일종으로 평가함으로써 논쟁을 유도했다. '진보의 재구성'을 위해선 지난 10년, 짧게는 5년에 대한 해체가 필요하다. 해체를 통해 재구성하거나 재창조해야 한다. 그러기 위해선 비판적 자기성찰이 요청된다. 그런데 저자는 지난 행정부의 완고함만큼이나 여전히 방어적이다. 피해자성에서 벗어나지 않는다. 『경향신문』은 2006년 9월 13일부터 12월 21일까지 진보의 위기와 관련한 기획특집 "진보개혁의 위기"를 연재했고, 기획은 그해 '한국 기자상'을 받았다. 기획에 대한 저자의 반응. "그러나 불행하게도 당시 진보 매체가 제기했던 진보 위기론은 그 내용면에서 보면 사실상 '참여정부 실패론'에 불과했다."

언론 정책 부분을 제외하고는 노무현 행정부 정책에 대한 평가나 반성은 희소하다. 보수성과 진보성을 따지는 책이라면 그리하여 진보의 재구성을 말하기 위해서는, 저자가 행정부에 직접 참여한 사람이라면 평가의 중심에 이론이 아닌 정책이 있어야 했다. 물론 이 점은 저자만의 문제가 아니다. 한국식 저술의 '치명적' 관행들이다. 미국 행정부에서 일하다 나온 사람의 저술과 한국 행정부에서 일하다 나온 사람의 저술에서 나타나는 '결정적' 차이다. 경험의 '사유화'다.

노무현 행정부는 교육을 비즈니스라고 했다. 사기업이 아닌 주택공사의 부동산 원가 공개 여부도 비즈니스라고 했다. 부동산과 교육에 대한 시민의 열망은 성장과 개발주의에 대한 귀환으로 이어졌고, '누가 정권을 잡으면 어떠냐'라는 권력 핵심부의 무책임성은 이를 조장했다. 남북 대화의 특수성에 대한 이해나 준비가 부족했고, 딱 한 번 있었던 한미 고위급 전략 대화에서 '주한미군의 전략적 유연성'이 용인됐으며, 다음 행정부는 충실하게 계승했다. 한미 FTA는 공공성과 사회적 연대에 대한 자포자기였다. 4대 선결과제로 제시한 쇠고기 수입문제 또한 차기 행정부가 충실하게 계승했다. 사정이 이렇다면 최장집 교수의 비판에 대한 저자의 항변이 어떻게 성립할 수 있을까.

최 교수는 일관되게 "경제성장을 최우선 정책 목표로, 신자유주의적 세계화를 경제정책의 기조로, 재벌과 대기업을 성장의 중심 동력으로, 노동자, 농민 등 사회적 약자를 소외시키는 쪽으로 한나라당과 민주당 공히 똑같은 정책 목표"를 가지고 있다고 말해 왔기 때문이다. 오로지 시민을 위해, 인간의 존엄을 위해 진보의 성찰은 필요하다. 그러나 구체성에 바탕을 둔 치열한 자기반성이 먼저다.

정치적 공간을 배회하던
죽음

『아무도 기억하지 않는 자의 죽음』

당대비평 기획위원회 지음 | 산책자 펴냄

『그대는 왜 촛불을 끄셨나요』를 통해 '촛불 논쟁'을 지핀 당대비평 기획위원회가 『아무도 기억하지 않는 자의 죽음』으로 다시금 논쟁을 촉구한다. 이 책은 2009년, 그 봄에서 여름까지 한국 사회에 불시에 충격적으로 찾아온 '누구에게나 기억되는 죽음'과 '아무도 기억하지 않는 죽음'을 소재로 불편하고도 불길한 질문을 던신다.

수많은 죽음을 에워싸고 진행된 한국의 민주주의 혹은 정치적 삶. '민주화' 이후 우리는 정치적인 죽음을 더 이상 전과 같은 열정 속에서 애도하지 못하고 빠르게 잊어버리거나 지워 버렸다. 그렇다면 2009년에 한국 사회를 뒤흔든 대문자 죽음들 — 김수환, 용산 참사, 노무현, 김대중 — 은 이러한 기억의 풍화 작용으로부터 얼마나 버틸 수 있을까?

'우리'는 "무엇이 그를 죽음으로 몰고 갔는가"라는 물음을 던지며 분노하는, 애도의 정치를 제대로 실천하고 있는가? 오늘날 용산 참사를 뒤로 하고 우리가 맞이하는 상황은 어떠한가. 용산 참사로 죽은 이들이 죽은 자들로 온전히 애도 받지 못하는 것은 우리가 그들의 죽음을 애도할 정치적인 공간을 제대로 마련하지 못했기 때문이 아닐까.

"핑계 없는 무덤은 없다. 무덤은 그 자체가 핑계이다. 죽은 자를 상징적 질서 속에 기억으로 묻기 위해 필요한 것은 바로 죽음에 대한 합당한 핑계, 그것을 망각하거나 기억하기 위한 핑계이다."(김성태) 이 문장만으로도 충분히 불편할 것 같다. 용산참사 미사 현장에서였다. 신부님의 강론을 듣다 말고 나치 시절을 담은 잉게 숄의 『아무도 미워하지 않는 자의 죽음』을 떠올렸다. 당대비평 기획위원회의 사유 구조도 비슷했다. '당비의 생각' 3권이 '누구에게나 기억되는 죽음'과 '아무도 기억하지 않는 죽음'을 제재로 불길하고도 불편한 질문을 던져 왔다. 애도도 아니고, 회고도 아니고, 생뚱맞게 무슨 '기억'이냐고? "기억은 과거에 머무는 것이 아니라 현존하는 공동체의 정체성을 진작시키는 역할을 수행"(정진성)하기 때문이라고 했다. 당대의 젊은 논객들이 2009년 한국 사회 일상의 죽음 가운데 '정치적 공간을 배회하던 죽음'을 비판적 반성의 무대로 불러올렸다. 초혼제다. "죽음의 문제를 넘어 한국 사회에서 정치적 삶의 정체성을 헤아리고 그것을 통해 민주주의적 정치를 지속적으로 활성화할 수 있는 계기를 찾아보려는 의지"(서동진)에서다.

먼저 죽음의 성격을 정리했다. "노무현의 죽음이 '정치적' 죽음이라면 김대중의 죽음은 '역사적' 죽음이었다. 그리고 용산은 '정치 자체의' 죽음이다."(엄기호) 그렇다면 애도와 기억이라는 관점에서는 어떤 차이를 드러냈을까. "김대중과 노무현의 죽음은 기억할 만한/기억해야만 하는 죽음이었는 데 반해 용산의 죽음은 침묵되는 죽음"이었다. 용산은 애도를 거부당했다. '아무도 기억하지 않는 자의 죽음'이 됐다. 개인과 집단의 전반적인 삶 자체를 어떻게 살 것인가를 결정한다는 고유한 의미에서의 '정치'적 시민이 되고자 했던 용산 철거민들의 투쟁을 "국가가 각 사람을 계급과 계층에 맞게 자리와 기능을 분배해 위계를 유

208

지시키는 협상과 관리의 기술인 '치안'의 대상으로 환원"(정용택)시킴으로써 가능한 일이었다.

2009년 여름 '6·9 작가선언'은 "용산 참사로 상징되는 '벌거벗은 삶'의 죽음에 대한 애도를 작가들의 한 줄 서명으로 표명하면서 '이명박 정권 하의 한국 사회를 민주주의의 아우슈비츠, 인권의 아우슈비츠, 상상력의 아우슈비츠로 명명'했다."(권명아) 그렇게 해서 '아무도 미워하지 않는 자의 죽음'과 '아무도 기억하지 않는 자의 죽음'이 만날 수 있는 근거가 됐다. 그렇다면 용산의 불길을 회피해 온 살아남은 자들의 의무는 어떠해야 한다는 걸까. 애도와 기억이면 되나? "지켜 주지 못해 죄송하다는 '부끄러움' 역시 실상 '죄의식'이기보다 우울증적 증상의 변형"(정용택)에 불과하다고 했다. "애도의 광장에는 '종교'만 있을 뿐 '정치'가 보이지 않고, 그러므로 문제는 더 이상 '죽음'만이 아니"(김성태)라는 것. "슬픔의 연대만으로는 아직 정치학이 아닌 것처럼 애도 역시 아직 적절한 정치학에 이른 것이 아니"(김영민)라는 것이다. 공동체의 문제를 정치 문제로 이해하지 못하고 정치로 풀어 나가지 못하는 정치가 주범이다. 그렇다면 대안은 바로 정치나. 애도와 기억을 뛰어넘는 정치의 복권이다. "새로운 정치를 구성하기 위한 자기 조직화"(김원)다. 이렇게 되는 순간 애도와 기억의 대상은 전복된다. "오히려 추모받아야 하는 이들은 노무현이나 김대중이나 용산 철거민 열사들이 아닌 살아 있는 우리들인지도 모른다. 우리 사회의 궁핍과 무지와 나약함인지도 모른다"(송경동)는 논리가 자연스럽다. 그럼에도 우리는 부끄러워할 줄 모른다. 노여워할 줄도 모른다. 분노를 잊은 지 오래다. 이런 슬픔과 노여움과 수치로부터 도망치기 위해 오늘도 용산을 우회한다. 애써 망각하려 한다. 우리 모두는 공범이다.

이 시대
정치 리더십이란

『문제는 리더다』

정관용, 윤여준, 이해찬, 김종인, 남재희 지음 | 메디치미디어 펴냄

한국 사회는 어떤 방향으로 나아가야 할 것인가? 어떻게 하면 국민이 행복한 나라를 만들 수 있으며, 어떻게 하면 삶의 질을 높일 수 있을까? 이처럼 중요하고 의미 있는 시대적 과제를 풀 지혜를 얻기 위해 역대 정부와 정당에서 국가 경영에 깊숙이 참여했던 윤여준, 이해찬, 김종인, 남재희 네 사람이 납한다. 정파나 이념적 색깔이 제각기 다르면서도 자신이 속한 진영을 일정하게 대표하는 성격을 갖고 있다.

네 명의 대담자는 이 책을 통해 한 목소리로 한국의 눈부신 성장과 발전을 이끈 원동력은 바로 '국민의 힘'이라고 말한다. 그리고 우리가 지향해야 할 바를 경제 성장이 아닌 '삶의 질 향상'으로 정의한다. 또 당면한 과제로 양극화를 극복하고, 경제만이 아닌 안전, 복지, 문화, 주거 같은 다른 분야의 고른 발전을 주문한 것도 동일했다.

그리고 모든 문제는 정치로 수렴이 되며, 한국적 현실에서 정치의 문제는 곧 리더의 문제라고 주장한다. 올바른 정치의 가장 중요한 요소는 지도자라는 지적이다. 그래서 가장 먼저 해야 할 일로 국민의 신뢰를 얻을 수 있는 비전 제시와 함께 도덕성의 회복을 주문한다.

한나라당은 "국민을 향한 진지한 자세로 정치를 하지 않고 늘 책략적·정치공학적으로 접근"(윤여준)한다. 민주당은 정당이 아니라 "국회의원 조합과 비슷하게 되어 있다."(이해찬) 우리나라 보수는 보수주의가 아니라 "그냥 기득권의 축적"(남재희)일 뿐이고, 사회는 "이런 상태로 더 가면 재벌주의 사회"(김종인)가 될 것이다. 희망은 어디에 숨었나. "30년 후 격차는 더 심화될 것이고, 언론 매체를 통한 대중조작은 더 교묘하게 전개될 것이다. 사회 격차는 점점 더 커질 텐데 이것은 여간한 노력이 아니고는 뒤집기 어려울 것이다. 거대 언론이 조여 나가고 재벌들은 그들 나름대로의 메커니즘을 동원해 전 사회를 장악해 나가고, 그렇게 되면 소위 저항 세력이 힘을 쓸 수가 없게 될 것이다."(남재희) 책의 제목은 『문제는 리더다』라지만 과연 리더의 문제일까. "시민의식이 성장하지 않으면 민주주의를 이루기 어렵다. 매일 풀뿌리민주주의를 말하면 뭐하겠는가."(윤여준) 그렇다. 민주공화국의 기초는 리더가 아니라 시민이다. 시민 스스로 시민성을 회복해야 한다. 역설적이게도 문제는 리더가 아니라 시민인 것이다.

'진보적 보수주의자' 윤여준, 민주화 운동가이자 국무총리를 지낸 이해찬, 헌법 제119조 제2항의 경제민주화 조항을 제안한 경제학자이자 정치인 김종인, '의식은 야에 있으나 현실은 여에 있다'는 언론인 출신 정치인 남재희 선생 등 현실의 문제를 강론할 수 있는 이 시대의 현인이자 경세가인 네 명에게 시사평론가 정관용이 물었다. 별걸 다 물었다. 보수와 진보는 무엇이 문제이며, 이 시대 정치 리더십의 특징은 어떤지를 물었다. 4대강과 세종시 등 눈앞의 현안을 물었다. 전 국민적 관심사인 2012년 대선 전망도 노골적으로 따졌다. 그래서 서양식으로는 한편의 '대화', 동양식으로는 한편의 '논어'가 됐다. 논어나 대화는 같은 말이다. 논어를 글자 그대로 직역하면 '정리, 편찬을 거친 대화'라는 말이다. 세상의 가르침은 기원전 500년 전부터 이래 왔다. 소크라테스도 플라톤도 대화를 통해 지혜를 말했다. 예수도, 석가모니도, 공자도 모두 묻고 답했다. 대부분은 제자가 묻고 스승이 답하였지만 때로 스승이 제자의 무지를 깨우치기 위해 묻기도 했다. 이것이 대화요, 논어요, 말씀이다. 다른 표현을 빌리면 '종교'다.

대화체 형식이 우리 출판계에서는 조금 낯설다. 그러나 일본에서는 보편적인 방식이다. 학술 분야의 원로와 신진 학자가 문답을 통해 지식과 지혜를 드러내 보인다. 편집자의 책임과 권한이 강력한 일본 출판계의 장점이 치밀하게 뒷받침한다. 그래서 가능하다. 아쉬움은 있다. 대화라고 하기엔 종종 호흡이 너무 길다. 서술체를 넘나든다. 질문의 범위가 지나치게 방대하다. 선택과 집중이 필요했다. 빠른 기획과 편집이 있었기에 망정이지 자칫 언론과 속보 경쟁을 할 뻔했다.

무엇을 기준으로 한 네 분인지도 불분명하다. 욕심이기도 했겠지만 말과 대화, 토론에서 공론으로 이어지는 공화주의적 기초의 미진함일는지도 모른다. 우리는 우리의 문제, 우리 눈으로 보는 문제를 파란 눈을 빌려 보는 경우가 종종 있다. 오늘의 문제, 오늘의 눈으로 보는 문제를 과거의 이론과 역사와 경험으로 보는 경우가 종종 있다. 불필요한 권위를 빌려 오는 경우도 있다.

그런데 이 책은 출간 의도만큼이나 현재적이고 현실적이다. 우리의 표준시로 우리의 문제를 얘기했다. 현재의 언어로 눈앞의 문제를 얘기했다. 그래서 말은 살아 있다. 공론(空論)이 아니라 공론(公論)의 권위를 확보했다. 나라든 정치든, 민주주의건 공화주의건 오로지 인간의 존엄을 위해서만 존재한다.

문제는 경제가 아니라
정치다

『세계 금융위기 이후 : 신자유주의를 딛고 다른 사회를 상상하다』

경향신문 특별취재팀 지음 | 한스미디어 펴냄

한국 사회의 양극화는 갈수록 심화되고, 시장만이 최고라는 시장 만능 신화는 여전히 그 지위를 굳건하게 유지하고 있다. 현재 우리 사회는 올바른 방향으로 가고 있는 걸까? 이 책은 세계 금융위기 이후 신자유주의 덫에 걸린 우리 사회의 현실과 그 대안 가능성에 대해 진지하게 화두를 던지고 있다.

경향신문 특별취재팀은 미국, 유럽 등을 직접 현지 방문하고, 해외에 상주하고 있는 경향신문 특파원, 현지에 체류 중인 한인을 통신원으로 위촉해 동시 다발적으로 취재에 들어갔다. 그 결과 세계 금융위기의 실상을 생생하게 전달하고 미국발 금융위기에서 시작된 세계 경제위기의 본질을 파헤치고, '위기는 어디로부터 왔는가'라는 질문에 대해 심층적으로 분석하고 거시적으로 조망하고 있다.

이 책은 세계 금융위기 이후, 2008년 11월부터 2009년 9월까지 경향신문 특별취재팀이 "기로에 선 신자유주의"라는 제목으로 신문에 연재한 글을 추려 묶은 것이다. 2008년 미국발 금융위기가 초래한 세계 경제위기는 영원히 번영할 것만 같던 미국식 자본주의 시스템에 충격파를 던져 줬다. 이 책은 왜 이런 일이 일어났는지, 그 실상은 무엇인지. 정치가 문제의 근원이자 해결책임을 강조한다.

스물여덟 살에 직장 생활을 시작했다. 서울에 110제곱미터형 아파트를 마련하고 싶다. 2006년 6월 기준으로 가격은 4억4,451만 원이다. 봉급을 다 모은다면 언제쯤 가능할까. 쉰여덟 살이 돼야 한다. 그것도 강남구에 마련하려면 일흔두 살이다. 먹고살아야 하고, 아이도 키워야 하고, 사교육비도 잔뜩 들어가는 우리 사회에서 아예 '불가능'이다.

그래도 꿈을 찾아 일한다. 우리 노동자들의 2007년 연간 근로시간은 2,316시간이다. 2위와는 300시간 앞선 금메달감이다. 평균 수면 시간은 하루 470분으로 가장 짧다. 어른도 그렇고, 청소년은 더 그렇다. 그러나 잠에서 깨어 있는 것이 깨어 있는 게 아니다. 얼마 전 로이터통신이 세계 23개국을 대상으로 조사했다. '돈이 성공의 가장 중요한 상징이라고 보느냐.' 한국인의 69퍼센트가 동의했다. 금메달이다. '돈이 전보다 중요해졌느냐.' 역시 84퍼센트로 금메달이다.

더 이상 우리 사회에서 신은 하느님도 아니요, 부처님도 아니다. 그렇다고 인간의 존엄에 대한 신뢰도 아니다. 한국 사회에서 물신이자 우상은 돈이다. 경쟁이다. 시상이다. 차라리 신자유주의다.

프리드리히 하이에크가 '신자유주의'를 제안했다. 이 자유주의는 19세기의 '고전적 자유주의'(old liberalism), 존 케인스의 '신자유주의'(new liberalism)와는 근본적으로 다르다는 점을 강조하기 위해 '신(neo)자유주의'라고 호명했다. 신자유주의는 강고한 시장 만능주의와 결합하면서 우리 사회의 헌정 질서가 됐다. 민주공화주의가 아니라 신자유주의다. 민주공화국이 아니라, 신자유주의 기업국이다.

경향신문 특별취재팀이 2008년 11월부터 2009년 9월까지 "기로에 선 신자유주의"를 연재했다. 기획을 책으로 정리한 것이 『세계 금융위기 이후』다. 대안을 다룬 3부와 4부에 주목했다. 신자유주의가 몰고 온 양극화 등 우리 사회의 근본 문제에 대해선 누구나 동의한다. 그럼에도 대안을 탓한다. 나와 내 자식을 제외한 사회의 변화만을 요구한다. 찾아 나서지 않는다. 보고도 못 본 체한다. 실천하지 않는다. 행동하지 않는다. 도대체 무엇이 두려울까.

43세의 덴마크 도축공 초브 랭스는 초등교육 9년 학력이 전부다. 부인과 세 아들을 두고 있고, 16년 경력에 정규직이다. 월수입은 약 700만 원이고, 주당 노동시간은 40시간이다. 휴가는 연간 최소 6주의 의무 휴가를 누리고 있고, 퇴근 후에는 가족과 시간을 보내며, 주말에는 아이들과 말을 타거나 가든파티를 벌인다. 최고의 가치는 가족과의 삶이다. 자녀 교육이나 보육, 노후 때문에 결코 현재를 희생하지도 않고 그럴 이유도 없다. 나라가 노후를 보장하기 때문에 저축도 하지 않는다. 세금 내는 것이 전부다.

핀란드의 교육개혁, 싱가포르의 주택정책, 북유럽의 사회보장제도 등이 여전히 대안으로 거론돼야 하는 현실이 슬프다. 그래서 문제는 정치다. 특별취재팀은 "바보야 문제는 경제가 아니라 정치야"라고 외친다. 신자유주의 시대의 정치는 '상대적 민주주의'다. 신자유주의가 감당할 수 있을 만큼의 민주주의다.(호베르투 웅게르) 정치는 여타 다른 상품과 마찬가지로 시장화되고 패키지화됐다. 1인 1표가 아니라 1주(株) 1표다. 이런 사회에서는 자본가들의 과두정(寡頭政)일 뿐 노동은 철저히 배제된다. '돈 없고 힘없고 못 배우고 가난한 이'들의 정치는 없다. 정치적 주권을 상실한 이들을 위한 정책 또한 있을 리 없다. 신분과 학력과 재산이 대물림되는 신봉건사회다.

"우리가 마음대로 좋은 나뭇잎을 골라서 뜯어 먹을 수 있는 목이 긴 기린의 행복을 마음 깊이 간직하고 있다면 아사(餓死)하는 목 짧은 기린의 수난을 간과해서는 안 된다. 땅에 떨어져 싸움에 짓밟히는 잎사귀나 목이 긴 기린의 과식, 동물의 온화한 얼굴을 흐리게 하는 불안, 투쟁적인 탐욕 등의 추잡성도 잊어서는 안 된다."(케인스, 『자유방임주의의 종언』) 정치의 최소한의 의무다.

미국 헌정사에서 찾은
진보의 교훈

『진보의 힘』

존 포데스타 지음 | 김현대 옮김 | 한겨레출판사 펴냄

저자 존 포데스타는 미국 민주당 내에 상당한 영향력을 가지고 있는 현실주의 정책가이자 핵심 브레인이다. 클린턴 정부 시절 대통령 비서실장을 역임했고, 오바마 정부 출범 시 인수위원회 위원장을 맡아 정부 정책의 골격을 조율했다.

이 책의 포인트는 미국 진보주의에 대한 이론적 토대를 개괄하려는 데 있기보다는 대중들의 삶 속에서 실현되어야 할 진보의 가치가 무엇인지, 어떻게 구체적인 정책으로 그들 삶에 영향을 끼칠 것인지에 방점이 찍혀 있다. 전 국민 의료보험 개혁안에 미국의 진보 진영이 얼마나 큰 공을 들였는지, 왜 오바마가 공교육 개혁에 팔을 걷어붙였는지, 지구온난화 문제 해결과 민주당 정부의 안보 전략은 어떻게 연결되어 있는지 등 미국 진보 진영이 생각하는 정책의 줄거리와 맥락이 체계적으로 정리되어 있다.

이라크 전쟁은 반대하지만, 아프가니스탄 전쟁의 불가피성을 이야기하는 모순이나 진보 정책의 실현이 결국 '위대한 미국'으로 가는 길에 향해 있음을 확인하는 것은 불편한 일이지만 그것은 '절대로' 저자의 한계가 아니라 '엄연한' 현실임을 확인할 수 있다.

저자 존 포데스타는 "진보주의자로 태어났다." 할아버지는 이탈리아 제네바 출신 부두노동자, 아버지는 고교 1학년 중퇴 학력의 공장노동자였다. 저자는 시카고의 공업고등학교에 입학해 '미국 학교에서 마지막으로 주물 과정을 공부한 세대'가 됐다. 그때만 해도 "부익부 빈익빈 사회는 시장의 기적이 아닌, 도덕의 실패로 손가락질 당"하던 시절이었다. 공고를 마친 그는 대학과 조지타운 로스쿨을 '빚 한 푼 없이' 졸업할 수 있었으며, 빌 클린턴 행정부 시절 백악관 비서실장을 지냈다. 2003년에는 '생각과 행동을 통해 미국인의 삶을 증진시킨다'는 진보적 싱크탱크인 '미국진보센터'(CAP)의 대표가 됐다.

오바마 정권 출범 때에는 정권인수위원장으로 일했고, 2009년 8월에는 클린턴 전 대통령의 방북을 수행, 억류 여기자들을 미국으로 데려오는 데 기여했다. 그와 가족들은 차근차근 사다리를 올라가 아메리칸 드림을 실현할 수 있었다. 이유는 오로지 "진보 정치인과 정책" 덕분이었다. 그래서 그는 지금도 자신이 "진보주의자라는 사실을 지극히 당연하게 생각"한다.

이런 진보주의자가 2008년 미국 대선을 앞두고 정책 제안서를 출간했다. 번역 출간이 늦었다. 먼저 미국 헌정사에서 진보의 교훈을 찾았다. 역사에서 경험과 교훈을 찾아내는 전형적인 미국식 서술 방식이다. 1896년 미국 민주당은 민중당과 연대해 민중당 출신 윌리엄 제닝스 브라이언을 대통령 후보로 공동 지명했다. 당시 민주당의 시카고 전당대회에서 행한 유명한 연설이다. "정부에 대한 두 가지 사상이 있습니다. 부유층을 잘살게 하는 입법을 하면, 그들의 부가 아래 계층으로 흘러내려갈 것이라고 믿는 사람들이 있습니다. 이에 반해, 민주당의 사상은 대중이 번영을 누리도록 입법을 하면 그렇게 이룩된 부가 모든 계층으로 고루 올라가는 길을 찾게 된다는 것입니다.”

'적하 효과'에 대한 논쟁은 1980년과 2008년 대선에서 그대로 반복됐다. 우리나라에서도 마찬가지였고, 지금도 마찬가지다. 다음으로 클린턴과 부시 행정부의 정책을 비교하면서 진보의 우위를 상대평가했다. “보수의 도그마와 패거리 자본주의(crony capitalism)의 덫에 걸린 그들의 정책 개발 및 국정 운영 능력은 평범한 시카고 시의원의 역량에도 미치지 못했다.” 새로운 행정부에 진보 철학에 토대를 둔 정책을 제안했다. 마지막으로는 2008년 대선을 앞둔 미국에 '진보적 정치 혁명의 길'을 제시했다. 민주당이라는 이름은 같지만 미국과 우리의 거리는 태평양만큼이나 멀다.

이런 방식의 저술은 저자만의 것이 아니다. 자칭 '정치꾼'과 '정책광'이라는 두 명의 민주당 브레인인 람 이매뉴얼과 브루스 리드는 2006년에 제목도 거창하게 『더 플랜 : 미국의 새로운 비전과 민주당의 도전』을 펴냈다. 이매뉴얼은 현재 백악관 비서실장이다. 2007년에는 이듬해에 노벨 경제학상을 받은 폴 크루그먼이 건강보험 등에 대한 강력한 정책 제안을 담은 원제 『진보주의자의 양심』을 펴냈다. “진보주의 안건이 입법화되는 유일한 방법은 민주당에서 대통령이 나오고 민주당이 의회에서 공화당의 반대를 극복할 수 있도록 다수당이 되는 것이다”라고 했다. 클린턴 행정부 시절 노동부 장관을 지낸 로버트 라이시는 『슈퍼자본주의』를 썼다. 진보주의가 곧 민주주의라는 입장들이다.

부시 행정부 8년 동안 민주당은 새롭게 프레임을 구축했다. 진보주의적 가치에 입각한 새로운 정책들을 개발했다. 다음 시대를 이끌어 갈 새로운 인물들을 훈련시켜 대선 후보 경선을 소수파인 '흑인'과 '여성'의 대결 구도로 만들었다. 진보적인 첫 '흑인' 대통령 시대를 열었다.

진보주의자들은 연대해 도저히 불가능하리라고 여긴 전 국민 건강보
험 시대를 열었다. '전 국민 건강보험'은 이 책의 중요한 제안 가운데
하나였다.

광주 민중은
신자유주의에 대항했다

『**공통도시 : 광주민중항쟁과 제헌권력**』

조정환 지음 | 갈무리 펴냄

도서출판 갈무리 공동대표인 저자 조정환이 5·18 광주민중항쟁 30주년을 맞아, 광주민중항쟁 30년의 역사를 신자유주의 30년의 역사로 조명하는 연구서를 출간했다.

이 책을 통해 저자는 광주항쟁 30년의 역사가 신자유주의 30년의 역사와 정확히 일치한다는 것, 광주민중항쟁은 신자유주의로 이행하는 자본주의에 맞선 전 지구적 투쟁의 일환이자 그 초기적 양상으로 출현했다고 말한다. 흔히 개헌파가 그렇게 하듯이 광주민중항쟁을 군부독재와 계엄령에 대항하는 투쟁으로 규정하게 될 때 그것의 현재적 의의는 협소해지며 혁명적 의미는 사라진다고 본다.

저자는 광주민중항쟁과 그 이후의 역사를 여러 사회 세력들 사이의 역관계의 변동과 추이에 따라 서술하면서 전두환 정권에서부터 오늘날 이명박 정권에 이르기까지 자본주의의 신자유주의적 재구조화를 제헌권력에 대응하는 자본의 전략으로 서술한다.

'혁명'이란 말이 이토록 유행한 시대가 또 있었을까. 정보통신(IT)혁명, 금융혁명, 상품혁명, 디자인혁명, 스마트혁명, ……. "운동이 혁명을 주저하며 샛길을 찾을 때, 자본은 매일매일 혁명에 여념이 없다. 신자유주의는 온갖 혁명의 종합세트일 뿐만 아니라 그 자체가 혁명이다."

1980년 5월, 광주민주화운동이 있었다. 2010년 '오월 어머니상' 수상자로 발표된 조지 카치아피카스의 평가다. "지난 2세기 동안 민중의 자발적 통치 능력을 보여 주는 두 개의 사건이 있다. 그것은 바로 1871년의 파리코뮌과 1980년의 광주민중항쟁이다. 광주와 파리에서 비무장 시민들은 각자의 정부에 맞서 도시의 통제권을 장악했고, 법과 질서를 회복하려는 중무장 세력의 존재에도 불구하고 민중권력을 유지했다." 5월 운동은 지속적이고 반복적이었지만 1997년 전두환과 노태우에 대한 미온적인 사법 처리를 계기로 급격히 국가화돼 더 이상 운동으로서가 아니라 기념제로 형해화되고 말았다.

"동지는 간 데 없고 깃발만 나부껴"(〈님을 위한 행진곡〉), 항쟁은 박제하되고 신지유주의만 살아남았다. 저자의 좌표는 바로 이 지점이다. '1980년 광주항쟁 30년의 역사는 우리 사회의 신자유주의 30년 역사와 정확히 역일치한다'는 것. 문제의식이 저술이다. 저자는 1980년 광주가 신자유주의로 이행하는 자본주의에 맞선 전 지구적 투쟁의 일환이자 그 초기적 양상으로 출현했으며, 이후 국내외 투쟁들에 커다란 영감을 불어넣어 주었고, 오늘날에까지도 그것이 제기한 근본 문제가 생생한 현재성을 갖고 살아 있다는 사실을 밝히고자 했다. 카치아피카스의 말이다. "광주는 군부독재와 싸운 것이 아니다. 광주 민중은 이미 신자유주의와 대항해 싸우고 있었다."

유신헌법의 발전주의적 독재가 위기에 처했을 때 상황에 대처하는 세 가지 입장이 있었다. 첫 번째는 호헌파로, 전두환 등 군부독재 세력의 입장이었다. 두 번째는 개헌파로, 김대중·김영삼에 의해 대표됐다. 세 번째는 제헌파로, 눈에 보이진 않았지만 드물게 개헌적 입장의 날개 밑에서 모습을 드러내고 있었다. 1980년 5월 21일 120명의 시민군이 최초로 편성됐다. 대부분은 공장노동자, 건설노동자, 목공, 구두닦이, 웨이터, 일용품팔이 노동자들이었다. 시민군 상황실장 박남선은 골재 채취 차량 운전사였으며, 기동타격대장 윤석루는 자개공이었고, 경비대장 김화성은 식당 종업원이었다. 22일부터 계엄군에 의해 강제 진압당하기까지 나타난 자치 공동체에 의해 표현된 권력, 이들이 제헌권력이었다.

저자는 제헌권력을 '무엇보다도 기존의 질서 속에서, 또 그것에 대항하면서 새로운 제도를 창안할 수 있는 다중의 역능'으로 정의한다. 시민이라기보단, 민중이라기보단 '다중'(안토니오 네그리) 그 자체다. 1987년 체제를 통해 개헌파는 승리한 듯 했다. 군부독재 체제는 문민체제로 이행했다. 이후 김영삼의 문민정부, 김대중의 국민의 정부, 노무현의 참여정부는 각각 자본의 세계화(세계는 넓고 할 일은 많다), 노동의 유연화(노·사·정 합의와 정리해고), 생산의 지식정보화(지식정보사회와 토론 공화국)로 뚜렷이 표상될 수 있었다.

2007년의 선거는 1987년 체제와 그것의 한계에 대한 부정적 문제 제기의 방식이었다. 이명박의 선출은 문제의 해결에 대한 기대나 요청이라기보다 은폐돼 있는 문제를 뚜렷하게 가시화하는 수단이자 과정에 다름 아니었다. 이명박 정부는 1987년 체제에 대한 아래로부터의 문제 제기를 민주화 없는, 그래서 실제로는 자유화조차도 철폐하는 신자유주의에 대한 요구로 번역한다. 그리하여 오늘날의 개헌파는 잔존

하는 삼민주의를 파괴하고 신보수주의적 결산을 서두름으로써, 삼민주의의 자리에 자본 독재를 새겨 넣음으로써 1987년 체제를 해체하고자 한다. 저자는 '공통도시'를 꿈꾼다. 독해해 보면 공통도시는 '제헌권력의 절대공동체'를 표상한다. 동의 여부를 떠나 광주민주화운동사 30년에 광주에 대한 새로운 해석을 얻었다.

더 나은 세계란
누구를 위한 세계인가

『민주주의는 죽었는가 : 새로운 논쟁을 위하여』

조르조 아감벤 외 지음 | 김상운 외 옮김 | 난장 펴냄

오늘날 자신이 민주주의자임을 부정하는 사람은 없다. 그러나 오늘날, 국내외를 막론하고 민주주의가 죽었다는 한탄이 터져 나오고 있다. 한쪽에서는 거대 자본의 정치 개입과 미디어 장악, 신자유주의적 합리성, 사적 이익 추구에 매진하는 정치권, 무소불위의 힘을 휘두르는 법원, 이념도 원칙도 없는 행정부 등이 민주주의를 죽였다고 고발한다. 다른 한쪽에서는 길거리로 쏟아져 니온 항의꾼들이 국민을 볼모로 잡은 채 '침묵하는 다수'를 억압함으로써 민주주의를 죽였다고 비난한다.

이 책은 민주주의의 죽음이라는 이 부고 소식에 띄우는 조서(弔書)이자, 과연 "민주주의는 죽었는가?"라고 따져 보자는 문제적 발제문이다. 그래서 이 책에 글을 기고한 여덟 명의 비판적 지성들, 오늘날 세계 지성계에서 막대한 영향력을 발휘하고 있는 이 사유의 거장들은 도발적인 질문을 던진다.

오늘날 죽었다고 선언된 민주주의는 과연 어떤 민주주의인가? 더 나아가 대체 민주주의란 무엇이고 무엇이어야 하는가? 민주주의는 어떤 주체를 만들고 있으며 어떤 주체를 기다리고 있는가?

『다시 민주주의를 말한다 : 시민을 위한 민주주의 특강』
도정일, 박원순 지음 | 휴머니스트 펴냄

민주주의는 어느새 낡고 박제화된 단어가 되어 있다. 야근, 특근, 야간 자율 학습만도 모자라 민주주의를 하기 위해 또 뭘 해야 한다니, 듣기만 해도 피곤하다. 하지만 아무것도 하지 않고 민주주의를 누릴 수 없다는 건 역사 속에서 충분히 배웠고, 유례없이 빠르게 진행되는 '민주주의의 후퇴' 앞에서 다시 근본적인 질문을 던지지 않을 수 없게 되었다.

여기 민주주의를 말하는 열두 명의 목소리가 있다. 김상봉, 김종철, 김찬호, 도정일, 박명림, 박원순, 오연호, 우석훈, 정희진, 진중권, 한홍구, 홍성욱. 선동하는 목소리도, 날선 비판만 하는 목소리도, 좋았던 시절을 그리워하는 목소리도 아니다. 우리 사회 각 분야를 넘나들며 넓고 깊게 더 나은 세계를 향한 우리의 사유와 행동을 제안한다.

지금 우린 어디에 서 있는가? 우리가 만들려고 한 사회는 도대체 무엇이었던가? 우린 어디로 가야하며 무엇을 할 것인가? 그들의 던진 질문에서 시민으로서의 '나'를 되돌아보고, 인간의 얼굴을 한 민주주의를 찾아볼 수 있다. 깨어 있는 시민만이 우리 민주주의의 안녕을 보장할 수 있다고 역설한다.

오늘날 우리는 모두 민주주의자다. 그래서 스스로를 민주주의자와 다른 것으로 부르는 것은 더 이상 가능하지 않으며, 그만큼 민주주의는 아무런 뜻도 없는 말이 됐다. 2009년 프랑스 라파브리크출판사 대표인 에리크 아장이 조르조 아감벤 등 여덟 명의 사상가에게 물었다. "민주주의는, 어떤 상태에?" 번역은 직설적이다. "민주주의는 죽었는가?"

같은 해 겨울에 한국의 휴머니스트 출판사는 〈오마이뉴스〉와 공동으로 한홍구 교수 등을 불러 강좌를 열었다. 제목은 "다시, 민주주의를 말한다"였다. 본래 민주주의는 인민들이 스스로에 대해 권력을 지니는 것으로 간주된 실존이다. 민주주의는 국가를 고사시키는 열린 과정, 인민에 내재적인 정치다. 인민이 주인(민주)이고, 인민이 주권(민권)이고, 인민이 근본(민본)이고, 인민의 생(민생)에 바탕을 둔 것이다. 그렇다면 세상의 현실은? "사실상 민주주의는 극소수 사람들만의 통치, 또 말하자면 인민 없는 통치만을 허용하는 체제를 정당화하는 계급적 이데올로기가 됐다. 자기 자신의 기능을 무한히 재생산하는 것 말고는 일체의 다른 가능성을 배제하는 듯이 보이는 체제를 말이다. 견제도 받지 않고 규제도 되지 않는 자유시장경제에 대한 요구, 무자비할 만큼 모든 수단을 동원해 이뤄진 반공산주의, 군사적 방식으로든 다른 방식으로든 수없이 많은 주권국가와 그 나라의 내정에 간섭할 수 있는 권리 등 이 모든 것을 '민주주의'라고 부르는 데 성공했다는 것은 그야말로 믿기지 않을 정도의 솜씨였다."(크리스틴 로스)

고개를 돌려 한국의 현실은? "2008년 이후 불과 2년 사이에 우리는 한국 민주주의가 좌초하고 후퇴하고 내팽개쳐지는 사태를 수없이 경험하고 있다. 국가권력의 비민주적이고 반민주적인 오용과 남용, 정부 기관들의 반민주적 정책과 행태, 공권력에 의한 인권과 국민 기본권의 유린, 시민 위협, 사생활 침해, 언론 옥죄기, 지방자치단체들의 횡포와 공무원들의 비민주적 정신상태, 수임 받지 않은 사적 시장 권력과 언론 권력에 의한 민주주의 파괴 행위, 집권당 국회의원들의 민주적 역량 결핍 등 지난 2년 사이에 발생한 수많은 사건과 사례는 한국 민주주의가 겪고 있는 퇴행과 반전의 충격적인 실상을 웅변한다. 물론 현 정권 이전까지 민주주의가 잘되고 있다가 갑자기 후퇴했다고 말할 수는 없다."(도정일)

이뿐만이 아니다. "심지어 소수의 우두머리에게 '갈채'와 '합의'를 보내고, 언론이 이 공적 의견을 조직한다는 점에 있어서는 이른바 민

주주의와 전체주의가 구별되지 않는다.”(조르조 아감벤)

그러면 주인들은 무얼 하고 있단 말인가. “민주주의자의 껍데기를 뒤집어쓴 비-민주주의자들이 갈수록 파악하기 힘들어지는 불가항력적인 세계의 풍경 속에서 두려움과 불안에 사로잡혀 있을 뿐 자신을 괴롭히고 자신의 욕망을 조직하는 권력들의 작동”(웬디 브라운)을 외면한다. 그렇다면 민주주의가 위기다. 민주주의는 인간의 품위를 깔아뭉개는 여러 ‘야만의 체제’에 대한 거부임에도 현실은 분명 야만적이다. 민주주의는 인간이 이런 야만의 체제를 넘어서는 데 필요한 최소 조건을 충족시키려는 체제이고, 그 최소의 필요조건이 ‘자유’임에도 현실은 분명 구속적이다.

견디다 못한 도정일 교수가 미래 세대를 향해 질문을 던졌다. “나는 왜 여기에 있는가? 내가 할 수 있는 일은 무엇인가? 내가 해야 할 일은 무엇인가?” 질문은 이어졌다. 질문에 대한 기억 여부가 당신의 품질을 결정할 것이라고 협박한다. “더 나은 세계란 누구를 위한 더 나은 세계인가? 나는 누구의 이익을 위해 지금 이 결정을 내리는가?” 민주주의라는 말이 누구나 그리고 모두가 자신의 꿈과 희망을 싣는 텅 빈 기표라면 질문에 답하고 기억할 일이다. 5·18 광주민주화운동 30주년이다.

서브프라임 사태에 대한
정치적 반응

『**처음에는 비극으로 다음에는 희극으로**』
슬라보예 지제크 지음 | 김성호 옮김 | 창비 펴냄

이 책은 '현존하는 가장 위험한 사상가'로 불리는 슬라보예 지제크가 미국발 세계 금융위기와 이를 해결하기 위한 미국의 개입 정책, 그에 대한 좌우파의 혼란스러운 입장과 태도 등을 특유의 도발적 시선으로 진단한 문제작이다.

저자는 이 책에서 21세기 서두에 벌어진 심상치 않은 두 가지 세계사적 사건, 9·11 테러와 세계 금융위기를 마르크스의 유명한 경구를 차용해 각각 비극과 희극으로 비유하며, 지금도 여전히 진행 중인 금융위기 사태를 이렇게 바라봐야 하는지, 또 사태에 대한 급진주의적 입장이란 어떤 것이어야 하는지를 진지하게 따져본다.

지제크는 현재의 위기가 결국은 사회적 약자들을 더욱 배제하고 착취하는 형태로 나갈 것임을 우려한다. 결국 이러한 상황의 해결에 '대타자란 없다는 것을 전면적으로 받아들이는 법을 배울 때' '출구 없는' 자본주의의 전 지구적 패권이라는 문제를 해결할 수 있다고 지적한다. 결국 저자는 시민들의 전면적인 재무장을 강력하게 요구한다.

한 세기 전 빌프레도 파레토는 소위 '80 대 20'의 법칙을 처음 제시했다. 단순하게 말해 자산의 80퍼센트를 상위 20퍼센트의 사람들이 차지하고 있다는 것이다. 자본주의 경제 생산력의 폭발적인 증가는 우리로 하여금 이 같은 80 대 20 법칙의 극단적 실례와 직면하게 만들었다. "세계경제는 단지 20퍼센트의 노동력이, 필요로 하는 모든 일을 해낼 수 있는 상태를 향해 갈 것이며 따라서 80퍼센트의 사람들은 기본적으로 무의미하고 쓸모없는 존재가 되고, 그리하여 잠재적 실업상태에 처하게 될 것이다. 이 논리가 극단에 이르면 그것을 자기부정으로 이끄는 것이 합리적이지 않겠는가? 즉, 80퍼센트의 사람들을 무의미하고 쓸모없게 만드는 체제는 그 자체가 무의미하고 쓸모없는 것이 아닌가?" 사태의 흐름이 트라우마를 초래할 정도로 뒤틀릴 때 이데올로기적 담론 투쟁의 장이 열린다.

칼 마르크스는 자신의 저작 『루이 보나파르트 브뤼메르 18일』의 도입부에서 역사는 반드시 필연적으로 반복된다는 게오르크 헤겔의 명제를 수정했다. "이디에선가 헤겔은 모든 거대한 세계사적 사건과 인물들은 말하자면 두 번 나타난다고 말한다. 그는 이렇게 덧붙이는 것을 잊었다. "처음에는 비극으로, 그다음에는 희극으로." '현존하는 가장 위험한 사상가'라는 슬라보예 지제크가 이 책의 제목으로 가져온 바로 그 구절이다.

지제크가 마르크스의 이 유명한 구절을 인용하면서 염두에 두고 있는 사태는 21세기의 첫 10년을 열고 닫은 두 사건인 2001년의 9·11 테러와 2008년의 금융위기다.

지제크는 금융 붕괴 사태와 그 후속 조치를 놓고 벌어진 흥미로운 사태에 주목한다. 보수적인 공화당과 진보적인 민주당은 월가의 도덕적 해이를 비난하는 데 공조했다. 민주당보다 오히려 공화당 인사들이 더 적극적이었다. 보수 진영이 도덕적 해이를 비난한 것은 이해할 만한 일이다. 도덕성에 대한 강조는 보수의 가치이기 때문이다. 이데올로기적 혼란을 초래한 것은 공화당이 채택한 용어였다. 공화당 보수 정치인들은 천문학적 규모의 구제금융을 투입해 월가의 금융자본을 살리려고 한 부시 행정부와 오바마 행정부를 '사회주의적'이라고 비난했다. 부자가 망하지 않게 돕는 조치에 '사회주의적'이라는 딱지를 붙인 것이다. 민주당을 포함한 진보 진영도 이데올로기적 혼란에 빠졌다. 부자를 살리기 위한 조치인 줄 알면서도 서민 경제 파탄을 우려해 구제금융에 동의하지 않을 수 없었기 때문이다. 지제크는 "오늘날의 시대는 끊임없이 자신을 탈이데올로기적인 것으로 선포하지만 이데올로기의 이러한 부정은 우리가 그 어느 때보다 이데올로기에 깊숙이 파묻혀 있다는 데 대한 궁극적 증거를 제공할 뿐"이라고 단언한다.

지제크는 현재의 위기가 변혁의 호기라기보다 오히려 보수적 질서를 강화하는 계기로 작용할 가능성이 높다고 우려한다. 현재의 위기가 자본주의 자체에 대한 근본적 비판으로 이어지는 것이 아니라 더욱 강력한 '구조조정'을 강제하기 위한 이데올로기적 알리바이로 활용될 가능성이 높다는 얘기다.

그렇다면 시민은 어떻게 할 것인가. 지제크는 자크 랑시에르의 표현을 빌려 "몫이 없는 부분"이자 '배제된 자'인 시민들이 "우리가 그토록 기다리던 사람들은 바로 우리"라는 점을 깨닫고 "대타자란 없다는 것을 전면적으로 받아들이는 법"을 배울 때 자본주의의 전 지구적 패권이라는 문제를 해결할 수 있다고 설득한다. 저자의 표현을 빌리면 "주체의 전면적 재무장"이다.

우리는 경제적으로 자유로운 선택이 보장된 것처럼 '믿는' 사회에 살고 있지만 결국 선택할 수 있는 능력이 있는 사람들은 소수일 뿐이고, 나머지 사람들이 할 수 있는 일은 오로지 위험을 무릅쓰는 것뿐이다. 우리에게는 이러한 80 대 20 사회를 변화시킬 수 있는 이데올로기가 있는가.

타자와의 공존,
테러의 정치학

『테러』

공진성 지음 | 책세상 펴냄

'테러'는 평화와 안전을 위협하는 폭력 행위라는 의미로 통용되지만, 한편에서는 무슬림 전사들로 상징되는 테러리스트들의 전유물로서 우리의 삶과는 무관한 국제 뉴스의 단골 기사 정도로 인식되기도 한다. 또 '전쟁'을 벌여 응징해야 할 절대 악이거나 반대로 정의롭지 못한 권력에 저항하는 수단이라는 이중의 가치 편향적 평가가 공존하고 있다.

'안중근은 테러리스트인가'라는 질문에서 보듯, 폭력 행위에 대한 도덕적 판단과 그것이 추구한 정치적 평가를 혼동하는 일도 자주 벌어진다. 이처럼 그것이 무엇인지 명확하게 이해하지 못한 채 테러라는 표현을 무분별하게 사용하고 또 유포하며, 이념의 잣대로 그것을 평가하고, 마치 우리는 테러로부터 자유로운 것처럼 착각하고 있는 것이 현실이다.

이 책은 테러와 테러리즘의 구분, 공포의 확산이라는 테러의 본질에 대한 사유, 테러리즘과 도덕, 곧 정치와 도덕의 관계에 대한 성찰, 그리고 현대사회의 일상에서 유동하는 테러의 은밀한 모습에 대한 통찰을 담아 기존의 논의를 넘어 보다 근원적이고 폭넓은 테러/테러리즘에 대한 이해를 가능하게 한다. 그럼으로써 테러가 유발하는 공포를 넘어 자유의 실현으로 나아가야 하는 과제를 일깨우고 있다.

『누가 무장단체를 만드는가』

클라우스 슐리히테 지음 | 이유경 옮김 | 현암사 펴냄

1992~2007년 세르비아, 우간다, 세네갈, 말리, 프랑스 등지에서 국제분쟁과 무장 단체 관련 현장 리서치를 수행한 바 있으며, 전 유고 연방 발칸 분쟁과 아프리카 분쟁에 특히 조예가 깊은 클라우스 슐리히테는 폴크스바겐 재단의 지원을 받아 '무장단체의 미시정치학' 프로젝트를 진행한 결과 이 책을 출판했다.

현대사회의 전쟁은 국가 대 국가의 싸움이 아니라 무장 단체가 개입하는 내전의 양상을 띤다. 시작과 끝이 모호한 내전은 끊임없이 '폭력의 그늘'을 만들어 내며 해결 방법을 찾기 어렵게 만든다. 군사적 '해결' 대신 비전쟁 방식으로 분쟁의 해결점을 찾으려면 현지 환경을 이해하는 것이 중요하다. 저자는 정치적인 현상으로서 무장 단체를 마주한다.

헤즈볼라, 하마스, 탈레반, 코소보해방군, 타밀호랑이 등 세계 곳곳에서 이름이 오르내리는 무장 단체들은 어떤 이유로 조직되고, 어떻게 세력을 유지하며 그들의 목적을 달성하고자 하는가? 이 책은 무장 단체에 대한 다양한 질문을 정치사회학적 맥락에서 풀어 보며, 폭력의 그늘을 재생산하는 무장단체의 악순환 고리를 끊을 수 있는 방안을 제시한다.

테러는 공포다. 테러는 어떤 폭력의 객관적 실재에서 비롯하는 것이 아니라, 그 폭력이 파생적으로 일으키는 심리적 효과에서 비롯된다. 공포는 우리의 이성을 마비시키고 종국에는 우리의 자유를 빼앗는다. "평화의 시기에 인민정부를 움직이는 원동력이 덕이라면, 혁명의 시기에 그 원동력은 덕과 테러 모두입니다. 덕이 없는 테러는 파괴적이고, 테러가 없는 덕은 무력합니다."

안팎의 위기에 봉착한 프랑스 혁명정부는 자유가 아닌, '혁명을 지키기 위해' 특별한 조치를 취해야 했다. 자코뱅파의 독재다. '테러'라는 말이 정치적 의미로 사용된 것은 바로 이때다. 프랑스 사람들이 '테

러'(la Terreur), 즉 보통명사 공포가 아닌, 그 자체로 하나의 역사적 사건이라는 의미에서, 고유명사 '공포'라고 부르면서부터다. '혁명적 공포정치'를 이끈 로베스피에르는 그 역시 단두대의 이슬로 사라졌다. 혁명정부는 해체됐고, 이젠 왕당파의 '백색 테러'가 시작됐다.

공포의 심리적 확산이라는 방식으로 작동하는 폭력을 '테러'라 부른다. 테러가 정치적 목적을 위해 무고한 시민들을 향한 수단으로서 사용될 때, 그런 폭력의 사용을 '테러리즘'이라고 부른다. 테러리즘은 정치적 의지를 관철하기 위한 수단으로서 '테러'라는 특수한 형태의 폭력을 사용하는 것이다. 그렇다면 테러리즘에 맞서 싸우기 위해 무엇을 할 것인가.

'폭력의 정치학'에 학문적 역량을 경주하고 있는 젊은 학자 공진성은 『테러』에서 굳이 '도덕적으로'라고 했다. 그런데 테러리즘을 도덕적으로 비판하는 것은 그러한 수단을 통해 달성하려는 정치적 목적을 부정해 버리는 꼴이 되어 버리지 않을까. 저자는 도리어 "테러리즘을 도덕적으로 비판할 수 있을 때에 오히려 우리는 정당하지 않은 방법으로 테러리즘에 맞서 싸우는 것 또한 비판할 수 있다"고 했다. 나아가 "기존 권력에, 또는 테러리즘에 어떻게 맞서 싸우는 것이 도덕적으로 올바른 것인지 질문하지 않고, 선험적으로 이러저러한 올바름을 전제하는 것이야말로 자유의 가장 위험한 적이며 테러리즘에 가장 우호적인 토양"이라는 것이다. 정치적 원리주의를 극복하고 타자와의 공존을 추구하는 정치적 맥락을 찾아보자는 저자의 '테러의 정치학'이다.

지구촌에는 지금 이 순간에도 수많은 '비국가 전쟁 주체'(non-state war actors)들이 있다. 반대파들은 이들을 '테러리스트'라고 비난한다. '테러리스트'라는 모호하고도 전략적인 정의 아래 묶인 이들, 반정부 세력들은 이렇게 운명을 달리해도 '싼' 집단일까? 하긴 모든 나라는 지금 테러리즘이라는 이름으로 정부의 정책에 반대하는 모든 사회운동에 대하여 테러와의 전쟁을 선포 중이다. 독일에서 국제관계학을 강의하는 저자 클라우스 슐리히테가 『누가 무장단체를 만드는가』를 살폈다. 실증적이고 현장감 있는 결과물이다.

세 가지였다. 폭력적 억압이 낳은 저항의 산물이거나, 특정 정치 엘리트 집단에서 배척당한 이들이 구성한 임시 조직이거나, 무소불위의 권력을 휘두르는 국가 폭력이 그들의 이해관계를 따를 공권력의 보조물인 경우였다. 그럼에도 세상은 무장 반군의 정치를 '국가 실패'의 일부로 규정하고 그런 국가의 무정부 상태를 강조하는 데 급급하다. "아마도 서구 사회가 자신들의 폭력적 과거는 잊고 최근 역사에 기반을 둔 기대치를 잣대로 해석했기 때문일 것이다."

두 교수의 책은 상당 부분 동일한 맥락을 견지한다. '비국가 전쟁 주체'들의 분쟁을 정리한 책이지만, 이들을 정치적 현상으로 바라보는 것만이 정치적 해결책을 모색할 수 있다는 점, 막스 베버의 국가 폭력에 대한 개념이, 공 교수의 앞선 책 『폭력』이나 이번 책은 물론, 슐리히트의 책에서도 동일하게 핵심 개념으로 작동하고 있다는 점 등에서 특별히 그러하다.

정치적 평등,
우리 사회도 가능한가

『위건부두로 가는 길』

조지 오웰 지음 | 이한중 옮김 | 한겨레출판사 펴냄

조지 오웰의 대표작인 『1984』와 『동물농장』. 오웰의 글쓰기가 전환을 맞이한 것은 『위건 부두로 가는 길』에서다.

책은 크게 두 부분으로 나뉜다. 탄광 지대에서의 체험담을 바탕으로 한 르포가 1부(1~7장)라면, 2부(8~13장)는 당시 영국의 정치 상황에 대한 오웰의 에세이다. 1부에서 다루는 청결하지 못한 하숙집 풍경과 그곳 사람들, 지옥과도 같은 딘광 안의 모습, 광부들의 임금과 실업자 가정의 생활비 등과 각각의 주택 구성과 재건축 문제에 대한 메모까지 꼼꼼하게 그린다.

2부에서 오웰은 당시 사회주의 운동을 이끌어 가던 좌파 '지식인'들을 호되게 비판한다. '이론적으로는 계급 없는 사회를 위해 애쓰면서도 실제로는 자신의 구질구질한 사회적 위신에 악착같이 매달리는' 중산층 사회주의자를 비판하고, '기계가 압도함에 따라 손상되지 않을 인간 활동이 과연 있겠느냐'는 질문을 통해 사회주의 역시 산업화에 대한 성찰 없이 물질적인 진보에 안주하게 될 때 파국을 맞이할 수밖에 없다는 문제의식을 제기한다.

50년간 일관되게 민주주의를 주장해 온 미국 예일대의 정치학자이자 현대 민주주의에 대한 최고 이론가인 로버트 달은 그의 마지막 저작인 이 책에 90년 생애의 내공을 담아내다.

민주주의가 보편적인 정치체제로 칭송되고 있는 오늘날에도, 정치적 평등의 원리는 경제적 불평등과 소비주의, 국가 관료제와 위계적 계층구조 등으로 인해 끊임없이 위협당하고 있다. 신자유주의가 맹위를 떨치던 시대에는 평등의 과도함이 경제적 자유를 억압한다는 혐의를 받기도 했다. 모두가 민주주의에 대해 비관적이 되고 만 시대가 되었음에도 불구하고 로버트 달은 '왜 여전히' 혹은 '왜 다시' 정치적 평등을 강조하는 것일까?

이 책을 통해 90세를 넘은 노학자는 스스로 질문하고 답한다. 정치적 평등은 이성적으로 합당한 목표이면서 동시에 경험적으로도 실현 가능한 목표가 될 수 있을까? 만약 그렇다면 정치적 평등을 추동하는 힘은 무엇인가? 반대로 정치적 평등을 제약하는 인간 본성과 인간 사회가 갖는 불가피한 한계들은 무엇인가? 그런 한계를 넘기 위해 우리는 무엇을 지향하고 또 지양할 것인가? 로버트 달은 이러한 질문에 답함과 동시에 다음 세대 시민들의 실천에 정치적 평등의 미래를 건다.

"번민 끝에 얻은 결론은 모든 피압제자는 언제나 옳으며 모든 압제자는 언제나 그르다는 단순한 이론이었다."

인도 제국 경찰로 복무하던 조지 오웰은 영국으로 돌아와 한동안 자발적인 부랑자 생활에 나선다. 사악한 압제의 일원으로 살아온 데 대한 속죄의 방편이었다. 작가로서 어느 정도 인정을 받은 오웰은 1936년 진보 단체로부터 르포르타주 제안을 받는다. 대공황기이던 당시 대량 실업으로 고통 받는 노동자들의 실상을 책으로 써달라는 제의였다. 인생의 막장, 탄광을 찾아 나섰다.

『위건 부두로 가는 길』이다. 위건은 산업지대 살풍경의 상징으로 꼽히는 작은 탄광촌이었고, 부두는 진창 같은 운하를 다니는 짐배에 석탄을 싣던 다 쓰러져가는 조그만 나무 부두였다. 역자는 위건 부두를 "밑바닥 사람들도 최소한의 인간다운 삶을 누릴 수 있는 사회로 가는 길"이라고 해석했다.

예일대학교 스털링 명예교수로 재직 중인 로버트 달은 알래스카의 작은 마을에서 자랐다. 공부할 돈을 미리 마련하기 위해 열두 살 때부터 파트타임 부두노동자로 일했다. 불법 아동노동이었다. 이때의 경험은 그가 50년 이상 민주주의에 천착할 수 있는 밑거름이 되었다. 민주주의 연구에 평생을 바친 노학자는 91세 되던 2006년 마지막 책을 썼다. 『정치적 평등에 관하여』. '민주주의와 빈곤' 문제에 대해 끊임없이 연찬해 온 김순영 박사가 공들여 번역했다.

민주주의의 이상이라 할 정치적 평등은 미국에 한정해 볼 때, 과연 어떻게 진행될 것인가. 저자는 두 가지 시나리오를 검토한다. 하나는 국내외적으로 강력한 힘들이 정치적 불평등을 거의 되돌릴 수 없는 수준으로 밀어붙여서 민주주의 제도들이 심각하게 손상되고, 민주주의의 이상과 정치적 평등이 실제적인 의미를 가질 수 없게 될 가능성. 둘은 근본적이고 강력한 인간적 충동(예컨대 복지나 행복을 향한 욕구)이 문화적 전환을 촉진하게 될 가능성이다. 즉, 경쟁적 소비주의라는 지배적 문화가 더 큰 행복을 가져다주지 못한다는 인식이 확산되면서 더 많은 정치적 평등을 향한 움직임을 강하게 지지하는 시민권의 문화가 우위에 서게 될 가능성이다.

저자의 미국 정치에 대한 분석틀을 그대로 우리 사회에 적용해 보자. 다른 사회도 마찬가지겠지만 우리나라에서 완전한 정치적 평등이란 영원히 도달할 수 없는 것임은 분명하다. 시민들 사이의 완전한 정치적 평등을 달성하는 것 역시 우리 인간 능력의 한계를 넘어서는 어떤 기준을 만드는 것이라 할 수 있다. 그렇기에 사회과학적 예측은 유용하다. 먼저 불평등 심화론. 우리 사회의 소득 불평등은 급속도로 확대되고 있다. 시민들은 정치적 자원의 불평등을 해소하는 데 드는 시간과 노력에 비해 내가 얻게 될 이득은 아주 적거나 없다고 생각한다. 소비주의 문화는 시민권 의식보다 사고와 행위에 더 많은 영향을 미친다. 국제 체제와 대미 의존형 동맹 구조는 국내 정치의 자율성을 약화시킨다. 선거의 승리자가 모든 권한을 위임 받았다고 하는 신화는 강고하다. 그렇다면 정치적 불평등은 확대될 것이다.

다음으로 불평등 약화론. 지난 수십 년에 걸친 우리 사회의 변화들이 미래에도 정치적 평등이 확대될 것이라는 가능성에 대해 희망을 갖도록 한다. 자본주의가 초래하는 해악들에 대해 진보 노선을 통해 극복하려는 더 나은 방안들이 탐구되고 있다. 결정하기만 한다면 정치적 평등이라고 하는 목표에 근접하도록 만들어 줄 수 있는 많은 정책들을 가지고 있다. 이것이 긍정적 이유다. 저자는 미국 사회에 대해 낙관적이다. 인간의 감성과 시민권 문화가 그 근거다. 우리는 무엇을 근거로 우리 사회의 정치적 평등 혹은 불평등을 예지할 수 있을까.

불로소득
환수의 원칙

『공정국가 : 대한민국의 새로운 국가 모델』

남기업 지음 | 개마고원 펴냄

저자는 '출발의 공정성'과 '과정의 공정성' 모두를 포괄하는 존 롤스의 사상을 빌려 공정국가의 철학적 기초를 세운 뒤, 그 바탕 위에서 실행 전략으로 세 가지 원칙을 제시한다.

두 개의 핵심 원칙 중 하나는 평등한 출발을 지속적으로 구현한다는 의미의 '기회균등의 원칙'(제1원칙)이고, 또 다른 핵심 원칙은 반칙 없는 경쟁 과정이라는 의미의 '자유경쟁의 원칙'(제2원칙)이다. 여기서 이 두 개의 핵심 원칙에서 파생되는 원칙은 '불로소득 환수의 원칙'(제3원칙)이다. 이 3원칙은 또한 국가가 갖춰야 할 제도의 원칙과도 고스란히 겹쳐진다. 기회균등의 원칙은 사회제도, 자유경쟁의 원칙은 경제제도, 불로소득 환수의 원칙은 조세제도 설계의 준거가 될 수 있기 때문이다. 이는 한국이 당면한 현실을 개혁하는 데 중요한 방향타가 될 수 있을 뿐만 아니라 상호 유기적으로 연결되어 서로가 서로를 보완하고 강화해 주는 관계에 놓여 있다.

그간 한국 사회에서 진보와 보수의 가치, 좌파와 우파의 방법론은 늘 대립과 갈등의 선택지로서 기껏 '절충'이나 가능했을 뿐 '통합'은 기대하기 어려웠다. 저자는 이 공정국가에서는 그 양자가 결합·조화된다고 말한다.

10년간(1998~2007년) 발생한 우리나라 토지의 불로소득 규모는 총 2,002조 원, 반면 이를 조세 및 부담금을 통해 환수한 규모는 총 116조 원으로 환수 비율은 5.8퍼센트에 불과하다. 2004~2007년 동안 주식으로 인한 불로소득은 상장주식에서 540조 원, 코스닥에선 68조 원이다. 물론 이 불로소득을 토지 불로소득처럼 모두 주식 소유자가 주머니에 넣은 것은 아니겠지만, 상당액이 주식 소유자의 호주머니로 들어갔음은 부인하기 어렵다.

한 단면일 수도 있겠지만, 이렇듯 우리는 "불평등한 출발과 반칙이 구조화된 사회"를 살아간다. 이런 사회가 오랜 시간 계속되면? 하층에 있는 사회 구성원들은 '패배주의'에 사로잡히게 되고, 패배주의는 '기회주의'를 불러오며, 기회주의는 다시 패배주의를 강화하는 악순환에 빠진다.

헌법이 정한 '다함께 더불어 사는' 민주 공화제를 꿈꾸는가. '평등한 출발'과 '반칙 없는 경쟁 과정'이 대안이다. '헨리 조지의 대안 경제 체제'를 주제로 박사 학위를 취득한 이래, 특히 토지정의 문제에 일관되게 학문적 노력을 경주해 온 남기업 교수는 이 대안 국가를 『공정국가』라 호명했다.

공정성, 즉 '평등한 출발'과 '반칙 없는 경쟁 과정'을 한 국가 내에서 구현하는 것을 목표로 하는 공정 국가의 구체적인 원칙은 무엇인가. 핵심 원칙 둘, 파생 원칙 하나다. 첫째는 평등한 출발을 지속적으로 구현한다는 의미의 '기회균등의 원칙', 둘째는 반칙 없는 경쟁 과정이라는 의미의 '자유경쟁의 원칙'이다. 그리고 이로부터 파생되는 원칙이 바로 '불로소득 환수의 원칙'이다. 여기까지가 '공정 국가론'의 논리구조다.

공정 사회라는 용어가 국정지표로 제시된 2010년 여름 이래 공정성은 우리 사회의 화두요, 유일한 척도요, 정치적 지표다. 때론 냉소의 대상이다. 그럼에도 어디서든 누구든 활용 가능한 전가의 보도다. 이명박 행정부가 제시한 공정 사회론이 시장의 공정이나 스포츠의 공정을 넘어선 하나의 국가 모델이라면 정치철학적 바탕에 주목해야만 하는 법. 냉소는 거기에서 비롯된다.

정치적 수사 말고 이 정부의 공정에 대해 제대로 설명된 자료를 본 적이 없다. 내재된 철학이 무엇인지, 역사적 맥락은 어떠한지 시민은 결코 설명들은 적이 없다. 그럼에도 공정 사회는 이 시대의 국시다.

뜻밖에 이 정부의 출범 이래 핵심정책으로 유지해 온 '소유권 사회', 그것도 '부동산 소유권 절대 사회'를 반대하며 토지 불로소득의 환수를 주장해 온 '토지+자유연구소' 소속의 저자가 대한민국의 새로운 국가 모델로『공정국가』의 기치를 내걸었다. 누구든 물을 것이다. 이 정부의 공정 사회론과 무엇이 같고, 무엇이 다른지. 같을 수가 없음을 쉽게 짐작할 수 있을 것이다. 저자는 모델의 특성으로 남북문제를 공정성이라는 관점에서 포섭해 냈고, 토지문제를 중요하게 취급한 점을 들었다. 구상을 함께 한 토지정의시민연대 이태경 사무처장 등과의 그간의 협동 과정을 생각하면 이해되는 일이다. 반면 토지문제가 공정성의 과잉 지표로 활용되는 건 아닌지 자못 염려되는 점이 없진 않다.

한 개인의 인생에도 목표가 있고 모델이 있듯, 나라 또한 마찬가지다. 예지력이 필요하다. 시민과 역사에 대한 공감이 필요하다. 그간 진보 쪽에서는 새로운 대안 모델로 사회투자국가, 신진보주의 국가, 보편적 복지국가 등을 내걸었고, 이른바 보수 쪽에서는 공동체 자유주의 국가를 내건 적이 있다. 우리는 대안 모델을 하나 더 장만했다. 그렇다면 논쟁이 필요하다. 뜨거운 논쟁이 필요하다. 토건 국가 말고는 달리 국가 모델을 떠올릴 수 없는 시대이기에 더욱 그렇다.

정치에 대한
영원한 질문들

『진보와 보수의 12가지 이념 : 다원적 공공정치를 위한 철학』

폴 슈메이커 지음 | 조효제 옮김 | 후마니타스 펴냄

오랫동안 미국 정치의 체계적인 편향에 관심을 두어 왔던 원로 정치학자 폴 슈메이커는 2008년 다원적 공공 정치를 주창하는 『진보와 보수의 12가지 이념』을 출간했다.

이 책의 원서명은 *From Ideologies to Public Philosophies*이다. 한국어판 부제에서도 다원적 공공 정치를 이루기 위한 '철학'의 중요성을 강조한다. 즉, 정치적 문제에 대해 이념이 아니라 철학으로 접근할 것을 권한다. 대다수 사람들은 자신이 좋아하는 이념을 과도하게 평가해 다른 이념을 상대적으로 덜 평가하거나 배제하는 경향이 있다. 따라서 이념만을 강조했을 때 합의를 끌어내기 어렵다. 철학과 이에 바탕을 둔 정치적 원리가 공적 논의에 기여하는 바는 여기에 있다.

민주주의를 외치는 것만으로는 부족하다. 다원주의의 내용, 즉 다원주의를 구성하는 토대적 합의는 시대와 장소에 따라 신축적으로 구성될 수 있다. 그러므로 한국 사회에서 논의되는 이념이라면 의무적으로 받아들여야 할 다원주의의 토대가 무엇인지를 물어야 한다. 이 책은 정치 이념이 다른 사람들일지라도 모두가 동의할 만한 공통분모를 찾아야 만이 우리 시대에 맞는 새로운 정치 이념을 재구성하는 것이 가능하다는 것을 보여 준다.

『보수는 어떻게 지배하는가』

앨버트 O. 허시먼 지음 | 이근영 옮김 | 웅진지식하우스 펴냄

세계적인 석학 앨버트 O. 허시먼이 분석한 보수의 수사학이다. 저자는 1980년대 미국에서 세력을 얻어 가는 신보수주의자들을 보며, 이 현상을 이해하기 위해서는 정치적 신념에 대한 분석이 아니라, 보수주의자들의 담론, 주장, 수사법과 같은 언어적 현상이 발휘하는 힘에 대해 주목해야 한다고 생각했다.

그런 이유로 그는 약 200년간의 인류의 역사를 되짚어, 역사적 변환의 국면마다 작동하는 '반작용 레토릭'의 근원을 밝혀낸다. 18세기 프랑스혁명의 성공과 인권선언, 19세기 보통선거권의 도입, 20세기 복지국가의 수립까지, 다양한 역사적 사례와 유명한 논쟁들을 새로운 시각에서 분석하여 변화에 '반동'(react)하고자 하는 세 가지 논리를 추출해 낸다. 그 세 가지는 역효과 명제, 무용 명제, 위험 명제다.

'오히려 정반대의 결과를 낳을 것이다', '그래 봐야 기존의 체제가 바뀌지 않을 것이다', '그렇게 하면 우리의 자유가 위태로워질 것이다'

이러한 명제에 대해 허시먼은 옳고 그름을 판단하는 게 아니라, '정치적 수사학'의 틀을 드러냄으로써, 그 주장이 어떻게 '비실효적'인지를 밝히는 데 목적을 두고 있다.

『정치가 우선한다 : 사회민주주의와 20세기 유럽의 형성』

셰리 버먼 지음 | 김유진 옮김 | 후마니타스 펴냄

미국 컬럼비아대학교 소속 바나드 칼리지의 정치학과 교수인 셰리 버먼은 이 책을 통해 유럽 현대사와 사회민주주의에 관해 독창적 시각과 날카로운 분석을 보여 준다.

이 책의 주제는 한마디로, 근대 이데올로기 간의 투쟁의 역사라 할 수 있다. 이데올로기 사이의 투쟁은 자유주의의 승리로 끝났다는 주장이 지배적이었다. 하지만 이 책의 결론은 매우 다르다. 저자는 근대 이데올로기의 투쟁사를 자유주의의 승리로 보는 것에 명백히 반대한다.

만약 이데올로기 투쟁의 승자를 굳이 따지자면 그것은 사회민주주의라고 봐야 한다고 주장한다. 저자가 보기에 '사회민주주의란, 정치를 통해 사회를 변화시킬 수 있다는 것을 내건 적극적 민주주의자들의 비전'이며 그것이 전후 복지국가 체제를 이끌었다.

"정부가 자본주의 경제체제의 성장만을 강조하는 조건에 대해, 권력을 가진 사람들의 이해관계에 대해, 무지하고 선입견에 가득 찬 대중의 변덕에 대해 지나치게 너그러울 때, 흔히 정치 공동체의 삶의 질은 추락하곤 한다. 정치적 삶에 해를 끼치는 행위에 맞서기 위해 정치 공동체 내의 거주민들과 통치자들은 거버넌스를 인도해 줄 정치적 원리들을 숙고하고, 이런 원칙들과 부합하는 정치 구조와 과정을 개발하며, 적절한 정책과 방침을 제정하라는 요청을 받곤 한다."

정치철학의 탄생이다. 정치철학을 구성하는 요소는 여럿이다. 존재론, 인간론 등 네 가지의 철학적 가정과 정치 공동체, 시민권 등 일곱 가지의 정치적 원리를 들었다. 이를 기준으로 열두 가지 주요 정치 이념들(고전적 자유주의, 전통적 보수주의, 아나키즘, 마르크스주의, 공산주의, 파시즘과 나치즘, 현대 자유주의, 현대 보수주의, 급진적 좌파, 급진적 우파, 극단적 우파, 극단적 좌파)을 횡단하며 비교했다. 다원주의 정치 이론의 석학 폴 슈메이커는 대학에서 강의를 진행할 때 학생들에게 특정 이념, 흔히 자기가 잘 알거나 좋아하는 이념과 거리가 먼 이념의 대변인 역할을 해보라는 과제를 부여한다. 또한 학생들에게 자기가 맡은 이념을 내재적으로 이해한 내용을 토론 속에서 발표하게 하며, 그런 토론 내에서 모든 이념을 고려해 보게끔 가르친다. 다원주의자다운 수업 방식이다.

『진보와 보수의 12가지 이념 : 다원적 공공정치를 위한 철학』도 같은 구성이다. 독자들이 '정치의 영원한 질문들' 또는 '정치의 거대한 쟁점'이라고 불리는 기본적인 질문들에 대해 깊이 생각해 볼 것을 권장하는 방식이다. 때때로 오락가락하고 안개 속에서 길을 잃은 한국 사회의 정치적 좌표를 확인해 볼 수 있는 마땅한 기회가 된다. 물론 슈메이커의 의도는 극단적 배타성을 벗어나 다원적 공공 정치철학의 가능성을 추구하는 데 있다.

'세금 폭탄'과 '부자 감세'가 정치적 프레임이라면, '정치는 정치인에게, 시민은 생업에만'은 정치적 수사학이다. '시민들은 아무것도 하지 마라, 우리가 다 알아서 할 것이다'라고 현혹하는 대중적 허무주의야말로 기득권자들이 지닌 가장 강력한 무기가 아니었던가?

지난 200년 동안 보수는 프랑스혁명이나 보통선거권 등 진보적이고 개혁적인 움직임을 온갖 수단을 동원해 겨냥했다. 미국 사회과학연구위원회가 제정한 앨버트 허시먼 상(賞)의 당사자 허시먼은 『보수는 어떻게 지배하는가』에서 "오랫동안 반동주의자 및 진보주의자 양쪽 모두가 실천해 온 비타협적 레토릭을 정리"하자고 제안한다. '양비론'(兩非論)이 아니라 공적인 담론을 양쪽 모두가 지닌 극단적이고 비타협적인 자세 이상의 것으로 옮겨 보자는 것이다. '민주주의 친화적'인 쪽으로.

놓치기 싫은 정치이데올로기 서적이 하나 더 번역됐다. 셰리 버먼은 『정치가 우선한다』에서 "마르크스주의자들의 결정론과 자유주의자들의 자유방임론"에 대한 대항 이데올로기로서 사민주의를 강조했다. '정치의 우선성과 공동체주의에 대한 믿음'이 사민주의의 핵심 가치다. '사회주의의 비마르크스적 버전'이다.

이쯤에 '학문적 업적'으로도 인정되지 못하고 '가계소득'에도 전혀 도움되지 못하는 사회과학 번역가분들에게 인사를 드려야겠다. 번역은 성공회대학교 교수 겸 베를린 자유대학 초빙교수인 조효제 교수, 프레시안플러스 이근영 대표, 성공회대 대학원 김유진 씨의 노고다. 특히 조 교수는 지금까지 우리 사회에서 쟁점으로 떠올랐던 이슈들에 관해 세계적인 수준의 이론서를 소개해 온, 일종의 '정세적 번역' 작업을 해온 대표적 인물이다. 이번을 마지막으로 번역에서 손을 떼겠다고 적었다. 특별한 인사를 남겨야겠다.

세금 공평하게 거둬
제대로 쓰고 있을까

『프리 라이더 : 대한민국 세금의 비밀 편』

선대인 지음 | 더팩트 펴냄

프리 라이더(무임승차자)란 말 그대로 요금을 내지 않고 대중교통을 이용하는 사람들을 말한다. 하지만 경제학이나 정치학에서는 이 같은 무임승차자의 뜻을 확대해 공공재에 대한 정당한 비용을 지불하지 않거나, 정당한 몫 이상의 공공재를 소비하는 경우를 지칭한다. 무임승차 문제가 만연하게 되면 그 국가는 재원 부족 등으로 적절한 수준의 공공재를 제공할 수 없게 되고, 종국에는 붕괴될 수밖에 없게 된다. 그런 점에서 무임승차자 문제는 정부의 역할을 정당화해 주는 기본 논리 중 하나라고 할 수 있다.

국내에서 프리라이더 문제는 매우 심각하다. 대한민국의 진짜 악성 무임승차자는 우리의 노부모님들이나 가난한 이웃들이 아니라 이 땅에서 가장 돈이 많고, 힘이 센 사람들이다. 그들은 세금이라는 동창회비를 제대로 내지도 않으면서 동창회장과 총무를 맡아 동창회비를 자신들 좋은 일에만 흥청망청 써대는 특권층 무임승차자들이다.

저자는 바로 그들의 숨겨진 정체와 행태, 그리고 그들 간 내밀한 이해관계의 연결 고리를 고발한다. 또한 지금의 대한민국 정부가 얼마나 불공평하게 이 돈을 우리 호주머니에서 거둬 가는지, 그리고 그렇게 거둔 돈을 이들 악성 무임승차자들을 위해 얼마나 흥청망청 쓰는지, 그 비밀을 누설한다.

『대한민국 금고를 열다 : 진보의 눈으로 국가재정 들여다보기』

오건호 지음 | 레디앙 펴냄

저자는 '자신이 사는 나라를 들여다보고 미래의 꿈을 키우고 싶다면, 국가재정을 알아야 한다. 재정을 알아야 나라가 보인다'고 말한다. 어떤 일이 되었든지 일을 벌이려면 돈이 필요하다. 나랏일도 마찬가지다. 이 정권이 어떤 정권인지를 알기 위해서는 그 정권이 어디에 나랏돈을 쓰는지 보면 된다. 저자는 국가재정을 어떻게 편성하는지를 보면 우리가 어떤 나라에서 살고 있는지 가장 정확하게 알 수 있다고 강조한다.

그런데 국가재정이라는 것이 알기가 쉽지 않다. 차근차근 나랏돈의 이야기를 정리해 주는 사람도 없고, 한국의 국가재정 상태가 진짜로 어떤지 쉽게 알려 주는 사람도 없다. 이 책의 저자인 오건호는 재정경제위원회에 있던 심상정 전 국회의원의 보좌관이 되면서 국가재정을 밑바닥부터 공부해 이 분야의 전문가가 되었고 국내의 어떤 다른 전문가보다 쉽고 종합적으로 국가재정을 설명한다.

정부는 총지출 예산안에 '서민 희망 예산'이라는 이름을 붙이고 복지 지출이 '역대 최고'라고 한다. 정부의 말을 믿을 수 있을까? 저자는 정부의 이 같은 발표가 거의 '사기'에 가깝다고 말한다. 정부의 거짓말과 저자의 이런 예견이 가능한 것은 한국 국가재정 체계가 갖고 있는 특수성 때문이다. 이 책은 국가재정에 대한 책임과 동시에 진보의 실력과 대안을 보여 주는 성과물이기도 하다.

2011년 정부 예산 기준, 세금에다 국민연금 등 사회보장 기여금을 합한 금액은 총 277조 원. 같은 해 인구는 4,898만여 명으로 추정된다. 예산을 인구로 나누면 시민 1인당 세금 부담은 566만 원. 현 시점에서 평균수명을 80세 정도로 계산해 보자. "계산의 편의상 80년 동안 매년 평균 현재 가치로 566만 원 정도의 세금을 낸다고 가정해 보자. 평생 당신이 내는 세금은 4억5,280만 원이라는 계산이 나온다."

　　그런데도 많은 이들은 세금을 '눈먼 돈'이나 '공돈'으로 생각한다.

2009년 기준, 우리나라의 국민 부담률은 경제협력개발기구(OECD) 회원국 가운데 다섯 번째로 낮다. 국민 부담률은 한 해 국내총생산(GDP) 규모와 비교해 국민들이 낸 세금에다 사회보장 기여금을 합친 비중이다. 우리의 부담률은 25.6퍼센트로 OECD 33개국 평균 33.7퍼센트보다 8.1퍼센트포인트나 낮았다. 그런데도 '세금 폭탄'이니 '징벌적 세금'이니 '복지병'이니 하는 이들이 있다.

2010년 한해 '무상(의무) 급식'과 '4대강 예산', '예산안 날치기'가 세금과 재정에 대한 시민의 무관심에 죽비를 내리쳤다. 시민 주권을 직접선거로 한정해 온 이들을 깨웠다. 정치와 정책과 재정과 세금이 결코 분리될 수 없는 시민주권의 본성임을 일깨웠다. 권력에 대응하여 주권의 개념과 능력을 끊임없이 확장시켜 나가야 하는 것이 민주주의의 역사라면, 2011년은 한국판 '납세자 혁명'이 필요한 때. 하지만 그것은 단순히 세금을 깎아 달라는 형태의 요구여서는 안 된다. 물론 부담을 줄일 수 있으면 좋겠지만, 국내 재정 지출 형편은 그렇지 못하다. 그러면 어떻게 할 것인가.

부동산과 국가재정 정책 분야 등에 대해 선도적으로 우리 사회의 의제를 이끌어 온 저자 선대인은 '50/50 전략'을 제안한다. 조세 구조개혁과 세출 구조조정을 통해 각각 50조 원씩, 100조 원의 추가 재정 여력을 10~20년 정도에 걸쳐 중장기적으로 확보해 가는 방안이다.

먼저 조세 구조 개혁 측면. 자산 경제에 대해 제대로 세금을 부과하고 탈루 소득을 잡아내면 근로 직장인들의 세금을 더 늘리지 않고도 50조 원의 세수는 추가로 확보할 수 있다는 것이다.

국내총생산(GDP)으로 대표되는 우리나라 생산 경제는 연간 1천조 원 정도이고, 주식과 부동산으로 대표되는 자산 경제는 7,500조 원 수준이다. 그런데 자산 경제에 대한 세금은 전체 세수의 17.8퍼센트에 불과하다. 자산 경제의 규모가 생산경제에 비해 7배나 큰데도 여기에서 걷는 세금은 생산경제의 4분의 1도 되지 않는 셈이다. 증권거래세를 제외하고, 주식으로 아무리 큰돈을 벌어도 단 한 푼의 세금도 낼 필요가 없다. 부동산 보유세 부담액은 전체 부동산 자산가치의 0.09퍼센트에 지나지 않는다. 이런 부문에서 세금을 제대로 걷자는 것이다.

다음으로 세출 구조조정 측면. 한마디로 '건설업체 퍼주기'로 일관하는 무분별한 토목 사업 등에 대한 구조조정을 단행하고 시대적 소명을 다한 정부 부처와 공공 기관들의 사업을 정리하는 등의 방법을 동원해서 매년 50조 원 정도의 낭비성 지출을 줄이자는 것이다.

문제의식을 프레임화하자면, 『프리라이더』(*Free-Rider*)다. 공공재에 대한 정당한 비용을 지불하지 않거나, 정당한 몫 이상의 공공재를 소비하는 경우다.

세금이나 건강보험료를 내지 않은 사람이 각종 국방과 교육, 건강보험 등 공공서비스 혜택을 누리고 있다. 과연 우리 정부는 시민의 호주머니에서 공평하게 돈을 거둬 가는 것일까, 그리고 그렇게 거둔 시민의 돈을 정말 제대로 쓰고 있을까. 이런 비밀에 대한 '위키리크스'가 『프리라이더』다. 2010년 10월 출간된 '진보의 눈으로 국가 재정 들여다보기'라는 부제를 단 사회공공연구소 오건호 실장의 『대한민국 금고를 열다』도 함께할 만한 책이다. 오 실장은 '참여 재정' 운동을 제창한다. "'내자'를 밑거름으로 '내라'를 외치자는 것." 주권 운동이 납세자 운동이다. 납세자 운동이 유권자 운동이다. 유권자 운동이 바로 시민권의 복권이다.

정치인에게
소명이란 무엇인가

『막스 베버, 소명으로서의 정치』

막스 베버 지음 | 최장집 엮음 | 박상훈 옮김 | 폴리테이아 펴냄

이 책은 2010년 여름에 진행했던 최장집 교수의 정치철학 강의를 바탕으로 한 첫 번째 결과물이다. 책은 최장집 교수가 100쪽이 넘는 분량으로 베버의 정치철학에 대해 쓴 해제와, 박상훈 박사가 새롭게 번역한 베버의 핵심 텍스트인 이 책을 함께 엮었다.

베버가 이 책을 봉해 말하고자 히는 것은 정치를 통해 추구하고자 하는 것이 무엇이든 간에 그것이 진지한 것이라면, 정치 자체는 항상 책임의 도덕에 기초하지 않으면 안 된다는 것이다. 그러나 이 책은 정치인이 가져야 할 정치 도덕에 대해서 말하고 있는 것만은 아니다. 우리는 베버로부터 정치를 이해하는 방법과 아울러 이성적인 정치적 판단이 어떤 것인가에 대해 배우게 된다.

베버는 신념 윤리와 책임 윤리를 구분함으로써, 두 개의 대립적이고 양립할 수 없을 것 같은 명제가 동시에 가능할 수 있다는 이율배반적 구조가 정치 행위의 본질적인 측면이라고 말한다. 이를 통해 그는 인간적 현실이 얼마나 복합적이고 다원적인 것인가, 그리고 얼마나 이중적이고 모호한 것인가를 동시에 일깨워 준다. 그러므로 우리는 정치 행위에 있어 무엇보다 중요한 것은 균형적 판단, 절제, 나아가서는 겸허함에 있음을 깨닫게 된다.

『후쿠자와 유키치의 아시아침략사상을 묻는다』

야스카와 주노스케 지음 | 이향철 옮김 | 역사비평사 펴냄

지금도 일본의 최고액권 지폐 초상인물로서 존경받고 있는 후쿠자와 유키치는 '메이지의 스승', '일본 근대의 스승'으로 추앙받는 일본의 대표적인 사상가다. 마루야마 마사오는 메이지유신 당시 후쿠자와가 일본을 '국민국가'로 만들고, 그리하여 '주권국가'로 만드는 두 가지 과제를 추구했다고 주장하면서, "일신독립해야 일국독립한다"는 구절에서 "개인적 자유와 국민적 독립, 국민적 독립과 국제적 평등이 완전히 같은 원리로 관철되고 완벽한 균형을 이룬다."고 말한다.

그런데 이것은 과연 후쿠자와의 본모습일까? '대일본 제국'의 침략 전쟁으로 고통 받은 아시아 민족들에게 후쿠자와는 "근대화 과정을 짓밟고 파탄으로 내몬 우리 민족 전체의 적"(한국)이거나 "가장 가증스러운 민족의 적"(대만)이었다. 아시아 태평양전쟁이 발발하기도 전에 죽은 한 인물에 대한 이 아찔한 평가의 온도 차이는 어디서 비롯된 것일까? 그리고 진실은 무엇일까?

저자 야스카와 주노스케는 '밝은 메이지'의 스승으로 추앙받는 후쿠자와야말로 '어두운 쇼와'로의 길을 열어젖힌 장본인임을 폭로함으로써 일본인들의 자기최면을 깨고자 시도한다. 그것이야말로 메이지 시대부터 싹을 틔웠던 일본의 아시아 침략사상을 직시하면서 전 사회, 무엇보다 평범한 일본인 개개인의 전쟁책임을 절감하는 작업의 시작이자 단초가 된다고 믿고 있기 때문이다.

한국 사회에서 현실 정치에 대한 인식은 여전히 부정적이다. 최장집 교수가 '정치철학 강의'를 시작했다. 왜 정치철학인가. "한국 사회에 살고 있는 우리는 정치의 수준을 높이는 과업을 수행하는 데 있어서 그 첫 출발점이 되는 지적 작업의 일환으로서 정치철학에 대한 이해를 그 어느 때보다도 절실하게 필요로 한다." 막스 베버에서 시작해 제임스 매디슨 등 정치철학의 거인 열두 명을 만나는 지적 여정이다. 강의의 주 내용은 이들의 대표적인 텍스트들을 살펴보는 일. 우리 사회의 정

치 이념은 편협한 이데올로기에 묶여 있고, 정치와 민주주의는 서로 상응하지 못하고 있는 이때, 왜 하필 베버인가. "'소명으로서의 정치'를 읽는다는 것은 오늘날 한국 사회에서 정치와 권력을 이해하기 위해 필요한 패러다임의 변화에 기여할 수 있는 커다란 지적 자원과 만나는 일"이기 때문이다. 교수의 눈으로 베버를 읽고 한국 정치를 해석한다.

이 책은 크게 두 부로 구성된다. 제1부는 교수의 강의다. "정치가는 누구인가." 제2부는 텍스트 읽기다. "소명으로서의 정치"를 최 교수의 제자 박상훈 박사가 우리말로 옮겼다. 『소명으로서의 정치』는 독일어 원래 제목 *Politik als Beruf*를 우리말로 옮긴 것. 기존의 한글 번역본은 『직업으로서의 정치』로 통용돼 왔다. Beruf라는 말은 소명과 직업이라는 의미를 동시에 갖는다. 대표적 영어 번역판은 이를 동시에 사용해 "정치라는 직업과 소명"이라 풀어쓰기도 한다. 단순한 직업 정치인을 말하는 것이 아니라, 소명 의식을 가진 직업 정치가를 말하기 때문이다. 베버의 '소명으로서의 정치'에서 한 사람의 정치인은 무엇보다 먼저 프로테스탄트적 윤리에 상응하는 정치적 소명 의식을 갖지 않으면 안 된다.

여기에서 소명 의식은 무엇일까. 하나는 내면적 신념 혹은 '내면적 신념 윤리'의 원천으로서의 소명 의식이다. 다른 하나는 그의 신념을 현실 속에서 이행해야 할 책무, '책임 윤리'의 도덕적 원천으로서의 소명 의식이다. 그렇다면 누가 소명으로서의 정치인인가. "자신이 제공하려는 것에 비해 세상이 너무나 어리석고 비열해 보일지라도 이에 좌절하지 않을 자신이 있는 사람, 그리고 그 어떤 상황에 대해서도 '그럼에도 불구하고'라고 말할 확신을 가진 사람, 이런 사람만이 정치에 대한 '소명'을 가지고 있다." 1919년 베버의 원강의 마지막 대목이다. 박상훈 박사의 『정치의 발견』도 함께 읽으면 좋겠다. 그 스승에 그 제자다.

이번엔 19세기에 활동했던 동양사상가. 일본 최고액권 지폐인 1만 엔권의 초상 인물인 후쿠자와 유키치(福澤諭吉)다. 근대 일본 최대의 계몽사상가이자 『학문의 권유』 서두에는 "하늘은 사람 위에 사람을 만들지 않고 사람 아래 사람을 만들지 않는다"라고 선언한 인간 평등사상의 소개자로 알려져 있다. 하지만 그는 "조선 인민은 소와 말, 돼지와 개", "조선국은 사지가 마비되어 스스로 움직일 능력이 없는 병자 같다"는 등 조선과 중국 인민에 대한 멸시관을 만들어 내고 일관되게 아시아 침략의 선두에 서 있었다. 그런데 양심적 지식인, 저자 야스카와 주노스케는 "한국의 지식인들 사이에서는 자국의 멸시와 침략을 선도해 온 후쿠자와 유키치를 '동시대 아시아에서 가장 위대한 계몽사상가', '시민적 자유주의자'로 각인시킨 '마루야마 신화'가 뿌리 깊게 자리하고 있음을 느꼈다"고 말한다. '전형적인 시민적 자유주의자'였다는 마루야마의 후쿠자와 이해가 정설의 지위를 차지해 왔기 때문이다. 『후쿠자와 유키치의 아시아 침략사상을 묻는다』는 텍스트를 통해 후쿠자와를, 해석을 통해 마루야마를 해체했다.

"한 사상가의 사상을 올바로 파악하기 위해서는 우선 그 사상가의 사고와 발언에 자신을 철저히 내재화하는 것이 대전제가 된다. 야스카와는 그 과정이 '역사에서 벗어나기에는 너무나 겸허'한 자세라고 마루야마의 저작에서 배웠다. 사상사 연구에는 대상에 철저히 내재화하는 동시에, 현대를 사는 연구자로서 날카로운 문제의식을 가지고 대상과 일정한 거리를 확보한다는 매우 어려운 또 하나의 과제가 있다. 그 과정에 대해서도 야스카와는 '역사 속에 매몰되기에는 너무나 거만'한 자세라는 매력적인 표현을 마루야마로부터 배웠다." 갑신정변의 주역 김옥균은 스승인 후쿠자와를 '신선'이라 칭했다. 마루야마는 일본 '학계의 천황'이라 불렸다. 저자의 눈을 통해 후쿠자와와 마루야마로부터 독립을 선언한다.

5부

경제를 읽는다

글로벌 게임 법칙의
불공평함

『세계는 평평하지 않다』

데이비드 스믹 지음 | 이영준 옮김 | 비즈니스맵 펴냄

이 책의 저자인 데이비드 스믹은 로널드 레이건 경제팀의 1981년 경기 부양책이 수립된 중요한 회의에 참석했고, 브래디 채무 계획의 기초가 되는 제3세계 채무 조정안을 제시했다. 경제 전문가로서 스믹의 의견들은 『월 스트리트 저널』과 『워싱턴포스트』, 『뉴욕타임스』를 포함한 주요 신문과 잡지에 실려 왔다.

토머스 프리드먼은 『세계는 평평하다』에서 세계는 국가 간 경계를 넘어 새로운 기회와 변화를 맞이할 것이라고 주장했다. 하지만 세계에서 통찰력 있는 금융시장 전략가로 손꼽히는 저자는 금융위기를 접한 후 금융시장의 관점에서는 세계는 평평하지 않다고 주장하고 『세계는 평평하다』에 대한 반박으로 이 책을 집필했다.

『세계는 평평하다』가 1990년대 말부터 시작되어 세계의 부를 증대시키고 빈곤 감소를 이뤘던 글로벌화의 전반부를 다뤘다면 이 책은 최근의 금융위기를 초래한 글로벌화의 후반부를 예리하게 분석하고 있다. 저자는 헤지펀드 업계와 여러 국가의 수상들과 금융 당국자들, 주요 중앙은행장들과의 회의에서 있었던 수많은 비밀스러운 일화들을 다룬다. 무엇보다 저자는 국제금융 세계에서 난무하는 편견들을 제거하고, 미래에 대한 우려와 희망을 함께 담고자 했다.

『세계는 울퉁불퉁하다 : 한국인을 위한 국제정치경제 교과서』

김성해, 이동우 지음 | 민음사 펴냄

저자 김성해 교수는 박사 학위 논문에 우리나라가 왜 이렇게 되었을까에 대한 고민을 담으려 했다. 중국과 인도처럼 자본 통제를 한 나라에는 외환위기가 없었다. IMF에 맞서 자본 통제를 단행한 말레이시아는 성공적으로 경제 회복을 이루었지만 IMF를 따른 인도네시아는 국가 파산에 이르렀다.

아시아의 기적을 이뤄낸 공신으로 칭송받던 아시아 경제 모델은 정부주도의 개발과 은행-정부 공조를 특징으로 하는데, IMF의 구조조정 요구는 특히 정부의 기업 특혜 폐지와 금융시장 추가 개방에 초점을 두었다는 점에서 저자들은 IMF의 의도를 의심한다. 이렇게 미국 정부와 IMF가 한 목소리로 한국 경제 구조를 비난하게 된 배경에는 한국 금융시장 개방을 노리는 월 스트리트와 한국 재벌 기업들을 경계하는 다국적기업들의 이해관계가 있었다는 것이다.

저자는 IMF를 의심하지 않게 된 배경을 지식의 종속으로 보고 우리의 시선으로 세계를 이해해야 한다고 말하며, 미국의 세계화가 아닌 한국의 세계화를 내세운다. 프리드먼의『세계는 평평하다』가 틀린 이유는 단순하다. 강자가 규칙을 정했기 때문이다. 그리고 우리나라가 곤란에 처한 것은 어떻게 규칙을 잘 지킬까를 궁리했기 때문이라고 본다.

세계는 평평할까, 울퉁불퉁할까, 아니면 구부러졌을까.

맥도날드 햄버거 체인점이 있는 나라들 사이에서만은 전쟁이 없다. 세계화의 전도사 토머스 프리드먼은 1999년『렉서스와 올리브나무』에서 맥도날드의 구름다리형 황금색 모양 'M'자 로고를 본 따 '골든 아치 이론'을 만들어 냈다. 프리드먼은 2006년 아예 '세계는 평평하다'라고 선언했다. 세계화가 완성 단계에 이르렀다는 것이다. 2000년 이후 시작된 세계화 3.0 버전은 인터넷과 디지털화로 세계적 차원에서 개인화가 이루어진다고 했다. 이로써 프리드먼에게 지구는 더 이상 둥

글지도 않고, 구부러지지도 않은, 평등한 세상이 됐다. 나라와 개인 간 차이가 없고, 인권과 기회가 균등하게 보장되며, 민주주의와 시장경제는 전 세계적 현상이어야 하는 것이다.

그러나 '세계는 평평하지 않다'는 사람이 나타났다. 2008년 미국의 경제 전략가 데이비드 스믹의 책이 그것이다. 원제는 *The World is Curved*(세계는 구부러져 있다). 우리나라에서는 2009년 2월 출간됐다. 상품 시장의 평평함은 인정하되, 금융시장은 불확실성의 지배를 받고 있으니만큼 평평하지 않다는 것이다. 즉, 구부러져 있다는 것이다.

"금융시장의 세계는 구부러져 있습니다. 우리는 수평선 너머를 볼 수 없습니다. 즉, 시선이 제한되어 있다는 것이죠. 이 세계에 참여한다는 것은 마치 언제 나타날지 모르는 깊은 계곡을 건너 험준하고 높은 산에 올라야 하는 것과 같습니다. 위태위태하게 이어진, 끝없이 꼬이고 구부러진 길을 억지로 여행해야만 하는 것입니다." 금융시장은 예측 불가능하고 위험하다는 것이다. 그래서 이 책은 미국에서 현재진행형인 금융위기의 원인과 미래를 분석한 책으로 평가받았다. 스믹은 대안으로, 프리드먼의 표현을 잠시 빌려 오자면, '올리브 나무' 차원에서 개별 국가의 환율과 금융정책의 역할을 강조하고, '렉서스' 차원에서 제2의 브래튼우즈 체제의 필요성을 제기한다.

다른 한편, 성장 친화적 진보론자들과 마찬가지로, 글로벌화의 중요성은 인정하되 기업가적 혁신과 창조를 촉진할 수 있는 인적 자본을 폭넓게 양성하는 정책을 주창한다. "21세기 글로벌 경제에서는 인적 자본이 가장 중요하기 때문이다."

젊은 저자 김성해와 이동우는 "한국인을 위한 국제정치경제 교과서"라는 부제로 『세계는 울퉁불퉁하다』라고 대들었다. 영문 부제는

"World is Uneven". 좁게는 프리드먼을 향해, 넓게는 미국식 세계화와 신자유주의를 향해서다. 그래서 1부의 제목은 '토머스 프리드먼을 넘어서'이고, 소제목의 하나로 '프리드먼에게만 평평한 세계'라고 적었다.

이들은 글로벌 게임 규칙의 불공평함을 지적했다. 달러 헤게모니에 대해서도 분석했다. 신자유주의에 대해서도 분석했다. 영어 광풍을 비판했다. 담론의 미국화를 비판했다. 외환 위기 담론조차 '지식 수입상'의 틀을 벗어나지 못했다며 비판한다. 미국발 "나쁜 정책과 '금융 공황' 입장"을 벗어나지 못하고 있다는 것이다.

2007년『경향신문』은 넉 달간 계속한 "민주화 20년, 지식인의 죽음"에서 "지식인 생산 공장, 미국"이라는 표현을 창조했다. 공저자들의 대안도 그렇다. 지식 주권을 회복하자는 것이다.

젊음은 의심의 끝까지 가보는 것이다. 그래서 공저자들의 작업이 비록 서툴지라도 의미를 찾아 줘야 하는 것이 독자들의 의무다. 서평할 책을 고를 때 나도 모르게 이미 '검증된' 번역서를 먼저 집어 드는 내 모습에 스스로 놀랄 때가 있다. '물산장려운동'의 필요성을 절감한다. 공저자들에게 행운이 있기를.

시장경제 아래서는
자유도 평화도 없다

『거대한 전환 : 우리 시대의 정치 경제적 기원』

칼 폴라니 지음 | 홍기빈 옮김 | 길 펴냄

저자인 칼 폴라니는 빈에서 1924년부터 경제지 『오스트리아 경제』의 국제문제 담당 선임 편집자가 되어 일했다. 1933년 독일에서 나치가 집권하자 영국으로 망명했으며, 영국 자본주의의 실상을 보면서 시장경제의 출현이 가져다준 인류 사적 충격에 대해 본격적으로 연구하기 시작했다.

폴라니는 인간은 모두 자기의 이익이라는 '경제적 이해'로 움직이는 존재이며, 그렇게 구성되는 시장경제의 법칙이야말로 전 역사에 걸쳐 모든 경제와 나아가 사회까지 지배한다는 생각을 19세기인들의 '신화'에 불과하다고 지적한다. 그리고 그 신화의 형성 배경에는 산업혁명을 통해 출현한 기계제 생산이 있음을 지적한다. 인간과 자연이 기계를 가동시키기 위해 들어가는 '투입물'의 위치로 떨어지게 됨으로써 많은 사회문제가 발생했다는 것이다.

그가 제시하는 해결책의 방향은 시장경제를 폐절하거나 국가에 의한 적절한 개입 등으로 그저 규제하는 것이 아니다. 올바른 방향은 사회라는 실체와 거기에 담겨 있는 인간의 자유와 가치와 이상을 틀어쥐고서, 국가와 시장을 그러한 목적에 복무할 수 있는 기능적 제도로 제자리에 돌려놓는 것이다.

"인간과 자연환경의 운명이 순전히 시장 메커니즘 하나에 좌우된다면,

결국 사회는 폐허가 될 것이다." 2008학년도 서울대 입시 논술 시험에 제시된 칼 폴라니의 경고다. 그의 책 『거대한 전환』을 홍기빈이 '드디어' 번역, 출간했다. 1991년 같은 책이 『거대한 변환』이라는 이름으로 출간됐지만, 얼마 후 절판됐다. 서울대 입시생들은 이 책의 번역본조차 읽지 못한 상태에서 논술시험을 치러야만 했을 것이다. 그렇다면 이는 우리 사회의 학문적 깊이와 개방성, 나아가 예지력의 증거일까, 아니면 대학입시 제도의 총체적 모순에 대한 유력한 반증일까. 각설하고, 시장 만능주의에 기초한 신자유주의의 위기, 나아가 현실 자본주의의 실패가 우리 사회에 폴라니를 불러왔다. 입시용이 아니라 이번엔 제대로다. 바야흐로 '대안으로서의 폴라니 시대'다.

21세기 우리 사회에서 시장은 완전무결한 하나의 신화다. 시장에 반대하는 이는 빨갱이일 뿐이다. 그런데 저자는 시장을 부정한다. 그렇다고 마르크스주의자는 아니다. 그는 "22세 이후로는 마르크스주의에 흥미를 완전히 잃었다." 저자의 정확한 입장은 '자기 조정 시장경제'라는 신화를 부정하는 데 있다. 그에게 시장경제란 '전혀 도달할 수 없는 적나라한 유토피아'일 뿐이다. 시장에 의해 조정되는 경제란 우리 시대 이전의 그 어떤 때에도, 심지어 원리 차원에서조차 한 번도 존재한 적이 없었다. 교환을 통해 이익과 이윤을 얻는다는 동기가 인간의 경제에서 중요한 역할을 맡았던 적도 없었다. 그래서 인간과 자연과 화폐를 단지 상품으로만 보고 '시장'에 맡겨 둔다면, 결국 인간의 자유와 이상을 근본적으로 파괴하는 비극만 낳고 모두 실패할 수밖에 없다는 것이다. 시장경제 아래서는 자유도 평화도 제도화될 수 없었다. 그 체제가 목표로 삼는 것은 이윤과 물질적 안녕을 창출하는 것이었지 평화와 자유를 창출하는 것이 아니었기 때문이다.

　저자는 20세기 초 파시즘, 붉은 혁명, 제 1·2차 세계대전, 대공황의 시대를 함께 했다. 저자의 문제의식은 무엇이 인류를 이토록 고통스럽게 하는 것일까였다. 결론은 영국의 산업혁명, 그리고 그로 인해 나타난 자기 조정 시장경제의 출현이 기원이었다. "오늘날 자기 조정 시장경제라는 신화는 실질적으로 사망했다."(조지프 스티글리츠의 발문) 시장경제라는 것을 구상하겠다는 유토피아적 사고방식은 전 지구적으로 힘을 잃은 것처럼 보인다. 그렇다면 어떤 경제와 어떤 사회를 구성해야 할까. 폴라니의 대답은 자유다. 전체주의도 아니고, 하이에크류의 자유주의도 아니다. 공산주의도 아니고, 자본주의도 아니다. 개인의 자유와 인간의 영혼은 분리할 수도 없고, 포기할 수도 없는 본연의 모습이다. 그래서 자유다. 사회라는 실체와 거기에 담겨 있는 인간의 자유와 가치를 분명히 하고, 국가와 시장을 인간의 존엄에 복무할 수 있는 기능적 제도로 자리매김하자는 것이다. 이른바 '기능적 민주주의'다. 저자는 국가와 시장이 아닌 사회 속의 노동조합, 지자체, 소비자·생산자 조합 등 다양한 인간 집단 사이의 내부적 의사소통과 연대를 강조한다. 이들 사이의 대화와 이해, 관계망은 핵심 요소다.

　자본주의 아니면 공산주의, 친미 아니면 친북이라는 이분법적 흑백논리만 자리하고 있는 우리 사회에서 폴라니의 영역을 확보해 내기는 결코 쉽지 않을 것이다. 폴라니의 책이 처음 출간됐던 1944년 당시가 그랬다. 프랑스에서도 1983년에야 이 책이 번역됐다. 바른 길은 늘 더딘 법이다. 자본주의 말고는, 시장 유토피아 말고는, 신자유주의 말고는, 어떠한 상상력도 갖지 못하는 우리 사회야말로 『거대한 전환』을 읽어야 한다. 이병천 교수의 제안대로 '폴라니를 새로 읽는 운동'을 시작해야 한다. 작은 생각들이 모여 대안이 된다.

가난한 사람에게 절실한
금융 인권

『그라민은행 이야기 : 착한 자본주의를 실현하다』

데이비드 본스타인 지음 | 김병순 옮김 | 갈라파고스 펴냄

이 책의 저자 데이비드 본스타인은 언론학 석사 과정을 마친 뒤 우연히 그라민은행에 관한 이야기를 접했고, 이후 이 은행이 거둔 놀라운 성과를 직접 확인하기 위해 방글라데시의 가난한 농촌 마을로 날아간다. 그리고 그곳에서 그라민은행을 이끌어 가는 열정적인 은행 사람들, 은행의 설립자인 무함마드 유누스 총재, 은행에서 돈을 빌리는 가난한 농촌 사람들과 진솔한 모습으로 만나, 결국 그들이 빚은 위대한 실화를 한 권의 책에 담아내기에 이른다.

그라민은 시골, 마을이란 뜻으로, 그라민은행은 세계 최초로 오직 가난한 사람들을 위해 만들어진 은행이다. 이 은행은 대학에서 경제학을 가르치던 무함마드 유누스에 의해 1983년 설립되어, 담보와 보증을 요구하지 않고 오늘날까지 오로지 신용 하나만으로 가난한 사람들에게 돈을 빌려주고 있다. 대출금은 외부의 지원이나 기부금에 일절 의존하지 않고 100퍼센트 은행 회원들의 예금으로 충당하는데, 상환율이 98퍼센트에 이른다.

그라민은행은 물고기가 필요한 누군가에게 물고기를 잡아 주는 방법을 취하기보다 물고기를 낚을 수 있는 도구를 제공함으로써 가난한 사람들에게 자립과 자활이라는 보다 근본적인 갱생의 가능성을 제시한 혁신적 은행으로 평가받는다.

"다른 은행들은 위를 보지만 우리는 아래를 봐요. 다른 은행들은 자기들에게 오라고 하지요. 우리는 직접 갑니다. 다른 은행들은 소유권을 요구해요. 우리는 그것을 잊으라고 합니다. 다른 은행들은 법률 문서에 서명하라고 하지요. 우리는 그러지 않아요."

가난한 사람들을 위한, 특히 여성들을 위한 세계 최초의 은행, 방글라데시 그라민은행(Grameen Bank)이다. 설립자인 무함마드 유누스는 2006년 노벨 평화상을 받았다. 그라민은행과 유누스에 대한 책은 2002년 이래 이미 여럿 번역됐다. 대충 보더라도 『가난한 사람을 위한 은행가』(무함마드 유누스, 알란 졸리스), 『가난 없는 세상을 꿈꾸는 은행가』(페터 슈피겔), 『가난 없는 세상을 위하여』(무함마드 유누스) 등이 있다. 그렇다면 이번에 새로 출간된 『그라민은행 이야기』는 그간의 책들과 뭐가 다를까. 물론 유누스가 주인공이다. 하지만 이 책에서 만큼은 조연이다. 이 책의 주연은 그라민은행의 역사를 소리 없이 이끈 무명 활동가들이다. 그들의 현장이야기다. 이들의 현장 활동 기록이 그라민은행의 역사요, 방글라데시의 현대사가 되었다.

2009년 현재, 그라민은행은 8만4,237개의 마을에서 2,544개의 지점을 운영 중이며, 고객 가운데 97퍼센트가 여성이다. 지금까지 약 780만 명의 사람들이 79억 달러 이상의 돈을 빌렸고, 대출금 상환율은 98퍼센트에 이른다. 금융의 역사, 은행의 역사, 자본주의의 역사를 새로 쓰고 있는 중이다. 이뿐 아니다. 소수의 채무자 모임, 또는 수십 명의 회원들로 구성된 '센터하우스회의'가 있다. 매주 열리는 이 회의에서 회원들은 '우리들의 결심 16가지'를 암송한다. 그 중 6번은 '우리는 1년 내내 집 주변에다 채소를 기른다. 채소를 많이 먹고 남는 것은 판다'이고, 11번은 '우리는 아들이 결혼할 때 지참금을 받지 않고, 딸이 결혼할 때 지참금을 주지 않는다. 센터가 지참금의 해악에서 벗어나게 한다. 어린아이를 결혼시키지 않는다'다. 14번은 '우리는 언제나 서로 도울 준비가 되어 있다. 어떤 사람이 어려움에 빠지면 모두 그 사람을 돕는다'다. 이래서 그라민은행의 역사는 더 이상 금융의 역사가 아니라, 거대한 자활 운동이요, 사회적 연대인 것이다.

용산 참사 현장에서 저녁 미사를 이끌고 계신 빈민사목위원장 이강서 신부에게 물은 적이 있다. 이신부가 소액 신용대출협동조합을 이끌고 있을 때다. "대개 얼마씩 빌려갑니까?" "10만 원에서 50만 원까지 다양합니다." "그 돈 가져다 어디에 쓴다고 그래요?" "포장마차 구입하는 사람도 있고, 급하게 병원비가 필요하다며 빌려가는 경우도 많더군요." "그 정도 돈도 마련하기 힘들어하던가요?" "그렇지요. 없는 사람이 어디 가서 빌리겠습니까. 누가 빌려 줍니까." "……, 다들 갚긴 잘 갚습니까?" "어떻게든 갚습니다. 못 갚을 형편이 되면 꼭 찾아와 미뤄 달라고 사정합니다."

선진국 반열에 든 우리에게도 소액신용대출운동이 필요한 사회적 현실이 있다. 물적 담보와 연대보증을 요구하는 기존 은행의 관행에서 벗어나, 금융 인권은 공정하게 보장되어야 한다. 우리에게도 미약하지만 운동은 있다. 하지만 턱없이 부족하다. 가난한 사람은 신용이 없다. 신용 없이 금융 없다. 금융 없이 경제적 인권 없다. 경제적 인권 없이 인간다운 생활 없다. 어떻게 할 것인가. 전 세계적 금융위기는 새로운 금융 시스템과 새로 쓰는 자본주의를 요구한다. 자본주의를 고쳐 쓰건 넘어서건 대안의 필요성에 대해서는 별반 이의가 없다. 거대 투자은행만이 해법이 아니다. 작은 것이 아름답다. 바다처럼 한없이 낮아져야 한다. 그래야 모든 것을 품을 수 있다.

책임 있는 소비,
책임 있는 생산

『사라진 내일 : 쓰레기는 어디로 갔을까』

헤더 로저스 지음 | 이수영 옮김 | 삼인 펴냄

저자 헤더 로저스는 작가이자 저널리스트, 영화감독이다. 2002년에 다큐멘터리 영화 〈사라진 내일〉을 만들고 나서 못다 한 말이 있음을 깨닫고 이 책을 썼다. 책의 처음부터 끝까지 '쓰레기'라는 렌즈를 통해 1800년부터 현재에 이르는 미국의 역사와 문화와 정책을 살펴본다.

쓰레기가 없었던 적은 없지만, 썩지 않는 쓰레기, 인류와 전 생물과 생태계를 위협하는 독성의 쓰레기가 어마어마하게 생산된 건 불과 한 세기 안에 이루어진 일이다. 넘쳐나는 물건들, 넘쳐나는 쓰레기 앞에서 '이 쓰레기들을 과연 어찌할 것인가'라고 품었던 의문들은 불편하게 파헤쳐지는 진실 앞에서 더는 숨길 수 없는 것이 되고 만다.

이제 저자는 이야기한다. 쓰레기는 소비가 아니라 생산의 관점에서 이야기되어야 한다고. 나날이 늘어만 가는 포장재, 고장 나고 유행이 지난 제품들이 소비자 개인의 탓이라고 뒤집어씌우는 건 생산 과정에서 쓰레기가 양산되도록 조장하는 태도일 뿐이다. 또한 기업의 자기 규율 능력이 없음을 인식하고 강제적인 환경 정책을 적용해야 한다고 말한다.

『월드체인징 : 지구시민용 변화 사용설명서』
알렉스 스테픈 지음 | 김명남 외 옮김 | 바다출판사 펴냄

'월드체인징'은 2003년 알렉스 스테픈이 설립한, 지속 가능성과 사회적 혁신을 연구하는 온라인 두뇌집단이다. 여기에 참여하는 전 세계 저널리스트, 디자이너, 미래학자, 기술자들은 물질, 주거, 도시, 지역사회, 비즈니스, 정치, 지구 등 일곱 개로 나뉜 카테고리에 자신의 생각과 인터뷰들을 자유롭게 기고한다. 새로운 문화적 감수성으로 무장한 21세기의 진정한 원주민들인 '월드체인저'들은 이리저리 쪼개진 정보의 파편들을 모아 우리가 살고 싶은 미래라는 거대한 그림을 그려낸다.

오늘날 우리의 생활양식은 지속 가능하지 않다. 지속 가능하지 않은 생활양식은 살아남을 수 없다. 과거 전통적인 발전 방식으로는 더 이상 서구 세계가 누리는 생활수준에 도달할 수 없는 것이다. 이제 우리에게는 지속 가능한 바탕 위에 전례 없는 번영을 누리게 해줄 새로운 발전 모델이 필요하다. 그 해답은 혁신과 창의에 있다.

양털과 섬유소로 만들어서 수명이 다하면 퇴비 더미로 바뀌어 농작물을 키우는 집, 2초 안에 분해되는 휴대전화, 인도의 전문가들이 농촌(rural)과 도시(urban)를 섞어 만든 러버니즘(RUrbanism), 사회책임투자 등 참신하면서 동시에 실현 가능한 아이디어를 통해 지속 가능한 미래를 그린 책이다.

'나는 쇼핑한다, 고로 존재한다.' 시민은 이미 소비자가 됐다. 시민의 소비자화다.(로날도 뭉크) 쇼핑의 기쁨, 소비의 본능은 더 많은 쓰레기를 낳는다. 그 많던 쓰레기는 다 어디로 갔을까. 미국 뉴욕에서 활동 중인 언론인이자 영화제작자인 헤더 로저스는 2002년에 〈사라진 내일 : 쓰레기의 숨겨진 한살이〉라는 제목의 다큐멘터리 영화를 만들었다. 그럼에도 아직도 못다 한 이야기가 있어 같은 제목의 책 『사라진 내일』을 썼다.

쓰레기 산업, 시장, 수출, 그리고 녹색, 환경, 착한 소비, 이런 방식의 서술은 더 이상 진부하다. 이 책도 그런 측면은 있다. 그러나 다큐멘터리 작가다운 사실풍의 전개가 이 책의 첫째 미덕이다. 둘째는 소비자에서 생산자로 책임 전환을 모색하는 저자의 용기다. 저자는 근본적인 관점에서 쓰레기를 '소비가 아니라 생산의 관점'에서 얘기하자고 제안한다. 소비자 개인의 탓이라고 뒤집어씌우는 건 생산 과정에서 쓰레기가 양산되도록 조장하는 태도일 뿐이라는 것이다. 그래서 "기업의 자기 규율 능력이 없음을 인식하고 강제적인 환경 정책을 적용"하자는 것이다.

그러면 구체적으로 어떤 대안이 있을 수 있을까. 비판만 하지 말고 구체적인 대안을 말해 보라는 것이 생산자 쪽 입장일 것이다. 규제 강화는 결국 생산비를 상승시켜 소비자 부담으로 전가될 수밖에 없다고 항변할 것이다. 생각을 바꾸기는, 나아가 행동을 바꾸기는 결코 쉽지 않다. 비판 그 자체에 대안이 담겨 있는 경우가 허다한 데도 말이다.

파타고니아라는 의류 회사가 있다. 이 회사는 겨울용 긴 속옷을 반납받는 제도를 운영한다. 소비자들은 자기가 입다 더 이상 못 입게 된 속옷을 모아 회사로 반납한다. 회사는 이 옷을 모아 일본의 데이진(帝人)이라는 회사로 보낸다. 데이진은 '에코 서클'이라는 분해와 재처리 기술을 개발했고, 여기서 이 옷들은 재활용을 위한 원료로 바뀐다. 물론 여기서도 운송에 따른 환경 피해가 있을 수 있다. 그러나 이 '에코 서클' 기술은 세계적으로 인정을 받으면서 새로운 지역으로 점점 확산될 것으로 전망된다.

2009년 1월에 출간됐지만 소리 소문 없이 묻힌, 그래서 안타까운 『월드 체인징』에 실려 있는 대안이다. "미래를 바꾸는 해법들은 이미 우리 곁에 있다. 중요한 것은 흩어진 해법들을 한데 모아 연결하고 실행에 옮기는 것이다." 월드 체인징 선언문이다. '월드 체인징'은 2003년에 알렉스 스테픈이 설립한 지속 가능성과 사회적 혁신을 연구하는 온라인 두뇌 집단이다. 이 책에는 수많은 대안이 널려 있다. 정치와 비즈니스에 대한 대안도 획기적이다. 우리 주변에 널려 있는 해법을 꿰어서 보배로 만들자는 것이 월드 체인징이다. 물론 월드 체인징도 '책임 있는 소비'를 말한다. 그러나 『사라진 내일』과 유사한 맥락에서 책임 있는 생산을 이야기하고, 여기에 책임 있는 소비를 연계시킨다. 그래서 '위장 환경주의'를 경계한다. 기업이 만든 광고나 주장 속에 담긴 '자연의', '환경 친화적인', '지구에 이로운'과 같은 모호한 문구들을 경계한다. 자신들이 만든 제품을 사면 지구를 구할 수 있다고 주장하는 것을 경계한다. 인간이 만든 모든 제품은 조금이라도 환경에 영향을 미치는데도 자신들이 만든 제품은 전혀 환경에 영향을 주지 않는다고 발표하는 것, 이런 방식의 위장 환경주의를 경계하자고 제안한다. 속으로는 영리만을 추구하면서 친환경을 하나의 수단으로만 활용하려는 기업들을 주의하자고 말한다. 결국 소비자는 시민으로 되돌아가야 한다. 세상이 곤궁할수록 대안을 모색해야 한다. 세상은 바꿀 수 있다.

교과서에 안 나오는
재미있는 경제 이야기

『36.5℃ 인간의 경제학』

이준구 지음 | 랜덤하우스코리아 펴냄

서울대학교 이준구 교수는 『경제학원론』, 『미시경제학』, 『재정학』 등 간결한 문체와 친절한 설명의 경제학서로 수많은 경제학도의 사랑을 받았다. 하지만 여태까지 대중을 위한 경제학서는 없었다. 그런 그가 처음으로 대중을 위한 경제학 책을 발표했다.

저자는 이 책을 통해 경제학의 뉴프론티어 '행태경제학'을 알리려고 한다. 인간은 항상 합리적으로만 행동하지는 않는다. 그는 묻는다. '당신은 어느 경우에나 완벽하게 합리적으로만 행동해 왔는가?' 현실 경제는 경제학 교과서대로 돌아가지 않는다. 이런 사실을 입증해 줄 우리 주변의 증거는 수없이 많다.

이 책은 어째서 치약 한 통에 4천 원으로 할인했으면서도, '특가세일! 치약 5통에 2만 원'으로 광고했을 때 더 잘 팔리는지, 왜 손해 본 주식을 끌어안고 팔지 못하고 있는지 등을 심리학적 접목을 통해 설명하여 현실 경제에 대한 인식과 마케팅에 대한 인식을 새롭게 한다.

이스라엘의 한 보육시설에서는 약속 시간에 아이들을 데려가지 않는 부모들 때문에 골머리를 앓고 있었다. 늦게 오는 부모들에게 벌금을 부과하기로 했다. 합리적이고 이기적인 '호모 이코노미쿠스'(경제적 인간)를 전제로 하는 '전통적 경제 이론'이나 '신자유주의' 입장에서는 당연한 결정이었다. 그런데 벌금을 부과하기 시작하자 뜻밖의 일이 벌어졌다. 아이들을 늦게 데려가는 부모가 늘어난 것이다. 왜 통념과 이론에 반하는 이런 일이 생겨났을까. 잘못은 벌금으로 충분하다고 보고 더 이상의 도덕적 책임의식은 가질 필요가 없게 됐다. 지각하는 부모들은 이제 홀가분한 마음으로 시설에 나타날 수 있게 된 것이다. 바로 이 지점에 '교과서에서 배우는 전통적 경제 이론'이 아닌 '낯선 행태경제 이론'이 성립한다. 이 이론은 '인간의 합리성과 이기심에 명백한 한계가 있다는 것'을 전제한다. 인간을 경제적 동물이라는 단순 논리로만 접근하는 것이 얼마나 위험한 것인지를 얘기한다. 당연한 논리로우리 사회에 범람하고 있는 '신자유주의적 개혁논리'에 대해서도 많은 것을 생각하게 한다.

이준구 교수는 서울대학교에서 '전통적 경제 이론'을 강의한다. 230명이 듣는 미시경제학 강의에서 120명에게 F학점을 주기도 했다. 그래서 한때 별명이 'F폭격기'였다. 이런 저자가 전통적 경제 이론에 반기를 들고 일어난 "교과서에 나오지 않는 다른 경제 이론"에 대한 책을 썼다. 그것도 경제학 전공자를 위한 책이 아니라 시민을 위한 책이다. "경제학 책도 이렇게 재미있을 수 있구나"를 목표로 전통적 경제 이론의 한계에 대한 "진실을 사람들에게 알려야 한다는 사명감"에서다. "인간의 본성을 제대로 알고 그것을 최대한으로 활용하는 방식으로 틀을 짜야 좋은 정책이 만들어질 수 있다"는 신념이다.

인간은 비합리적일 수도 있고 때에 따라서는 이기적으로 행동하지

않을 수도 있다. 이런 현실 속 인간은 경제학 교과서 속의 호모 이코노
미쿠스와 전혀 다르다. 경제학 교과서가 상정하는 인간형과 현실의 인
간형이 다를 때 교과서 속의 경제 이론은 경제현실을 설명하는 데 한
계가 있을 수 있다. 또한 이런 경제 이론에 기초를 두고 있는 경제정책
역시 현실에서 기대했던 만큼의 효과를 만들어 내지 못할 가능성이 생
겨난다.

'콩코드의 오류'라는 말이 있다. 콩코드는 영국과 프랑스가 합작해
만든 초음속 여객기다. 개발 과정에서 이미 경제성이 없다는 판정을
받았지만 양국 정부는 이미 많은 돈을 투입했다는 이유로 개발을 강행
했고, 그 결과 더 큰 낭비를 초래했다. 저자는 이와 비슷한 사례로
1991년에 첫 삽을 뜬 새만금 간척 사업을 들었다. 사업의 계속을 주장
하는 사람들은 이미 1조 원 이상의 돈이 투입됐다는 논리였다. 대법원
조차도 이런 오류에서 자유롭지 못했다는 것이다. 전통적 경제 이론에
철저히 배치되는 사례인 것이다. "소위 '한반도 대운하'라는 시대착오
적인 사업도 마찬가지 경우다. 이런 말에 속아서는 안 된다. 국민이 '콩
코드의 오류'에 빠져들기를 기대하고 함정을 파 놓으려 하는 깃이기
때문이다. 최근 녹색 뉴딜이라는 이름 아래 추진하고 있는 4대강 정비
사업도 이 점에서 우리의 의심을 자아내기에 충분하다."

전 세계적인 금융위기에 경제학자들은 어디에 있었나. 영국 여왕
엘리자베스 2세가 질문을 던진 적이 있다. 사회적 양극화와 금융위기
의 쌍끌이 앞에 우리의 경제학은 어디에 있었나. 서민과 중산층이 묻
는다. 국가 체제에만 절대주의가 있는 것은 아니다. 전통적 경제 이론
으로 평생 강단에 서 온 저자가 스스로 한계를 얘기하고 대안을 모색
하고 나설 때의 용기를 생각한다. 존경한다.

자본주의 성장이
인간을 행복하게 했을까

『케인즈는 왜 프로이트를 숭배했을까』

베르나르 마리스 지음 | 조홍식 옮김 | 창비 펴냄

저자 베르나르 마리스는 자유주의 경제학의 극단적 합리성 추구가 난센스와 비인간성을 초래한다고 본다. 경제적 합리성이라는 가설은 현실 경제에서는 오히려 예외적이다. 케인스가 상상했듯이 인간의 경제적 행위는 비합리적이고 본능이나 열정, 군중 현상의 지배를 받는 것이다. 심리학을 경제학에 적극 접목하여 최근 주목을 받고 있는 행동경제학이 케인스의 이론을 다시 주목하는 이유가 바로 이것이고 자유주의 경제학이 포기해야 할 것도 바로 이 호모 에코노미쿠스의 합리성이라 지적한다.

우리는 어째서 쉼 없이 일함에도 불구하고 정신적, 물질적 여유도 없으며, 쉴 때조차 일 생각으로 불안한 휴식을 취하는가? 왜 합리적인 사람들이 자발적으로 불행을 받아들이고 회사에 예속되어 사는가? 이러한 질문들을 통해 저자는 자본주의의 한계성을 지적한다.

저자는 프로이트를 통해 자본주의는 열심히 일하면 일할수록 시간을 희소하게 만든다고 이야기하고, 케인스를 통해 돈에 대한 욕망과 죽음에 대한 공포가 자본주의를 움직이는 두 가지 축임을 설명한다.

『존 메이너드 케인스 : 경제학자 철학자 정치가』

로버트 스키델스키 지음 | 고세훈 옮김 | 후마니타스 펴냄

신자유주의의 몰락을 고하는 소리와 함께, 여기저기서 케인스의 부활을 외치는 소리로 시끄럽다. 요즘 들어 케인스는 특히 친화력 있는 경제학자로 부상했다. 대안을 찾는 좌파나 사고 후 수습을 원하는 우파나 모두가 되돌아보는 경제학자가 바로 케인스다. 하지만 우리는 그에 대해 얼마나 제대로 알고 있을까?

30년에 걸쳐 완성한 스키델스키의 케인스 전기는 세밀한 자료 조사와 주변의 실존 인물들과의 인터뷰를 통해 한 거장의 삶을 되살려 냈을 뿐만 아니라, 20세기 근·현대사의 중요한 역사적 사건과 그것의 내막을 현장에서 생생하게 전해 주고 있다는 점에서 경제학과 역사학의 아름다운 결합을 보여 준다.

스키델스키는 복지국가로 상징되는 케인스 모델의 한계가 운위되던 시절에 케인스에 대한 전기를 집필하면서, 케인스 경제사상의 논리적 핵심뿐만 아니라 그것이 위치해 있는 역사적 맥락을 섬세하게 드러내는 데 심혈을 기울였다.

미국의 체육 선생님이 흑인 어린이들에게 경쟁의식을 심어 줄 생각으로 아프리카의 한 작은 마을에 갔다. 그는 달리기 시합을 설명하면서 "1등은 상을 받을 것"이라고 말했다. 그리고 빵! 출발. 그런데 이게 웬일인가. 아이들은 모두 손에 손을 잡고 함께 뛰어 동시에 결승점에 들어왔다. 경쟁하는 사람들로 만들려던 선생님은 충격에 빠졌다. 프랑스 파리8대학 경제학 교수이자 저널리스트인 베르나르 마리스의 평이다. "이 아이들이야말로 자유롭다. 근대 스포츠에서 어린 천재들은 노예일 뿐이다. 경쟁에는 자유가 부재한다." 존 메이너드 케인스와 지그문트 프로이트를 중심축으로 독특한 대안경제학 에세이를 풀어 놓은 저자의 문제의식은 '자본주의적 삶의 불행은 어디에서 비롯하는가'다.

저자는 묻는다. 이런 자본주의적 성장이 인간을 진정 행복하게 만

들었을까. "경제 성장은 생존하기 위해 직접 투쟁하던 자연적 압력으로부터 사회를 해방시켜 주었지만 그 해방자로부터는 해방되지 못하도록 했다." 스스로의 답이다. "이제 경제는 경찰이고 성장은 독재자다. 이제 인간이 지구에서 가지고 있는 가장 희소한 것, 즉 삶이 주는 작은 시간을 누리기 위해 서로 투쟁하는 시대가 되었다."

미국발 금융위기가 전 지구적 경제 위기로 이어진 2009년을 '케인스의 귀환'이라고 했다. 신자유주의의 끝자락을 움켜쥐고 결코 놓을 것 같지 않던 우리 정부도 결국은 케인스 이론의 신세를 질 수밖에 없었다. 케인스가 당면한 경제 위기의 해법으로 거론되던 2009년 초, 적절한 타이밍을 좇아 1,600여 쪽이 넘는 로버트 스키델스키의 케인스 전기가 출간됐다. 고려대학교 고세훈 교수의 4년여에 걸친 고생 덕분이었다.

베르나르 마리스도 원전을 인용해 얘기를 풀어 나갔다. "프리지아의 탐욕스런 왕 미다스는 디오니소스에게 자신이 만지는 모든 것을 금으로 변하게 하는 능력을 달라고 요청하여 얻어 냈다. 그러고는 굶어 죽었다. 케인스의 전기를 쓴 스키델스키는 미다스가 '가학적 항문 단계 인간의 극단적 경우'라고 보았다. 돈을 위한 돈, 자면서도 돈을 만들어 내는 돈, 원하지 않아도 새끼를 치는 돈은 자본주의를 죽음으로 이끈다."

마리스에 따르면 케인스는 프로이트의 저술에 통달하고 있었다. "케인스의 작품에서는 콤플렉스, 리비도, 우울 같은 프로이트식 표현을 자주 발견할 수 있으며, 돈에 대한 프로이트의 분석을 활용한다." 더욱이 케인스는 성에 관한 프로이트의 혁명적 이론에 심취한 블룸즈버리 그룹의 일원이었다. 그룹은 오히려 이성애를 기이한 것, 이성과의 결혼을 배반으로 각각 간주할 정도였다. 케인스는 '활발한' 동성애자였다.

케인스에 대한 프로이트의 영향은 자본주의의 음흉한 성격과 자멸적 성향, 시간과 미래에 대한 인간의 공포에 질린 태도 등에서 발견된다. 나아가 케인스는 이자율이 공포나 집단적 불확실성에 대한 가격이라고 가정한다. 이자율은 공포의 지수라는 점에서도 연결된다.

마리스의 책은 프랑스 지식인 특유의 인용과 풍자가 즐겁다. 영국의 정치경제학자 스키델스키의 책은 방대하되 정밀하다. 넘어질까 두렵다. 우리나라에는 경제학과도 많고 경제학도도 많고 MBA도 많고, 미국에서 박사를 딴 '자본주의 경제학자'도 넘쳐난다. 그런데도 케인스 전기 번역본의 판매는 이제 2천여 권을 갓 넘겼다.

연방준비제도의
살아 있는 권력

『살아있는 역사 버냉키와 금융전쟁』

데이비드 웨슬 지음 | 이경식 옮김 | 랜덤하우스코리아 펴냄

이 책의 저자 데이비드 웨슬은 퓰리처상을 두 차례 수상한 『월 스트리트 저널』
경제 분야 베테랑 에디터이며 유명 경제 해설가다. 2008년에는 열네 명의 노벨
경제학상 수상자들이 참가하는 토론회에 사회자로 참가했다.

2008년 9월, 국제적 투자은행인 리먼브라더스가 문을 닫게 되었다는 소식이다.
이 사건으로 누구보다 가장 큰 교훈을 얻은 사람은 미국의 중앙은행인 '연방준비
제도' 의장 벤 버냉키였다. 데이비드 웨슬은 연방준비제도를 출입하는 기자들 중
가장 버냉키의 속내와 고뇌, 행동의 여파와 효과를 객관적으로 이해할 수 있는
사람이었다.

저자는 금융위기의 여파를 배경으로 미국의 중앙은행인 연방준비제도가 버냉키
라는 인물을 중심으로 한 사람의 능력과 판단, 그리고 결정에 따라 얼마나 좌지
우지 되었는지를 드라마틱하게 재구성한다. 이를 통해 현대 금융시스템의 메커
니즘이 가지고 있는 큰 흐름과 개인적 해프닝들이 어떻게 '살아 있는 역사'로 남
게 되었는지를 생생하게 보여 준다.

미국 대통령은 자국 영토가 미사일 공격을 받을 경우 즉각 실제 무기로 응전하라는 명령을 내릴 수는 있어도 금융 공황 시 '실제 화폐'로 즉각 대응할 수 있는 권한은 없다. 반드시 의회의 승인을 거쳐야만 한다. 그러나 연방준비제도이사회(Fed) 의장인 벤 버냉키는 그런 권한을 가지고 있었다. 한 세대를 통틀어 미국의 번영에 가장 큰 위협이 된 금융 공황이 1년 넘게 지속되면서 "미국의 대통령은 자기가 임명한 FRB 의장이 시나리오를 쓰고 연출을 하는 연극의 관객으로만 남았"다. 원서의 부제 "버냉키의 금융공황 전쟁"(Ben Bernanke's War on the Great Panic)대로 미국은 버냉키의 지휘 아래 금융 전쟁을 치렀다. 1990년대 금융위기 때 '작은 나라들'의 중앙은행은 자국 내 은행들에 미국 은행으로부터 돈을 빌렸는지 물었고, 혹시라도 자국의 금융 사정이 불안하게 비쳐서 자금 유입이 끊길까 봐 두려워했다. 그러나 이번에는 이 '작은 나라들'의 중앙은행은 국내 은행들에 대해 미국의 금융기관에 돈을 빌려주었는지 물었고, 미국의 거인이 쓰러질 경우 막대한 손실을 입을 수도 있다는 가능성에 몸을 떨어야 했다.

이런 미국발 금융위기는 연방준비제도를 전통적인 개념의 '최후의 대부자'가 아니라 '최초의 대부자'로 만들어 놓았다. 근거는 죽어 있는 줄로만 알았던 연방준비법의 제13조 3항. Fed의 이사 다섯 명이 '비정상적이고 급박한 환경'이라고 판단할 경우 연방준비제도는 '어떤 개인이나 기업에든' 돈을 빌려 줄 수 있다고 규정한다. 1932년 법안이 의결된 뒤 연방준비제도는 "비정상적이고 급박한 환경"이라고 천명했지만 실제로 그다지 많은 돈을 빌려 주지는 않았다. 그러나 이번에는 달랐다.

2010년 초 연방준비제도 대차대조표 상의 자산은 2조2,500억 달러, 금융위기 직전인 2007년 8월에는 불과 8,690억 달러였다. 연방준비제도가 빌려 주는 돈 4달러 가운데 1달러는 미국 내 금융기관인 베어스턴스나 뱅크오브아메리카가 아니라 유럽중앙은행을 통해 프랑스의 BNP파리바은행이나 독일의 코메르츠은행으로 나갔다. 무소불위의 세계 중앙은행인 셈이다. 이런 노력에 힘입어 세계는 '잠정적'으로 금융위기를 벗어났다. 원서 제목은 *In Fed We Trust*. 이를 풀면 '우리는 연방준비제도를 믿는다'는 뜻이다. 단서는 'In God We Trust'에 있었다. 미국의 푸른색 달러화에 새겨져 있는 문장이다.

금융 전쟁 전까지만 하더라도 대부분의 미국 시민이나 정치인들은 연방준비제도가 금리를 올리거나 내리는 일 정도만 하는 줄 알았다. 그러나 연방준비제도가 컴퓨터 키보드를 몇 차례 톡톡 건드리는 행위만으로도, 게다가 의회나 정부의 승인을 받지 않고서도 엄청난 자금을 만들어 낼 수 있다는 사실을 전혀 알지 못했다. 그런 연방준비제도가 하룻밤 사이에 수백억 달러를 동원하는 능력이 있다는 사실을 비로소 깨달았다. 미국에서 연방준비제도는 입법부, 사법부, 행정부에 이어 정부의 네 번째 기둥 역할을 하고 있다는 사실을. '선출되지 않은 권력'인 연방준비제도가 미국 사회에서 확고하게 권력의 '제4부'로 자리매김한 것이다. 버클리대학교의 경제사학자 브래드 드롱이 이런 상황을 잘도 표현했다. "우리가 중앙은행 공화국에 살고 있다는 것은 우리에게 내려진 저주와 축복, 둘 가운데 하나다." 두 가지를 생각했다. 저자는 『월 스트리트 저널』의 에디터다. 우리 언론인도 그저 '정보 보고'에만 머물지 말고 살아 있는 지금 이 순간의 역사를 기록하는 데 노력했으면 하는 아쉬움이 첫째다. 둘째로 미국 대통령들은 법적 의무 사항이 없음에도 연방준비제도의 활동에 대해 간섭하지 않는다는 전통을 이어간다. 한국은행의 독립성을 의심한다.

기업은 상품이 아니라
브랜드를 생산한다

『슈퍼 브랜드의 불편한 진실』

나오미 클라인 지음 | 이은진 옮김 | 살림Biz 펴냄

이 책은 나오미 클라인을 일약 세계적인 운동가의 반열에 올려놓은 책이다. 이 책은 그녀가 5년여에 걸쳐 전 세계의 노동환경을 직접 뛰어다니며 조사한 관찰 기록이자 그 결과물이다.

저자 자신은 이 책이 "앞으로의 일을 예견하는 경제 전망서"가 아니라고 강조했지만, 책이 담고 있는 메시지는 지금도 놀라울 정도로 현실과 잘 들어맞는다. 나이키는 운동화를 파는 회사가 아니라 스포츠를 통해 삶의 질을 높이는 회사의 대명사가 되었고, 스타벅스는 커피 체인점이 아니라 커뮤니티라는 아이디어를 파는 회사가 되었다. '기업은 이제 물건이 아니라 이미지'를 판다.

하지만 기업들이 '브랜드를 생산'하는 역할을 수행하는 동안 그 브랜드로 대표될 '제품'을 생산하는 노동자들이 희생되고, 브랜드 이미지 정립에 방해되는 문화들은 검열되어 삭제된다. 영화, 콘서트장, 경기장, 그리고 공적 영역이었던 학교마저도 슈퍼 브랜드로 무장한 기업들에게 장악당해 간다. 저자는 이러한 현실을 비판하며 정보의 공유와 국경을 넘은 연대를 통해 극복해 나갈 것을 제안한다.

1980년대 부산은 '세계 운동화의 중심'이었다. 한국 기업이 나이키 공장을 운영했다. 1980년대 말 한국 노동자들은 저임금에 반발하고 근로조건 개선을 위해 노조를 결성했다. 공장은 이전됐다. 1987년에서 1992년 사이에 3만 명이 직장을 잃었고, 3년 사이에 신발 생산직의 3분의 1이 사라졌다. 1985년에 리복은 거의 모든 제품을 한국과 대만에서 생산했다. 1995년에는 모든 공장이 한국과 대만에서 철수했고, 리복 주문량의 60퍼센트를 인도네시아와 중국에서 만들었다. 공장은 여전히 한국과 대만 업체들이 소유하고 운영한다.

대만과 한국 기업주들은 지난 시절의 배고픔을 이용해 독특하게 자리를 잡는다. 이들은 자신의 경험을 토대로 노조가 개입하고 임금이 올라가면 어떤 일이 일어나는지를 노동자들에게 얘기한다. 어제의 피해자는 오늘의 관리자다. 나이키와 리복은 브랜드만 생산한다. 나이키 프로젝트가 있다. 운동화는 아디다스에 맡기고 나이키는 '세계 최고의 스포츠 및 피트니스 기업'으로 변신해야 했다. 세 가지 기본 원칙이 있었다. 첫 번째 선발한 운동선수들을 할리우드 배우 같은 슈퍼스타로 바꾸어 놓는다. 역경을 초월하고 인내하는 스포츠 정신과 가장 완벽한 남성상을 구현한 존재로 각인된다. 두 번째 나이키의 '순수한 스포츠'와 그 슈퍼스타가 속한 팀을 규칙에 얽매이는 기존의 스포츠계와 경쟁시킨다. 세 번째 미친 듯이 그를 브랜드로 만든다.

마지막이 가장 중요했다. '기업은 상품이 아니라 브랜드를 생산해야 한다'는 한 가지 개념으로 연결돼 있다는 사실을 깨닫게 됐을 때 나오미 클라인은 책을 쓰기로 결심했다. 5년여에 걸쳐 전 세계의 노동환경을 직접 뛰어다니면서 꼼꼼히 관찰하고 분석했다. 저자를 일약 세계적인 운동가의 반열에 올려놓은 이 책의 원제가 *No Logo*(『노 로고』).

어느덧 출간 10주년이 됐다. 번역 출간한 국가만 28개국이다. 클라인은 2005년 '전 세계의 지성 100인'에 선정되기도 했다.

'노 로고'가 로고가 됐다. '노 로고'는 기업이 주도하는 규칙에 맞서 진정한 대안의 씨앗을 뿌리고 있는 행동주의 브랜드다. 10년이 지난 지금 로고는 사라졌는가. 세상은 여전히 나이키 경영이다. 공장 문을 닫고, 제품은 하청 업체와 하청 업체의 하청 업체라는 얽히고설킨 망을 통해 생산하며, 기업이 보유한 모든 자원은 회사의 의도를 완벽하게 투영하는 데 필요한 디자인과 마케팅에 온전히 쏟아 붓는 모델이다. "직접 소유하는 건 멍청한 짓이다."(톰 피터스) '공동화(空洞化) 회사'다.

문제는 행정부조차도 '공동화' 모델을 숭배한다는 점이다. 2010년판 서문에 실린 저자의 문제의식은 그렇게 깊어졌고, 넓어졌다. 부시 행정부 시절 예산 처장의 말이다. "정부가 하는 일은 서비스를 제공하는 것이 아닙니다. 서비스를 제공받고 있다고 믿게 만드는 것이지요. 제게는 이 개념이 아주 명확하게 서 있습니다." '공동화 회사'를 숭배하고 흉내 내려는 부시 행정부의 투지는 분노를 다루는 방식으로까지 확대됐고, 이런 행동은 전 세계를 자극했다. 실패였다. 상품 문제를 브랜딩 문제로 오인한 것이다. 이 점에서는 오바마 대통령도 별반 다르지 않다는 것이 저자의 생각이다. 대통령 선거에서 승리하기 몇 주 전에 오바마는 나이키와 애플을 누르고 미국광고주협회가 매년 수여하는 올해의 마케터상을 받았다.

'나는 쇼핑한다. 고로 존재한다.' 세계화는 시민을 소비자로 바꿔놓았다. 기업이 노동과 인권 규정을 만들기 시작했다. 시민들은 시민권을 잃었다. 스스로 자신을 통치하는 자치권을 상실했다.

희망은 어디 있는가. 정보의 공유다. 지성적 행동주의다. "공공장

소의 식민지화, 안정된 직장의 상실이 가져다 준 밀실 공포증은 경제
와 자본으로 이룬 지구촌이 아니라 세계 시민, 세계 권리, 세계 책임을
구현하는 진정한 지구촌 사회를 꿈꿀 수 있을 때에만 떨쳐 버릴 수 있
기 때문이다.”

금융 세계에서 일어나는
자연 세계 진화 시스템

『금융의 지배 : 세계금융사 이야기』

니얼 퍼거슨 지음 | 김선영 옮김 | 민음사 펴냄

역사의 결정적 사건 이면에는 늘 금융이 있었다. 프랑스혁명은 스코틀랜드 출신의 살인자가 일으킨 주식시장 거품에서 야기되었으며, 웰링턴이 워털루에서 나폴레옹을 패배시킨 것은 로스차일드 가문이 있었기에 가능했으며, 세계 6위의 부국이던 아르헨티나는 채무 불이행과 통화 평가절하 같은 자기 파괴적인 금융 실책 때문에 인플레이션에 시달리는 폐인 국가로 전락했다.

이 책에서 니얼 퍼거슨은 방대한 역사, 경제사적 지식을 바탕으로 화폐와 신용의 성장, 채권시장과 주식시장, 보험과 부동산 시장, 국제금융의 성장과 쇠퇴 그리고 부흥의 과정을 짚어 본다. 그리고 과거부터 지금까지 이어져 온 경기 순환을 여러 사례를 통해 살펴봄으로써 현재의 금융위기를 진단한다.

미국과 중국의 경제적 보완 관계를 상징하는 '차이메리카'(Chimerica)라는 신조어를 만든 저자 니얼 퍼거슨은 '달러 단일 패권 시대는 분명 끝나고 있으며 그 빈틈을 중국이 비집고 들어가고 있다'고 주장했다. 또 이 차이메리카는 여러 가지로 실패했고, 다시 경제는 무너질 것이라 지적한다. 저자는 이러한 위기의 상황에 대비하기 위해 가깝고 먼 여러 역사를 살펴서 심각한 붕괴에 빠지지 않기를 권한다.

『다윈평전 : 고뇌하는 진화론자의 초상』
에이드리언 데스먼드, 제임스 무어 지음 | 김명주 옮김 | 뿌리와이파리 펴냄

진화론자 다윈이란 인물은 더 이상 '종의 기원'을 언급할 것도 없이 과학사적으로 가장 유명한 인물이다. 그러나 다윈이 진화론을 어떻게 전개시켰는지, 왜 그것을 20년 동안 발표하지 못하고 감추어 두었는지, 발표한 후 세상과 종교계와 과학계는 어떻게 반응했는지, 그 속사정을 자세히 알기는 쉽지 않다.

하지만 동물학, 해부학, 지질학의 권위자이자 훈련된 저술가인 데스먼드와 빅토리아시대의 진화 사상, 종교개혁운동, 사회사상 연구자인 무어는 20여 년 동안 축적된 자료를 바탕으로 혁신적인 다윈 전기를 펼쳐 낸다.

이 책은 훌륭한 구성과 문체, 그리고 다윈이 사회적으로 처한 현실들을 그려내는 동시에, 거의 아무것도 파기하지 않은 수집가 다윈이 남긴 공책, 오래된 초고, 오려낸 페이지들, 주석을 달아놓은 발췌 인쇄물, 편지 등을 인용함으로써, 다윈이 눈앞에서 직접 말하고 행동하는 듯한 효과를 준다. 이러한 구성으로 다윈의 인생과 시대상, 그리고 잡아내기 어려운 그의 마음 속 깊은 곳을 생생하게 살려낸다.

차이메리카는 '환상의 이중 국가'다. 동쪽의 차이메리카가 저축을 하면, 서쪽의 차이메리카에서 소비를 했다. 중국의 수출품은 미국의 인플레이션을 낮추었다. 중국의 저축은 미국의 이자율도 낮추었다. 중국의 노동력은 미국의 임금 비용마저 낮추었다. 차이메리카 덕분에 세계의 실질금리는 지난 15년 평균보다 3분의 1 정도 떨어졌다. 하지만 중국이 미국에 돈을 빌려줄수록 미국은 점점 더 차입에 의존했다. 헤지펀드와 주택담보대출 시장의 팽창은 미국발 금융위기를 초래했다. 아직은 시기상조라고 보지만 '차이메리카'라는 신조어를 만든 니얼 퍼거슨은 본질상 미국발 위기의 해법인 차이메리카가 여러 가지 이유로 실패했다고 분석한다. 차이메리카는 자칫 사자, 염소, 용의 몸을 가진 신화 속 괴물 키메라(chimera)에 불과할지도 모른다는 것.

100년 전쯤 첫 번째 세계화 시기에도 세계 금융의 중심지인 영국과 유럽 대륙에서 가장 역동적인 산업경제권인 독일 사이에 차이메리카와 유사한 상징적 관계가 있었다. 지금처럼 당시에도 공생과 반목 사이에서 위험한 줄타기를 했었다. 그렇다면 제1차 세계대전 상황같이 특정 사건이 도화선이 되어 또다시 세계화가 침몰할 것인가. 역사에서 교훈을 얻는다.

첫째, 경제의 세계화가 상당히 진전되고 또 영어권 제국의 패권적 지위가 상당히 공고해 보이던 시절에도 대규모 전쟁이 발생했다는 사실. 둘째, 세계가 주요 갈등 없이 보낸 시간이 길어질수록 사람들의 직감이 떨어진다는 점. 셋째, 위기가 발생했을 때 전장에서 상처를 입어본 투자자보다는 자기만족적인 투자자가 훨씬 심각한 붕괴를 초래한다는 사실을 교훈 삼아야 한다는 것. 이것이 우리가 '금융사를 공부해야 할 이유'다.

금융사의 중심은 화폐다. 그래서 금융사는 '화폐의 부상'(The Ascent of Money)의 역사다. 물론 금융제도는 커다란 후퇴나 위축, 소멸의 시기도 있었다. 그렇지만 최악의 시기에도 끝없이 퇴보한 적은 없었다. 궤도는 의심의 여지 없이 위를 향해 있었다.

저자는 금융 세계에서 자연 세계의 진화 시스템을 확인한다. 전혀 다른 금융제도가 생겨나는 것은 자연 세계의 '종 분화 가능성'이고, '자연발생적 돌연변이 가능성'은 보통 경제계에서 기업혁신이라 부르거나 주로 기술이라고 칭하는 내용과 공통된 특징이라는 것. 그래서 4천 년 금융의 역사는 곧 경제 '진화'의 산물인 셈. 다만 자연 진화와 금융 진화의 결정적인 차이는 소위 '지적 설계'의 역할로, 금융의 경우 그 주체는 당연히 신이 아닌 인간이라는 것이 저자의 생각이다. 찰스 다윈은 1868년에『인간의 유래와 성 선택』을 펴냈다. 그래서 퍼거슨은 자신의 책을『금융의 유래』로 부를 수도 있다고 했다. 왜냐하면 화폐에 대한 자신의 입장이 "진화론적이기 때문"에.

2009년 말 다윈 탄생 200주년,『종의 기원』출간 150주년을 기념하는『다윈 평전』이 출간된 바 있다. 영국의 대표적인 다윈 연구가인 에이드리언 데스먼드, 제임스 무어 교수의 공저다. 사실 다윈의 진화론은 "유토피아적 협력을 바탕으로 한 장밋빛의 필연적인 진보를 약속하지 않았다. 대신 다윈의 진화론은 많은 개혁론자들의 요구를 떠받쳤다. 즉, 자유무역과 무한경쟁에 대한 요구, 구시대의 '부자연스러운' 독점과 특권을 타파하라는 요구를. 다윈의 진화론은 자연을 중간계급의 협력자로 만드는 이론이었다." 은행, 채권시장, 주식시장, 보험제도, 재산 소유 민주주의 등은 '중간계급'의 지적 설계와 제도 혁신을 통해 스스로 진화해 나갔다. 봉건주의나 중앙 계획경제 방식보다 자원을 더 효율적으로 할당했기 때문이다. 한국어판 제목은『금융의 지배』이나, 사실 낙관론에 근거한 '금융 진화론'이다. 진화론이 자연 세계는 물론 세상을 어떻게 지배하고 있는지 깨닫기에 충분한 책들이다.

이 시대의 작가정신,
재벌 권력을 파헤치다

『허수아비춤』

조정래 지음 | 문학의문학 펴냄

『태백산맥』, 『한강』, 『아리랑』 등 우리 근·현대사를 대하소설로 살려냈던 소설가 조정래가 우리 시대의 큰 화두인 성장의 빛과 그늘을 섬세한 필치로 장편소설 『허수아비춤』을 출간했다.

저자는 우리가 세계를 향하여 '정치민주화와 경제발전을 동시에 이룩해 냈다'고 자랑하지만 정치 민주화만큼 경제 민주화도 필요하다는 문제의식을 갖고 이 책을 썼다. 저자는 묻는다. '기업이 잘돼야 우리가 잘산다', '국민경제를 위하여'는 과연 누구를 위한 만병통치약인가? 어째서 자본주의 체제 아래에서 스스로 우리는 복종해 사는가?

이 책은 단순히 대기업과 권력자들의 비리만을 풍자한 것이 아니라, 그들을 믿고 지지해 준 '우리의 선택이 과연 옳았던 것인가'를 되묻는다. 역사 앞에 선 국민으로서의 준엄한 책임을 우리 스스로 공유케 하는 성찰적 작품이다.

"국민은 나라의 주인인가. 아니다. 노예다. 국가권력의 노예이고, 재벌들의 노예다. 당신들의 이중 노예다. 그런데 정작 당신들은 그 사실을 모르고 있다. 그것이 당신들의 비극이고, 절망이다."

이번엔 '재벌 권력'이다. 신자유주의 시대를 살고 있는 지금, 세계는 민주주의(democracy)가 아니라 코포크라시(corpocracy)다. 시민의 자유가 아닌, 전 지구적 규모로 성장한 법인체들의 자유다. 우리나라는 재벌의 자유다. 가족 자본주의의 자유다. 이렇듯 재벌(chaebol)이 있다. 기존의 영어 단어로 결코 설명되지 않아 '재벌'이란 용어는 영어사전에 새롭게 호적을 올려야 했다.

우리 시대의 위인, 조정래 선생이 재벌 권력을 파헤쳤다. 문학 계간지에 연재를 시작하기 전 대담.

"이 세상의 모든 문학작품은 모국어의 자식이다. 따라서 모국어를 사용하는 사람은 그 시대, 그 사회의 모순과 비극을 써야 할 책임이 있다. 그것이 모국어의 나라에 빚 갚음하는 작가로서의 책무이다. ……자본주의의 천박성에 전 세계가 휘말리고 있다. 돈에 환장하는 인간들의 작태를 스케일 크게 집필할 계획이다. 각 분야 지배 계층들의 조직적 결탁과 그들의 위선, 그리고 그 횡포와 돈을 쫓는 각축에 대해 구상 중이다."

구상은 만성통증에 시달리는 어깨를 타고 내려와 펜을 통해 원고지에 한 자 한 자 뿌리내렸다.

재계 서열 2위 일광그룹의 버클리대학교 출신 강기준은 비자금 문제로 실형을 살고 나온 재벌 2세 총수로부터 재계 1위 태봉그룹처럼 '회장 직속 비밀정보 조직체'를 꾸리라는 지시를 받는다. 태봉그룹의 일급 정보 조직인 박재우가 마치 프로스포츠 선수마냥 엄청난 특혜를 받고 스카우트돼 온다. 그룹 문화에 맞는 수준의 이름을 가진 '문화개척센터'라는 이름으로 조직이 신설되고, 조직의 임무는 첫째 돈을 기대 이상으로 뿌려 대는 '무한 감동 로비', 둘째 이를 통한 불법 재산상

속과 그룹의 3세 승계에 초점이 모아진다. 누구든 가리지 않는다. 재벌 권력을 위해서라면 시도 때도 없다. 정보기관 국장, 검찰청 검사, 경제 부처 고위 간부, 세무공무원, 언론사 사주, 말단 기자에 이르기까지 '무한감동 로비'는 예술의 경지에 달한다.

우리나라 재벌뿐 아니라 세계의 기업들은 로비 자금으로 엄청난 돈을 뿌려 댄다. 이는 그들이 처음부터 부자였기 때문이 아니다. 앞선 로비가 성공한 덕분에 기업의 돈이 늘었기 때문이다. 그들에게 로비 비용은 투자의 일부일 뿐이다. 다른 한편 기업은 시민과 정부를 협박한다. "당신들이 기업의 편을 들어주지 않으면 경제는 어려워질 것이고 일자리는 없어지게 될 것이라며 위협한다."(콜린 크라우치) 이것이 오늘날 범지구적 현실임에도 작가들은 '내면'과 '심리'만을 추구한다며 외면한다. 경제적 모순이 경제협력개발기구(OECD) 선진국 어느 나라보다도 더 심화되고 있음에도 한국의 작가들은 '도망자'다. 선생은 서문 격인 '작가의 말'을 통해 작가의 역사적 책무를 다시 강조했다. "작가는 모든 비인간적인 것에 저항해야 한다. 빅토르 위고의 말. 불의를 비판하지 않으면 지식인일 수 없고, 불의에 저항하지 않으면 작가일 수 없다. 노신의 말이다." 재벌의 속내에 탄탄하게 파고든 스토리와 문학적 형상화는 어느 선지자의 주장보다도 강렬하다.

"우리가 그 어리석은 환상과 몽상과 망상에 사로잡혀 뿔뿔이 흩어져 있으면 기업들은 더욱 신바람 나게 경제 범죄를 저지르고, 우리는 점점 더 비참한 노예가 되어 간다. 감기 고뿔도 남 안 준다는 말이 있다. 하물며 왜 재벌들이 당신들에게 돈을 주겠는가. 모기도 모이면 천둥소리를 내고, 거미줄도 수만 겹이면 호랑이를 묶는다. 조상들의 일깨움이다. 국민, 당신들은 지금 노예다."

자유 시장 자본주의의
중요한 진실

『그들이 말하지 않는 23가지 : 장하준 더 나은 자본주의를 말하다』

장하준 지음 | 김희정, 안세민 옮김 | 부키 펴냄

2005년 경제학의 지평을 넓힌 경제학자에게 주는 레온티예프 상을 최연소로 수상함으로써 세계적인 경제학자로 명성을 얻었고 『사다리 걷어차기』, 『쾌도난마 한국경제』, 『국가의 역할』, 『나쁜 사마리아인들』 등을 펴낸 장하준이 누구나 읽을 수 있는 쉬운 경제하 가이드를 제시했다. 『그들이 말하지 않는 23가지』는 경제의 주요한 원칙과 기본적인 사실을 알려 줌으로써 경제 시민으로서의 알 권리, 주장할 권리를 강조한다.

이 책은 일상에서 '이게 아닌데 ……' 싶으면서도 경제 지식 부족으로 제대로 말도 못하는 평범한 사람들을 위한 알짜배기 '경제 지식iN'이자 지금의 잘못된 자본주의가 아닌 '진짜 자본주의'에 대해 알려 주는 이야기 모음이다. 저자는 경제학의 95퍼센트는 상식을 복잡하게 설명한 것이며, 나머지 5퍼센트도 아주 전문적인 부분까지는 아니지만 거기에 숨은 근본 논리는 쉬운 말로 설명 가능하다고 말한다.

자본주의에 대한 인정, 하지만 자유 시장 자본주의에 대한 비판. 그를 통한 현실 사회문제를 쉬운 말로써 지적함으로써 대중들에게 더 넓은 시야를 갖게 해주는 책이다.

자본주의에 관하여 자유 시장주의자들이 말해 주지 않는 중요한 진실들이 있다. 장하준 교수가 『그들이 말하지 않는 23가지』에서 자유 시장 이론가들이 '진실'이라고 팔아온 사실들이 꼭 이기적인 의도에서 만들어 낸 것은 아닐지라도 허술한 추측과 왜곡된 시야에 기초를 두고 있다는 것을 논증했다. 반자본주의가 아닌, 자유 시장 자본주의에 대한 비판서다. 교수의 안내를 네 개의 범주로 정리해 보았다.

첫째, 시장은 객관적이라는 환상에서 벗어나는 것이야말로 자본주의를 이해하기 위한 첫걸음이다. 시장에 맡겨 두기만 하면 결국에는 모든 사람이 타당하고 공평한 임금을 받게 될 것이라는, 널리 알려진 주장은 신화에 불과하다.

경제 시민권자인 우리는 시장의 정치성과 개인 생산성의 집단적 성격을 이해해야 한다. 우리 사회의 '부자 감세' 논쟁도 마찬가지다. 부자를 더 부자로 만든다고 우리 모두가 부자가 되는 것은 아니다. 그냥 시장에 맡겨 둔다고 해서 상류층의 부가 밑으로 흘러내리는 것도 아니다. 이른바 '트리클다운' 이론이 제대로 작동하지 않는 것이다. 이런 사실을 깨닫고 나면 부자들에 대한 과도한 세금 감면 성책의 징체를 직시할 수 있다. 지금까지 들어온 것처럼 이런 감세 정책은 우리 모두를 더 부유하게 하는 것이 아니라, 단순히 부자들을 더 부자로 만드는 정책이었던 것이다. 결국 모든 것을 시장에 맡기자는 자유 시장 자본주의는 나쁜 경제 시스템이다. 인간의 합리성은 어디까지나 한계가 있다는 인식 위에서 새로운 경제 시스템을 건설해야 할 필요가 있다.

둘째, 아프리카의 저개발은 숙명일까. 특정 자연조건이나 역사적 배경이 나라의 운명을 결정하는 것이 아니다. 아프리카가 최근 들어 성장 실패를 경험한 주된 이유는 정책, 즉 구조조정 프로그램이 강요한 자유무역, 자유 시장 정책에 있다. 따지고 보면 자유무역, 자유 시장 정책은 제대로 작동한 적이 거의 없다. 대부분의 부자 나라들은 자신이 개발도상국이었을 때에는 그런 정책들을 사용하지 않았다. 자유무역, 자유 시장 정책을 사용해서 부자가 된 나라는 과거에도 거의 없었고, 앞으로도 거의 없을 것이다. 그렇다면 세계경제 시스템은 개발도상국들을 '불공평하게' 우대해야 할 것이다.

셋째, 우리는 경제계획은 죽었다고 생각한다. 그러나 우리가 시장 하나만으로도 살아갈 수 있다는 생각은, 소금이 우리의 생존에 필수적인 요소이므로 소금만 먹어도 살아갈 수 있다고 믿는 것이나 다를 바 없다. 도리어 더 크고 적극적인 정부가 필요하다는 것이 교수의 일관된 주장이다. 큰 정부는 사람들이 변화를 더 쉽게 받아들이도록 만든다. 잘 설계된 복지 정책이 있는 나라 국민들은 일자리와 관련된 위험을 감수하기를 두려워하지 않고, 변화에 오히려 개방적인 태도를 취한다. 규제완화도 정반대의 시각에서 살펴볼 필요가 있다. 규제들 중에는 반기업직인 것보다 진기업적 성격을 띤 것들이 더 많다. 문제는 규제의 절대량이 아니라 규제의 목적과 내용이다.

넷째, 인터넷보다 세탁기가 세상을 더 많이 바꿨다. 최근의 기술혁명에 사로잡혀 시각이 왜곡될 경우에는 잘못된 정책으로 이어진다. 자본주의 경제 아래서 기술력이 경제발전이나 사회발전에 미치는 영향은 흔히 생각하는 것보다 훨씬 더 복잡하다는 것이다.

이 책은 교수의 전작들을 죽 읽어 온 독자들에겐 그리 낯설지 않다. 그렇다고 동어반복은 아니다. 논리는 정교해졌고 눈높이는 낮춰졌다. 이 책이 우리 사회는 물론 세계경제에 던지는 메시지는 분명하다. 우리 시대의 독점적 이데올로기인 자유 시장 자본주의라는 우상에 대한 도전이다. 파괴다. 그리하여 '경제 시민'들에게 '경제 시민으로서의 권리'를 적극적으로 행사할 수 있도록 자각시킨다. 늘 그렇듯 문제는 시민이다. 시민권이다. 시민으로서의 명예로운 권리다.

현대자본주의 분석의
가장 유용한 이론

『**자본**』(전 5권)

카를 마르크스 지음 | 강신준 옮김 | 길 펴냄

지난 1990년대 구소련과 동구권 사회주의의 붕괴 이후, 마르크스주의 역시 역사의 한 페이지를 장식하고 그 소임을 다한 것처럼 폐기 처분되다시피 했다. 그러나 신자유주의의 도래는 다수의 행복, 특히 가난한 자들의 행복과는 거리가 멀었다. 마르크스와 엥겔스가 노동자계급의 성서로 자처할 만큼 『자본』의 위상을 규정지은 것은 바로 가난의 최대의 피해자가 노동자계급이었기 때문이다.

마르크스는 『자본』을 통해 자본주의 이전의 생산과 소비가 일치했던 장원제 이전의 시대에 대비해서 교환이라는 매개를 통해 생산-교환-소비라는 분화를 통해 연결된 자본주의 시대를 인식한다. 그래서 각각 생산, 교환, 소비라는 세 개의 장을 통해서 경제구조를 설명한다.

마르크스는 경제학을 비롯하여 철학, 역사학, 사회학, 문학, 예술 등 다양한 분야에 거대한 사상적 토대를 구축해 놓았다. 그 정수에 『자본』이 있다. 마르크스가 집필했던 당시 모습대로 자본주의가 작동하지 않는 21세기라고 해서, 그 유효성이 사라진 것은 아니다.

『엥겔스 평전 : 프록코트를 입은 공산주의자』
트리스트럼 헌트 지음 | 이광일 옮김 | 글항아리 펴냄

엥겔스는 마르크스와 함께 국제 공산주의 운동을 조직했다. 두 사람이 정초한 공산주의는 20세기 들어 인류의 3분의 1을 세력권에 넣었다. 엥겔스는 마르크스의 조력자를 넘어 심오한 사상가였으며 독창적인 이론을 제시했다. 오늘날과 같은 시장 만능주의가 야기할 폐단과 세계화의 불가피성을 명쾌하게 예언하기도 했다.

저자 트리스트럼 헌트는 방대한 기록과 자료를 통해 엥겔스의 지적 유산을 살피고, 19세기 영국에서 인생을 한껏 즐긴 한 인간이 어떻게 정력적인 사생활과 혁명적인 정치철학을 조화시켰는지를 생생하게 보여 준다. 나아가 혁명을 꿈꾸는 유럽과 산업화의 첨단을 달리는 영국을 무대로 헌신적인 우정과 계급 갈등, 이데올로기 투쟁, 가족 간의 불화와 배신 등을 사실적으로 묘사한다.

'프록코트를 입은 공산주의자' 엥겔스는 그 시대의 가장 매력적이면서도 모순적인 인물 가운데 한 사람이다. 그는 영국 맨체스터에서 면직업에 종사하면서 빅토리아시대의 전형적인 신사로 유복한 삶을 살았다. 호사 취미인 여우사냥과 고급 포도주는 그의 인생에서 빠질 수 없는 즐거움이었다. 그러한 인물이 마르크스 사상 속에서 그려 나가는 인생은 하나의 전기로 충분하다.

마르크스와 엥겔스는 『공산당 선언』 작성을 함께 시작했다. 초안 방향 설정 등 힘겨운 지적 기초 작업은 엥겔스가 맡았고, 최종 탈고를 한 사람은 마르크스였다. 이것이 오히려 다행이었다. 두 사람의 개성이 최대한 발휘될 수 있었기 때문이다. 서사시적인 첫 문장, "지금 한 유령이 유럽을 떠돌고 있다. 공산주의라는 이름의 유령이"에서부터 인간의 열정에 호소하는 마지막 문장, "프롤레타리아가 잃은 것은 쇠사슬밖에 없고, 얻을 것은 새 세상이다. 만국의 노동자여, 단결하라!"에 이르기까지 『공산당 선언』은 영웅적인 필치로 써내려간 논쟁적인 글이다.

독일 사회주의 지도자 리프크네히트의 지적은 이렇다. "이 사람이

기여한 건 무엇이고, 저 사람이 기여한 건 무엇인가? 이런 질문은 무의미한 얘기다. 그것은 하나의 형틀에서 나온 것이며, 마르크스와 엥겔스는 하나의 정신이었다. 『공산당 선언』에서 서로 뗄 수 없이 한 몸이 된 것과 같이 두 사람은 죽을 때까지 모든 작업과 계획을 함께 했다." 그로부터 3년 뒤인 1851년, 엥겔스는 마르크스에게 『자본론』 집필을 닦달하기 시작했다. 그러나 9년이 흘러도 책이 완성될 기미는 전혀 보이지 않았다. "요는 써서 출판을 하는 거야. 자네가 생각하는 이론적 약점을 저 얼간이들은 알아채지도 못한다고. 지금 정세가 불안한데 완성도 하기 전에 다른 일로 중도하차하게 되면 어쩌려고?" 결국 마르크스는 대영박물관 열람실 07번 좌석에 매일 나가 앉아 대작 집필에 들어갔다. 마르크스 생전 『자본론』 제1권이 출간됐다.

1883년 3월 마르크스는 세상을 떴다. 오랜 동료인 차티스트운동가 줄리언 하니는 편지를 보내 엥겔스를 위로했다. "자네들의 유대가 남녀 간의 사랑을 뛰어넘었다는 것은 더 말할 필요가 없는 진실이야." 치밀한 성격 그대로 엥셀스는 마르크스 사후 2년 만인 1885년 제2권을 출간했다. "정말이지 원고 작업을 할 때면 그 친구(마르크스)랑 같은 생각을 하고 같은 느낌을 갖는 기분이야."

1894년 『자본론』 마지막권이 출간됐다. 그로부터 150년 가까운 세월이 지나고서 충실한 독일어판 원전 번역이 한국 사회에 완간됐다. 2010년 9월 강신준 교수에 의한 『자본-경제학 비판 1~3』(전 5권)이 그것이다. 1987년에 한국에선 처음으로 강 교수가 감수한 익명의 『자본』 제1권이 출판됐을 때만 해도 국가보안법 위반 혐의로 수배령이 내리고 난리가 났었는데, 그 뒤 제 2, 3권을 실명으로 낼 때는 별탈이 없었다. 대장정을 끝낸 역자의 말. "널리 퍼진 오해와 달리 마르크스는 결코 반기업주의자가 아니었습니다. 기업이 커지는 것이 문제가 아니라 커진 기업을 소수가 좌지우지하는 것을 문제시한 것이지요. '소유의 민주화'라는 『자본』의 핵심 메시지는 한국 사회에서도 여전히 유효합니다.”

이번엔 『엥겔스 평전』이다. 2010년 5월 영국 총선에서 노동당 소속으로 하원의원에 당선된, 1974년생의 소장파 역사학자 트리스트럼 헌트가 지은이다.

부제가 상징적이다. 공산주의자라면 우리나라 경찰의 통속적인 수배 전단처럼 '노동자풍 외모'여야만 하는 것은 아니다. '프록코트를 입은 공산주의자'도 있다. 프록코트는 상의가 무릎까지 내려오는 19세기 중상류층 남성의 정장. 엥겔스는 바닷 가재 샐러드와 보르도산 최고급 와인 샤토 마고, 여우사냥을 즐겼다. 거기다 방직공장의 경영자였다. “엥겔스는 평등주의자도 국가 통제주의자도 아니었다. 행복한 인생을 열망했고, 개성을 열정적으로 옹호했으며, 사람들이 모여서 허심탄회하게 교류하는 장으로서 문화, 문학, 미술, 음악의 가치를 누구보다 높이 평가했다.”

엥겔스는 마르크스와 함께 국제공산주의운동을 조직했다. 마르크스가 뒤에서 엥겔스를 “물주 선생”이라고 불렀듯 마르크스의 영원한 지적, 물적 후원자였다. 마르크스와 엥겔스를 논한다고 해서 낙인을 찍던 시대는 지나갔다. 좌우 이데올로기를 떠나 마르크스와 엥겔스는 여전히 현대자본주의를 분석하는 데 가장 유용한 이론을 제공해 준다.

불평등 커지면
사회는 불안정

『위기는 왜 반복되는가 : 공황과 번영 불황 그리고 제4의 시대』

로버트 라이시 지음 | 안진환 옮김 | 김영사 펴냄

경제가 이상하다. 분명 경기는 좋아지고 있다는데, 기업은 엄청난 성장세를 보이고 있다는데 개인은 더욱 가난해져가고만 있다. 성장률과 실업률이 동반 상승하는, 기이한 현상까지 보이고 있다. 이와 같은 일련의 이상 현상들은 우리에게 무엇을 경고하는가?

서브프라임 이후 수많은 경제하자와 금융가, 정치가들이 현재의 경제 상황과 향후 전망에 관한 다양한 의견을 내놓고 있다. 미국뿐 아니라 '전 세계가 존경하는 사회사상가'이자 진보적 정치경제학자, 행동하는 지성으로 명망 높은 로버트 라이시는 이 책에서 예리한 분석과 현실적인 대안 아홉 가지를 구체적으로 제시하고 있다.

상류층을 바라보는 눈에 증오가 가득하고, '그들을 끌어내리고 싶다'는 욕망이 '나 자신이 부자가 되고 싶다'는 욕망보다 커질 때, 이 사회는 엄청난 혼란의 소용돌이로 빠질 수 있음을 라이시는 재차 경고한다. 최상위 1퍼센트에게 부가 집중되는 작금의 현상은 결국 그 1퍼센트의 발목을 붙잡고 그들을 끌어내리는 데 일조할 것이다. 부자들의 세금을 더 감면하고 복지를 소홀히 하는 현재 상황은 중산층과 빈곤층만 힘들게 할 뿐만 아니라 오히려 부자들에게도 독으로 작용할 수 있다고 말한다.

2020년 11월 3일 미국 대통령 선거, 새로 창당된 독립당의 대선 후보 마거릿 존스는 민주당과 공화당 양쪽 모두에서 지지층을 골고루 빼앗아 대통령에 당선되었다. 당선 수락 연설은 공격적이었다. "여러분은 우리의 나라를 되찾기 위해 표를 던졌습니다. 거대 정부와 대기업, 괴물 같은 거대 금융으로부터 우리의 조국을 되찾기 위해 투표했습니다. 우리의 자유를 앗아간 정치가들로부터, 우리의 직장을 빼앗아간 외국인들로부터, 조국에 대한 충성도 애국심도 없는 부자들로부터, 그리고 우리에게 기생충처럼 붙어사는 이민자들로부터 이 나라를 되찾기 위해 행동했습니다." 민주당 후보인 첼시 클린턴은 통탄했다. 주류 석학들과 전문가들이 공중파 방송에 등장해 충격과 공포를 전달했다. 그들은 거듭 똑같은 질문을 던졌다. "어떻게 이런 일이 일어났단 말인가."

1934년에서 48년까지 연준 의장으로 재임한 매리너 에클스가 있다. 그는 은퇴 후 역사상 가장 큰 트라우마, 즉 대공황의 원인이 무엇인지 곰곰이 분석해 보았다. 그리고는 마침내 1920년대의 과도한 소비와 아무런 관계가 없다는 결론을 내렸다. 오히려 최상위 부유층이 소득의 방대한 축적을 거머쥔 것이 핵심 원인이었다. "마치 포커 게임에서 시간이 지날수록 소수의 플레이어에게 칩이 집중되는 경우와 마찬가지로, 다른 플레이어들, 즉 여타의 국민들은 돈을 빌려야만 게임에 계속 참여할 수 있었다. 대다수 국민들의 신용이 바닥나자 게임은 중단되었다." 대공황의 주범은 바로 '불균형의 심화'였다.

1970년대 말 미국의 총소득에서 최상위 부유층 1퍼센트가 가져가는 비율은 9퍼센트에 못 미쳤다. 2007년께 상위 1퍼센트가 가져가는 비율은 23.5퍼센트에 달했다. 소득이 이 정도로 소수에게 집중되었던 마지막 시기가 대공황 직전인 1928년이었다는 사실은 결코 단순한 우연의 일치가 아니다. 불균형은 단순히 경제적 성장만 잠식하는 것이 아니라 사회의 날실과 씨실을 가르고 찢어 버린다. 경제체제의 근간을 이루는 기본 합의가 깨진다면 국가는 무너진다. 로버트 라이시의 눈엔 경제 왜곡, 소득 불균형의 심화라는 측면에서 1929년과 2008년 금융 위기의 원인은 하나도 다르지 않았다.

저자가 서문에서 독자를 향해 질문을 던졌다. "경제체제는 무엇을 위한 것이고, 누구를 위한 것인가?" 원저가 출판된 2010년, 학술적으로 말하자면 대불황은 끝났다. 그러나 『애프터 쇼크』(*After Shock*), 즉 충격의 여파는 이제 시작일 뿐이다. 경제는 언제나 쇠퇴를 딛고 일어선다. 최악의 침체라는 심연에 빠졌을 때도 그랬다. 여기까지는 쉽게 예측할 수 있는 비즈니스 사이클이다. 그러면 모든 게 정상으로 돌아왔다는 말인가. 그것은 아니다. 정상이 정상이 아니다. 도대체 『위기는 왜 반복되는가』. 그래서 저자가 진정으로 던지는 질문은 "그 다음에" 무슨 일이 일어나느냐는 것이다.

두 개의 실실적인 위협에 주목했다. 첫째는 경제다. 중산층이 공평한 부를 분배받지 못한다면 상품과 재화를 충분히 소비할 수 없다. 무거운 부채는 결코 오랫동안 버텨 낼 수 없다. 따라서 성장 둔화와 호황, 불황을 오가는 매우 불안정한 경제사회가 그 결과로 나타날 것이다. 다른 위험은 정치다. 불평등이 심화되고 대기업과 금융권이 큰 정부와 짜고서 부자들의 배만 불려 주고 있다는 인식이 팽배해지면, 극우파와 극좌파는 물 만난 고기처럼 날뛰게 될 것이다. 고립주의자들과 이민배척주의자들, 인종차별주의자들은 자신들의 목적을 위해서라면 국가도 희생시킬 것이며, 그들의 선동과 부추김은 사회에 어마어마한 해악을 끼칠 것이다. 이런 경제 및 정치 체제의 불안정의 결과가 2020년 대선이다. 그럼에도 낙관주의다. 시민들의 합리적 믿음에 의거했다. 결론으로 아홉 가지의 정책적 대안을 내놓았다. 한계세율 인상도 그 중 하나. 41만 달러 이상의 소득을 올리는 상위 1퍼센트에게 55퍼센트의 세율을 부과할 것을 제안했다. 먼 나라 이웃 나라다.

2008년 세계 금융위기
원인과 교훈

『폴트 라인 : 보이지 않는 균열이 어떻게 세계 경제를 위협하는가』
라구람 G. 라잔 지음 | 김민주, 송희령 옮김 | 에코리브르 펴냄

이 책의 저자인 인도 출신 라구람 G. 라잔은 국제통화기금(IMF) 수석 경제학자를 역임하고, 40세 이하 금융경제학자 중 최고 석학에게 수여하는 피셔 블랙 상의 첫 수상자로 선정되었다. 그는 영국 '이코노미스트'에서 설문 조사한 세계 경제위기 이후 가장 영향력 있는 경제학자 1위에 선정되기도 했다.

그는 경제 위기의 원인을 계층 간 소득 불균형의 심화와 미국 정부의 과도한 신용 제공에서 찾고 있다. 이 두 가지는 다른 여러 원인과 서로 얽혀 있는데, 그 원인들 하나하나를 저자는 단층선, 즉 '폴트 라인'으로 보고 이들이 한꺼번에 충돌하여 폭발한 것이 2008년 세계 경제위기라고 말한다.

저자는 금융위기를 가져온 원인뿐 아니라 우리가 앞으로 지속적인 발전을 위해 무엇을 해야 할지 합리적이면서 설득력 있게 제시하고 있다. 미국 내에서 할 일인 인적 자본, 안전과 안전망의 확대 등을 위한 제언, 그리고 G-20의 개선, IMF의 개혁, 글로벌 경제 지배 구조 개혁, 중국 문제 등 국제적으로 실천해야 할 일들도 자세히 제시하고 있다.

『더 나은 삶을 상상하라 : 자유시장과 복지국가 사이에서』
토니 주트 지음 | 김일년 옮김 | 플래닛 펴냄

토니 주트는 '전후 유럽에 관한 최고의 역사서'로 평가받는 『포스트워 1945~2005』
로 세계적인 명성을 확고히 했다. 그는 불의를 목격할 때마다 그것이 잘못되었다
고 말하기를 주저하지 않는 본래적인 의미의 지식인이었으나 불행히도 지식인
으로서의 명성이 정점에 달해 있던 2008년, 루게릭병 진단을 받았다. 주트의 마
지막 저서 『더 나은 삶을 상상하라』는 이처럼 특수한 상황 속에서 쓰여졌다.

저자는 미국과 영국의 사례를 들어 빈부 격차가 극심할 경우 전체 국부는 삶의
질에 거의 아무런 영향을 미치지 못함을 보여 준다. 또한 우리가 추구하는 모든
목표들 가운데 가장 시급하게 추구해야 할 목표는 바로 불평등을 완화하는 일이
라고 단언한다.

그리고 그러한 목표를 달성하기 위해 국가의 역할에 대해 다시 한 번 진지하게
생각할 필요가 있음을 역설한다. 또한 주트는 젊은이들에게 부도덕한 정치가들
과 정치의 타락상에 실망하더라도 정치를 포기하지 말 것을 주문한다.

역사는 교훈이기에 2008년 세계적 금융위기에 대한 학문적·현실적 분
석과 대안 마련은 계속 중이다. 궁금증을 참지 못해 왜냐며 학자들에
게 보고서를 요청하는 영국 여왕이 있는가 하면, 이를 핑계 삼는 나라
도 있다. 우리 정부한테 최근의 재정건전성 악화는 온전히 금융위기
탓이다. 감세를 통한 작은 정부를 지향하면서도 금융위기가 한반도에
도달하기도 전인 2008년의 억지 추경예산과 4대강 사업으로 재정지출
은 확대됐다. 수입은 줄어들고 지출은 늘어났다면 재정 적자는 커질
수밖에 없다. 하지만 이런 정책적 실패 요인은 무시된다. '전대미문'의
금융위기 탓이다.

　라구람 라잔 교수를 인터넷에서 검색하면 '크루그먼 지고 라잔이
뜬다' 등의 기사가 눈에 들어온다. 인도 출신의 스타 경제학자다. 『파

이낸셜 타임스』 선정 2010년 '올해의 비즈니스 도서' 『폴트 라인』(*Fault lines*)이 그의 작품이다. 폴트 라인은 지질학 용어다. 지각은 거대한 바다와 대륙으로 이어진 판들로 구성돼 있는데, 그 아래 맨틀이 움직이면서 판들이 접촉하거나 부딪힐 때, 판의 끝 쪽이 부서지거나 꺾이면서 엄청난 압력이 발생한다. 지진이다.

교수는 책에서 지구 경제가 어떤 판들로 구성돼 있고, 판들이 어떻게 충돌해 폴트 라인을 형성하며, 폴트 라인이 어떻게 금융위기를 촉발하게 됐는지 설명한다. 첫 번째 종류의 폴트 라인은 미국의 정치적 압력이고, 두 번째는 각자 다른 패턴으로 성장해 온 국가들 사이의 무역 불균형이며, 세 번째는 무역 불균형으로 인해 발생한 재정 공백을 메우기 위해 서로 다른 금융제도가 접촉할 때 형성된다.

대안은 교수의 시인만큼이나 단순하다. 투명성이다. 개혁은 투명성을 강화해 국민이 정부 또는 규제 당국과 금융 분야 사이의 관계를 더 엄격히 감시하게끔 하는 방향으로 나아가야 한다는 것이다. 루이스 브랜데이스 대법관의 말을 인용했다. "사회를 근본적으로 변화시키는 과정에서 사악한 조건 또는 부도덕한 관행을 고칠 수 있는 만병통치약이 있다고 믿지 말라. 그리고 법을 지나치게 믿거나 의존하려고 하지 말라. 처방 차원에서 탄생한 제도는 적의 손아귀에 들어가기 쉬우며, 오히려 탄압의 도구로 사용되기 쉽다."(1922년)

라잔 교수가 경제적이라면, 토니 주트는 역사적·정치적이다. 성찰은 의미 깊되 관점의 폭과 깊이는 다를 수밖에 없다. '전후 유럽에 관한 최고의 역사서'로 평가받는 『포스트워 1945~2005』의 역사학자 토니 주트는 『더 나은 삶을 상상하라』를 마지막으로, 루게릭병으로 세상을 떴다. 저자는 2008년의 경제 위기가 '자본주의 최악의 적은 규제받지 않은 자본주의 그 자체'라는 사실을 우리에게 상기시켜 주었다고 주장한다.

가쁜 숨을 몰아쉬듯 논지와 문자는 격렬하다. 올리버 골드스미스를 속표지에서 인용했다. "악덕을 먹이로 달라고 재촉하는 불행한 땅, 재산은 쌓여 가는데 인간은 쇠락해 가는구나."(1770년) 반대와 반항은 기본적으로 젊은이들의 몫이다. 저자는 학문적 유언을 이들에게 건넸다. 오늘날 우리가 살아가는 방식에 이의를 제기하려고 노력하는 사람들, 특히 그러한 젊은이들을 위해 책을 썼다. "오늘날 우리가 살아가는 삶의 방식은 무언가 근본적으로 잘못되어 있다. 지난 30년간 우리는 물질적 사리사욕의 추구를 미덕으로 삼아 왔다. 정말 이러한 욕망의 추구를 배제하고 나면 우리는 공동의 목적의식에 대해 아무것도 말할 것이 없는 지경에까지 이르렀다. 우리는 모든 것을 그것이 지닌 가치가 아니라 가격으로 판단한다. 우리는 법원의 판결이나 의회 법안에 대해 더 이상 질문하지 않는다. 그것이 좋은 것인지, 공정한 것인지, 정당한 것인지, 올바른 것인지 혹은 더 나은 사회나 더 나은 세상을 만드는 데 보탬이 되는 것인지 묻는 법이 없다. 쉽사리 정답을 찾지는 못했지만, 과거에 우리는 이러한 정치적 질문들을 던지곤 했다. 우리는 다시 한 번 이러한 질문들을 던지는 법을 배워야 한다."

깨달아야 하고, 깨달음을 행동으로 옮겨야 한다. "다들 아시다시피, 철학자들은 이 세상을 오직 이리저리 해석하기에만 바빴다. 하지만 중요한 것은 세계를 변화시키는 것이다."

6부

사회를
읽는다

언론소유의 위기가
언론의 위기를 부른다

『미디어 모노폴리』

벤 H. 바그디키언 지음 | 정연구, 송정은 옮김 | 프로메테우스 펴냄

캘리포니아대학교 저널리즘 대학원의 명예원장이자 미국 언론학계와 저널리즘 분야의 가장 통찰력 있는 비판자인 바그디키언은 이 책에서 현재 독과점 상태의 미디어 업계와 여론이 왜곡되고 있는 실태를 분석함으로써 거대기업의 미디어 독점이 민주주의와 언론 자유를 어떻게 억압하고 위협하는지를 지적한다.

저자는 미디이 업계의 변질을 불러온 계기를 1996년 미연방통신위원회(FCC)의 통신법 제정에 의한 언론사 소유에 대한 규제 제한으로 본다. 따라서 미디어의 본질을 바로잡고 제 역할을 수행하기 위해서 가장 선행되어야 할 것이 바로 법률과 규율의 제정이라고 지적한다.

저자는 미디어를 넘어서 모든 종류의 산업 거대화를 막기 위해서는 정부 차원에서의 반독점 활동이 적극적으로 이루어져야 한다고 강조한다. 물론 공정성을 기하기 위해 학계의 목소리에도 귀를 기울일 필요가 있다. 더불어 미디어의 직접적인 수요자인 일반인들에게는 디지털, 특히 인터넷을 이용한 젊은 세대들의 적극적 행동주의를 요구한다.

언론의 자유는 민주주의의 본질이다. 정부에 대한 견제의 가치를 가져

다준다. 사상의 시장(Marketplace of Ideas)을 통해 진실을 발견할 수 있다. 스스로 표현하는 언론은 다른 사람을 설득하고 이해시키는 일이기도 하지만, 실제적으론 자기규정이요, 자아실현이다. 언론의 자유는 관용을 장려하는 일이다. 거칠더라도, 나와 다른 생각이더라도 받아들이고 보호하는 일이다. 그래서 언론의 자유는 단순히 언론기관의 자유가 아닌, 인간의 자유다.

한국에는 언론 독과점 기업 조·중·동이 있다. 조·중·동은 방송의 소유를 꿈꾼다. 옥스퍼드 영어사전에 따르면, 가족 소유 기업으로 정의된 재벌(Chaebol)은 방송 진출을 꿈꾼다. 문어의 팔다리는 여덟 개가 아니다. 정부와 한나라당은 '존재'에 대한 규제완화보다는 '소유'에 대한 규제완화를 사랑한다. 그래서 규제완화라는 이름으로, '경제 살리기'라는 명분으로, '일자리 창출'이라는 또 다른 이름으로 신문의 방송 진출을 허하고, 재벌의 언론 소유를 허한다.

물, 길, 건강, 교육, 집, 공중파는 이미 공공성의 영역을 벗어났다. 절대적 소유권의 대상일 뿐이다. 전 세계적 흐름은 '신'자유주의에서 '신'(neo)자를 벗어던지려 하건만, 우리는 그 앞에 '초'(ultra)자를 덧씌운다. 신자유주의의 상투를 잡는 꼴이다.

퓰리처상을 받은 저널리스트로, 캘리포니아대학교 저널리즘대학원 명예원장으로 재직 중인 벤 바그디키언의 2004년판 『미디어 모노폴리』(*The New Media Monopoly*)가 출간됐다. 한림대학교 언론정보학부 교수이며, 민주언론시민연합 공동대표인 정연구 박사와 송정은 씨의 공동 번역이다. 일단 시의 적절하다. "미디어 산업 문제를 거론할 때 너무나 생각 없이 쉽게 툭 내뱉는 '미국은 이러하니 한국도 ……'라는 얘기를 하기에 앞서 그런 미국의 제도가 과연 정당한 것인지, 그리고 누구의, 무엇을 위해 필요한 것인지 먼저 생각해 보기를 간절히 바란다." 정 교수의 말이다.

이 책은 언론의 위기를 '언론 소유'의 위기에서 찾는다. 1980년대 레이건 정권 등장 무렵까지 50개에 달하던 미국 주요 언론사는 불과 20년 뒤인 부시 정권 때 5개 미디어 복합기업으로 재편됐다. 세계 500대 기업인 이들은 타임워너, 디즈니, 뉴스코퍼레이션, 비아콤, 베텔스만 등이다. 미디어 복합기업들은 미국 내 1,500여 개의 일간신문과 6천 개의 잡지, 1만 개의 라디오방송사, 2,700여 개의 텔레비전과 케이블 방송사, 2,600어 개의 출판사 등을 통해 미국 사회를 지배한다.

생일 때면 부르는 〈해피 버스데이〉가 있다. "미국 대학의 영화 제작 강의에서는 영화에 〈해피 버스데이〉를 부르는 장면을 넣지 말라고 학생들에게 충고한다. 노래를 사용하는 경우 로열티를 지불하도록 되어 있기 때문이다." 저작권은 타임워너에 있다. 원래 1893년 한 유치원 교사가 선생님께 인사할 때 부르도록 〈굿모닝 투 유〉라는 제목으로 만든 노래가 나중에 〈해피 버스데이〉가 되었고, 그 소유권은 미디어 복합기업의 것이 됐다.

단순한 소유를 넘어 이들은 이윤 극대화를 위해 대중 정보를 통제하려 시도한다. 더 많은 정치·사회적 다양성을 원하지 않는다. 사상의 자유 시장을 신뢰하지 않는다. 사회발전에 따른 새로운 미디어의 진입을 통제하려 든다. 이 세력은 미국의 정치적 스펙트럼을 우측으로 옮기는 데 작용한 가장 강력한 힘이었다. 그래서 본래 자유로웠던 인간은 이들 앞에 서면 자유의 가장 큰 적인 '무기력한 국민'으로 전락한다. 그래서 언론의 독점은 공화주의의 위기다. 그런데도 우리는 '미국, 미국' 하고 있다. 이 책의 진실에 시선을 돌리기를.

로스쿨 학생들의
성장 다큐멘터리

『치열한 법정』

브란트 골드스타인 지음 | 홍승기 옮김 | 청림출판 펴냄

1992년 예일대학교 로스쿨을 졸업한 뒤 콜롬비아 특별구 연방항소법원 연구원 직을 거쳐 워싱턴 D.C의 로펌에서 변호사 생활을 한 브란트 골드스타인은 이 책을 통해 예일대학교 로스쿨 학장 고홍주와 그의 학생들이 조지 부시 전 대통령과 행정부를 상대로 제기했던 아이티 난민 사건 관련 소송의 법정 공방 전모를 통해 그 인권 문제를 정치 도구화하는 미국의 이중적인 난민 정책을 지적한다.

한국계 국제법 전문가로 클린턴 전 행정부에서 국무부 인권 차관보를 지냈으며 오바마 정부의 미 국무부 법률 고문에 오른 고홍주는 많은 학생들과 변호사들의 지원 아래 아이티 유혈 쿠데타 이후 자유를 찾아 미국으로 온 아이티인들에 대해 난민으로서의 절차적 권리를 보장하지 않고 강압적이고 폭력적인 태도를 보이면서 사실상 입국을 막은 미국 정부에 대해 부당함을 알리고 미국 행정부를 상대로 소송을 제기한다.

골드스타인은 소송을 이끈 고홍주와 예일대학교 학생들, 피해자인 아이티 난민들, 그리고 정부 측 관료들과의 40회가 넘는 인터뷰 자료와 소송자료들을 바탕으로 아이티 난민 구출 작전에 대한 한편의 다큐멘터리를 만들어 냈다.

"(미국 정부 측 변호사가) 판례나 중요한 사실 관계를 들먹일 때마다 학생들이 돌아가며 반박 메모를 작성했다. …… 미합중국 대 베르듀고-우르퀴데즈? 그 사건은 수정헌법 제5조 사건이 아니라, 제4조 사건이다. 헌법 조문이 다르므로, 적용도 다르다.

부욱. 송환을 하여도 잘못될 일이 없다고 주장하는 정부 측 증언? 부욱. 부욱. 그렇게 계속 진행되었다. 찢긴 노트와 포스트잇이 손과 손을 거치면서 고 교수가 반박을 하도록 도왔다."

1991년 아이티에서 쿠데타가 일어났다. 대량 난민이 발생했다. 공화당 정부는 이들을 '경제적 난민'으로 취급했다. 이중적인 난민 정책에 대해 분노한 예일 로스쿨 학생들과 헤럴드 고(Harold Koh, 고홍주) 교수는 난민들을 위한 공익 소송을 제기했다. 소송은 18개월이나 걸렸다. 고 교수가 소송에 투입한 시간은 3천 시간. 리사, 토리, 마이크 등 로스쿨 학생들도 같은 시간을 투자했다. 이들 말고도 직간접적으로 소송에 참여한 예일 로스쿨 학생은 100명이 넘었다.

두 군데 대학에서 헌법 연습 등을 강의하고 있었다. 서평을 쓰기 위해 『치열한 법정』이라는 이 책을 손에 든 이후 첫 번째 수업 시간, 나는 주저 없이 내 수업의 한계를 이야기할 수밖에 없었다. 추구하는 방식은 소크라테스 식이지만, 여전히 주입식이다. 강단 법학을 벗어나지 못한다. 죄스러움을 모면하기 위한 방편으로 수강생들에게 이 책을 권했다. 혹시라도 읽지 않을까 봐 염려스러워 강제성 있는 리포트를 주문하기까지 했다.

예일대학교 로스쿨을 졸업하고 스물여덟 나이에 하버드대학교 로스쿨의 최연소 전임교수가 된 앨런 M. 더쇼비츠의 『최고의 변론』이 있다. "(불능미수사건에 대해) 두 학생에게 변호사 역할을, 두 학생에게는 검사 역할을, 세 학생에게는 판사 역할을 맡겼다. 나머지 학생들은 모의법정 참여자들에게 질문을 던지는 수업방식이었다. …… 나는 강의 중에 오간 토론 내용에 크게 힘입었고, 그 학생의 말을 그대로 인용해 우리의 주장을 펼쳤다." 완벽하게 새로운 법리였다. 덕분에 승소할 수 있었다. 이것이 미국 로스쿨이다.

2009년은 우리나라 로스쿨 원년이다. 로스쿨 학생들을 입학시켜 놓고 난 두 달 뒤 비로소 변호사시험법이 통과됐다. 어이없는 본말의 전도다. 기존 법대의 수업 방식을 창조적으로 극복하는 새로운 모델은 미약하다. 직접 공익 소송을 일으키고, 먼 나라 시민을 위한 인권 투쟁을 벌이고, 재판을 통해 이론과 실무를 연찬해 나가는 로스쿨 특유의 방식은 미국의 이야기일 뿐이다.

어떻게 다양성과 다원주의를 충족시켜 나갈지에 대해서는 아무도 확신하지 못한다. 기존 고시제도의 변형에 불과하고, 법조인이 되는 길은 여전히 조선 시대의 과거 수준이다. 오로지 성적순으로 판사를 뽑고, 그 성적이 헌법적 정통성을 담보하는 방식 또한 결코 변하지 않을 것 같다.

이 책은 한인 2세로 오바마 행정부의 국무부 법률고문까지 오른 헤럴드 고 교수의 인권 투쟁기로 읽을 수도 있다. 그리고 우리 저술계에는 턱없이 부족하고, 미국 사회에서는 한없는 장점인, 논픽션 문학의 중요성을 제시한다.

고 교수와 함께 소송에 몰입했던 리사는 고향 시애틀로 돌아가 국선 변호사로 일하고 있다. 마이크는 뉴욕대학교 로스쿨 교수가 되어 이민자 권리 클리닉을 개설했다. 토리는 아동보호단체 '세이브 더 칠드런'(Save the Children)의 네팔 지부에서 일하고 있다.

이 책의 미덕은 여기에 있다. 로스쿨 학생들이 어떤 과정을 통해 어떤 법률가로 다시 태어나는가라는 성장 다큐멘터리다. 우리가 꿈꾸는 한국형 로스쿨도 아마 이런 것이 아니었을까.

한국 사회에서 짓밟힌
이주노동자의 존엄성

『아빠, 제발 잡히지 마』

이란주 지음 | 삶이보이는창 펴냄

아시아인권문화연대 대표 이란주는 119년 노동절을 기념하여 1995년 부천외국인노동자의 집에서 처음 활동 한 이후 15년간 그녀가 함께하며 만났던 이주노동자, 이주아동, 이주여성들의 삶을 정리한 책『아빠, 제발 잡히지 마』를 출간했다. 이란주의 또 다른 저서『말해요 찬드라』가 이주노동자들이 한국에서 겪은 인권유린의 현실에 주목했다면『아빠, 제발 잡히지 마』는 이주민, 이주여성, 이주아동, 이주노동자들의 삶에 대한 시각으로 그 범주를 넓혔다.

총 5부로 구성되어 있으며 미등록 이주노동자 자녀들의 한국 땅에서의 성장기, 이주노동자들의 일터와 일상생활에서의 애환, 그리고 역시 이국땅에서 겪고 있는 인권유린의 현실을 다루고 있다.

이 책은 우리 사회의 가장 낮은 곳에서 우리의 삶의 풍요를 위해 고된 삶을 이어가고 있는 이주노동자들을 통해 다문화 사회로 접어든 한국 사회가 이주노동자들에 대해 갖는 편견, 배타적 시각과 인식에 경종을 울린다. 그리고 이제는 이들을 우리 사회를 함께 구성하는 공동체의 일원으로 인식하면서 정당한 권리를 가진 노동자임을 분명히 알아야 한다고 강조한다.

"당신 어느 나라 사람이야? 한국 사람 맞아?" 외국인 상담소에서 일하는 사람들은 모두 비난과 욕설에 익숙해져 있다.『아빠, 제발 잡히지

마』 저자 이란주 씨는 1995년부터 지금까지 줄곧 이주노동자들과 함께 하고 있다.

먼저 이주노동자 아이들 문제가 있다. 인권 차원에서 학교에서 받아준 지는 몇 년 됐다. 아이들은 학교에 가면 나이보다 몇 학년씩 낮추어 배정된다. 자존심 팍팍 상하는 일이지만 한국말을 잘 못하는 '원죄'가 있으니 받아들인다. 엄마 아빠에게 무슨 문제라도 생기면 이들이 집안의 공식 통역사가 된다. 아이들은 정체성 혼란을 겪는다. 제 나라의 말·문화·가족관계와도 단절된다. 이주노동자 중에는 제 나라에서 지식인 반열에 있던 이도 상당수다. 살인적인 노동 강도와 부평초 같은 삶 속에서 이들에겐 책 한 권 손에 잡을 여유가 없다. 퇴화다. 그렇다면 대가는? 공포와 불안이다.

45만 이주노동자 중 절반이 미등록 노동자다. 해마다 이주노동자가 10만 명 정도 새로 들어온다. 계속 들어오고, 계속 잡혀가고, 계속 추방당한다. 단속은 공장이든 자취방이든 가리지 않는다. 여름날 창문조차 열지 못한다. 엄마가 잡혀가자 초등학교에 다니던 아이도 엄마 따라 제 나라로 돌아가고, 아빠만 남았다. 3년 만에 상담소로 전화가 왔다. 아이는 잊혀져 가는 한국말로 숨죽여 가며 아빠에게 말했다. "아빠, 제발 잡히지 마."

불법체류자의 공포와 불안을 악용하는 일은 사용자의 권리다. 근로조건은 없다. 임금 체불과 퇴직금 떼이는 일은 일상이다. 산업재해는 특별하게도 이들에게 집중된다. 손가락과 손목이 잘려 나간다. 그렇다고 문제를 제기했다간 당장 단속으로 이어진다. 제보라는 보복이다. 그래서 권리를 주장하는 일은 강제 추방을 선택하는 일이나 다름없다. 강제 추방은 죽음으로 이어지는 경우가 많다. 그래서 저자의 책 속 제목은 '죽음보다 무서운 강제 추방'이다. 더 이상 오갈 데 없는 이들은 자살을 선택한다. 의문사도 있다. 단속을 피해 공장 건물 외벽을 타고 달아나다 아래로 추락하여 뇌사 상태에 빠진 중국인 노동자도 있다.

성폭력에 노출되는 것은 여성 이주노동자의 의무다. 모욕과 폭력에 노출되는 것은 남녀 이주노동자의 공동 의무다. 이슬람의 율법을 따르는 무슬림 노동자들에게 억지로 고기를 먹이고, 술을 먹이고, 토하게 한다. 한국형 놀이 문화다.

한국인 여자 친구와 사이에 아이가 생겼다. 여자는 어머니에게 끌려가 강제로 임신중절수술을 당했다. 남자는 오빠들과 아버지에게 끌려가 실컷 두들겨 맞고 경찰서에 넘겨졌다. 경찰이 사정을 듣더니 그냥 나가라고 했다. 오빠와 아버지는 불법체류자를 추방시키지 않고 그냥 내보냈다며 길길이 날뛰었다. "참 복도 많았다." 두 번씩이나 무사히 풀려난 것은 기적이었다.

우리도 이런 시절이 있었다. 지금도 미국과 일본 등지에는 이들과 똑같은 지위의 한국인 노동자들이 있다. 우리가 피해자 신분일 때는 공감하고 분노한다. 그러나 가해자 신분일 때는 외면하고 도리어 동참하는 경우까지 있다. 이주노동자에 대한 우리의 의식은 "(이주노동자는) 더럽고, 천박하고, 열등하고, 가난하다"는 정도다. 그래서 "한국에서 일하는 거의 모든 이주노동자는 인간의 존엄성 자체를 인정받지 못한 채" 살 수밖에 없는 것이고, 이렇듯 "한국 사회는 절대로 이주노동자의 권리를 인정할 수 없다"는 것이 저자의 결론이다. 고통스럽지만 나부터 동의하지 않을 수 없다. 노예제도는 폐지되었지만 여전히 노예제도가 존재한다는 새 책 『보이지 않는 사람들』(벤저민 스키너)과 함께하면 공감의 진폭이 확대될 수 있을 것 같다.

권력형 사회가 아닌
평등형 사회를 위해

『**보노보 찬가**』

조국 지음 | 생각의나무 펴냄

서울대학교 법학전문대학원 교수로 재직하고 있는 저자 조국은 법학 연구와 함께 권위주의에 맞서 세상과의 소통과 참여를 위해 노력해 온 대한민국의 대표적인 법학자 중 한 명이다. 그는 이 책을 통해 정글과 같은 자본주의 속에서 살아가는 사람들을 평등한 문화를 유지하고 인간 못지않은 사회성을 가진, 침팬지 종에 속한 보노보와 대비시킨다.

저자는 대한민국 사회가 점점 사회성이 결여된 정글이 되어가고 있다고 지적하면서 동시에 정글 속에서도 힘의 강약을 막론하고 서로를 보살피는 사회성을 지닌 동물인 보노보를 소개한다. 우리 사회가 간과하고 있는 진보의 가치인 민주, 인권, 공정, 평등, 연대, 복지 등을 보노보를 통해 우회적으로 강조하고 있는 것이다.

이 책은 점차 정글화 되어가고 '악마의 맷돌'로 묘사되는 자본의 질서에 대한 대안으로 진보 진영의 역할을 상기시킨다. 더 이상 계급 배반이라는 푸념에 빠져 있을 것이 아니라 서민 대중의 삶을 개선하고 그들이 받아들일 수 있는 방책을 내놓아야 한다고 강조한다.

침팬지는 수컷 중심의 수직적 권력 사회다. '보노보'(작은 침팬지 종류, 피그미침팬지로도 불림)는 암컷 중심의 평등 사회다. 침팬지는 동료들과 싸움을 통해 갈등을 해결한다. 보노보는 사랑을 나누면서 긴장을 풀고 평화를 유지한다. 침팬지의 성인 수컷은 유아 살해 행태를 보여 준다. 보노보 무리에서는 유아 살해가 보이지 않는다. 이쯤 되면 당신이 편들고 싶은 동물의 왕국은 침팬지인가, 아니면 보노보인가.

서울대학교 로스쿨 조국 교수는 정글 자본주의 사회인 "대한민국이라는 정글 속에는 더 많은 보노보가 필요하다"며 『보노보 찬가』를 부른다. 한 나라 인권의 기준은 중간 값으로 잡지 않는다. 사회적 소수자의 인권이 어느 정도 보장되고 있는가가 기준치다. 국가인권위원회 인권위원으로 일하고 있는 조 교수의 주된 관심사는 사회적 약자에 대한 따뜻한 연대요, 소수자에 대한 차별의 분명한 거부다.

'살색'이 '살구색'으로 바뀌었다고 해서 우리 안의 인종차별이 없어진 것이 아니다. 탈북자, 이른바 혼혈인, 외국인 이주노동자, 난민 신청자들이 ㄱ들이다. 동성애자인권연대 대표로 활동하는 이가 군에 입대했다. 동성애자 친구에게 날아온 연애편지가 드러난 순간, 정신병원에 강제로 수용되어 에이즈 검사를 받은 후 의병 제대할 수밖에 없었다.

극단적인 입시 경쟁 메커니즘만 작동 중인 우리 사회에서 아동과 청소년의 인권은 없다. 이들은 훈육되거나 양육되거나 교육되지 않는다. '사육'되고 있다는 것이 조 교수의 평가다. 그래서 대한민국은 제도적 아동학대국이고, 우리는 공범이다. 남성 우월주의 사회 속에서 여성에 대한 폭력적 대응은 굳이 설명할 필요가 없다. 햇볕의 평등함에서 소외되어 있는 이들 사회적 소수자들에 대한 조 교수의 따뜻한 시선은 나눔이요, '번짐'이다.

조 교수의 전공은 형법학이다. 조 교수는 오늘도 자신의 성품만큼이나 겸손한 형법을 꿈꾼다. 폭력성에 근거한 극단적 대응을 경계한다. '사형만은 제발'이라고 외친다. 촛불 집회 유모차 부대에 대한 수사, 간통죄에 대한 사회적 낙인 등도 같은 맥락에서 비판적이다. 법에서 정치와 도덕을 털어 내고 비범죄화로 나아가자는 것이다. 보노보 세상을 만들기 위해서는 진보의 성찰이 필요했다. 비판을 넘어 진보의 꿈을 재구성하자고 제안한다. 신자유주의와 구별되는 세계화 시대에 한국 경제의 나아갈 길에 대해 얘기하자는 것이다. '20 대 80' 사회에서 고통 받는 다수에게 어떤 경험과 기쁨을 나누어 줄 수 있을지 또한 준비하자고 한다. 솔직하게 불편한 진실을 드러내고 너는 내게로, 나는 네게로 '번짐'의 미학을 실천하자고 나직하게 얘기한다.

15세기만 하더라도, 눈을 가린 채 칼과 천칭을 양손에 든 법의 여신은 말도 안 되는 궤변으로 소송을 일삼는 사람들을 풍자하는 그림이었다. 그림 뒤에는 광대 모자를 쓴 광신도가 여신을 대신해서 칼을 흔들어대고 있었다. 이런 여신이 언제부턴가 사법의 공평성을 상징하는 정의의 여신이 됐다. 지금 우리 사회에서 법이라는 이름의 칼과 천칭은 빈자들의 것이 아니다. 보노보들의 것이 아니다. 법은 '돈 주고 변호사를 살 수 있는' 사람들의 것이다. 침팬지들의 것이다.

법은 동네 시장통에 있지 않다. 경쟁이라는 이름의 시장, 정글 속에 있다. 법전 속에 있다. 법률 기술자, 법률 장사꾼들의 입속에 있다. 조 교수는 이런 차별적 관행에 대해 조용한 반란을 꿈꾼다. 그래서 가장 쉬운 말과 글로 인간의 존엄성은 본래 인간의 것이었음을 얘기한다. 자신의 법률가로서의 경험과 영향력을 '자기 목소리를 내지 못하는 사람들'을 위해 사용한다. 그리하여 사랑과 연대의 보노보 사회를 꿈꾼다.

"내 말을 따르지 않는 자는
사탄의 세력이요"

『한국교회의 일곱 가지 죄악』

김선주 지음 | 삼인 펴냄

이 책의 저자 김선주는 침례신학대학교 졸업 후 교회의 본질에 대한 물음을 계속하며 변질된 교회에 대한 대안으로 제도권 밖 기독교 영성 공동체로서의 실험 교회를 계획하며 교회의 근원을 탐구한다. 저자는 변질된 교회의 사례를 국내에서 찾아 한국 교회와 그 지도자들이 기독교 성신에서 멀어지게 된 정황을 책을 통해 파헤친다.

저자는 오늘날 나타나는 사회적 문제점들은 교회의 부재가 아닌 교회 내 기독교적 정신과 가치의 부재로부터 시작됨을 지적하며 한국의 교회는 그 진공상태가 종족의 우상으로 메워져 하느님의 정의와 예수의 가르침은 망각한 채 정치적 성격을 갖는 등 비본질적인 일에 몰두하게 되었다고 말한다. 이 책은 이러한 현상을 목사, 교회, 설교, 복음, 전도, 영성, 헌금이라는 일곱 가지 키워드를 통해 묘사한다.

저자는 한국의 교회를 '맘몬의 신전'에 비유한다. 특히 이명박 대통령이 취임한 후 자본주의의 첨병으로 그 성격이 변질되었다고 평가하는 소망교회를 비롯한 일부 대형 교회를 사례로 십자가를 걸어 놓고 맘몬을 찬양하는 한국 교회의 현실에 일침을 가한다.

"비난과 비판을 분간하지 못하는 독자에게는 이 책은 위험한 안티 기독교 서적으로 곡해될 것이다. 교회와 목회자를 비판하는 것을 죄악시하거나 '안티 기독교' 또는 '사탄의 전략'쯤으로 치부하기 좋아하는 사람들에게는 이 책이 분노를 일으킬지도 모른다."

21세기 대한민국에서 교회를 비판하는 말을 하거나 글을 쓸 때는 특별한 용기가 필요하다.

부끄럽지만 서평마저도 문득 그런 생각이 들 때가 있다. 건물 없고 헌금 없는 실험교회를 계획 중인 신학자 김선주가 『한국 교회의 일곱 가지 죄악』을 펴냈다. 한국 교회의 내부 문제를 일곱 가지로 분류했다. 잘못된 목회자의 권위와 이념에 발목 잡힌 교회, 상품화된 설교와 영성, 형식화된 복음, 잘못된 전도방식, 윤리 없는 헌금 등이다. 개신교 근본주의, 반공주의, 정치적 행동주의, 더 본질적으로 정교분리의 원칙이란 관점으로 통독했다. 한 달에 한두 번 동네 교회에 나가는 신앙심만으로 책 전체를 이해하고 평하기엔 용기보다 겸손이 더 필요했다.

헌법은 정교분리 원칙을 선포한다. 첫째는 정치의 종교화, 즉 정치인의 신격화 내지 정치권력의 우상화를 막겠다는 의도다. 둘째는 종교의 정치화, 즉 신앙 실천의 자유가 정치 활동화하는 것을 방지함으로써 종교와 정치의 세계가 각기 독자적으로, 각각의 생활 질서를 형성해 나가게 하려는 데 있다. 저자는 신학적 검증 없이 장로 이명박에 한 줄로 선 지난 대선 당시 교회와 교회 지도자들을 신랄하게 비판한다. 종교의 정치화도 뉴라이트 운동처럼 본래 미국산이었던가. 2000년 이후 미국 사회가 지나치게 근본주의화하는 데 대한 지미 카터 전 대통령의 염려가 있다.

"종교적 보수주의자와 정치적 보수주의자가 서로 합세하여 종교와 정치가 서로 결탁되는 모습을 보여 주고 있다. 예전까지 높이 평가받던 종교와 정치의 분리는 실종되고 말았다."(지미 카터, 『예수님이 대통령이라면』)

저자의 문제의식은 한국 교회 그 자체다. 그러나 읽다 보니 '보수적 개신교의 정치·사회적 행동주의'에 특별히 주목하는 것 같다. 2007년 한신대학교 강인철 교수가 펴낸 『한국의 개신교와 반공주의』라는 대작이 있다. 강 교수는 그 책에서 개신교 반공주의를 재생산하는 네 가지 기제를 정리했다. 그중 하나가 제도적 이익이라는 관점. "교회는 반공주의적 태도와 실천을 견지함으로써 정부 혹은 파워엘리트 집단으로부터 제공되는 다양한 물적·이데올로기적 이익들을 누릴 수 있다"는 것이다.

김선주는 더 직설적이다. "한국 교회가 교회의 조직과 교의를 통해 순교자들을 팔아 반공주의를 확대하며 친일·친미·반공의 이데올로기를 확대재생산했다면 이들은 이제 교회와 하느님의 이름으로 현실 정치판에 뛰어들어 권력을 직접 소유하려 한다"는 것이다. 개신교 보수 세력의 정치·사회적 행동주의가 사회운동 차원을 넘어 정치 운동이 됐고, 헌법적 표현을 빌자면 정교분리의 원칙에 대한 심각한 위협의 시대가 도래한 것이다. 무엇이 문제였을까. 역시나 국가보안법식 이분법이 교회에서도 문제였다. 한국 교회는 "내 말을 따르지 않거나 우리 편에 속하지 않으면 사탄의 세력이요, 빨갱이며, 내 말을 따르거나 우리 편에 속하면 구원받는다는 도식으로 사람의 영혼을 사로잡으려" 한다.

선과 악이라는 이분법적 단순 논리가 교회의 본질과 성경의 가르침에서 멀어지게 했다. 소유권 절대주의는 시장 근본주의에 닿았고, 반공주의를 통해 보수주의와 손을 잡고 세속화의 길을 재촉하며 한국 보수 기독교계는 뉴라이트라는 이름으로 어느 순간 정치 세력화하고 말았다. 종교의 정치화다. 정치의 종교화다. 정교분리 원칙의 심각한 훼손이다.

시민에게 주어진 기억하고
알아야 할 의무

『잔인한 국가 외면하는 대중』

스탠리 코언 지음 | 조효제 옮김 | 창비 펴냄

인권, 사회통제 및 일탈 이론의 세계적 권위자로서 런던 정치경제대학교 명예교수직을 역임하고 있는 스탠리 코언은 이 책에서 20세기에 벌어진 많은 인권침해 사례들을 소개하고 그 과정에서 대중은 이를 어떻게 외면하고 방관했는지를 '부인'이라는 사회심리학적 프레임을 통해 보여 주고 있다.

저자는 분명 국제사회에서 자행되는 인권침해 사례가 존재함에도 불구하고 국가권력과 대중, 언론은 이를 부인하고 한편으로는 민주주의 제도를 '알리바이' 삼아 외면해 왔다고 지적한다. 특히 '부인'이라는 사회심리학적 프레임을 문자적, 해석적, 함축적 이라는 세 가지 단계로 세부적으로 분석하여 독자로 하여금 부인의 메커니즘을 더 정교하게 이해하도록 돕고 있다.

그는 '부인의 문화'를 '시인의 문화'로 전환할 것을 강조하면서 타인의 고통을 이해하고 공감할 줄 아는 능력과 이를 배양할 수 있는 교육의 중요성을 언급하면서 이것이 인권 운동의 최우선 목표가 되어야 한다고 주장한다.

1980년 5월 광주, 금남로의 쿠데타군과 시위대, 하늘을 가르는 총소리, 피를 흘리며 쓰러지는 사람들, 아스팔트를 적시던 핏자국들. 형과 함께 살았던 2층 자취방을 향해 총을 겨누던 쿠데타군, 계단을 뛰어올라 와 군화발로 문을 차며 고등학생인 나를 대학생인 줄 알고 강제로 연행하려던 군인들의 폭력성 …… 그때의 공포와 경험으로 10여 년 전 『끝나지 않은 5·18』이란 책을 낸 적이 있다. 어쩌면 방관자로서 죄책감 때문이었을 것이다.

5·18특별법이 있었고, 책임자를 법정에 세웠고, 내란이라는 법적 평가를 내렸음에도, 5월 광주는 지금까지도 발포 명령자를 알지 못한다. 도대체 전두환 등 신군부는, 관찰자이자 방관자인 나와 일부 시민은, 그리고 간혹 5·18 피해자들은 왜 이런 인권침해와 고통의 역사와 현실을 부인하는 것일까, 애써 외면하는 것일까.

인권침해와 고통을 조장하고 악화시키는 행위를 '부인'이라 하고, 그 반대쪽을 '시인'이라 하자. 한쪽은 인권 존중이고, 다른 쪽은 인권침해다. 민간인 학살과 5·18 등 국가 폭력의 역사를 거쳐 왔음에도 왜 우리 사회에서 여전히 인권은 소유권의 절대성에 자리를 양보해야만 하는가. 왜 인권침해는 현재 진행형일 수밖에 없는가. 영국의 인권 및 범죄사회학자 스탠리 코언 교수는 '부인'이라는 개념으로 규정했다.

우리 시대의 자랑할 만한 인권전문가 조효제 교수가 코언 교수의 『잔인한 국가 외면하는 대중』을 번역했다. 인권 전문가에 의한 이 책의 번역과 출간이 우리 사회에 주는 메시지는 분명하다. 그 유용성을 보자. 조효제 교수가 저자의 내용에 따른 '부인'을 2009년 서울의 용산에 적용해 보았다.

"경찰은 직무수칙을 철저히 준수했다. 용역업체와 공모하지는 않았다, 과잉 진압은 없었다(문자적 부인). 사망자 발생은 사실이지만 정당한 공무집행 중 일어난 것으로 인권침해라 할 수 없다. 농성자들이 뿌린 시너에 화염병 불이 붙어 난 사고이므로 경찰에 책임을 묻긴 어렵다. 외부 세력이 개입했으니 선량한 피해자들의 순수한 자구 움직임이 아니다(해석적 부인). 책임자 파면과 처벌보다 진상 규명이 우선이다. 진압 책임자 사퇴 주장은 반정부세력의 체제 전복 시도이다. 공무원의 적법한 행위를 처벌하면 누가 열심히 일하겠는가(함축적 부인)."

'사실 → 진상 규명 → 처벌과 제재 → 재발방지'라는 기존의 인권 문법을 제쳐 두고, 왜 '부인'의 문제를 파고들어야 하는지 쉽게 이해될 것이다. 그래서 이 책은 인권침해와 인간 고통에 대한 '시인'을 인권 운동의 근본 목표로 삼자고 주장한다. 그러기 위해서는 '훌륭한 시민성'이 필요하다는 것이다. 그 시민성이란 고작 "거창한 영웅적 행동을 요구하지는 않지만, 평범한 침묵을 장려하지도 않는" 정도다.

인권침해 등을 포함한 범죄의 원인에 대한 연구가 영·미 법계에서는 법사회학 영역이지만, 우리는 법학의 영역이다. 그렇다 보니 우리 사회에서 인권 문제는 법적·정치적 틀로만 이해되곤 한다. 그러니만큼 대중의 주관적 심리 상황을 함께 살펴야 한다는 이 책의 분석은 필수적이다. 더불어 저자는 '부인'하는 것 자체를 범죄로 지정하는 입법례를 제시한다. '기억해야 할 의무', '도와야 할 의무', '알아야 할 의무'를 '시인'의 내용으로 제시한다.

그렇다면 우리 사회는 '시인'일까 '부인'일까. 우리는 덮는 것만으로 문제가 해결됐다고 믿고 싶어하며, 더 이상 과거에 얽매이지 말고 미래를 향해 나아가자고 외치는 나라다. '부인'하는 국가의 전형이다.

재판권과 검찰권아
좀 겸손하면 안 되겠니

『인저스티스』

브라이언 해리스 지음 | 이보경 옮김 | 열대림 펴냄

저자 브라이언 해리스는 형사재판에서 많은 경력을 쌓은 영국 출신 베테랑 변호사로, 많은 수의 법률 도서를 펴냈다. 그 중의 하나인 이 책은 오랜 역사 동안 내려진 판결 중 인저스티스, 즉 부정 혹은 불의가 발생한 재판들을 모아 탐구한 책이다. 재판의 공정성뿐만 아니라 궁극적으로 피고의 유죄 여부에 대해서도 다시금 질문을 던지고 있다.

저자는 다양한 판례들을 통해 공정한 재판이란 어떤 것이며, 죄 있는 사람은 벌을 받아야 한다는 당연한 논리가 과연 재판장에서도 지켜지고 있는지에 대해 자세히 살펴본다. 또 재판 과정에서 불의가 어떤 과정을 통해 나타나는지, 각 판례에서 나타난 불의의 성격은 무엇인지에 대해서도 소개한다.

이 책에서 주목할 만한 점은 바로 부당하다고만 말할 수 없는, '불의'의 존재 여부에 대해 쉽사리 판단할 수 없는 판례들 또한 많이 존재한다는 것이다. 저자는 이를 통해 진정한 정의와 불의는 과연 무엇인지, 또 이와 같은 불확실성과 도덕적 모호함을 통해 인간의 행동 방식을 관찰할 수 있는 흥미진진한 시험대를 제공한다.

『부러진 화살 : 대한민국 사법부를 향해 석궁을 쏘다』

서형 지음 | 후마니타스 펴냄

필명이 '서형'인 저자는 2007년 사법부 석궁 사건의 주인공인 전 성균관대학교 교수 김명호 씨와의 인터뷰와 재판 이야기를 이 책에 담아냈다. 저자는 이 책을 통해 재판을 바라보는 다양한 시각을 소개하면서 일반적인 재판과는 조금 다른 모습을 보였던 재판, 그리고 이를 통해 대한민국 사법부와 법치국가로서의 대한민국에 대한 성찰을 이끌어 낸다.

저자는 김명호 교수의 재판에서 흥미로웠던 점은 준법을 요구하는 피의자와 이에 대해 쩔쩔매고 있는 판사와 검사의 모습이었다라고 말한다. 또 저자마저도 불편함을 느낀 사건 당사자인 김명호 교수의 '깐깐함'과 이 재판에 대한 의견을 공유한 방송국 피디, 기자, 판사, 법원 공무원 등의 의견을 조합하여 재판의 양상을 더 생생하고 꼼꼼하게 보여 주고 있다.

김명호 교수는 이 책에서 정부로부터의 폭력은 무조건 정당화되는 반면 개인의 폭력은 그렇지 못하다는 점을 지적하면서 올바른 법치국가로서의 대한민국을 부르짖는다. 저자는 준법을 당연하게 여기는 법치국가를 요구하는 피고인과 이에 당당하게 대응하지 못한 사법부를 대비시키면서 대한민국 사법부가 해결해야 할 과제와 나아가야 할 길을 제시한다.

재판권과 검찰권은 사법시험 합격자들의 것이 아니다, 성적순이 아니다. 판사들의 것도 아니요, 검사들의 것도 아니다. 처음부터 시민의 것이었다. 그런데 관심 밖이었다. 2009년 상반기 우리 사회의 특별한 성과 중 하나가 시민들이 비로소 '사법 권력'을 의심하기 시작했다는 점이다. 문제의식은 관심에서 시작되어 의심으로 이어지고, 대안으로 지속된다.

다른 나라의 법정 소설이나 재판을 다룬 영화·드라마를 흥미 있게 본 적이 많을 것이다. 논픽션도 마찬가지다. 그런데 우리나라에는 재판을 다룬 이런 류의 흥행은 없다. 법률과 수사와 재판은 오로지 사법 엘리트들의 몫이요, 사법 관료들과 법조인들 사이 '그들만의 리그'였다.

"세기의 정치범 재판"이라는 부제를 단 『인 저스티스』는 영국 출신의 변호사 브라이언 해리스가 링컨 암살범에 대한 재판에서 갈릴레이 재판까지 13건의 판결을 '정의'라는 관점에서 해체했다. "대한민국 사법부를 향해 석궁을 쏘다"라는 부제를 단 『부러진 화살』은 작가 서형의 작품이다.

해리스는 "역사학도들에게 법정이 유용한 한 가지 이유는 재판 과정이 오랫동안 세심하게 기록되어 왔다는 점이다"라고 했다. 『부러진 화살』은 2007년 우리 사회를 뒤흔든 이른바 '석궁 재판'에 대한 꼼꼼한 기록이라는 점에서 해리스의 고찰을 떠올리게 한다.

해리스에게 정치범 재판은 "단순히 권력자가 자기를 위협하는 인물에게 가하는 행동"일 뿐이다. 정치범죄를 다루는 재판이 아니다. 그래서 반역자는 물론 의무태만, 불경, 노동쟁의 같은 다양한 문제에 대한 사범들의 재판이 이 책에 포함될 수 있었다.

링컨 암살 사건의 용의자로 지목된 남자 여섯 명과 여성 한 명은 일반 법원이 아니라 군사 법정에서 재판받았다. 당시에도 논란은 있었다. 전쟁 상태도 아니고 계엄 상태도 아닌데, 과연 민간인이 대통령을 암살했다는 이유만으로 군사법정에서 재판받아야 할 헌법적 근거가 존재하는 걸까. 그래서 '부정의'라는 제목이 성립할 수 있다.

'석궁 사건'을 두고 법원은 테러라고 했다. 당시 대법원 공보관은 "재판 결과에 불만을 품고 재판장 집에 찾아와 잘못하면 생명의 위협을 초래할 수 있는 흉기를 사용하여 테러를 감행했다"고 성명을 발표했다. '법치주의에 대한 중대한 도전'이라고 설명됐다. 서형은 이 사건을 통해 "법을 다룬다는 이유로 최고의 존경을 강요하는 국가의 권력 조직 내에서 나타나는 기묘한 풍경" 속에서 "대한민국 사법부에 홀로 도전한 한 개인이 겪게 될 운명"을 그렸다. 그래서 해리스의 기준대로라면 한국판 '정치범 재판'의 범주에 포함시킬 수도 있겠다는 생각이 들었다.

법률가들은 거의 모두 "오로지 재판이 공정하게 이루어졌는가 하는 점"에만 관심을 갖고, 법을 모르는 보통 사람들은 "죄 있는 사람이 유죄판결을 받고, 죄 없는 사람은 풀려나는 것"에 관심을 갖는다고 해리스는 말한다. '정의'에 대한 시민들의 욕구가 좀 더 정직하고 절박함을 잘 드러내고 있다.

재판은 신탁이 아니다. 언제든지 오류가 있을 수 있다. 오판이야말로 인간의 본질이요, 한계다. 그래서 재판권과 검찰권은 겸손해야 한다. 사법권도 어디까지나 시민이 위임한 권력일 뿐이다. 그런데 법조인들은 사법시험 합격이라는 외투를 둘러쓰고 자신들만의 천부적 권리인 양 독섬하려 든다. 재판에 대한 검증과 비판을 사법권 독립에 대한 침해로 오해한다. 재판은 역사의 법정에서 끊임없이 검증되고 평가되어야 한다. 두 권의 책은 낮은 목소리로 그렇게 얘기한다.

극복해야 할
'거인주의적 개인주의'

『공동체론 : 화해와 통합의 사회 정치적 기초』

박호성 지음 | 효형출판 펴냄

한국 사회의 계급과 민족문제에 관심을 갖고 연구해 온 서강대학교 박호성 교수
는 공동체 사상의 역사에 대한 탐구를 바탕으로 한국 사회에서 진정 공동체다운
공동체가 성립될 수 있는지에 대해 자문한다. 그리고 공동체 사회 형성을 위한
화해와 통합을 달성할 수 있는 실천 방안을 이 책을 통해 제시한다.

이 책은 "삶의 공동체"와 "공동체적 삶"의 두 부로 나뉘어져 있으며 각각 동·서양
에서 본 공동체 개념의 역사와 공동체 삶을 지향해야 하는 이론적·현실적 근거
를 제시한다. 제1부에서는 특히 유학 중심의 동양 사회와 기독교 중심의 서양사
회의 공동체 정신을 대비하여 살핌으로써 각각의 특징을 짚어 낸다. 제2부에서
는 공동체주의의 반대 선상에 놓여있는 자유주의와의 이론적 비교 분석을 시도
한다.

저자는 기존의 역사와 이론 및 현실적 사례를 분석한 후에 저자 고유의 정치사상
이라고 할 수 있는 '인연 공동체론'을 제시한다. 인간의 본성인 두려움과 이해관
계에서 출발하여 인간이 공동체를 구성하게끔 만드는 자연적 추동력인 사회성,
즉 관계성을 '인연'으로 명명하여 오늘날 공동체가 맞고 있는 위기를 극복할 수
있는 대안으로 소개한다.

2008년 저자(박호성 교수)는 '학문적 세월의 잔고'를 확인한 후 영국 옥
스퍼드로 마지막 안식년을 떠났다. "나는 대학입시 준비로 열병을 앓

고 있는 나의 사랑하는 딸을 싸늘하게 내팽개치고는 지극히 반공동체적인 몸짓으로 표표히 짐을 꾸리기 시작했다." 정확히 1년 후『공동체론』(박호성)으로 나타났다. "대학 새내기가 된 사랑하는 나의 딸 서정에게 멋진 공동체적 삶이 늘 함께하길 ……"이라는 헌사와 함께였다. 우선 사랑과 헌신의 가족 '공동체'가 참 아름답다.

저자는 우리 사회의 '거인주의적 개인주의'를 과녁으로 삼았다. 조무래기가 아닌 오로지 '거인'을 숭배하는 자유주의적 개인주의 또는 개인 절대주의 시대다. 시장이라는 이름의 약육강식 시대다. 인간과 자연과 공동체는 거인 앞에서 초라하다. 그렇다면 우리 사회는 이런 질곡으로부터 벗어나 어떻게 공동체적 연대를 추구할 수 있을 것인가. 저자가 생각하는 공동체주의는 "원칙적으로 사익보다는 공익을 좀 더 폭넓게 배려하면서 인간 공동체 내부에 수립되는 집단적 연대를 통해 공동체 및 공동체 구성원의 평화롭고 미래지향적인 공동 발전을 촉진하고자 하는 실천적 결의"다.

제1부에서는 아리스토텔레스에서 로버트 오언에 이르기까지 공동체의 역사와 구상을 총체적으로 점검한다. 제2부는 더불어 살아가는 것이 왜 바람직한 일인지, 어떻게 이 땅에 공동체를 건설해 나갈 것인지를 제시한다. 저자가 실험적으로 제시한 한국 사회의 바람직한 공동체 모델은 '3공주의'다. 그 셋은 '공생(共生)주의', '공화(共和)주의', '공영(共榮)주의'다. 동일한 역사적 체험을 공유하며 동일한 삶의 양식 아래 살아가고 있는 운명 공동체임을 인식하자는 것이다. 사회적 양극화를 극복하고 공동체의 운명을 공동체 스스로 풀어 나가자는 것이다. 사해동포가 다 함께 잘 살기 위해서는 민족통일부터 이루어 나가자는 것이다.

"한마디로 우리 민족공동체의 21세기 과업은 '시민참여·국민복지 확대로 민족통일의 달성', 바로 이것이다"라는 것이 책의 맨 끝 문장이다.

600쪽이 넘는『공동체론』의 역사와 논리의 귀납은 상당히 단순하다. 책 읽기도 그리 부담스럽지는 않다. 때론 저자의 사적 체험, 때론 종교적·심리학적 근거가 제시된다. 그러다 보니 솔직히 편집자의 냉혹함이 그리운 부분도 있다. 세상의 해법이 어느 날 갑자기 하늘에서 뚝 떨어질 리 없다. 결국은 우리 사회의 소산일 것이다. 강화된 민주주의를 추구하려던 우리 사회의 꿈은 심각한 좌절에 놓여 있다. 1인 1표의 주권(主權)에 기반을 둔 민주주의가 1주 1표에 기반을 둔 주권(株券) 자본주의로 대체되고 있다. 시장주의는 경제를 넘어 사회, 심지어 민주주의를 지배하는 등 우상화되고 있다. 시민성은 약화되고, 인간의 존엄성은 저자거리의 상품이 되었다. 극단적 양극화가 우리 사회를 철저하게 분단시키고 있다.

저자는 공동체의 당위성을 설파한다. 물론 저자 말고도 이미 공동체론을 이야기하는 이들이 있다. 한반도선진화재단을 이끌고 있는 박세일 교수가 그랬다. 박 교수는 미국 일각에서 주창되고 있는 '공동체자유주의'를 제안한다.(박세일,『대한민국 국가전략』) 그러나 본질은 시장자유주의에 불과하다는 것이 필자의 생각이다. 그래서 저자의 논리와는 많은 부분이 다르다. 우리 헌법이 과연 2009년 9월의 일상과 같은 이런 공동체를 꿈꾸었을까.

개인의 소유권만큼이나 공동체의 이익을 조화롭게 하고 있건 없건, 배웠건 못 배웠건, 몸이 성하건 불편하건 다함께 더불어 살아가자는 것이 시민들의 약속이었다. 따라서 우리는 본래적 의미의 공동체를 묵상하고, 토론하고, 연대해야 한다. 이것이야말로 공동체 구성원인 시민의 의무다.

열심히 일해도
가난할 수밖에 없다면

『워킹 푸어 : 빈곤의 경계에서 말하다』

데이비드 K. 쉬플러 지음 | 나일등 옮김 | 후마니타스 펴냄

22년간의 저널리스트 경험으로 퓰리처상을 수상한 데이비드 K. 쉬플러는 세계 제일의 경제력을 가진 미국이 안고 있는 근로 빈곤 계층에 관한 문제를 이 책을 통해 제기한다. 그는 열심히 일을 함에도 불구하고 빈곤 계층에서 벗어날 수 없는 상황이 과연 개인과 사회구조 중 어디에서 기인했는가를 저서를 통해 살펴본다. 저자는 겉으로는 일자리가 있고 정기적인 수입이 있다는 이유로 중산층으로 분류되는 이들이 사실은 불안한 고용 상황 속에서 근근이 살아가고 있음을 근로 빈곤층의 삶을 직접 관찰하며 인터뷰한 자료 등을 통해 밝혀내고, 결국 근로 빈곤층은 중산층으로 발돋움할 수 있는 국가나 기업의 복지 혜택에서 배제된 채 빈곤의 굴레 속에서 노동할 수밖에 없는 고용층임을 지적한다.

이 책이 주목받는 이유는 한국 사회 역시 스스로를 워킹 푸어 계층이라 자평하는 집단이 늘어나는 추세에 있기 때문이다. 수치상으로는 고용과 정기적인 수입이 반영되지만 역시 생계유지에도 빠듯한 수입 탓에 퇴직시 빈곤층으로 전락할 가능성이 높은 상황이 한국 사회에도 점차 그 모습을 드러내고 있다는 점에서 이 책이 시사하는 바가 크다.

뼈가 부서지도록 일해도 가난에서 벗어나지 못하는 사람들을 '워킹 푸어'라 부른다. 이들은 "대부분 분노할 여유조차 없는 사람들이다. 하루하루 힘겹게 반복되는 일상과 싸우느라 지쳐 있는 사람들이다. 받고 있는 임금만으로는 도저히 가난으로부터 벗어날 수 없는 사람들이다. 그래서 현재의 삶이 미래를 위한 삶이 되지 못하고 가난의 덫을 더욱 강화시키고 마는 사람들이다."

미국인들이 지닌 신화는 '최하층에서 태어나더라도 노력만 한다면 얼마든지 잘살 수 있다'는 가정을 전제한다. 그런데 열심히 일해도 가난할 수밖에 없다면? 이 반(反)신화는 어떻게 해석해야 할까.

퓰리처상을 받은 탁월한 저널리스트 출신의 저자인 데이비드 K. 쉬플러는 복합성과 인과율로 정리한다. '워킹 푸어'는 "서로 상승작용하는 일련의 장애들이 모여 생겨나는 결과물"이라는 것이다. 저임금이면서 저학력, 장래성 없는 직업에다 제한된 능력, 넉넉지 못한 저축과 더불어 현명하지 못한 지출, 나쁜 주거 환경과 더불어 악순환의 고리를 강화시키는 부실한 자녀 교육, 낮은 의료보험 가입률과 더불어 건강하지 못한 가정 상황 등이 촘촘한 그물망으로 연결된다. 여기에 성치·경제적 권력 구조에 존재하는 제도적 문제와 사생활 및 가정생활에 존재하는 개인적 문제 등이 복합적으로 작용하는 결과라는 것이다.

한국인 이민자도 '워킹 푸어'다. 한국에서 은행 창구 직원으로 일한 이정희는 1995년 남편과 함께 미국으로 건너왔다. 남편은 로스앤젤레스 캘리포니아대학교(UCLA)에서 컴퓨터 과학을 공부하고자 학생 비자를 받았고, 그녀도 공부할 생각이었다. 한국에서 집을 팔고 온 돈은 1년 만에 바닥이 났다. 한국에서는 침실 3개, 화장실 2개의 집에서 살았지만 로스앤젤레스에서는 침실이 하나만 있는 집에서 살 수밖에 없었다. 침대에는 아이 둘이 잤기 때문에 부부는 바닥에서 잠을 잤다. 미국에 올 때 품은 야망은 이미 사라진 지 오래다. 남편은 봉제 하청업체의 매니저로 일하고, 그녀는 한국 식당에서 웨이트리스로 일한다. 수입은 모두 지출되고 저금으로 돌릴 돈은 없다. 그녀와 남편은 문제가 많다. 서로 대화할 시간도 없고, 공통된 화제도 없다. 자주 다툰다. "어떤 의미에서 한국계 이민자는 미국에 동화되고 있다고 할 수 있다. 한국계 이민자의 이혼율이 거의 50퍼센트에 이르기 때문이다." 전형적인 '워킹 푸어'다. 이렇듯 "희망에 지쳐 꿈도 사라진" 이들의 일상을 추적하는 일은 고통스럽다.

문제는 남 이야기할 새가 어디 있냐는 것이다. '워킹 푸어'가 우리 문제이기 때문이다. 대학 진학률은 세계 1위를 넘나들지만 학비는 온전히 개인의 몫이다. 청년 실업률은 곱절로 늘었다. 사교육비 지출은 경제협력개발기구(OECD) 국가 가운데 1위다. 의료비의 민간 지출분 역시 OECD 국가에서 최상위권이다. 수도권에 내 집을 마련하기 위해 월급을 한 푼도 쓰지 않고 12, 13년이 넘도록 모아야만 한다. 그래서 내 집 마련이나 노후 보장은 영원한 로망에 불과하다. 미국은 그래도 '워킹 푸어'일지 모르겠지만 우리는 그냥 '푸어'다. 탈출구가 보이지 않는다. 부의 편중에 따른 사회적 양극화는 또 다른 분단을 낳고, 시대는 역주행해 신분제 봉건사회로 회귀 중이다. 저자는 미국의 '워킹 푸어'에 대한 해법으로 '정부와 기업을 통한 사회적 의무와 노동 및 가족을 통한 개인적 의무의 통합'을 제시했다. 그렇다면 우리 사회의 해법은? 먼저 현실을 직시해야 한다. 고통과 연민의 정을 느껴야 한다. 염치가 있어야 한다. 이 책의 끝 문장이 이렇다. "이제 우리는 부끄러움을 느낄 때가 되었다."

신성불가침의
한국 스포츠에 '한 방'

『어퍼컷 : 신성불가침의 한국 스포츠에 날리는 한방』

정희준 지음 | 미지북스 펴냄

교수이자 스포츠 칼럼니스트인 정희준은 세계대회에서 우수한 성적을 거두며 국민들로부터 사랑을 받고 있는 대한민국 스포츠의 이면에 감추어진 치부를 이 책을 통해 낱낱이 파헤치고 있다. 그는 정치, 경제, 언론, 문화 등 스포츠와 연관된 다양한 분야에서 한국 스포츠를 바라보며 비판한다.

이 책은 월드컵 4강, 올림픽 7위, WBC 준우승 등 국제 대회에서 연이은 쾌거를 거두며 전 국민적 사랑을 받고 있는 대한민국 스포츠의 이면에는 여전히 폭력에 노출되어 인권을 보장받지 못하는 선수들과 언론과 정치, 자본이 결탁하여 스포츠계를 쥐락펴락하는 현실, 국가주의, 그리고 여전히 상업주의와 1등주의만 있다고 신랄하게 비판한다.

저자는 이 책에서 한국 스포츠의 실상을 한국 사회에 투영시켜 비단 스포츠 분야에서의 문제점만이 아님을 밝힌다. 또한 저자가 꿈꾸는 이상적인 모델로서 인간성을 가진 스포츠, 누구나 제약 없이 쉽게 참여할 수 있으며 승패와는 관계없이 모두가 행복하게 경기 자체를 즐길 수 있는 스포츠를 제시한다.

『스포츠 코리아 판타지 : 스포츠로 읽는 한국 사회문화사』

정희준 지음 | 개마고원 펴냄

저자 정희준은 한국 사회와 스포츠와의 상관관계를 이 책을 통해 한국 근·현대사로 되짚어 올라가 분석한다. 그는 스포츠가 단순히 취미나 오락 수단이 아닌, 정치·사회와 밀접하게 관련된 개념으로 한국 사회를 구성하는 하나의 '환상'이라고 표현한다.

이 책은 스포츠가 한국 사회에서 차지한 역할과 지위를 해방 이전부터 시대별로 구분, 각각의 특성을 당시 정치·사회적 사실과 결부지어 소개한다. 그와 동시에 '한국'이기 때문에 나타날 수밖에 없는 스포츠 현상들의 원인과 그 작동과정 및 기제를 살펴보고 있다. 이를 통해 저자는 한국의 스포츠가 사회의 '환상'을 만들어 내는 도구로서 활용되었음을 밝혀낸다.

저자는 한국 스포츠의 사실상 최대 버팀목이라 할 수 있는 상업주의를 언급함과 동시에 오늘날 스포츠에 지대한 영향력을 펼치며 그 범위를 넓히고 있는 민족주의 개념을 제시한다. 그리고 이들 상업주의와 민족주의에 대한 의존성을 낮추고 인간적인 스포츠의 회복을 요구한다.

스포츠를 빼놓고 우리의 일상을 얘기할 수 있을까. 대중문화를 논할 수 있을까. 그럼에도 경기 생중계나 스포츠 뉴스 말고 스포츠, 사회, 일반에 대한 사회적 분석은 여전히 미래형이다. 어릴 적에 운동선수였고 지금은 스포츠과학부 교수로 학생들을 가르치면서 스포츠 사회와 현상에 대한 날카로운 '학술적' 비평을 선도하는 저자 정희준이 '신성불가침의 한국 스포츠'에 또다시 '한 방'을 날렸다. 『어퍼컷』이다.

저자는 한국 스포츠를 관통하는 키워드로 세 가지를 들었다. 국가주의, 집단적 자아도취, 폭력이다. 순전히 권력적 측면에서 스포츠는 훌륭한 사회통제 도구가 될 수 있다. 경기 규칙과 훈련이라는 '아름다운 이름'으로 사회적 규율에 준수하는 습관을 주입할 수 있기 때문이다. 저자는 2009년 2월 출간된 『스포츠 코리아 판타지』에서 스포츠를 통해 한국의 현대사회문화사를 분석했다. "박정희가 보기에 태권도는 여러모로 '이쁜 자식'이었다. 그래서 군대에 보급했고, 또 당시 새마을 운동, 성웅 이순신, '국기에 대한 맹세', 국민교육헌장만큼이나 중요한 이데올로기적 국가장치로 활용했다. …… 자주국방을 위한 강군양성에 기여할 뿐 아니라 예의범절 길러주지, 명령에 복종케 하지, 도장 드나들 때마다 태극기를 향해 경례를 하며 국가관을 길러주는 등 이만한 다목적 국가장치는 드물었다." 그리고 이런 태도는 전두환, 노태우 정권에 의해 철저히 계승됐다.

그때는 그랬다고 치자. 문제는 오늘이다. 국수주의에 가까운 애국주의 또는 국가주의, 스포츠 비즈니스와 대중매체가 강고하게 결합된 상업주의, 오로지 금메달만을 추구하는 일등지상주의가 사회통제 수단성에 따라붙는다. 우리 사회에서 스포츠 선수들의 인권과 교육은 아예 존재하지 않는다. 그래서 초등학생부터 프로선수에게까지 가해지는 성폭력이 존재하는 나라다. 국가 폭력과 독재정치와 스포츠가 사이좋게 연을 맺고, 서로를 위해 봉사하던 시절에야 그랬다 치자. 그런데 2009년 현재 한국 사회의 스포츠가 여전히 '그때 그 시절', 대한뉴스 시절에 머물러 있다는 것이다. 그렇다면 더 이상 봐 줄 필요가 없다. '어퍼컷' 그 이상으로라도 '얻어터져야' 하는 이유가 되지 않을까. 다만 '주먹'이 아닌 '말과 글'로다.

지난 시절 중앙정부가 주도하던 '스포츠 정치화'가 이제는 지방으로 전염됐다. 김진선 강원도지사는 '평창 동계올림픽' 3수 도전을 위해 꼭 필요한 일이라며 이건희 전 삼성그룹 회장의 사면복권을 건의했다. '재벌 없이 스포츠 없고, 스포츠 없이 3선 없다.' 저자는 '올림픽은 개고

생'이라며 "나는 올림픽 없는 곳에서 살고 싶다"고 선언한다. 평창 동계올림픽 유치에도, 부산 하계올림픽 유치에도 반대다. 스포츠의 '상업 국가주의'에 결연히 맞선다. "결국 수십조 원의 빚을 낼 수밖에 없는 부산이 만약 올림픽을 개최한다면 이는 임진왜란 이후 최대의 재앙이 될 것이다. 그리고 폐막 후 우리 모두 허리가 휘도록 그 뒷감당을 해야 할 때 지금의 시장은 그 자리에 없을 것 아닌가. 물건만 팔고 사라지는 지하철 외판원과 뭐가 다른가 말이다."

그렇다고 저자는 순전히 남의 탓만 하지 않는다. 스포츠인 스스로의 각성을 요구한다. "더 자유로워야 하고 더 발랄해져야 한다. 그리고 세상을 둘러볼 줄 알아야 한다. 그래서 자신의 소신과 신념에 따른 자신의 발언을 해야 한다. 조직이 요구하는 '금기'를 깨고 나와야 한다. 한국 사회의 미래에 관심을 갖는 박지성, 친구들과 함께 청소년 문제에 대해 고민하는 김연아, 사회적 약자에 대해 발언하는 박태환 등. 이런 그림을 기대한다면 무리일까."

세상을 바꾸는
'구글의 힘'

『구글드 : 우리가 알던 세상의 종말』

켄 올레타 지음 | 김우열 옮김 | 타임비즈 펴냄

『뉴요커』의 수석 칼럼니스트인 켄 올레타는 3년간의 시간 동안 경영 일선에서 '구글'을 관찰하여 펴낸 이 책에서 기존의 전통적 미디어 시장 구성원들은 '물결'에 쓸려 없어지지 않으려면 구글의 행보를 주시해야 한다고 경고한다.

이 책은 그간 일하기 좋은 회사 정도로만 알려져 있던 구글이 미래의 산업을 어떻게 바라보고 있으며, 무엇을 어떻게 개발하며 입지를 다져왔는지에 대해 구글의 경영일선에서 확보한 인터뷰 자료와 데이터, 기존 미디어 기업 경영자들의 발언들을 바탕으로 설명한다. 그리고 구글의 변화의 핵심이 무엇이며 이에 무엇을 준비해야 하는지에 대해서도 소개한다.

저자는 이 책을 통해 현재 알려져 있는 구글은 실체의 일부에 불과하다고 말하며 인터넷 검색, 사용자 생성 콘텐츠(UGC), 디지털 마케팅, 온라인 광고 등 다방면으로 영향력을 점차 넓히고 있다고 말한다. 그리고 이처럼 구글이 만들어 내고 있는 가공할 만한 변화, 즉 '물결'에 쓸려가지 않기 위해 기존 미디어 업계를 포함한 개인과 기업들이 무엇을 해법으로 삼을지에 대해서도 소개한다.

마이크로소프트(MS)사가 최절정을 달리던 1998년 주간지 『뉴요커』의 수석 칼럼니스트이자 이 책의 저자인 켄 올레타가 빌 게이츠를 만났다. "가장 두려운 장애물이 무엇인가요?" 애플의 스티브 잡스도, 오라클도, 나중에 독과점 소송을 제기한 클린턴 행정부도 아니었다. "누군가 차고에서 전혀 새로운 무언가를 개발하고 있지나 않을까 두렵군요."

그해 실리콘밸리의 한 차고에서 게이츠의 악몽이 시작되고 있었다. 구글의 창업 멤버 래리 페이지와 세르게이 브린은 3년 전에 스탠퍼드대학교 대학원 오리엔테이션에서 만났다. 둘은 1973년생이며, 대학교수를 아버지로 두었고, 토론을 좋아하는 분위기의 집안에서 자라났으며, 고등학교 때부터 컴퓨터에 푹 빠져 지냈고, 컴퓨터 공학박사가 되려는 꿈을 가지고 있었다. 그들은 "현 상태가 무엇이든 거기엔 문제가 있고 반드시 더 나은 방안이 있다는 반사적인 믿음"을 공유했으며, "세상이 만들어 놓은 한계를 뛰어넘으려는 열망이 있었다. 누구의 허락도 구하지 않고 ……".

미국언어연구회는 지난 10년 동안 최고의 단어로 '구글'을 선정했다. 구글은 더 이상 우리가 알고 있는 세상에서 하나의 검색 엔진이나 인터넷 회사의 이름이 아니다. 구글은 그저 구글이다. 2009년 현재 구글은 전 세계 인터넷 검색시장의 70퍼센트를 장악했고, 2008년 기준으로 광고 수입은 미국 5대 방송사를 합친 것과 맞먹는다. G메일, 유튜브, 구글 어스, 구글 뉴스, 구글 맵스, 스마트폰 운영체제 안드로이드 등 구글의 진화는 현재 진행형이다. 구글의 2009년 4분기 매출과 영업이익은 각각 전년 동기 대비 17퍼센트 성장한 66억7천만 달러와 19억7,600만 달러.

구글의 슬로건은 "사악하게 행동하지 마라"다. 그러나 게이츠를 포함한 정보통신 기업, 신문, 방송, 할리우드 스튜디오 등 미디어 산업 모두는 구글을 두려워한다. 구글은 공룡이 아니라 새로운 '악의 제국'으로 인식될 소지마저 있다. 여러 의미로 구글은 '우리가 알던 세상의 종말'을 의미한다. 이 책을 읽어야 하는 첫 번째 이유다.

구글은 2010년 3월 23일 중국에서의 검색서비스를 중단했다. 2006년 구글이 중국에 진출한지 4년 만에, 2010년 1월 중국 당국의 검열에 항의하며 철수 가능성을 내비친 지 2개월 만에 내린 결정이다. 구글은 사전 검열에 저항하는 인터넷 언론 자유의 상징이다. 이것이 두 번째 이유다. 2009년 말 애플이 우리 사회의 모바일 혁명에 불을 지폈다. 우리는 그저 국산 휴대전화가, 국내 인터넷 환경이, 국내 무선통신 서비스가 세계 최고인 줄 알고 있었다. 애플의 아이폰과 구글의 안드로이드 운영체제로 상징되는 스마트폰 시대는 우리 사회의 폐쇄성과 개방성의 부조화다. 전화기만 잘 만들면 되는 줄 알았다. 우물 안 개구리인줄 이제야 알았다. 구글은 정보 통신의 흐름을 보여 준다. 이것이 세 번째 이유다.

『뉴요커』지 출신의 또 다른 스타 작가가 있다. 맬컴 글래드웰이다. 글래드웰은 『아웃라이어』에서 '기회'에 주목했다. 타이밍이다. 개인컴퓨터 혁명의 역사에서 가장 중요한 해는 1975년이다. 이 해 세계 최초로 상업적 미니컴퓨터키트가 판매됐다. MS의 빌 게이츠는 1955년생, MS의 최고경영자(CEO) 스티브 발머는 1956년생, 애플의 스티브 잡스는 1955년생이다. 1975년에 이미 어느 정도 나이가 든 상태에서 IBM에 자리 잡은 사람은 새로운 세계를 향해 변화하는 데 큰 어려움을 겪었을 것이다. 물론 발머와 잡스는 여전히 세계 최고다. 그러나 이들에게 1973년에 태어나 1998년에 창업한 구글이 있다. MS와 애플이 2세에게 상속되기 전에 새로운 기술과 새로운 기업이 태어났다. 우리나라 같으면 어떠했을까. 벌써 '구조본'이 재벌 상속 작업에 들어갔을 것이다. 구글의 기술과 창업, 이것이 진짜 시장이고 진짜 자본주의다.

합법적 생각에
'똥침'을 놓다

『불법사전』

정철 지음 | 리더스북 펴냄

26년 경력의 베테랑 카피라이터 정철은 익숙하고 일상적인 것들을 합법적인 것으로 보고, 이 책을 통해 기존의 틀에 박힌 상식과 고정관념들에 반하는 '불법적인' 생각들을 집대성한다. 불법적인 개념, 단어들은 그 하나하나가 독립적으로 존재하는 것이 아니라 이로부터 파생되는 새롭고 다양한 생각들을 연쇄반응처럼 일으켜 준다.

이 책은 일반적이고 규격화된, '반듯한' 질서 아래의 일상을 합법적인 것으로 상정하고 이에 반하는 '불법적인' 생각들을 집대성한, 역발상을 활용한 사전이다. 120개의 대표적인 불법단어를 통해 새로운 정의를 내리고 있고, 이들 단어로부터 파생되는 새로운 시각들을 통해 세상을 바라보는 조금 다른 시선을 보여 준다. 저자는 이 책에서 독자들이 익숙하고 기존에 알고 있던 '합법적인' 지식들에 이별을 고하고 책을 읽어줄 것을 요구한다. 책의 목차는 존재하지만 책을 읽는 순서에는 따로 제약을 두지 않으면서 자유롭게 활용하라고 말한다. 나아가 저자 자신의 '불법적인' 생각뿐만 아니라 독자들 역시 자신만의 불법적인 생각들을 창조하고 기입해 둘 것을 요구한다.

애플사의 모토는 '다르게 생각하라'(Think Different), 트위터의 모토는

'내일은 더 좋은 실수를 하자'(Let's make better mistakes tomorrow)이다. 문제는 상상력이다. 생각이다. '생각하다'라는 말에 대한 『불법사전』의 정의. "'말하다'의 전치사 또는 접두사다. 따라서 생각 없이 말하는 것은 인생 문법에 어긋난다. 머리, 입 중에 머리가 맨 위에 달려 있는 건 먼저 생각하고 난 후에 말하고 행동하라는 뜻이다."
다르게 생각하는 것을 직업으로 삼는 이가 있다. 26년차 카피라이터 정철이다. 트위트와 젊은이들의 정치 참여 속에 2010년 지방선거가 끝났다. 2006년 서울시장 선거 때의 일이다. 어느 후보 캠프에서 정책과 토론을 맡아 일하고 있었다. 캠페인의 중심 주제를 놓고 격론이 벌어졌다. 강력하게 '보람이가 행복한 서울'이라는 카피를 지지했다. 당시로서는 파격적인 정치광고였다. 저자 소개를 읽다 보니 그때 그 카피를 만든 이가 정철이었다. 보이지 않는 인연이 무섭다.

먼저 이 책의 제목 『불법사전』에 대한 정의다. "발상 전환의 교과서. 세상 모든 합법적인 생각에 똥침을 놓는 책. 하지만 아픈 똥침이 아니라 따뜻한 똥침이라고 주장하는 발칙한 책. 그래서 똥침을 맞고 나면 가볍게 취한 것처럼 오히려 기분이 좋아진다고 강조하는 책. 사전으로 위장했지만 에세이 코너를 못 벗어나고 있다." 반대말은 '합법사전'이다. "발상 전환의 적. 세상 모든 합법적인 생각을 기역에서부터 히읗까지 질서정연하게 늘어놓은 책. 사전이면서 사전 코너에 있다. 재미없게." 다시 돌고 돌아 동의어로 '합법사전'이 있다. "불법 사전의 눈엔 합법 사전이 바로 불법 사전. 그래서 반대어이면서 동의어. 세상 모든 불법은 어떤 눈으로 바라보느냐의 차이." 그렇다. 어떻게 바라보느냐, 어떻게 생각하느냐의 차이다. 평범성을 거절한다. 일상성을 배반한다.

우리는 '창백한 푸른 별' 지구에 산다. 지구는 "우주에서 보면 아름다운 별이요, 지구에서 보면 안타까운 별이다. 아름다움과 안타까움 사이에 인간이 있다." 사람은 "세상 모든 생각의 출발점이요, 세상 모든 행위의 목적어다. 사랑을 먹고산다." 사람이 36.5도인 이유는? "사람의 체온은 36.5. 1년은 365. 사람의 체온 열이 모이면 1년이 된다. 1년에 최소한 열 사람을 꼭 껴안으라는 얘기다." 지구의 파생어로 '지구력'이 있다. "인간이 수없이 할퀴고 꼬집어도 지구는 비명 한 번 지르지 않는다. 그래서 지구처럼 묵묵히 버티는 힘을 지구력이라 한다. 지구력을 기르려고 산에 오르고 모래밭을 뛰는 이유는 그곳이 지구이기 때문이다." 허튼소리가 못된다. 역시 생각, 생각이다.

생각하다의 파생어로 '각하'란 단어가 있다. "'생각하다'에서 앞뒤를 잘라 내면 각하. 그냥 아무 생각하기 싫은 사람. 그래서 생각보다 행동이 앞서는 사람. 한 나라에 한 명은 있지." 정치의 엄숙주의에 대한 도발이다. 정치는 놀이다. 놀다의 활용 예로 '정치와 놀다'가 있다. "물론 정치와 노는 건 재미없다. 그러나 아무도 정치와 놀지 않으면 정치는 혼자 놀게 된다. 혼자 노는 정치가 내가 무엇을 기대하는지 어떻게 알겠는가. 오늘의 정치가 산으로 가고 있다면 그건 취미가 등산이어서가 아니라 내가 정치와 놀지 않았기 때문이다. 정치와 노는 방법은 그리 어렵지 않다. 평소엔 멀리서 정치를 지켜보다가 투표하는 날 제대로 된 내 한 표를 정치에게 선물하면 된다. 그것이 노는 것이다. 그래서 투표하는 날이 노는 날이다." 그래서 아이폰을 통해, 트위터를 통해 신나게 투표했다. 선거를 놀이로 만들었다. 생각의 차이였다. 그저 생각을 바꿨을 뿐이었다. 1970년대 방식의 성공 개념으로, 1950년대 방식의 반공정신으로 재단하려 드는 이가 있다. "불법 생각은 청춘의 특권이다." 상상력에 혁명이 필요하다.

영화보다 재미있는
인권 이야기

『불편해도 괜찮아 : 영화보다 재미있는 인권 이야기』

김두식 지음 | 창비 펴냄

경북대학교 법학대학에서 강의를 하는 동시에 장애인, 여성, 병역 거부자 등 사회 소수자들의 문제에 관심을 갖고 글을 써온 저자 김두식은 이 책에서 우리 주변에서 쉽게 접할 수 있는 영화, 드라마, 다큐멘터리 속 '인권'의 사례들을 보여준다. 또한 이러한 '불편함'에 어느새 익숙해진 독자들의 인권 감수성을 자극하여 다시금 생각을 곱씹어 볼 수 있는 기회를 제공한다.

이 책은 청소년, 성 소수자, 여성, 장애인 인권 등 사회 내 일상적인 문제로부터 노동자, 검열, 크게는 인종차별과 제노사이드 등 다양한 범주 내에서의 인권의 요소들을 다룬다. 특히 유명한 영화, 드라마, 다큐멘터리의 사례들을 다루면서 그 속에 내재되어 있는 인권과 관련된 '불편함'들을 전면에 드러낸다.

이 책을 통해 저자는 이러한 '불편함'들에 대해 현대사회의 구성원들이 너무나 익숙해져 있음을 지적하고, 무뎌진 우리들의 인권 감수성을 자극함으로써 머리로만 이해하기보다는 그들의 입장에 서보는, 역지사지의 정신을 가질 것을 요구한다.

따귀 맞는 장면은 불편하다. "다큐멘터리의 초반 10분 동안은 그냥 아무 설명 없이 따귀 장면만 계속 보여 주겠습니다. 짝, 짝, 짝, 짝 ……
박수 소리가 아니라 따귀 소리만으로 가득 찬 화면을 ……." 누군가가
다큐멘터리를 제작할 기회를 준다면 최근 10년 동안 한국 드라마에서
따귀 때리는 장면만 모아 보여 주고 싶다는 저자다. 불편해서 그렇다.
반론은 있다. "너무 일방적으로 몰아붙이지 마라. 살다 보면 따귀 한
대쯤 때릴 수밖에 없는 상황도 생긴다. 주먹을 부르는 여자들의 말은
폭력이 아닌 줄 아느냐?" 그래, 당신은 불편하지 않다고? "그런 남자들
과 따귀 때리는 드라마를 만드는 사람들이 본질적으로 뭐가 다른지 잘
모르겠습니다."

불편함의 세계에 눈을 뜨면 이전에 보지 못한 새로운 세상을 보게
된다. 인권의 세계다. 인권 감수성은 불편함을 느끼는 데서 출발한다.
그동안 법전 속의 법을 광장에 풀어놓거나(『헌법의 풍경』) 법조계의 과
장된 권위를 해체하는 데 앞장서 온(『불멸의 신성가족』) 김두식 교수의
새 책은 '영화보다 재미있는 인권 이야기'다. 존재감이 흐릿해져 가는
국가인권위원회가 제대로 된 인권 사업 한번 기획한 것 같다. "인권을
아주 쉽게 정리한다면 결국 '남에게 대접받고자 하는 대로 남을 대접
하라'는 황금률로 요약할 수 있습니다. 내가 보장받기를 원하는 그 권
리들을 다른 사람들도 보장받도록 하는 것이 민주 시민이 가져야 할
올바른 덕목입니다." 보통의 법률가라면 인권이란 좌우 이념과 사상을
떠나 세상 사람들이 동의하는 보편적 가치 또는 하늘이 부여한 권리라
고 설명했을 터다.

인권에 대한 정리는 성 소수자 인권 문제로 전개된다. "이와 관련
해 이성애자들이 버려야 할 것이 있습니다. 내 주변에는 동성애자가
한 명도 없다는 생각입니다." 책에는 80여 편에 이르는 영화, 드라마,

다큐멘터리가 동원됐다. 성 소수자 인권을 다룬 장만 보더라도 최근의 김수현 드라마 〈인생은 아름다워〉에서부터 영화 〈로드 무비〉, 〈색, 계〉, 〈쌍화점〉, 〈밀크〉, 〈더 월 2〉, 미국 드라마 〈윌과 그레이스〉 등에 이르기까지 무제한이다. 법 공부를 책이 아니라 화면으로 한 모양이다. 동네에서 만날 수 있는 사례가 제시되고, 미국 연방대법원의 판례가 제공되며, 성인 간의 합의에 의한 동성애도 처벌하는 우리 군형법의 특수성이 설명된다. 이 장의 마지막은 이렇게 끝난다. "당신의 가장 가까운 곳에 있는 바로 그 친구가 동성애자일 수도 있습니다. 그럴 수도 있다는 가능성을 늘 열어 놓고 사는 것이 바로 인권의 황금률입니다."

같은 영화나 드라마를 보더라도 불편함을 느껴 보라는 것이다. 불편함이 정상이라는 것이다. 불편함의 구조를 찾아보고 인권의 단단한 반석 위에 올려놓자는 것이다. 불편함은 청소년·장애인 인권, 검열과 표현의 자유, 인종차별, 제노사이드 등 아홉 개 테마로 구성된다. 청소년 인권이라는 관점에서 보자. 두발과 교복의 치마 길이 단속은 불편함이다. 그렇다면 "저는 먼저 학교에서 '학생도 어른과 똑같은 인간이다'라는 사실부터 인정하고 전체 그림을 새로 그릴 필요가 있다고 생각합니다. 그게 우리 아이들을 살리는 출발점입니다."

인기를 끈 〈아바타〉 같은 영화도 군산복합체를 강력하게 비판하고 환경 보전의 중요성을 강조하지만 어딘지 불편하다. "'선한 폭력'으로 '악한 폭력'을 몰아낸다는 기본 구도에서 한 치도 벗어나지 못"하기 때문이다. 영화 속에서의 구원이 언제나 '선한 폭력'을 통해 이뤄지는 방식은 못내 불편하다.

인권 감수성의 좋은 교재들이다. 책은 이렇듯 영화나 드라마의 스토리를 따라가면서 인권 감수성의 성적을 향상시킨다. 교수는 오래 전부터 '로스쿨'이 아니라 '우리 사회'의 법률 선생이 되기로 마음먹은 모양이다. 그렇지 않고선 일관된 열정과 작업이 설명되지 않는다. 지식인의 새로운 롤모델이다.

스스로 배우는
자기학습 방식

모니크 아벨라르 지음 | 유재명 외 옮김 | 휴머니스트 펴냄

불어불문학과 출신 학자들이 번역하고, 생태경제학을 『88만원 세대』의 저자 우석훈이 해제한 『프랑스 경제사회 통합 교과서』는 프랑스 고교 2학년 학생들이 공부하는 교과서로 경제학·정치학·사회학·문화인류학적 내용들이 한 권의 교과서에 녹아 있는 '통합교과적' 접근으로 이루어진 책이다.

이 책은 개별적인 교과목으로 더 익숙한 경제학, 정치학, 사회학을 하나의 통일된 시각으로 읽어 내는 접근을 통해 개별적으로 존재했을 때 파악하지 못했던, 사회를 읽는 총체적이고 입체적인 시각을 보여 준다. 더불어 풍부한 자료를 제시하고 동시에 교과서의 내용들에 대해 독자들에게 질문을 던짐으로써 일방적인 지식의 전수가 아닌 토론을 통해 자신만의 생각을 전개해 나갈 수 있는 기회를 마련해 준다.

이 책은 사회를 바라보는 시각이 한쪽 분야로 치우치지 않고 균형 잡힐 수 있도록 도와주며 3학년 과정에서는 현실적으로 발생하는 정치적·경제적·사회적 문제들에 대한 해결방안을 모색할 수 있도록 한다.

"내가 쓴 시가 나온 대입 문제를 풀어 봤는데 작가인 내가 모두 틀렸다. 그래서 지금은 안 풀어 본다." 시인이자 대학교수인 최승호 선생의 말

이다. 한국 사회에서 대학입시는 단판 승부다. 유난히도 추운 그 하루가 개인의 전 인격과 인생을 좌우한다. 패자부활전은 없다.

한국 사회는 대학 졸업식 때 입었던 교복과 교모를 평생 입고 산다. 학벌 사회다. 민주 공화정이 아니라 학벌 귀족정이다. SKY로 상징되는 특정 명문 대학 진학은 10대에서 20대 초반에 이르는 청소년들은 물론 전 사회적 목표요, 로망이다. 인생의 다른 길, 다양한 가치는 용납될 수 없다. 초·중·고라는 교육제도는 오로지 대학 입시에 종속되고 만다. 대입이라는 거대한 블랙홀에 빨려 들어가는 초라한 신세일 뿐 교육의 목표도, 과정도 영구 실종 상태다. 2009년 청소년 자살은 202명이다. 경제협력개발기구(OECD) 국가 중 최선진(?)이다.

"내가 아는 20세기 물리학·화학 분야의 노벨상 수상자 중에 학교에서 일등 했던 사람은 없었고, 반대로 꼴찌를 했던 사람은 몇 분 있었다. 하지만 이 사람들은 모두 연구 주제를 고르거나, 자기 일생의 가장 중요한 일을 객관적 상황에 근거해서 결정할 줄 알았다." 중국계 미국인으로 1976년 노벨 물리학상을 수상한 딩자오중의 말이다.

왜 우리나라에는 스티브 잡스나 빌 게이츠 같은 천재가 없느냐며 갑자기 부산해졌다. 아이폰이 준 스마트 시대의 충격이다. 하늘에서 노벨상이 뚝 떨어질 리 없다. 그럼에도 단기간의 집중적 요소 투입으로 스티브 잡스형 천재를 길러 내겠다며 매사추세츠공과대학(MIT)의 미디어랩을 흉내 내거나, 또 다른 특수목적 대학원을 설립하겠다는 것이다. 사회와 교육제도의 대변혁 없이 상상력과 창의력과 통합력과 조정력을 꿈꾸는 우리 사회의 이 거대한 모순을 과연 어디서, 어떻게 뜯어 고쳐야 할 것인가.

서평을 쓰겠다며 책을 받아 보고 나도 모르게 한탄했다. '우리 사회는 틀렸구나, 평생 가도 프랑스를 따라잡기 힘들겠구나.' 여기『프랑스 경제사회 통합 교과서』가 있다. 프랑스 고등학교 2학년에서 배우는 '경제사회학 교과서'다. 이 책은 경제학, 정치학, 사회학, 문화인류학의 통합적 성격을 지닌다. 프랑스의 시민교육 관련 교과 중·고등학교에서 경제사회 바칼로레아를 준비하는 학생들이 배우는 교과서다.

제15장은 사회 갈등과 조정이다. 도입부엔 질문과 함께 세 장의 사진이 제시된다. 〈사진 1〉은 2002년 최저임금 인상을 위한 협상테이블 사진. 페리에 생수가 눈에 띈다. 〈사진 2〉는 1906년 광부들의 파업을 담은 지역 신문 그림. 〈사진 3〉은 2002년 몽블랑 터널에서의 시위 장면이다. 내용은 전통적 갈등이 사회운동으로 이어지고, 사회는 이를 어떻게 조정할 수 있는지를 순차적으로 설명해 나간다. 철저히 원전 제시를 통한 자기학습의 방식. 이 장에만도『르 피가로』,『산업사회의 미래』,『공산당 선언』,『집단행동의 논리』등 우리가 대학에 가서도 제대로 읽지 않은 그 분야의 전통과 현존의 고전들이 제시된다. 실전학습을 통해 다시 이해 수준을 높이고, 질문을 던지며 요점을 정리한다. 연습문제가 있고 바칼로레아를 위한 종합 평가, 그리고 "에밀 뒤르켕은 왜 자살을 '사회적 사실'로 보았는가"라는 논술 문제로 끝을 맺는다.

읽기보단 보는 책이다. 보기보단 죽비로 사용해야 마땅하다. 우리 아이들에 대한 죽비가 아니라, 이 땅의 교육을 책임져야 하는 어른세대에 대한 죽비다. 보르도대학교의 와인학 교수가 그랬다. "전통은 성공한 실험"이라고. 프랑스 교육은 프랑스혁명 이래 끊임없는 실험을 통해 이렇게 아름답고 건강한 교육과 교과의 전통을 만들었나 보다. 솔직히 프랑스 고교 2학년 교과서가 내 수준에서도 버겁다면 무엇이 문제인가.

우리 집과 서양 집의
공통점은

『한국 주거의 공간사』

전남일 지음 | 돌베개 펴냄

『한국 주거의 공간사』는 가톨릭대학교 소비자주거학과 전남일 교수의 『한국 주거의 사회사』와 『한국 주거의 미시사』에 이어지는 '한국 근·현대 주거의 역사'의 세 번째 책이자, 마지막 책이다. 1978년 개항기를 출발점으로 삼아 2000년까지 몰라볼 정도로 급격한 변화를 거친 한국 근·현대 주거의 역사를 공간사의 관점에서 공시적·통시적으로 명쾌하게 정리한다.

이 책은 한국의 주거를 크게 도시, 주거지, 단위 세대, 단위 공간 등의 범주에서 바라보면서 한국 주거의 변화 양상은 단기간 동안 급격한 변화를 겪은 한국민들의 생활사적 변화와 밀접하게 관련이 있음을 얘기한다. 즉, 한국 주거가 어떻게 변했는지, 또 그렇게 변할 수밖에 없었던 필연적인 인과관계를 생활사의 변화를 통해 입증한다.

또한 저자는 이 책에서 현대사회의 특징이라 할 수 있는 인구의 수도권 집중화, 노령화, 저출산, 핵가족화 등의 변화가 한국의 주거 양상에도 영향을 미쳤으며 이는 한국의 주거를 바라보는 것이 곧 한국 사회의 변화 과정을 들여다보는 것이라 얘기한다. 그리고 이를 통해 미래의 한국의 주거 상과 사회상을 바라볼 수 있는 토대를 마련할 수 있다고 말한다.

임석재 지음 | 컬처그라퍼 펴냄

임석재 이화여자대학교 건축학과 교수는 이 책에서 우리나라의 전통 가옥 형태의 궁궐, 사찰, 서원, 향교, 민간 한옥 등을 서양식 건축양식과 비교한다. 1999년 첫 발간된『우리 옛 건축과 서양 건축의 만남』의 개정판으로, 10년이 지나도 변하지 않는 가치를 지닌 이 텍스트를 새로운 세대에게도 지속적으로 소개하고자 시대에 맞게 새롭게 다듬어 엮었다.

이 책은 그간 서양식 건축양식과 반대 선상에 놓으며 이분법적으로 바라본 우리 전통 가옥 양식을 건축에 관한 열여덟 가지 주제를 통해 짚어 보고, 이와 비슷하면서도 상반된 특징을 가진 서양 건축과의 비교를 통해 인문적 성찰에 이르는 건축교양서이다.

저자는 이 책에서 우리 전통 가옥 양식과 서양식 건축양식을 비교함으로써 궁극적으로 우리 건축을 성찰할 수 있는 기회를 마련하고자 한다. 또한 건축양식을 통해 동양과 서양간의 세계관 차이를 인식할 수 있어 이들을 바탕으로 미래 건축양식의 대안을 모색하는 상호 보완적 관계가 성립될 수 있음을 얘기한다.

헌법이 국가에 주택 개발 정책 등을 통하여 모든 국민이 쾌적한 주거 생활을 할 수 있도록 노력해야 할 의무(제35조 3항)를 부여한 나라. 주택은 거주의 목적이기도 하지만 재테크나 투기의 대상으로 선호되는 나라. 그리하여 주거 문화보다는 부동산 시장이라는 말이 훨씬 더 편한 나라. 다름 아닌 우리나라다.

독일에서 네덜란드 건축을 전공한 전남일 교수가『한국 주거의 공간사』를 펴냈다. 공저로 이미 출간된『한국 주거의 사회사』및『한국 주거의 미시사』의 완결편. 주거 환경의 변화하는 궤적을 공간적·물리적 실체로 파악함으로써 주거의 공시적·통시적 흐름을 정리했다. 책 곳곳에 배치된 평면도와 설계도가 말해 주듯 전작들에 비해 건축학적 측면이 강조됐다. 전통적 개념에서 집이란 우주의 중심이자, 우주적 질서와 조화를 갖춘 작은 우주다. 최근 100년의 세월은 이런 주거 개념과 문화를 급격하게 변화시켰다. 수도권 집중화, 인구 증가, 외래 주택의 유입이 있었다. 극단적 변화가 책의 구성이 됐다. "전통한옥에서 도시한옥으로, 내향성 주택에서 외향성 주택으로, 이문화와의 갈등으로부터 전통의 재발견으로, 단위 생산에서 집합 생산으로, 노동자 연립주택에서 초고층 아파트로, 공동생활 공간에서 개별화·분화된 공간으로."

유기적이고 자연발생적으로 형성되었던 전통 주거지는 근대적 도시에서 요구되는 격자형의 형태로 변모했다. 도시의 단독주택은 밀집화와 팽창을 거쳐 결국에는 아파트로 상징되는 공동주택이 됐다.

주거를 좀 더 확장시키자면 건축이다. 건축은 일상생활을 구성하는 3대 요소 가운데 하나이며, 한 문명과 시대의 가치관과 생활 방식이 고스란히 스며들어 있다. 임석재 교수는 『우리 건축 서양 건축 함께 읽기』를 제안한다. 지난 1999년 출간되어 사랑을 받았던 『우리 옛 건축과 서양 건축의 만남』을 컬러로 편집하고 새롭게 보완하여 내놓은 것.

이전 책의 제목이 우리 '옛' 건축과의 비교였다. 이 점은 여전하다. 그런 점에서 최근 100년의 주거사를 다룬 전 교수의 책과는 비교격이다. 미국에서 프랑스 계몽주의 시대 건축을 전공한 임 교수의 눈에 전통 건축은 '비대칭 구성'을 특징으로 한다. 한옥, 궁궐, 사찰 모두 전체 배치를 놓고 보면 대칭인 경우가 하나도 없을 정도로 비대칭적 구성이다. 이에 비해 서양 건축은 인체로부터 비례 체계와 좌우 대칭이라는 정형적인 건축 구성 법칙을 모방했다. 결과로 서양 건축에서의 대칭은 이상적 인체에 나타난 엄격한 좌우 동형을 의미한다. 그렇다면 우리 옛 건축의 비대칭은 균형을 잃은 무질서인가. "비대칭이 무질서는 아니다. 고도의 질서를 갖는 또 하나의 대칭이다. 이러한 비대칭은 비대칭적 대칭으로 부를 수 있다."

놀랍게도 비대칭적 대칭은 서양 현대 건축에서 추구하는 임의성의 개념에 다름 아니다. 그렇게 옛 것이 새 것이 되고 어느새 우리 것이 서양 것이 된다. 그런데도 우리는 재개발이라는 이름으로 기존의 오래된 환경을 깨끗이 밀어 버리고 상자 같은 건물을 새로 세운다. 서양은 체험적 결론을 통해 이런 식의 재개발 개념을 버린 지 이미 오래다.

두 교수의 결론은 놀랍도록 유사하다. 전 교수는 "관습적으로 전통적·한국적인 것을 옹호하는 국수주의적 입장을 경계해야 할 것이며, 과거에 대한 낭만적 향수와 오늘날 우리가 가지지 못한 것에 대한 막연한 동경 역시 경계해야 할 것이다"라고 했다. 임 교수도 "이제는 그러한 극단적 시각에서 벗어나 우리 것과 서양 것 사이에 공통으로 존재하는 가치를 찾아냄으로써 이 두 문명을 상호 보완적으로 바라보아야 할 때가 왔다"고 했다.

복지국가가
뭐길래

『복지국가 스웨덴 : 국민의 집으로 가는 길』

신필균 지음 | 후마니타스 펴냄

스웨덴 정부 장학생으로 한국과 스웨덴 양국에서 공직을 수행했던 저자 신필균은 이 책에서 2011년 한국 사회에서 뜨거운 이슈로 떠오른 '복지'의 대표적 모델 중 하나인 노르딕 모델에 대해 소개한다. 그는 20여 년간의 정책 실무 경험을 바탕으로 스웨덴 복지 제도와 정책, 전달 체계 전반에 대해 이야기한다.

이 책은 스웨덴의 복지 성책은 제도적 완벽성이 아닌 보편주의와 평등주의 정신이 국민들의 삶에 자연스럽게 녹아내린 결과임을 강조하면서 '국민의 집' 이념을 통해 분배의 형평성이 보장되는 경제정책과 노동시장, 평등, 연대, 사회 통합을 바탕으로 한 사회 복지 정책, 정책 결정에 있어서의 민주주의 등 노르딕 모델 속에 내재되어 있는 기본적인 구성 요소들을 소개한다.

또한 최근 복지가 한국 사회의 중요 사안으로 떠오르면서 자연스럽게 주목받게 된 한국 사회 내에서의 복지 사각지대, 복지 담론에서 경시된 측면들을 스웨덴의 복지 모델의 구체적인 정책적 내역들과의 비교를 통해 바라보면서 한국의 복지 정책이 갖고 있는 한계와 앞으로 논의되어야 할 지점들을 지적한다.

『어떤 복지국가에서 살고 싶은가』

이창곤 지음 | 신광영 감수 | 밈 펴냄

『한겨레신문』 기자로서 복지와 사회 정책에 관심을 갖고 국내에서도 활발한 활동을 보이고 있는 저자 이창곤은 이 책에서 현재 한국 사회의 최대 화두로 떠오른 복지 담론을 다룬다. 그는 복지국가란 무엇인지, 또 왜 복지국가인지에 대해서 그간 주로 학계나 연구소에서 다루어지던 담론을 다양한 학자들과 필진들의 의견을 통해 독자들의 눈높이에 맞춰 종합해 냈다.

이 책은 오늘날 어떻게 하여 복지국가 담론이 우리나라에서 가장 뜨겁고 절박한 이슈로 떠올랐는지에 대해 소개한다. 또한 복지국가 담론에서 좀 더 세부적으로 들어가 어떤 형태의 복지국가를, 누가 주체가 되어, 어떻게 형성해 나가야 하는가에 대해 다양한 의견들을 제시한다.

특히 저자는 한국형 복지국가가 갖게 될 한계점, 그리고 고민해야 될 시사점에 대해 소개한다. 재정적 고려, 통합적인 사회정책으로서의 복지 정책, 부패 척결, 복지국가 건설의 주체 형성 등 한국의 복지국가에 대해 많은 학자들이 지적한 키워드들을 바탕으로 이들이 상호 영향을 주며 어떻게 자리 잡고 있는지에 대해 얘기한다.

"집(가정)의 기본은 공동체와 동고동락에 있다. …… 그러나 오늘의 스웨덴은 유감스럽게도 좋은 집이 못된다. 분에 넘치게 호화로운 생활을 즐기는 부류가 있는가 하면, 집집마다 찾아다니며 빵 한 쪽을 구걸하며 끼니를 해결하고, 고통에 시달리며, 실직 상태를 걱정하는 이들도 있다. 지금의 스웨덴 사회는 사회 구성원 간의 진정한 '평등'을 요구받고 있다. 이런 사회적 격차를 해소하고 좋은 '국민의 집'을 건설하기 위해 사회적 돌봄 정책과 경제적 균등 정책이 요구된다. 민주주의는 모든 사회·경제적 측면에서도 이루어져야 한다."

스웨덴 사회민주당 의장 페르 알빈 한손은 1928년 국회 연설에서,

가족 개념을 확대해 국민이 가족 구성원으로 생각되는 공동체적 사회를 대안으로 제시했다. 『복지국가 스웨덴』의 진정한 출발이었다.

삼성경제연구소는 2010년 선진화 지표를 중심으로 경제협력개발기구(OECD) 30개국을 조사한 결과, 스웨덴을 가장 선진화된 국가로 선정했다. 기준은 역동성을 중심으로 해 행복감 등 7대 지표다. 스웨덴의 복지는 토끼뜀이었을까. 아니다. 흔히 스웨덴 복지국가의 건설을 '달팽이의 느리고 긴' 여정으로 비유한다. 달팽이가 찾아가는 집은 '국민의 집'이다. 오늘날에는 외연이 확장되어 '녹색 국민의 집'이라 여긴다. 스웨덴에서는 보편적 의미를 지닌 모든 사회정책의 명칭 앞에 '공공' 또는 '모두'라는 의미를 가진 'allman'을 붙인다. 아동 수당(allmanna barnbidrag), 기초 연금(allman pension) 등이 예인데, 이를 통해 사람들로 하여금 이런 정책은 '모든 사람이 누릴 수 있는 권리'를 보장한다고 여기게 한다.

저자 신필균도 스웨덴 정부 장학생에 선발되어 1973년 9월 그 집에 들어갔다. 제대로 된 민주주의와 사회복지를 배워 오라는 것이 스승들이 부여한 숙제였다. 전국민주청년학생총연맹(민청학련) 사건으로 귀국은 힘들어졌고, 애초 의도와는 달리 체류는 장기화됐다. 학위 과정과 사회보험청 연구원, 스톡홀름 공무원으로 재직하면서 '국민의 집'을 이해하고 경험할 수 있는 귀중한 기회를 갖게 됐다. 그때의 사회복지 정책에 대한 공부와 경험이 40여 년이 지나 한 권의 책이 됐다.

1968년 불과 15킬로그램의 단봇짐을 지고 스웨덴으로 떠난 또 다른 학생이 있었다. 한국외국어대학교 변광수 명예교수다. 홀로 떠나 14년 만에 아내와 두 아이와 함께 귀국할 수 있었다. '국민의 집' 덕분이었다. 스스로 되물었다. "어떤 복지국가에서 살고 싶은가." 당연히 스웨덴의 경험을 이야기하지 않을 수 없었다.

저자인『한겨레신문』이창곤 기자를 중심으로 사회복지 전공의 여러 교수들이 함께 만났다. 2009년 여름『한겨레신문』의 복지국가에 대한 연재를 통해서였다. 시작이 연재였을 뿐, 모든 건 새롭게 구성됐다. 사회복지 관련 좋은 책을 내고 있는 '도서출판 밈'에서다.

지금 우리 사회는 복지국가론의 백화제방이다. 도대체 복지국가가 무엇이길래? "복지국가는 단적으로 모든 사람들이 편안하게 살 수 있는 사회를 국가가 정책을 통해서 만들어 낸 사회를 의미한다. 그것은 단순히 높은 경제력만으로 되는 것은 아니다. 시민과 정치인이 인간답게 사는 사회 조건이 무엇인가를 고민하고, 또 제도적으로 그것을 어떻게 실현할 것인가를 실사구시적인 차원에서 고민할 때 복지국가는 가능할 것이다."(중앙대 신광영 교수)

그렇다면 논의는 무성해져야 한다. '역동적 복지국가론'이건, '정의로운 복지국가론'이건, '선별적 복지'건, '보편적 복지'건 격한 논쟁의 대상이 되어야 한다. 보편적 복지를 '보편적 거지'라는 신조어에 대비하는 교수도 있고(서강대 남성일 교수), 세금을 '갈취'라고 생각하는 시민도 있는 나라이기에 토론은 살아 있어야 한다. 두 책은 2011년 한국 사회 복지 논쟁을 이끌어갈 수 있는 시민의 기본서다.

'정보 권력'
누구의 소유인가

『위키리크스 : 권력에 속지 않을 권리』

마르셀 로젠바흐, 홀거 슈타르크 지음 | 박규호 옮김 | 21세기북스 펴냄

슈피겔의 기자들로 수년 동안 위키리크스와 접촉하며 취재를 했던 저자들은 이 책에서 최근 전 세계적으로 주목받고 있는 단체 위키리크스와 그 창립자인 줄리언 어산지에 대해 이들과 관련된 모든 인물들과의 인터뷰와 관련 자료를 바탕으로 이 책을 소개한다.

이 책은 무바라크 독재 정권의 비리의 부패상을 폭로한 사건을 계기로 전 세계적으로 유명해진 단체 '위키리크스'에 대해 속속들이 파헤친다. 또한 이 책은 내부자와 외부자의 시각, 지지자와 비판자의 시각을 모두 충실히 따름으로써 객관적인 시각을 잃지 않는다.

더불어 위키리크스라는 해킹 단체가 민주주의 사회에서 갖는 의미에 대해서도 생각해 볼 여지를 준다. 비국가단체로서 정보의 통제와 일방적인 소유를 반대하는 위키리크스를 정보 민주주의의 선구자 역할을 하는 단체로 보아야 할지, 아니면 국가 외교에 치명적인 해를 끼치는 범죄 단체이자 테러리스트로 보아야 할지에 대해 객관적인 시각과 자료를 바탕으로 그 판단의 몫을 독자들에게 돌리고 있다.

『위키리크스 : 마침내 드러나는 위험한 진실』

다니엘 돔샤이트-베르크 지음 | 배명자 옮김 | 지식갤러리 펴냄

위키리크스의 초창기 멤버이자 대변인으로서, 활동 당시 '다니엘 슈미트'라는 가명을 쓰며 줄리언 어산지의 2인자 역할을 해온 저자 다니엘 돔샤이트-베르크는 이 책을 통해 해킹 단체 위키리크스와 그 창립자 줄리언 어산지의 모든 것에 대해 위키리크스 내부자의 시각으로 바라본다.

2010년 전 세계의 이목을 집중시킬 만한 폭로를 연달아 행하며 주목을 받은 위키리스크를 폭로하는 이 책은 그간 여러 언론단체에서 보도했지만 그 실체에 대해서는 풍문만 무성했던 위키리크스의 정체에 대해 내부자의 시선으로 낱낱이 파헤친다. 창립 배경에서부터 비밀문서의 입수, 검증, 폭로 과정, 조직 운영간 기본 원칙과 운영 과정 등 독자들이 궁금해 할 만한 내용들을 자세히 다루고 있다.

특히 저자는 이 책에서 내부자로서 위키리크스라는 단체가 현재 맞닥뜨리고 있는 실태, 그리고 정보 독점의 권력에 맞서 투쟁하는 단체가 오히려 정보 가치의 경중으로 인해 하나의 권력이 되는 등 위키리크스가 갖고 있는 한계점 등을 지적하면서 앞으로 나아가야 할 방향에 대해서도 소개한다.

"투명성은 책임감을 불러오고, 시민들에게 그들의 정부가 하는 일에 대한 정보를 제공합니다." 오바마 미국 대통령이 백악관 웹사이트에 올린 글이다.

"권력자들의 수프에 침 뱉는 게 전 좋아요." 2010년 여름 런던에서 『슈피겔』지와 만났을 때 '위키리크스'(wikileaks.org)의 줄리언 어산지는 활짝 웃었다. 수프는 누구에게나 제공되는 것이 아니다.

예로부터 정보를 둘러싼 싸움은 늘 권력투쟁이었다. 현대의 모든 국가는 자국의 기밀을 지키고 보호하기 위해 막대한 비용을 들인다. 각국 정부는 막후에서 외교를 펼치고 군대는 적에게 자신의 능력을 최대한 감춘다. 독일의 헤르프리트 뮌클러 같은 '국가론자'들은 이를 현

대적 영토 국가의 기본적 구성 원리로까지 해석한다. 현대적 영토 국가의 성공은 정치 기밀의 독점에 성공한 결과로도 이해할 수 있다는 것이다.

이런 권력에 대해 위키리크스가 정보 권력의 소유를 문제 삼았다. 지금까지는 정부와 대기업이 어떤 정보가 얼마 동안이나 비밀에 부쳐져야 할 것인지를 결정했다. 위키리크스는 각 나라로부터 정치적 통제권을 빼앗으려는 의도는 없지만, 정보에 대한 국가의 일방적 통제에 단호히 반대하고 나섰다. 무엇이 비밀에 부쳐져야 하는가를 함께 결정하겠다는 새로운 정치 주체가 갑자기 출현한 것이다. 2010년 말 '케이블 게이트'(cable gate)로 불리는 미국의 외교 전문 폭로 사건을 둘러싼 정치적 지진은 전 세계를 강타했다. 한국 관련 내용도 예외가 아니었다. 그때쯤 위키리크스는 우리 일이 됐다.

관심이 집중된 위키리크스에 대해 비슷한 시기에 두 권의 책이 출간됐다. 먼저 『슈피겔』지 기자 두 사람이 『위키리크스』 조직의 역사를 추적했다. 처음에는 경쟁 상대로서의 관찰이었다. 탐사 보도 저널리즘의 핵심 분야에 새로운 경쟁자가 나타났다고 생각했던 것이다. 위키리크스는 입수되는 모든 종류의 문서를 공개할 권리가 있다고 주장하는 점에서 고전적 저널리즘과는 구분됐다. 위키리크스는 정보원이 대중매체에 자기 정보를 제공하고 그 처리를 일임하는 전통적인 2단계 방식을 혁명적으로 뜯어고치기를 원했다. 그런데 결과는 정보원에서 위키리크스를 거쳐 매체로 가는 3단계 방식이 되었다. 결과적으로 현재의 위키리크스는 고전적인 언론 매체와 인터넷 플랫폼이 자웅동체로 결합된 형국이다. 여러 문제에도 불구하고 위키리크스가 국민국가의 경계를 벗어난 다섯 번째 권력으로 자리할 수 있는 가능성을 평가했다.

또 다른 책, 『위키리크스』의 저자로 조직의 2인자이자 대변인이었던 독일 출신 다니엘 돔샤이트-베르크가 있다. 『슈피겔』지 기자들에게도 중요한 취재원이어서 두 책의 저자들은 여러 군데에서 교차로 인용되며 서로를 근거 삼는다. 다니엘은 어산지와의 입장 차이로 조직을 떠났다. 그리고 위키리크스의 내부를 폭로했다. "비밀이 항상 특정 권력의 손에 있다고 비판하는 사람은 이제 스스로에게 물어야 한다. 최신 폭로 전략으로 인해 비밀이 막강한 재량권을 행사하는 손으로 이미 넘어가지 않았는가? 아니면 그냥 비밀의 보관자만 바뀐 건가?" 그는 위키리크스를 떠나 '오픈리크스'(openleaks.org)라는 새로운 프로젝트를 시작했다.

위키리크스가 공개한 최고의 화제작, 동영상 〈부수적 살인〉(Collateral Murder)은 2010년 4월 5일 온라인에 올랐다. 유튜브에서만 1천만 회 이상 조회됐다. 미군 헬리콥터에 장착된 기관포 위치에서 촬영된 동영상이었는데, 미군이 이라크 민간인을 향해 사격하는 장면이었다. 이때 『로이터통신』 기자 두 명도 살해되었다. 동영상 첫 부분에 조지 오웰의 경구가 인용됐다. 이 부분을 해석한 두 역자의 문장이다.

"정치적 언어란 거짓말을 진실로, 살인을 훌륭한 일로, 그리고 완전한 헛소리도 견실해 보이도록 만들기 위해 고안된 것이다."(배명자)

"정치의 언어는 거짓이 진실로 들리고, 살인이 정당해지고, 그냥 흩어질 바람에 결집의 인상을 주는 데 쓰인다."(박규호)

대한민국 대학 교육의
현주소

『대학 주식회사』

제니퍼 워시번 지음 | 김주연 옮김 | 후마니타스 펴냄

저널리스트인 제니퍼 워시번은 이 책을 통해 지난 30년간 미국 대학 교육의 상업화가 교육의 질과 연구의 객관성, 공적 지식의 자유로운 흐름에 미친 영향을 분석했다. 그가 직접 발로 뛰어 모은 자료를 통해 우리는 등록금 1천만 원 시대에 한국 대학의 현실과 마주하게 된다.

저사의 분석에 따르면, 등록금 인상과 시간강사의 증가, 인문학의 몰락 등은 사실 상업성 있는 실험실로 기업과 정부의 지원이 집중되고, 기업 스스로가 이윤을 추구하면서 공적 임무를 망각한 데 그 원인이 있다. 첨단 기술 장비를 갖춘 실험실에는 수백만 달러를 투자하면서, 종신직 교수나 전임 교수를 시간강사나 대학원생으로 대체하고 있는 대학. 대학 문제를 되짚어 본다.

저자는 대학의 본분을 되묻는다. 우리는 대학으로부터 무엇을 기대하고 있으며, 교육과 학문의 공공성은 왜 지켜져야 하는가? 대학을 사유화하는 것이 정당한가? 사회의 모든 부문이 시장에 잠식되고 있는 지금, 시장이 간과하는 문제를 탐구하고 비판하는 대학의 독립적인 기능을 촉구한다.

『미친 등록금의 나라』

한국대학교육연구소 지음 | 개마고원 펴냄

한국은 세계에서 경제규모로는 15위, 1인당 국민소득으로는 49위이다. 그런데 대학등록금 액수는 세계 2위로, 미국 다음이다. 한국대학교육연구소는 이 책을 통해 사람을 가르치고 기르는 교육비가 사람 잡는 괴물이 되어 버린 상황을 단적으로 보여 준다.

대학교육에 많은 투자와 지원을 할 수 있는 부자 나라여야 등록금을 싸게 매길 수 있으리란 선입견은 착각일 뿐이라고 저자들은 주장한다. 수업료 형태의 등록금이 없었던 10년 전의 프랑스는 1인당 국민소득이 2만4,400달러였다. 우리는 2009년 1인당 국민소득이 2만8,100달러에 이른다. 다른 나라들처럼 하지 못하는 이유가 우리의 경제 형편 때문이 아니란 얘기다

저자들은 반값 등록금이 무리한 수준이 아니라고 주장한다. 반값 등록금을 실시하는데 드는 5~6조 원은 연간 4대강으로 9조 원, 부자감세로 16조 원의 예산 감소가 발생하는 것을 생각해 보면 결국 돈이 문제가 아니라 정부 의지의 문제임을 강력하게 주장한다.

『왜 잘사는 집 아이들이 공부를 더 잘하나』

신명호 지음 | 한울아카데미 펴냄

저자 신명호는 이 책을 통해 '왜 부모의 사회경제적 지위의 불평등이 자녀 세대의 학력 자본 불평등으로 재생산되고 있는가'에 주목한다. '고학력·중산층'과 '저학력·노동 계층'의 부모 및 자녀의 심층 인터뷰를 통해 사회계층에 따른 부모의 양육 관행의 차이를 분석했다.

이 책에서 말하고자 하는 문제의 핵심은 '얼마나 많은 돈과 시간을 자녀 교육에 투여하는가?'가 아니라, '왜 그리고 어떻게 그들은 돈과 시간을 투여하는가(또는 왜 투여하지 않는가)?'에 있다. 이 책은 오늘날 학업성적의 차이는 '개인의 의지 및 능력'의 차이가 아닌, 매우 '계급적'인 현상임을 역설한다.

소득의 양극화, 빈곤의 세습에 대한 우려가 점차 깊어져가는 한국 사회에서, 계

층이동의 가장 유력한 통로였던 학업의 기회는 더욱 불평등해지고 있다. 이 책은 양극화되고 있는 사회경제적 처지의 간극을 좁히는 정책 마련을 통해 교육 불평등의 골을 메우는 데 필요한 구체적이며 분석적인 자료를 제공한다.

『대학 주식회사』다. '대학의 자본주의화'다. 대학이 시장화 의제의 중심에 포섭되면서 대학들은 지식, 교육, 연구 등 모든 영역에서 상업적 모델을 채택할 수밖에 없다. 대학 교육의 상업화가 미국 대학의 힘과 생명력을 약화시키고 있다. "대중이나 정치 지도자들은 대학 교육의 사명이 교육이나 연구 활동에 있다는 논리에 더는 설득되지 않는다." (로버트 젬스키) 오늘날 미국 대학에서 가장 존경받는 교수는 교육에 자신의 시간과 에너지를 바치는 교수가 아니다. 연구비를 많이 따오는 자, 연구 결과를 수익성 높은 제품으로 탈바꿈시키거나 기업에 독점권을 넘겨 수수료를 벌어들일 수 있는 아이디어를 가진 이들이다.

그렇다고 대학들더러 민간 기업과 담을 쌓고 지내라고 요구할 수 있을까. 미국 대학사에서 실용주의 운동은 자랑스러운 역사다. 대안은 균형이다. 인문과 교양과 전인교육과 상업주의와의 균형이다. 유전성 유방암을 일으키는 중요한 유전자를 발견한 유타대학교의 연구자들은 그 결과를 다른 학자들에게 무료로 제공하지 않았다. 정부 지원이 460만 달러나 있었는데도 말이다. 연구 성과를 교수가 독점할 수 있도록 허용해 온 1980년의 '대학 및 중소기업 특허 절차법' 때문이다. 이 법의 개정이야말로 공공성의 시작이라는 것이 프리랜서 저널리스트 제니퍼 워시번의 생각이다.

교육에 대한 열정과 관심이라는 측면에서 전 세계에서 둘째가라면 서러워 할 나라가 바로 우리나라다. 그런데 우리 학부모들은 어쩐 일인지 자식들이 대학에 진학하면 그 순간 태반이 관심을 끊어 버린다. 2007년 현재 우리는 대학 교육비의 4분의 3을 정부가 아닌 민간이 부담한다. 민간 부담률 세계 최고다. 2009년 한 해 동안 전국 사립대학이 땅이나 건물을 매입하거나 공사를 하는 데 지출한 비용은 1조2,668억 원이다. 2010년 기준, 연간 소득 770만 원에 불과한 하위 10퍼센트 계층은 연간 소득을 모두 모아야 사립대학에 진학하는 자녀 한 명의 등록금을 겨우 마련할 수 있다. 그런데 지극히 일부를 제외하곤 등록금 문제에 대해 관심 밖이다. 그로 인한 피해는 고스란히 학부모들 자신과 자녀인 학생들의 몫이다. 『미친 등록금의 나라』다.

한국대학교육연구소는 등록금 문제를 해결하기 위해 정부가 적극적으로 개입하자는 것이다. 사립대학 중심 체계를 허물자는 것이다. 중·장기적으로 고등교육 예산을 획기적으로 늘려 사립대학 재정의 50퍼센트 이상을 정부가 지원하는 '정부 책임형 사립대학'으로 전환하는 방안을 제시했다. 이렇게 되면 대학의 공공성도 높이면서 정부가 사립대학의 등록금 책정에 깊이 개입할 수 있게 된다.

『왜 잘사는 집 아이들이 공부를 더 잘하나?』. 우리 사회의 상식적 통념은 '정규교육을 적게 받은 사람은 못 배운 설움을 많이 겪어서 공부에 한이 맺혀 있다'는 것이다. 신명호의 실증적 연구는 이와 달랐다. 저학력 노동자는 일상생활에서 낮은 학력으로 인한 차별과 학력의 중요성을 오히려 덜 경험하고 체감한다. 반면에, 고학력 중산층은 차별과 학력의 중요성을 절실하게 경험하고 체감한다. 일종의 역설이다. '학력 가치 체감의 패러독스'다. 고학력 중산층이 높은 학력과 학벌에 집착하는 이유는 계층 하강 이동에 대한 위기의식이 크고, 고학력 및 '좋은 학벌'의 이점과 효능을 직접 몸으로 체험해 왔으며, 최상의 조건을 갖추지 못한 학업 이력은 언제나 불이익과 차별을 가져온다는 사실을 직업 세계에서 경험하고 있기 때문이다.

물론 노동자 및 저소득층의 자녀 중에도 본인들의 학업 열의가 높고 공부를 통해 성취감을 느끼는 성향을 가진 이들은 학업성취도가 높았다. 이른바 명문 대학에 진학했다. 하지만 이는 철저히 개인적 특성에 기인한 것이다.

해법은? 첫째, 빈곤을 해소하고 가정 내의 병리적 문제를 치유하기 위한 정책이 기본적이고 우선적인 정책이 되어야 한다. 둘째, 거시적 차원에서는 사회보장 체제의 강화를 통해서 경제적인 불평등을 완화하는 것이 교육 기회의 평등에 다가가는 길임을 인식해야 한다. 우리는 학벌 주식회사다. 경제적 불평등과 사회적 지위가 세습되는 봉건제 시장이다.

한국 IT산업과 애플의
차이점은

『한국 IT산업의 멸망』

김인성 지음 | 북하우스 펴냄

저자 김인성은 리눅스와 오픈 소스 개발자로 포털 사이트의 시스템을 설계, 구축, 컨설팅해 온 시스템 엔지니어다. 'IT 붐'이 일어났던 초창기부터 업계 최전선에서 엔지니어로 활약해 온 저자는 인터넷, 모바일, 스마트 TV에 걸쳐서 새로운 흐름에 뒤처진 한국의 문제점을 지적한다.

'진보는 IT에 있다'라는 화두를 가지고 'IT 강국'이라는 허울 뒤에 숨겨진 한국 IT 산업의 진실을 파헤치고 폐쇄와 독점으로 얼룩진 업계에 경고의 메시지를 전한다. 한국 인터넷 환경의 폐쇄성, 당장의 이익만을 생각하는 이동통신사, 이익을 위해 품질을 희생시킨 IPTV 등 현실을 고발하는 동시에 그러한 현실을 넘어설 대안을 제시한다.

저자는 아이폰이 도입되면서 전자상거래 시스템과 무선인터넷 요금에 변화가 일어났듯이 우리도 혁신을 일으킬 수 있다고 주장한다. 그리고 그런 혁신은 한국 사회를 이끄는 힘이 된다고 말한다. 한국 IT산업에 가장 필요한 것은 '개방과 표준'이다. 폐쇄된 IT 환경을 개방하고 더 나아가 세계의 표준을 이끌 수 있어야 한국 IT산업은 다시 도약할 수 있다고 강조한다.

월리엄 사이먼, 제이 엘리엇 외 지음 | 권오열 옮김 | 웅진지식하우스 펴냄

괴짜, 창조성, 카리스마. 우리가 스티브 잡스에 대해 익히 들어온 것들이다. 하지만 잡스 자신의 천재성보다 놀라운 것은, 애플이라는 거대한 기업이 언제나 세계 최고의 아이디어와 혁명을 만들어 내고 있다는 사실이다. 그동안 애플과 잡스에 대해 바깥에서 추측하고 분석해 왔던 수많은 평론들은 애플의 실체를 담아내지 못했다. 저자인 제이 엘리엇(전 애플 부사장)은 1980년부터 잡스와 함께 애플을 오늘의 모습으로 만들어 낸 장본인으로서, 사람들이 오해하고 있는 애플과 IT 역사의 전설 같은 순간들을 이야기한다.

1980년 잡스와 함께 제록스를 방문하던 순간부터 잡스가 없는 애플의 미래까지, 그가 들려주는 인사이드 애플 스토리는 그동안의 숱한 오해와 오류를 바로잡고, 잡스+애플의 진정한 핵심인 '아이리더십'(iLeadership)을 드러낸다.

이 책은 애플의 역사서이자 잡스와 애플에 대한 헌사이자, 한 권의 경영 지침서이다. 아이리더십은 지위 고하와 기업 규모에 상관없이 어디에나 적용할 수 있으며, 깊고도 지속적인 변화를 이끌어 낼 수 있다고 말한다. 저자는 중요한 것은 갖고 있는 기술이 아니라 정신이라고 말한다. 만들 수 있는 걸 만들면 죽는다, 갖고 싶은 걸 만들어라. 이것이 아이리더십의 충고다.

애플은 2011년 4월 15일 삼성전자를 상대로 '트레이드 드레스'(trade dress : 색채, 모양 등 제품의 고유한 이미지를 형성하는 무형의 요소)와 특허권 침해소송을 제기했다. 엿새 뒤 삼성전자는 애플을 상대로 특허침해금지 소송을 제기했다. 4월 20일, 애플은 올 1분기 246억7천만 달러 매출에, 60억 달러의 순이익을 올렸다고 발표했다. 삼성전자의 1분기 잠정 영업이익은 26억 달러. 전 세계 IT회사 중에서 1천 원짜리 제품을 팔아 243원을 남길 정도로 이익률이 높은 곳은 현재로선 애플밖에 없다. 과연 한국은 IT 초강대국인가. 아니면 우리 IT산업은 고립된 '갈라파고

스'인가.

'애국심 마케팅'이 판을 친다. 국산품 애용이라는 이름으로 수십 년
간 우리 기업들을 밀어주었는데도 아직도 멀었다 한다. 계속 투자해야
하고 성장해야 하기 때문에 소비자 후생은 아직 멀었다 한다. 스마트
폰이나 태블릿PC는 오로지 국산이어야 하고, 애플이 소송을 제기하는
것은 우리 IT산업에 대한 질투일 뿐이다. 과연 그러한가. 저자 김인성
의 눈에 비친 한국 IT산업은 '과거의 영광에 취한 채 갈 길을 잃은 배처
럼 표류 중.' 그래서 『한국 IT산업의 멸망』이 됐다. 인터넷과 스마트폰
등 여러 문제를 제기했다.

포털은 횡포다. 네이버는 내부에 쌓아 놓은 자사 전용 데이터를 위
주로 검색 결과를 보여 주는 폐쇄적인 서비스에 불과하다. 네이버는
내부의 데이터를 외부 사이트에서 사용하지 못하게 철저히 막아 놓고
있다. 통신사업자들은 독점이다. 휴대전화로 문자를 주고받는 데는 아
무런 비용이 발생하지 않는다. 그런데도 요금은 보통이 아니다. 스마
트폰 이용자들은 서둘리 '카카오톡'으로 이주 중이다. 음성 통화 요금
은 세계에서 가장 비싼 수준이다. 이미 초기 설비투자비를 다 회수했
다. 그럼에도 차세대 이동통신 설비투자를 위해 기본료와 가입비를 계
속 받아야 한다고 억지다. 대기업과 거대 포털 위주의 산업 정책을 포
기하고 중소기업과 창의적인 아이디어를 가진 벤처 위주 정책의 부활
을 제안했다. 외부의 충격이 한국 IT 생태계를 변화시켰다. 구글의 공
정한 검색엔진, 애플의 사용자 편의성과 통합성이 그것이다. 특히 애
플이 우리 사회 이동통신 분야의 각종 불합리한 규제를 철폐시켰고 인
터넷 환경까지 변화시킴으로써 새로운 변화의 활력을 불어넣어 준 점
에 주목했다. 애플처럼 반짝이는 아이디어 하나가 세상의 모든 것을

바꿀 수 있다는 것이다.

전 애플 수석부사장 제이 엘리엇과 스티브 잡스 전문가라 할 수 있는 윌리엄 사이먼이 애플과 잡스의 리더십을 얘기했다. 『아이리더십』이다. 마치 아이폰을 개봉하는 듯한 표지 장정이 특별한 경험이다. '삼성의 CEO들에게'라는 한국어판 서문이 화제가 됐다. 워크맨에 안주하며 사용자들의 니즈를 따라잡지 못했던, 과거의 소니와 현재의 삼성이 아주 흡사하다고 비판했다.

왜 애플이냐고? 네 가지를 얘기했다. 첫째, 하드웨어와 소프트웨어의 완전한 통합. 둘째, 한 가지 소프트웨어의 우산 아래 모든 제품의 완전한 통합. 즉, 아이팟, 아이폰, 아이패드, 맥 컴퓨터, 그리고 애플 TV에 이르기까지 모든 것이 동일한 사용자 인터페이스를 지닌 동일한 시스템으로 운용된다. 개발비는 턱없이 절약된다. 순이익이 늘 수밖에 없는 구조다.

셋째, 브랜딩. 애플은 그 브랜드만으로 우수한 품질, 우수한 사용자 인터페이스, 우수한 디자인을 의미한다. 세계 최고의 제품을 개발하기 위해서는 완벽한 제품에 대한 열정과 디테일의 힘이 필요했다. 잡스가 매킨토시 컴퓨터 매뉴얼 작성 담당자들과 회의에 참석했다. 누군가 사용 설명서는 12학년(우리나라 고등학교 3학년) 수준으로 작성해야 한다고 말했다. "안 돼요. 1학년 수준으로 하세요." 설명서가 필요 없을 정도로 맥을 사용하기 쉽게 만드는 것이 그 꿈이라고 하면서 이렇게 덧붙였다. "아마 매뉴얼 작성은 1학년 학생에게 맡기는 게 좋을지도 모르겠군요." 아이폰에는 아예 설명서가 들어 있지 않았다. 두툼한 사용 설명서에 익숙한 한국 소비자를 위해 한국형 설명서를 두세 쪽 인쇄해 넣었을 뿐이다.

넷째, 애플만의 생태계 창조. 삼성 제품을 갖고 있는 사람은 구글이라는 다른 브랜드의 앱스토어로 간다. 세상은 변했다. 마이크로소프트 지구인 줄 알았더니 애플 천하가 됐고, 잡스의 리더십은 역사가 됐다. 애플은 '다르게 생각하라'(Think Different)를 통해 창조의 제국을 건설했고, 다른 한편 '해군이 아니라 해적이 되라!'(Pirates! Not the Navy!)를 통해 끝없는 모험과 개척의 길을 걸어왔다.

7부

세계를 읽는다

미국식 일방주의 시대가
저물고 있다

『미국의 마지막 기회』

즈비그뉴 브레진스키 지음 | 김명섭, 김석원 옮김 | 삼인 펴냄

미국 지미 카터 대통령의 국가 안보 보좌관을 역임한 원로 외교 전략가이자『거대한 체스판』,『제국의 선택』의 저자 즈비그뉴 브레진스키는 이 책에서 냉전 종식 이후 글로벌 제국으로 등장한 미국의 글로벌 리더 1세(조지 H. W. 부시), 2세(빌 클린턴), 3세(조지 W. 부시)가 남긴 유산을 면밀히 분석하고 미국의 미래를 전망한다.

저자는 2008년 이후 미국에게 찾아온 두 번째 기회를 첫 번째 기회보다 성공적으로 활용해야 한다고 말한다. 그 이유는 세 번째 기회는 없을 것이기 때문이다. 글로벌 리더 3세의 종언은 3선 금지를 명시한 미국의 헌법에 의해 예정되었던 바다. 바로 이것이 저자가 말하는 '두 번째 기회이자 마지막 기회'의 원천이다.

저자는 미국의 힘을 정치적으로 각성된 인류의 열망과 명백하게 연관 짓는 차기 대통령이 선출된다면 미국은 다시 글로벌 리더 역할을 잘해 낼 수 있으리라 예견한다. 이 책이 출간되던 부시 정부 시기 저자는 오바마를 차기 대통령감으로 지목하고 선거 캠프에 합류해 오바마 외교정책의 상징적인 존재로 떠오르기도 했다.

저자가 지지했던 오바마가 대통령이 됐다. 그 점에서만큼은 이 책도 벌써 과거형이다. 그렇다면 우리는? 대전환에 대한 전략적 대응은 충분한가.

미국 대학생의 1퍼센트만 해외 유학을 간다. 미국지리학회(NGS)의 한 연구에 따르면, 젊은이들의 85퍼센트가 이라크와 아프가니스탄의 위치를 지도상에서 찾아내지 못했다. 심지어 영국조차 못 찾는 젊은이가 60퍼센트다.

이것이 즈비그뉴 브레진스키 전 안보 보좌관(지미 카터 대통령)의 고민거리다. 저자는 전 지구적인 '정치적 각성'을 주문한다. 책이 미국에서 출간된 시점은 2007년 초다. 대선 국면에 갓 진입했던 당시 미국 사회에 던진 메시지다. 더 근본적으로, 영민한 글로벌 리더 4세 대통령을 뽑아야 한다는 폴란드 출신 이민자의 미국 사회에 대한 충정이다.

현실주의자이자 지정전략가(geostrategist)로 평가받는 저자가 냉전 종식 이후 아버지 부시, 빌 클린턴, 아들 부시 대통령의 리더십을 중심으로 미국의 외교 안보 정책을 분석했다. 원제는 『세 대통령과 미국 슈퍼 파워의 위기』(*Three Presidents and the Crisis of American Super Power*)다.

"아버지 부시는 가장 노련하고 외교적으로 능수능란했으나 비상한 역사적 순간에 대담한 비전의 인도를 전혀 받지 못했고, 클린턴은 가장 명민하고 가장 미래지향적이었으나, 미국의 힘을 행사함에 있어 전략적 일관성을 결여하였으며, 아들 부시는 강력한 직관을 지니고 있었으나, 전 지구적 복잡성에 대한 어떤 지식도 가지고 있지 않았고 교조적인 해결 방안에 경도되는 성향을 가지고 있었다"고 평가했다.

책에 대한 한국 언론의 평가는 저자가 매긴 세 대통령에 대한 성적표로 대신했다. 미국에서 대통령을 평가하고 등급을 매기는 일은 "미국인들의 가장 큰 흥미를 끄는 실내 스포츠"(클린턴 로시터)라고 했다.
물론 이 책은 스포츠 평론의 범주를 벗어난다. 성적표의 선입견에 책이 묻힐까 염려스럽다. 전직 안보 보좌관답게 저자는 미국의 외교 안보 정책을 중심으로 사실을 객관적으로 제시한다. 연표까지 동원한다. 국제전략연구소(CSIS) 고문답게 철저히 복기하고 역사적 맥락을 살핀다. 존스홉킨스대학교 국제관계대학원 교수답게 평가는 깐깐하되, 다분히 상징적이다.

한국어판 책 제목에 주목하자. "미국의 마지막 기회"다. 이 책의 주제야말로 미국은 새로운 대통령 잘 뽑아, 마지막 기회를 놓치지 말자는 것이다. 2008년 출간됐지만 아직 국내에 출간되지 않은, 『미국과 세계 : 미 외교정책의 미래에 대한 대화』(*America and the World : Conversations on the Future of American Foreign Policy*)란 책이 있다. 아버지 부시 때 국가 안보 보좌관을 역임한 B. 스코크로프트와 저자의 대담집이다. 이 책에서도 새로운 대통령의 중요성을 강조했다.

저자는 그 이유로 "어떤 다른 강대국도 미국이 잠재적으로 할 수 있고 해야만 하는 역할을 감당할 수 없기 때문"이라고 확신한다. 그 당위성은 "미국은 전 지구적인 군사적 영향력에 대한 독점적 지위, 누구에게도 뒤지지 않는 경제력, 비길 데 없는 기술적 혁신을 누리고 있으며, 이들은 모두 전대미문의 전 세계적인 정치적 영향력을 미국에 부여하고 있다. 게다가 암묵적으로라도 국제 체제는 효과적인 안정 유지자를 필요로 한다"는 데서 출발한다.

신자유주의, 세계화, 미국식 일방주의 시대가 저물고 있다. 저자가 지지했던 오바마가 대통령이 됐다. 이 책을 쓸 때만 해도 미국발 금융 위기가 세계적 대전환의 계기가 될 줄은 미처 예상치 못했을 것이다.

그 점에서만큼은 이 책도 벌써 과거형이다. 그렇다면 우리는? 대전환
에 대한 전략적 대응은 충분한가. 저자와 같은 외교 안보 경세가의 저
술을 최근 한국에서 본 적이 없다. 마음에 걸린다.

북한은 과연
핵무기를 포기할 것인가

『오바마의 미국과 한반도, 그리고 2012년 체제』

정욱식 지음 | 레디앙 펴냄

1990년 후반 '평화군축을 통해 한반도 주민들의 인간다운 삶을 만들어 보자'는 취지로 평화 운동과 연구를 시작해 1999년부터 평화네트워크 대표로 활동하고 있는 정욱식은 이 책에서 2012년을 중심으로 세계와 한반도 정치의 미래와 현재 사이의 대화를 시도한다.

2012년은 국제사회에서 많은 일들이 일어날 것으로 보인다. 북한은 김일성 탄생 100주년이 되는 2012년에 '강성 대국의 문을 활짝 열어 놓겠다'고 공언하면서 인공위성 보유를 '2012년 강성 대국론'의 핵심 프로젝트로 삼고 있다. 또한 2012년은 오바마 행정부가 재선을 앞두고 있으며, 한국에서는 총선과 대선이 실시된다. 중국은 예정된 시진핑 체제가 등장할 것이며, 러시아 또한 대선이 예정되어 있다. 이 책은 서론에서 백악관의 가상 회의로부터 거대한 그물처럼 얽히고설킨 국제 질서의 특징을 소개하면서 오바마의 등장과 2012년이 갖는 의미를 짚어본다. 이어 제국을 꿈꾼 부시의 미국이 어떻게 제국의 몰락을 재촉했는지를 분석하고, 마지막으로 오바마의 세계 전략을 진단한다.

한반도는 대혼돈의 시기다. 유엔 안전보장이사회는 북한의 로켓 발사가 유엔 결의안 1718호 위반이라고 규정했다. 북한 외무성 성명은 "북핵 6자회담에 다시는 절대로 참가하지 않을 것"이라며 "기존 6자회담의 어떤 합의에도 더 이상 구속되지 않을 것"이라고 밝혔다. 과연 북한은 핵무기를 포기할 것인가. 북한을 의심하기는 너무도 쉽다.

2005년 9·19 공동성명이 있다. "6자는 6자회담의 목표가 한반도의 검증 가능한 비핵화를 평화적인 방법으로 달성하는 것임을 만장일치로 재확인하였다. 조선민주주의인민공화국은 모든 핵무기와 현존하는 핵 계획을 포기할 것과 조속한 시일 내에 핵확산금지조약(NPT)과 국제원자력기구(IAEA)의 안전조치에 복귀할 것을 공약하였다."

2005년 6월 김정일 국방위원장은 정동영 당시 통일부 장관을 만났을 때, 한반도 비핵화는 김일성 주석의 유훈이라고 말했다. 북한은 미국의 대북 적대시 정책 포기가 한반도 비핵화의 핵심이라고 주장한다. 이렇듯 국제사회에 대한 북한의 핵 포기 의지와 약속은 확인됐다. 오바마 행정부의 대북 특사로 임명된 스티븐 보즈워스는 "북한은 핵무기를 목적이 아니라 목적 달성을 위한 수단으로 간주하고 있다"고 평가한 바 있다. 문제는 북한의 약속을 '행동 대 행동'의 원칙에 따라 어떻게 실천으로 이끌어 내느냐에 있었다.

17대 대선이 코앞이었던 2007년 11월, 김양건 북한노동당 통일전선부장이 남한을 방문했다. 당선이 예상되는 이명박 정권의 대북 정책이 어떻게 변할 것인지 탐색하는 것이 주된 목적이었다. 보수 진영 인사들은 '보수까지 껴안을 수 있는 우리가 더 잘할 수 있다'고 했다.

저자 정욱식 씨는 우리 정부의 대북 정책에 대해 "6자회담 참가국이자 미국의 동맹국이라는 지위를 이용해 한반도 비핵화 프로세스에 제동을 걸고 있는 것은 '악의적 무시'의 정책적 표현"이라며 "1기 부시 행정부 때 네오콘의 정책을 떠올리게 하는 대목"이라고 혹평했다. 북한 외무성 성명은 '자체의 경수로 발전소 건설'을 언급했다. '고농축 우라늄(HEU) 프로그램 개발' 카드까지 꺼내들었다.

'오바마' 대통령의 이름을 내건 책은 30권도 넘게 출간됐다. 대부분 오바마의 '입신양명'에 대한 소소한 관찰 수준이다. 성공학의 아류들이다. 책 제목에 오바마의 이름을 붙여도 무방할 책은 어쩌면 이 책이 처음일 것이다. 저자는 '2012년 체제'라는 용어를 새로 만들었다. 한반도 현대사에서 '체제'라고 부를 수 있는 전환기를 만들어 보자는 의지의 표현이다.

저자는 오바마의 대북 정책에 냉정하다. 현재 거론되는 포괄적 접근 방안에는 미국 핵 위협의 근본적 해소와 군축 조치, 이른바 '군사적 상응 조치'가 포함되지 않았기 때문에 성공할 가능성이 높지 않다는 것이다.

대안은 이렇다. 평화협정 체결과 북·미 수교를 한반도 비핵화의 수단으로 간주하지 말 것, 한반도 비핵화를 단순한 북핵 문제의 해결이라는 좁은 틀에서 이해하지 말고, '핵무기 없는 세상'이라는 큰 관점에서 접근할 것, 북한과의 협상 목표에 부정적인 영향을 주는 군사정책을 자제할 것 등을 주문한다.

북핵 문제 20년의 역사에 대한 증인이자 '한반도 평화 프로세스'의 전략가인 임동원 전 장관의 『피스메이커』와 부시 행정부와 네오콘들의 북핵 문제 실패를 다룬 찰스 프리처드 전 대북 협상 특사의 『실패한 외교』도 필독서가 될 것이다.

비관적으로 예측한
통일 이후의 미래상

『국가의 사생활』

이응준 지음 | 민음사 펴냄

이 책은 시인으로 등단해 소설가와 영화 각본가, 영화감독으로 활동한 이응준이 통일 이후의 대한민국을 그린 장편소설이다. 통일되었지만 분단된 두 세계의 갈등은 여전하고, 그 가운데 온갖 사회악이 난무하는 '어두운 신세계' 통일 대한민국을 특유의 치밀한 분석력을 바탕으로 생생하게 묘사했다.

대한민국이 조선민주주의인민공화국을 흡수 통일한 이후 5년의 시간이 흐른 2016년의 서울은 양심을 잃은 부패 경찰의 횡포, 이북 출신 폭력 조직의 난립, 주민등록조차 되지 않은 대포 인간을 악용한 각종 범죄, 신종 마약의 유통, 급식소에 줄을 선 통일 빈민의 증가 등으로 혼란스럽다. 이렇듯 황폐한 통일 대한민국의 하늘 아래, 살인 사건이 벌어진다. 독립운동가 이장곤의 손자이자 인민군의 영웅이었던 리강은 이북 출신 폭력 조직 '대동강'의 동료 림병모의 죽음을 파헤치기 시작하면서 거대한 사건에 휘말리게 된다.

이 소설에서는 '만일 통일이 된다면?'이라는 질문에 대한 가장 어둡고 현실적인 풍경이 펼쳐진다. 분단국가에서 살아가는 우리의 문제의식을 흥미진진한 추리극으로 풀어내고 있다.

"상상력은 창조력의 시작이다. 바라는 것을 상상하고 상상한 것을 의도하고 마침내 의도한 것을 창조하는 것이다."(버나드 쇼) 그래서 상상력은 지식보다 중요하다고 했다.

작가 이응준에게 2011년 5월 9일 오후 4시께 갑자기 통일이 찾아왔다. "통일정부의 999가지 실수들 가운데 최고의 흥행작은 의무 복무 기간이 10년에서 13년가량인 과거 북한의 120만 대군에 대한 서투른 처리였다." 무기는 분실됐고, 군인들은 하층민이 되거나, 조직폭력배가 됐다. 조폭들은 '통일된 나라의 사생활'이 됐고, 누아르와 스릴러, 역사와 추리로 교직되면서 소설 『국가의 사생활』의 얼개가 됐다. 작가는 소설을 위해 300여 권의 책을 읽고 새터민을 인터뷰했다. 여기에다 마치 논저처럼 참고 문헌을 달았다. 황장엽 선생의 책만도 2008년 최근작까지 다섯 권이다. 작가의 상상력은 독서와 지식을 뛰어넘어 창조로 이어졌다.

2016년, 한국전쟁 이전의 부동산 소유권을 주장하는 남쪽 사람의 소송은 줄을 이었고, 부동산 투기꾼들은 북으로 북으로 몰려들었다. 통일정부는 조선민주주의인민공화국 인민을 전부 주민등록화하는 데 실패했다. 주민등록이 없는 이른바 '대포 인간'들이 생겨났다. 이북 난민에게는 하루 한 끼 식사를 제공했다. 서울에만 20여 군네의 통일급식소가 운영되고 있었다. 유언비어의 백미는 식인귀가 출몰한다는 것이었다. 고난의 행군기에 배가 고파 인육에 입을 댔던 한 사내가 그 맛을 잊지 못해 사람을 죽이고 심장만 파먹고 돌아다닌다는 것이었다.

통일은 이루어졌다지만, 내부적으로는 여전히 분단 상태였고, "전라도와 경상도 사이보다 더 지독한 지역감정 하나가 추가되었다." 김일성 주석 탄생 기념일인 4월 15일 태양절을 맞아 술을 마시며 향수를 달래던 호위사령부 출신 친목 단체가 경찰서를 습격, 방화한 것으로 폭동이 발생했고, "정부는 계엄령 선포를 놓고 고심하고 있었다." 다행스럽게도 북한의 핵탄두는 미국이 인수해 갔다.

　지나친 일상성, 스토리의 부재, 자기 독백, 은유의 과잉, 상상력의 빈곤 ……. 최근 들어 필자가 읽은 우리 소설의 특징이다. 무엇보다 작가적 상상력의 부족은 당뇨병 환자의 식후 공복감으로 다가오곤 했다. 작가의 상상력은 우리 소설계에 역사적 상상력이라는 인슐린을 공급한다. 상상력이 결코 공상과학소설 같은 허구에 깃들지 않는다는 점도 다행스럽다. 남북의 현실에 대한 묘사는 쉽게 쓴 논문 같다. 독일 통일과 비교하며 통일 한국의 미래를 예지하는 방식도 놀랍다.

　영화감독 출신이라는 작가의 경험이 새로운 전형의 창조로 이어졌다. 장면 묘사가 그러하거니와 49개 장으로 이루어진 소설의 전환은 마치 영화를 예정한 듯하다. 반전에 반전을 거듭하는 스릴러 영화처럼 잠시 딴전 피우다간 다시 앞장으로 되돌아가야 한다. 미래 속에서 과거와 현재를 왕복하기도 쉽지 않다. 작가는 영화감독처럼 때론 순간으로, 때론 유장함으로 호흡을 조절하며 독자들의 손에 땀을 쥐게 한다.

　통일의 과정이 잘 짜인 한 편의 영화처럼 이루어지지 않으리라는 점에 대해서는 동의하면서도, 비관적으로 예측할 수밖에 없는 통일 이후의 미래상이 극사실풍으로 펼쳐지는 소설 속 미래가 편치만은 않다. 워 게임(War Game)에도 가상 시뮬레이션이 필요하듯, 통일 이후에도 상상은 필요하다. 통일 정책의 하나로서 상상력을 구하는 이도 있을 것이다. 하지만 상상을 통해 '이후'를 대비하겠다는 발상 자체가 상상력을 한계 지운다. 그래서 작가는 소설 속 주인공 리강의 입을 빌려 "답을 구하지마. 세상은 주체철학 용어 사전이 아니야. 답을 구하니까 네가 세상보다 더 혼란스러워지는 거야"라고 말한다.

　68운동의 슬로건은 이랬다. '상상력에게 권력을.'

신성불가침 한미동맹과
미국 패권사

『한미동맹은 영구화하는가』

서재정 지음 | 이종삼 옮김 | 한울아카데미 펴냄

미국 존스홉킨스대학교 국제대학원 교수로 한국학연구소 소장을 맡고 있는 서재정 교수는 이 책을 통해 한미 군사동맹의 '지속 가능성'에 대해 질문을 던진다. 저자는 한미동맹이 다른 군사동맹에 비해 경이로울 정도로 예외적이라는 사실을 제대로 이해하기 위해서는 파워 관계, 이해관계, 담론 구조라는 세 가지 받침대를 정확히 분석해야 한다고 말한다.

저자는 이 책에서 세계 유수의 관련 이론들을 참고하여 한미 군사동맹에 관한 기존의 많은 연구들이 취하는 역사적인 기술보다 동맹의 영구화 가능성에 대한 분석적인 연구를 시도한다. 또 대부분의 기존 연구가 정치학 이론, 특히 미국 정치학 이론을 동맹에 적용하는 방식을 취한다면, 이 연구는 이러한 이론들의 한계를 지적한다. 나아가 한미동맹의 예외성을 설명하기 위해 기존 이론을 넘어서는 이론을 새롭게 구성한다.

저자는 앞으로 한미동맹이 얼마나 더 존속할 것인가를 결정짓는 데는 정체성 균형이 군사력 균형보다 중요할 것으로 본다. 민족정체성이 동맹과의 관계를 어떻게 설정하는 방식으로 구성될지가 한미동맹의 장래를 결정하는 결정적 요소가 될 것이라는 것이다.

『전쟁의 집』

제임스 캐럴 지음 | 전일휘, 추미란 옮김 | 동녘 펴냄

미국 국방부 본부 건물인 펜타곤은 지난 60년 간 미국 국내외에서 가장 강력한 영향력을 행사했다. 이 책은 펜타곤의 권력 축적이 곧 미국의 권력이라는 맥락에서 펜타곤을 만든 사람들, 펜타곤이 낳은 병폐들을 시대 순으로 자세히 기록하고 있다.

저자 제임스 캐럴은 루스벨트가 독일과 일본에게 무조건 항복할 것을 요구하고, 독일 본토를 폭격하는 포인트 블랭크 작전이 개시되었으며, 펜타곤 건물이 준공되고, 로스앨러모스에서 본격적으로 원자폭탄 제조 연구가 시작된 1943년 1월의 마지막 주, 시카고에서 공군 장성의 아들로 태어났다. 캐럴의 아버지는 연방 수사국(FBI)에서 특수 요원으로 일하다 1961년 국방장관이었던 로버트 맥나마라에 의해 펜타곤 산하 국방정보부(DIA) 국장으로 임명되어 펜타곤의 대외 정책에 깊숙이 개입한 인물이다.

핵전쟁의 공포가 이 책을 쓰는 데 강력한 동기가 됐다고 말하는 저자는 이 책을 쓰기 위해 10여 년 동안 미국 주요 정관계 인사들을 수십 차례 인터뷰하며 자료를 수집했다. 또한 아버지와 관련된 개인적 경험을 통해 자신의 삶과 미국의 역사를 결코 분리할 수 없는 관계 속에서 성찰하며 미국의 지난 60년을 설명한다.

빌 클린턴 미국 전 대통령의 방북이 준 충격파가 크다. 도리어 보수 진영에서 한미동맹의 본질을 묻는다. 『한미동맹은 영구화하는가』의 저자 서재정 교수의 문제의식을 빌리면 결국 '한국은 민족 정체성과 동맹 정체성 사이의 균형을 어디에 맞출 것인지'의 문제로 귀착되는 것인가. 특별하게도 '한미동맹은 예외적'이기 때문이다. 군사동맹 중 한미동맹만큼 50년 이상 지속된 장기적인 동맹은 없다. 동맹국의 군대가 대규모, 그것도 상시로 주둔하고 있다는 점 또한 예외적이다.

패전국이 아닌 국가에 외국군 수만 명이 50년 넘게 주둔 중이다.

현재까지 주한미군이 한국군의 작전지휘 통제권을 보유하고 있는 것 또한 예외적이다.

어느 학자는 '경이로운 주권의 양도'라고 했다. 더욱 경이로운 예외적 사실은 이상과 같은 모든 예외적 현실이 한미 관계에서 당연하게 받아들여진다는 점이다. "더더욱 경이로운 예외적 사실은 미국 정부가 주한미군을 감축하려 해도 한국 정부가 반대한다는 점이다." 서 교수에게 있어 '한미동맹의 이러한 예외적 예외성'은 혼란스럽다. 이 책의 문제의식은 이 정도만으로도 충분하리라 믿는다.

물론 예외성에 대한 모범 답안이 있다. 북한 정권이 존재하는 한 한미동맹은 불가피하고, 주한미군은 필수적이며, 작전지휘권도 유사시에 대비한 조치라는 것이다. 어느 누구도 이의를 제기할 수 없는 우리 사회의 통설이요, 상식이다. 누군가 이런 통념에 대해 문제를 제기한다 치자. 법적으로는 국가보안법 위반이다. 정치·사회적으로는 두말할 나위도 없이 빨갱이다. 반미주의자다. 친북 좌파다. 철저한 이분법이다. 반미·친북 좌파이거나 친미·반북 우파 중 하나여야 한다. 민족우선이거나 동맹 우선이어야 한다. 서 교수의 결론도 이 범주를 크게 뛰어넘지는 않는다. '민족정체성이 동맹과의 관계를 어떻게 설정하는 방식으로 구성될지가 한미동맹의 장래를 결정하는 결정적 요소'가 될 것이라는 쪽이다. 평가할 능력은 못 된다. 그렇다면 이 문제는 어디서부터 시작되었을까.

때마침 재밌는 책이 나왔다. 미국 전쟁사, 핵무기사, 펜타곤 60년사를 다룬 『전쟁의 집』이다. 참고 문헌까지 포함해 무려 854쪽이나 되는 논픽션 대작이다. 저자 제임스 캐럴은 가톨릭 사제 출신의 전업 작가다. 아버지는 펜타곤 산하 국방정보부 국장 출신이다. 펜타곤에서 미끄럼틀을 타던 개인적 경험이 미국 패권사를 쓰게 만들었다. 저자는 우연성에 주목했다. 9·11이라는 날짜다.

1941년 9월11일은 펜타곤의 착공일이었고, 이로부터 60년이 지난 2001년 9월11일은 펜타곤이 외부의 적에게 공격 받은 날이었다. 'NSC-68'이라는 기밀문서가 있었다. 'NSC-68'은 세계가 상호 적대적인 두 개의 신념 및 정치체제로 나뉘어져 있다고 보았고, 한 체제가 다른 체제를 대체하려는 뻔뻔스러운 야망을 품은 것으로 보았다. 미국의 전후 정치 이념의 이원론은 여기에서 뚜렷이 드러났고 완성되었다는 것이 저자의 요지다. 이 문서가 사실상 폐기될 쯤에 6·25 한국전쟁이 발발했다. 그때 딘 에치슨 국무장관은 "한국이 우리를 구했다"고 말했다. 1950년 미국의 방위비는 177억 달러였다. 한국전쟁은 국방에 대한 미 의회와 국민의 태도를 완전히 바꾸어 놓았다. 미국의 방위비는 1953년에 500억 달러를 넘어섰다. "결과적으로 주한미군은 한반도에 자리를 잡고서 계속 주둔할 수 있었다." 미국은 지정학의 통설로 복귀했다. 이로써 북한 체제가 존재히는 한 한미동맹은 전략적 합헌성을 획득했고, 우리 사회에 신성불가침으로 자리 잡게 된 것이다. 전략적 상상력이 필요하다. 반도라는 지정학적 운명에서 벗어나야 한다. 이 시대의 명백한 요구다.

한반도 평화를 향한
행동하는 양심

『**통일 지향의 평화를 향하여**』

김대중평화센터 엮음 | 한겨레 펴냄

한반도 평화 체제에는 많은 논의와 여러 단계가 필요하다. 여기에서 가장 중요하고 근본적인 것은 남북한의 통일을 지향하는 평화 체제가 되어야 한다는 것이다. 지금의 분단 상태를 고착화하거나 현상을 유지하는 평화 체제는 갈등과 분쟁의 위험이 도사리고 있어서 언제 다시 깨질지 모르는 불완전한 것일 수밖에 없다.

이 책은 김대중평화센터에서 2005년부터 2007년까지 김대중 전 대통령이 행한 국내외 언론 회견과 강연 중에서 북한 핵 문제와 관련된 주요 내용을 모은 것이다. 1부와 2부는 6자회담이 장기간 열리지 못하고, 남북 관계가 경색되고 있는 상황에서 북한 방문을 계획했던 과정을, 3부는 북한이 핵실험을 한 후 위기가 고조되는 상황에서 북미 간 대화를 촉구한 내용과 2·13 합의 후의 전망을 싣고 있다.

이 책에는 고 김대중 전 대통령이 북한의 핵 폐기를 설득하기 위해 어떻게 노력해 왔는지, 북미 간 관계 정상화를 위해 어떤 노력을 해왔는지가 잘 드러나 있다. 이런 노력의 바탕에는 김대중 전 대통령이 일관되게 주장해 온 남북한 통일의 원칙, 즉 평화공존, 평화교류, 평화통일의 원칙 아래 1단계 남북연합, 2단계 남북연방, 3단계 완전통일의 과정을 밟아야 한다는 주장이 깔려 있다.

"(기자) 최근 들어 현안에 대해 끊임없이 의견을 표명하고 계십니다. 다른 취미는 없으십니까."

"(김대중 전 대통령) 책 읽고 신문 읽는 일이죠."

김대중 전 대통령이 2008년 10월 한 월간지와의 대담에서 한 말입니다. 읽기, 쓰기, 말하기는 인간의 지적 활동의 기초입니다. 가장 쉬운 일 같으면서도 어려운 일이기도 하지요. 김대중 전 대통령의 지적 활동의 기초는 읽기입니다. 끊임없이 읽고 또 읽어 온 한 생입니다. 서거하기 직전까지 이틀에 한 번 혈액투석을 받았습니다. 한 번에 네 시간이 걸리는 고통스럽고 지겨운 일입니다. 이 가운데 두 시간은 힘에 부쳐 잠을 잤습니다. 나머지 두 시간은 자신이 직접 선택한 책과 글과 언론 기사를 읽어 달라고 했습니다. 영국의 처칠 총리나 중국의 마오쩌둥, 인도의 자와할랄 네루 총리 등 세계사의 위대한 지도자들은 탁월한 문필가였습니다. 김 전 대통령이야말로 우리 시대의 저술가입니다. 김 전 대통령은 서른을 갓 넘긴 1955년 10월 『사상계』에 원고지 100매 분량의 "한국 노동운동의 진로"라는 글을 기고했습니다. 글을 통해 끊임없이 자신의 생각을 가다듬고 정책으로 토해 냈습니다. 정치인 저술의 대부분은 내필이거나 일상적 경험담 수준입니다. 그러나 김 전 대통령은 독자적인 통일론, 경제론, 역사론을 완성했습니다. 출간한 책만 해도 80권이 넘습니다. 생의 마지막까지도 원고지 5천 매에 이르는 자서전 작업을 계속했고, 입원 직전까지도 일기를 썼습니다.

말하기에 대해선 굳이 설명할 필요가 없겠지요. 가장 뛰어난 대중 연설가요, 정책 전문가였습니다. 1996년 15대 국회의원 선거 출마를 시작으로 지금은 4선 의원이 된 어느 국회의원으로부터 들은 얘기입니다. 공천장을 받던 날 저녁, 동교동으로 부르더랍니다. 갔더니 손짓 발짓 하나까지 일일이 모범을 보이며 대중 연설과 유권자에 대한 응대 요령을 가르쳤답니다. 이렇듯 김 전 대통령은 이른바 '상고 출신'이면서도 읽고 쓰고 말하기라는 인간의 기본 활동에 대한 모범을 보였습니다.

2006년 어느 날 김대중평화센터 회의에 참석했습니다. 도시락으로 오찬을 겸한 회의가 끝나고 저에게 잠깐 남으라고 했습니다. 다른 방으로 불렀습니다. "미하엘 엔데의 소설『모모』가 있다. 왜 사람들이 모모를 좋아하는 줄 아느냐. 남녀노소 가리지 않고 왜 모모만을 찾고, 왜 모모를 만나고 나면 행복해 하는 줄 아느냐." 국회의원으로서 정부를 견제한답시고 비판적 의견만을 일방적으로 쏟아내는 풋내기 의정 활동에 대한 조용한 말씀이었습니다. 듣는 것이 최고의 말하기라고 늘 말하곤 했습니다. 그래서 읽기, 쓰기, 말하기, 듣기까지가 김 전 대통령의 기본이 됐습니다. 여기까지라면 보통 사람들과 큰 차이가 없을 수도 있겠지요. 그렇습니다. 그렇다면 어디에서 김 전 대통령의 남다름이 비롯됐을까요. 생각하기입니다. 양심에 따라 행동하기입니다. 행동하는 양심입니다. 종교적 묵상에다 철학적 사색입니다. 인간의 존엄에 기초한 양심과 사상과 표현과 행동의 자유입니다. 이런 내적 양심과 외적 표현과 행동이 결합되면서 김 전 대통령의 오늘이 있었던 것 같습니다.

퇴임 이후에도 김 전 대통령의 바르게 생각하고 표현하며, 양심에 따라 행동하기는 계속 됐습니다. 김 전 대통령의 육성을 느낄 수 있는 가장 최근에 공간된 책이 2005년에서 2007년까지 주요 연설과 대담을 모은『통일 지향의 평화를 향하여』입니다. 한반도의 지정학적 운명을 받아들입니다. 한미동맹의 균형자적 역할을 바탕으로 통일 지향적인 평화 프로세스를 진척시켜 나아가고자 합니다. 압록강의 기적으로 철의 실크로드를 통해 대륙으로 나아가고자 합니다. 눈물로 보냅니다. 편히 쉬십시오.

학살과 전쟁은
역사가 아니라 현실

『크리스탈나흐트 : 수정의 밤』

마틴 길버트 지음 | 김세준 옮김 | 플래닛 펴냄

저자인 마틴 길버트는 영국의 저명한 역사학자로 나치 시대의 독일과 유대인에 대한 많은 저작을 내놓았다. 1968년 마틴 길버트는 윈스턴 처칠 경의 공식 전기 작가 자리를 이어받아 전기 여덟 권 가운데 여섯 권을 집필했으며, 처칠의 문서를 열한 권의 책으로 편집했고, 1995년에는 기사 작위를 받았다.

이 책은 히틀러 집권 이후 5년 9개월이 넘도록 지속된 치밀한 차별과 박해의 정점이었던 테러의 밤을 다룬다. 전체 인구의 0.76퍼센트밖에 안 되는 50만 독일 유대인들은 나치 선전기구에 의해 내부의 적, 곧 1918년 독일의 패전과 잇따른 경제적 곤궁의 원인으로 지목된다. 제1차 세계대전 때 독일 유대인은 1만2천 명이 전사했을 정도로 애국심을 발휘했지만, 그들은 나치 이데올로기에 따라 독일 정치 공동체의 기생충으로 여겨졌다.

유대인들을 동료 독일인들로부터 고립시키고 그들로부터 시민권을 조금씩 박탈해 가면서 시행된 합법화된 유대인 차별은 수정의 밤에 처음으로 직접적이고 물리적인 전국적 폭력으로 대체되면서, 방화와 파괴, 약탈, 공동체 전체의 무력화, 물리적 공격, 강제 이송, 대량 학살과 결합되었다. 그리고 이날을 기점으로 유대인들의 바뀐 운명을 서술한다.

『눈물의 땅 팔레스타인』

김재명 지음 | 프로네시스 펴냄

저자인 김재명은 서울대학교에서 철학을 공부하면서도 이념 대립에 몸살을 앓는 한반도 상황에 관심을 기울인다. 이런 관심은 국제분쟁에 대한 관심으로 이어졌고, 지난 10여 년 동안 국제분쟁 전문가로 지구촌 여러 분쟁 지역을 찾아다녔다. 이 책은 이스라엘과 팔레스타인 분쟁의 현지 취재 결과를 담아낸 책이다.

이스라엘의 건국 이후, 팔레스타인 민족은 난민이 되어 근처 중동 국가를 떠돌거나 무자비한 폭력에 시달리며 막대한 자본으로 무장한 이스라엘의 식민 지배를 받고 있다. 유대인들은 새로 건국한 이스라엘 땅에서 팔레스타인 인종을 완전히 몰아내려고 하고, 독립국가를 원하는 팔레스타인 사람들은 강제 점령국 이스라엘에 '테러'로 대응 하는 것이 단순화한 이스라엘-팔레스타인의 분쟁 모습이다. 2000년 이후 여섯 차례나 중동 취재를 다녀 온 저자는 유혈 분쟁으로 다친 난민들과 유대인, 양군 정치 군사 지도자와 지식인들의 모습과 생각을 글로 담아냈다. 지금이야 말로, '우리도 사람답게 살고 싶다'는 팔레스타인 사람들의 절규에 귀를 기울여야 할 때라고 말한다. 그것은 단순히 경제적·외교적인 복잡한 문제들이 뒤엉켜 있기 때문만은 아니다. 팔레스타인 문제가 우리에게 정의란 무엇인가에 대한 질문을 던지기 때문이다.

1938년 11월10일 이른 시간에 시작돼 해질녘까지 계속된 독일 유대인에 대한 폭력은 파괴의 회오리를 일으키며 터져 나왔다. 그 테러의 밤과 낮에 붙여진 이름은 '수정의 밤', 곧 깨진 유리의 밤이었다. 그날 밤 모든 독일 유대인은 공포와 번민에 휩싸였다.

　　이튿날 저녁, 나치의 선전상 파울 요제프 괴벨스는 이 사건을 "독일 대중의 '건강한 본능'이 표현된 것"이라고 말했다. 그는 이어 "독일 대중은 반인종주의를 지지한다. 그들로서는 유대 종족이라는 기생충 때문에 제약받고 자극받아야 할 하등의 이유가 없다"고 말했다.(『크리스탈나흐트』)

1948년 5월14일 유대인들은 팔레스타인 땅에 그들의 나라를 세웠다. 그래서 이날은 이스라엘의 건국 기념일이 됐다. 하지만 팔레스타인 사람들은 이날을 아랍어로 '나크바(대재앙)의 날'로 부른다. 당시 130만 명의 팔레스타인 주민 가운데 약 75만 명이 살던 집을 잃고 쫓겨난 날이자 땅을 빼앗긴 날이기에 역사의 기록에서 지우고 싶은 우울한 날이다. 그래서 팔레스타인에서는 이날 가게와 학교가 문을 닫는다.(『눈물의 땅, 팔레스타인』)

1933년 1월과 1938년 3월 사이에 3만5천여 명의 독일 유대인이 팔레스타인행 이민 증서를 얻었다. 그러나 1936년에 아랍에서 소요 사태가 일자 아랍인의 감정을 달래기 위해 제한 조치가 취해졌다. 그럼에도 팔레스타인 위임 지구는 히틀러가 집권한 뒤부터 전쟁이 터지기까지 5만1,700여 명의 독일 유대인과 7,100명의 오스트리아 유대인을 받아들였다.(『크리스탈나흐트』)

팔레스타인 가지지구 동북쪽에 위치한 야발리야 난민촌. 상주인구 10만 명의 이 난민촌 주민 대부분은 지난 1948년 이스라엘 독립전쟁 당시 대대로 살던 옛 땅에서 쫓겨난 사람들과 그 후손들이다. 이들은 미국에 의해 테러 집단으로 규정된 하마스의 강력한 지지 기반이다. 6년 동안 이어진 팔레스타인 사람들의 1차 인티파다(intifada, 봉기)가 바로 이곳에서 처음 일어나 팔레스타인 전역으로 번진 것도 결코 우연이 아니다.(『눈물의 땅, 팔레스타인』)

우연하게도 때맞춰 출간된 두 책이 갖는 역사적 교훈과 현실적 인과율이 절묘하다. 인류사의 부끄러운 기록 가운데 하나인 1982년 사브라와 샤틸라 학살 사건에 연관된 당시 이스라엘 국방부 장관 아리엘

샤론의 말. "이스라엘을 유대인 나치 국가라 불러도 좋다. 죽은 성자보다는 그게 낫다."(『눈물의 땅, 팔레스타인』)

　『크리스탈나흐트』의 저자는 영국의 저명한 역사학자로, 윈스턴 처칠 전 총리의 공식 전기 작가이자 홀로코스트에 대한 탁월한 연구 업적을 쌓았다. 저자는 대학살의 전주곡, '수정의 밤'을 목격한 직간접 증언과 보고서 등을 총합해 과거의 역사적 사실을 완벽하게 구성했다. 『눈물의 땅, 팔레스타인』의 저자는 우리나라에서 유일무이한 국제분쟁 현장 전문가다. 저자는 2000년부터 거듭된 중동 현지 취재를 통해 서방의 시각이 아닌, 특히 미국의 시각이 아닌 우리의 눈으로 현재의 역사적 사실을 극사실적으로 구성했다. 남북문제와 한미동맹, 일본의 역사 인식 문제를 제외하고 나면 우리 사회의 국제문제에 대한 이해 수준은 어느 정도나 될까. 기껏해야 '상품 경제' 수준에 머물고 있진 않을까. 두 책은 학살과 전쟁이 역사가 아니라 현실임을, 남의 문제가 아니라 곧 우리의 문제임을 절규하듯 호소한다. 세계 시민들이다.

미국 중심적 지식·미디어의
틀을 넘어

『값싼 석유의 종말 그리고 우리의 미래』

얀 르페브르 발레이디에 지음 | 김용석 옮김 | 현실문화 펴냄

오늘날 사람들을 일희일비하게 하는 자본재가 된 석유는 그 경제재적 성격으로 정치재로, 때로는 군사재로 모습을 드러낸다. 그뿐만 아니라 지구온난화를 일으키기도 한다. 우리 일상생활 속 제1의 일차에너지 자원이자 필수재로서 이처럼 여러 얼굴을 하고 있는 것이 석유다. 고유가 시대를 지나 석유 시대의 종말과 포스트 석유 시대를 맞는 지구촌의 대비는 어떠한가?

화석 자원으로서 석유의 매장량은 본질적으로 제한적일 수밖에 없다. 게다가 이러한 석유 매장량의 3분의 2도 지정학적으로 불안정한 국가들에 집중해 있어서 세계정세가 불안해질 때마다 석유 공급 중단이라는 위기감이 조성된다. 석유 부족의 위기와 함께 인류는 석유의 소비로 인한 기후온난화에 대해서도 대비해야 한다.

저자인 얀 르페브르 발레이디에는 이학박사이자 해양생물학 전문가로 과학 전문 기사를 다루다가 이 책을 통해 우리 일상생활 속 석유의 여러 모습과 함께 대체에너지 현황 등 고유가 시대, 포스트 석유 시대를 맞고 있는 지구촌의 모습은 어떠하며, 또 지속 가능한 에너지 소비를 위해 우리들의 삶은 어떻게 변화해야 할지를 조목조목 밝히고 있다.

『세계화 시대의 경제 파워 : 그 권력과 반권력의 주역들』

장 클로드 드루앵 지음 | 김모세 옮김 | 현실문화 펴냄

세계화는 경제의 실질적 영역, 즉 재화와 서비스의 생산, 분배, 소비 영역뿐 아니라 화폐와 자본의 영역에도 영향을 미친다. 세계화는 또한 문화 영역에까지 영향력을 확장하며 삶의 양식을 단일화시키는 경향이 있다. 이러한 세계화는 현재를 살아가는 경제주체의 각종 전략과 행동 방식에 뿌리를 두고 있다.

세계화 경제주체로는 상품과 자본이라면 국경을 가리지 않는 다국적기업, 미국,·유럽연합·일본 등의 3대 전통 경제 강국인 '트라이어드', 중국·인도·브라질처럼 갈수록 영향력을 키워가는 신흥 경제 강국, 부유국 중앙은행 등 경제·금융 국가 기관들과 주식시장, 세계경제의 조직과 안정을 우선하여 논쟁의 대상이 되는 WTO·IMF·세계은행 등의 국제기구와 G8 모임 등이 있다. 이와 함께 또 다른 경제주체로 경제 세계화를 이끄는 권력에 맞서 저항과 연대로 반권력을 행사하는 비정부기구와 반세계화/대안세계화 운동의 주역 등이 있다.

이 책은 이처럼 세계화 시대 서로 다른 경제주체들의 경제·금융·사회·문화의 논리는 무엇이고, 이 경제주체들은 어떤 식으로 새로운 게임의 규칙을 만들어 나가는지를 조목조목 밝힌다. 독자들은 이를 통해 무한한 시장경쟁을 추진하는 경제주체와 그리고 그에 저항하는 경제주체들의 힘 관계를 명확하게 파악하게 된다.

『오늘의 미국, 여전히 세계의 주인인가』

자크 포르트 지음 | 변광배 옮김 | 현실문화 펴냄

1991년 또 다른 초강대국이었던 소련이 사라지고 나서는 그 어떤 국가도 미국의 경쟁국이 되지 못하고 있다. 유럽연합은 경제와 인구 면에서 미국과 비교될 만한 덩치가 되었지만, 군사적·정치적 결정면에서는 아직 상대가 되지 않는다. 무서운 성장을 보이는 중국 역시 수년 내에 미국과 어깨를 나란히 할지는 좀 더 지켜봐야 하는 실정이다.

이처럼 초강대국을 뛰어넘어 극초강대국이라는 호칭을 '정당화'해 나가던 미국이 2001년 9·11 테러와 2003년 이라크전쟁, 2008년 금융위기에서 받은 충격과

상처는 클 수밖에 없었다. 유일한 세계 권력으로서 힘을 행사해 온 미국의 지위는 모방의 대상 이상으로 늘 나머지 세계의 반대에 직면하고 있다. 미국이 누리는 극초강대국의 지위는 다른 국가들에게는 불편한 요소인 것이다.

이 책은 이처럼 다른 나라와 같지 않은 유일한 패권국가인 미국의 정치, 경제, 사회, 문화는 어떠한 모습을 하고 있으며, '미국의 세기'라 불렸던 20세기를 보낸 미국의 '팍스 아메리카나'는 오늘날 어떠한 도전과 변화를 맞고 있는지, 또 그러한 변화는 다른 나라들에 어떤 변화를 가져올 것인지를 밝히고 있다.

대통령이 청와대 비서진을 질책하면 중요한 정치 뉴스가 된다. 삼성 이건희 전 회장이 냉장고 폭발 사고에 대해 '대로'했다는 것도 주요한 경제뉴스다. 일간이든 월간이든, 진보건 보수건 정치인들의 정책보다는 만남 자체가, 회의보다는 저녁 폭탄주가 '정치부' 뉴스가 되는 나라다. 삼면은 바다로, 대륙은 철조망으로 막힌 '대륙의 섬'에 살아서일까. 문화의 균형은 기우뚱하고, 세상을 향한 안목은 자폐증이다. 상품의 세계화만 추구할 뿐 사고의 세계화, 정책의 세계화는 없다. 어떻게 해야 '자폐적 한국 중심주의'에서 벗어날 수 있을까. 세계 3대 백과사전 출판사이자 150여 년 전통의 프랑스 라루스 출판사가 있다. 지나치게 미국 중심적인 지식과 미디어의 틀을 넘어 지구촌 글로벌 이슈를 정리해 내는 '라루스 지식 in 이슈' 시리즈를 시작했다. 한글판 저작권을 '현실문화' 출판사가 가져왔다. 우선 세 권이다. 『값싼 석유의 종말, 그리고 우리의 미래』, 『세계화 시대의 경제 파워 : 그 권력과 반권력의 주역들』, 『오늘의 미국, 여전히 세계의 주인인가?』. 제목이 던지는 지적 호기심이 쏠쏠하다.

1999년 당시 프랑스 외무장관 위베르 베드린은 21세기 초 미국의 모습을 '극초강대국'이라고 규정했다. 1992년 이래 미국을 규정해 온

'초강대국'이라는 표현이 더는 적합하지 않다고 판단한 것이다. 그렇다면 '극초강대국'의 오늘과 내일은 어떠할까. 라루스는 미국이 불균형 상태라는 데 주목한다. 지나친 경제적 자유주의는 세계의 모델이 되는 데 역부족이다. 그럼에도 여전히 전 세계 이민자들에게는 매력적인 나라다.

100년 만에 석유 1조 배럴이 연기로 사라졌다. 세계 인구가 40억 명이 채 되지 않았다. 1970년대 초반에는 석유가 연간 20억 톤이 필요했다. 세계 인구가 67억 명이 넘는 지금은 그때보다 석유가 50퍼센트 이상 더 필요하다. 석유 전문가들은 석유 매장량의 평가를 둘러싸고 양측으로 나뉘어 있다. 과학 기술 발달로 석유 종말의 시한을 충분히 늦출 수 있다고 하는 전문가들이 있고, 최소한 아주 가까운 시기에 석유가 고갈될 것이라고 예견하는 전문가들이 있다. 시차의 차이일 뿐이다. 공감대는 있다. 수십 년 내에 석유 생산 능력은 석유 수요를 충족시키지 못할 것이며, 하루빨리 대체에너지를 찾아야 한다는 점이다. 그래서 다른 방식의 삶을 제안한다.

세계화는 국가 차원에서 세계 차원의 시장경제로 재편되는 현상이다. 국가와 시민계급은 초라해졌다. 시민성과 연대 의식이 사라진 곳에 소비자성과 이기심만이 시장의 이름으로 행세한다. 세계화 시대의 경제주체로는 다국적기업이 있고, 경제 금융 관련 국제기구가 있고, 미국·유럽연합(EU)·일본 등 3대 경제 강국이 있다. 어떻게 해야 '지속 가능한 개발'을 꿈꿀 수 있을 것인가. 이번에 출간된 책들의 문제의식이다. 번역은 20권 넘게 진행 중이다. 대충 제목만 보더라도 '세계의 물 : 살기 위한 전쟁', '새로운 지정학 : 전쟁과 평화', '새로운 질병들', '세계의 식량 공급' '오늘날의 종교들' 등 지적 풍요를 예감케 한다.

전 세계적인 경제 위기는 지갑만 닫는 게 아니다. 세계를 향한 시선 마저 외눈박이로 만들고 있다. 예컨대 2002~2006년 미국 일간지들의 해외 주재 특파원 수는 30퍼센트 감소했다. 격월간『포린 폴리시』한 국어판도 재정난을 견디지 못해 2009년 10월에 문을 닫았다. 균형이 필요하다. 지나친 미국제에서 벗어나 우선은 프랑스제 안경을 빌어다 쓰자. 그렇게라도 균형을 잡아가며 한반도를 넘어 지구촌에 대한 시선 을 확장시켜야 한다. 읽어야 할 책은 쌓여만 가는데 가는 가을이 야속 하지 않은가.

지구에서 벌어지는
마지막 식민지 전쟁

『북극해 쟁탈전 : 북극해를 차지할 최종 승자는 누구인가』

크리스토프 자이들러 지음 | 박미화 옮김 | 더숲 펴냄

급격한 지구온난화로 인해 북극의 얼음이 녹아내리면서 숨겨진 지하자원의 실체들이 조금씩 드러나기 시작했다. 북극해 연안 5개국인 미국, 러시아, 캐나다, 덴마크, 노르웨이를 비롯해 이누잇족, 유럽연합, 북극 이사회, 독일, 중국에 이르기까지 각국은 북극에 대한 영유권을 공격적으로 주장하고 있다.

북극 독점 전쟁에 참가한 나라들은 지리학적·지질학적인 요소와 더불어 역사적·국제법적인 문제를 개입시키고 있다. 북극에서 추가 영유권을 획득한다면 엄청난 특권이 보장될 뿐만 아니라 방대한 에너지 자원을 확보하게 된다. 그러나 에너지 자원 개발은 환경보호 문제와 결부되어 있어 지극히 조심스러워야 할 부분이기도 하다.

저자는 국제문제 전문가이자 『슈피겔』지의 과학 전문 기자로, 북극 지역에서 벌어지고 있는 상황들을 생생하게 보도한다. 그리고 새로운 위험성으로 대두될 수 있는 자원 전쟁에 대해 심각한 어조로 경고하면서, 지구의 평화적인 미래를 위해 이 지역의 자원을 어떻게 활용할 것인지에 대해 제안한다.

"북녘에서 재앙이 쏟아져 내리리라."(예레미야서 1장 14절)

속표지가 묵시론적이다. 1909년 4월 6일 "미합중국 대통령의 이름으로 미국은 이곳(북극점)과 이 주변 지역의 소유권을 공식적으로 획득한 것이다. 소유권에 대한 증표로 이곳에 증명서와 미국 국기를 남긴다. 미합중국 해군 로버트 피어리."

2007년 8월 2일 러시아 해저탐사단의 잠수정 두 대가 북극해 4킬로미터 깊이를 잠수해 들어가 러시아의 주권을 상징하는 티타늄 국기를 북극해 바닥에 꽂았다. 러시아 외무장관 세르게이 라브로프는 "탐사 목적은 러시아의 북극해에 대한 권리를 확고히 자리매김하려는 데에 있는 것이 아니라 러시아의 대륙붕이 북극에까지 연결됐다는 사실을 밝히려는 것"이라고 대답했다. 『뉴스위크』지가 2010년 새해 특별 기획으로 미국 국무장관 힐러리 클린턴과 헨리 키신저의 대담을 마련했다. 이때 힐러리 장관의 말. "그리고 아직 크게 주목받진 않지만 우리가 신경을 쓰기 시작한 분야는 북극 문제다." 독일 외무부 장관 프랑크 슈타인마이어가 "북극에서 냉전이 벌어지는 것을 막아야 한다"고 경고했지만 냉전은 이미 시작됐다. "북극에 대한 뜨거운 관심은 정치적 낙관주의와 국민적 자존심, 군사력 과시, 높은 에너지 가격과 모호한 국제법 규정과 한데 엉켜 괴력을 지닌 거대한 폭풍"(『타임』지)으로 발전해 간다.

북극 독점 전쟁을 주도하는 국가는 러시아, 캐나다, 그린란드의 외교 업무를 대신하고 있는 덴마크, 노르웨이, 미국이다. 주전 선수는 아니지만 이누잇족, 1996년 오타와에서 발족된 북극 이사회, 유럽연합과 독일이 북극 쟁탈전에 참가하고 있다.

정치·군사적 환경만큼이나 기후변화가 무섭다. 기후변화로 지구상에서 가장 큰 타격을 받고 있는 지역이 북극이다. 지구온난화를 부

채질한다. 북극에 서식하는 동물들이 생존의 위협을 받고 있다. 정반
대로 얼음이 녹으면서 자원 개발에 대한 관심은 증폭된다. 백설 공주
라는 뜻의 '스뇌비트' 해저 가스전은 노르웨이 소유다. 북극에서 천연
가스를 생산하고 있다. 러시아는 2011년부터 북극 해양유전에서 석유
생산을 시작한다. 북극에는 전 세계 석유, 천연가스 가채매장량의 4분
의 1이 매장돼 있을 것으로 추정된다.

　해빙 현상으로 새로운 해상 교통로가 열렸다. 북동항로는 러시아
북부에서 시작해 북시베리아 해안을 따라 러시아 최동단과 알래스카
경계에 위치한 베링 해협까지 이어진다. 2009년 여름 울산항을 출발
한 화물선이 북극해를 통해 네덜란드 로테르담 항에 도착했다. 수에즈
운하가 아닌 북동항로를 이용하면 항해 거리의 40퍼센트가 단축된다.
시간도 20일에서 13일로 줄어든다. 베링해협을 거쳐 캐나다 북동부를
통해 미국 동부로 갈 수 있는 북서항로도 있다. 울산에서 파나마 운하
를 통하지 않고 뉴욕 항에 갈 수 있게 될 것이다. 북극 문제가 북극해
연안국들만의 문제가 아니라 우리 문제일 수 있는 이유다.

　국제문제 전문가이자 독일 『슈피겔』지 과학 전문 기자인 저자는
북극 상황이 위험한 이유로 네 가지를 들었다. 첫 번째 현재의 북극 상
황과 비교할 만한 역사적인 선례가 없다. 두 번째 분쟁을 해결할 만한
국제법 기구나 국제정치 기구가 없다. 세 번째 각국이 자국의 이익을
위해 개인플레이를 하고 있다. 네 번째 분쟁을 해결할 만한 정치적 수
단이 없기 때문에 무력 분쟁으로 발전할 가능성이 있다. 북극은 지구
에서 벌어지는 마지막 식민지 쟁탈전이다. 이 때문에 『슈피겔』은 북극
에서 전쟁이 일어난다면 그것이 3차 대전이라고 했다. 4대강에서 눈을
돌릴 수 있는 좋은 책이다.

한반도 비핵화
해법은

『북핵 롤러코스터』

마이크 치노이 지음 | 박성준, 홍성걸 옮김 | 시사IN북 펴냄

전 CNN 기자 마이크 치노이는 남과 북을 드나들며 남북 관계와 한미, 북미 관계, 그리고 북핵 문제를 둘러싼 대화와 대결의 현장을 밀착 취재해 왔다. 제1차 북핵 위기의 긴장이 최고조에 이르렀던 1994년 6월, 그는 전 미국 대통령 지미 카터가 평양을 방북했을 때 서방 기자로는 유일히게 동행해 긴박했던 협상 과정과 결과를 휴전선 이남과 전 세계에 알렸다.

북한이 대량살상무기를 손에 넣지 못하게 막는 것을 핵심으로 하는 외교정책을 펼쳤던 부시 행정부가 어떻게, 비밀스럽고 고립된 정권이 핵무기를 보유하는 것을 막을 수 없었는가가 이 책의 주제로, 제2차 북핵 위기를 둘러싸고 벌어졌던 부시 행정부 내부의 강경파와 실용파의 대결과 갈등, 북한과 미국의 대결과 갈등을 현미경으로 들여다보듯이 정밀하게 보여 주고 있다.

엄정한 사실과 증언의 기초 위에 북한 핵을 둘러싼 모든 전개 과정을 벽돌 쌓듯이 쌓아올렸다. 또한 기자 특유의 필치로 사태 전개 과정을 소설처럼 흥미진진하고 생생하게 되살려놓았다. 이 책의 박진감은 아직 세상에 잘 알려지지 않은 수많은 사건과 사실을 홍수처럼 쏟아 내는 데서 찾을 수 있다.

『오바마와 김정일의 생존게임』

이우탁 지음 | 창해 펴냄

『연합뉴스』 기자로 근무하며, 1994년 북핵 1차 위기 때 제네바 북미 협상을 취재하고, 2002년 미국 특사의 '평양 충돌'과 북핵 2차 핵 위기, 그리고 2003년 8월부터 2008년 부시 행정부의 마지막 6자회담, 오바마 행정부 등장과 북한의 로켓 발사에 따른 국제사회의 반응 등을 일선에서 보도해 온 이우탁은 이 책을 통해 한반도에 중요한 시점이 다가왔음을 알린다.

저자는 미국 오바마 행정부의 등장과 함께 한반도는 '김정일이 어떤 선택을 내리든 이제 운명을 결정할 시간은 서서히 다가오고 있다.'고 말한다. "우선 북핵 문제의 본질적 속성은 무엇인지, 왜 북한은 그토록 핵에 매달리는지, 미국은 또 왜 북한의 핵보유를 용인할 수 없는지" 그리고 "6자회담은 어떤 의미에서 시작됐고, 어떤 역할을 했는지, 한국은 어떤 행보를 걸어왔는지"와 같은 문제들에 대한 고민과 관찰의 결과를 독자들에게 전달한다.

한반도 정세가 너무 빨리 변화하고 있다는 것을 명심해야 한다고 강조하며 발로 뛰면서 국민의 알권리를 위해 취재 현장의 생생한 목소리를 전하는 이 책은 북한의 핵과 한반도 평화, 통일에 대한 하나의 지침을 제시한다.

북핵 위기는 '롤러코스터'고 부시 행정부의 북핵 외교는 '대실패'다. "부시가 취임한 2001년 당시, 북한의 핵 프로그램은 동결 상태였으며 김정일은 기껏해야 한 개 내지 두 개의 핵폭탄을 만들 수 있는 무기급 플루토늄을 보유하고 있었다. 그러나 부시가 김정일에게 친서를 써서 보낼 무렵 북한은 지하 핵실험을 실시하고, 많으면 열 개까지 핵탄두를 제조할 수 있는 분열 물질을 보유하고 있었을 뿐만 아니라 최악의 경우 핵 관련 노하우나 분열 물질을 테러 집단에게 제공할 수 있을 정도로 성숙한 핵 국가가 되어 있었다." 전 CNN 한반도 전문 기자로 1989년 이후로 북한을 열다섯 차례나 방문한 마이크 치노이는 자신의 책을 이렇게 설명한다. "내부 투쟁, 비일관성, 외교적 무능으로 통칭되는 대북 정책을 펼친 미국 행정부에 관한 이야기."

2001년 한미 정상회담은 '실패작'이었다. 75세의 김대중 전 대통령은 콜린 파월 당시 국무장관의 표현을 빌리면 "위엄을 갖춘 동양의 노신사"였다. 조지 W. 부시는 김대중을 '이 양반'(This man)이라고 부르는 것으로 자신의 가벼운 회견을 시작했다.

"리처드 아미티지는 이렇게 평했다. '고지식함과 무지, 외교력의 결여, 그리고 김대중의 출신 국가에 대한 이해 부족'에서 빚어진 실수였다."

6자회담 후반기에 크리스토퍼 힐의 차석이던 한국계 빅터 차가 썼듯이 "북한은 미국과의 합의에서 '선거와는 무관한'(election-proof) 합의를 원했다. '대통령이 바뀌더라도 수명이 더 오래 가는 합의'를 원했다는 것이다." 그러나 부시에게는 오로지 ABC(Anything But Clinton)였다. 북핵 동결의 빗장은 풀렸다. 2002년 1월 29일 부시는 연두교서 연설에서 북한을 '악의 축'으로 규정했다. 아버지 부시 전 대통령의 안보 보좌관이던 브렌트 스코크로프트는 기겁을 했다. 그는 "대통령 비서실장에게 전화를 걸었다. '어떻게 해서 그런 말이 들어갔느냐. …… 악의 축은 또 뭐냐. 나는 대통령 연두교서 연설이 어떻게 검토되는지에 대해 좀 알고 있다. 이번의 경우 검토가 이뤄지기는 한 건가.'"

결국 부시는 초반 임기 6년 동안 "기본합의를 폐기하고 지속적인 외교적 주고받기에 관여하기를 거부"했다. 대신 "북한을 강제하여 미국의 요구에 굴복시키려는 일로 소비"했다. 이 책은 부시 행정부 8년 동안 평양과 워싱턴 사이에서 한반도의 운명이 어떻게 처리되고 있었는지를 잘 보여 준다. 북핵 문제는 결코 '우리'의 문제가 아니었고, 미국의 실패는 우리의 실패였다.

비교할 만한 책이 있다. 한국 기자의 눈으로 6자회담의 과정을 기록한 책이다. 『연합뉴스』 이우탁 기자가 2009년 4월에 출간한 역작 『오바마와 김정일의 생존게임』이다. 저자는 '대북 적대시 정책 포기'가 곧 '북미 관계 정상화'며, 이를 통해 '조선 반도의 비핵화'가 가능하다는 북한의 '양자 대화'론과 대량살상무기의 '비확산'이라는 미국 사이에서 우리의 외교 안보 정책이 어떻게 작동했는지를 정리했다. 특히 '창조적 모호성'이라는 표현으로 북핵 협상의 유연성을 강조한 대목이 인상적이다. 롤러코스터는 오늘도 간담을 서늘케 하며 급전직하 중이다.

치노이의 말. "한반도가 둘로 갈라졌을 때 또는 한국전쟁이 발발했을 때는 어린아이였거나 아예 태어나지도 않은 정치 지도자들은 21세기에 들어서도 여전히 그 후과들과 사투를 벌이고 있다." 그는 '김계관 부상을 비롯한 북한 고위 관계자들에게 한국어판을 돌릴 생각'이라며 번역자들에게 책 몇 권을 부탁했다. 역사적 교훈 없는 미래는 없다.

서구가 포장한
인권이 정답일까

『왜 인도주의는 전쟁으로 치닫는가 : 그들이 세계를 돕는 이유』

카너 폴리 지음 | 노시내 옮김 | 마티 펴냄

갓 태어난 아기를 위해 털모자를 짜거나 식빵 모양의 저금통에 동전을 채워 보내는 많은 사람들이 여전히 '굶어 죽는 아이'에 관한 문제와 '총칼을 든 반란군'에 관한 문제가 서로 동전의 양면처럼 붙어 있다는 생각을 하지 못한다. 하지만 사실 이 두 이미지는 같은 장소, 같은 상황에서 벌어지는 똑같은 문제다.

끊이지 않는 민족 분쟁이나 평화적 정권 이양이 전혀 이루어지지 않는 이 많은 가난한 나라를 위해 유엔, 북대서양조약기구, 유럽연합을 비롯한 세계의 인도주의 기구들은 보다 '직접적이고 명쾌한 해답'을 주고 싶어 했고, 그리하여 일찌감치 구호품보다는 '군대'를 파견하는 일에 관심을 곤두세우기 시작했다. 전통적으로 정치에 중립적이었던 인도주의가 정치적 색깔을 띠기 시작한 것이다. 모든 인간이 향유해야 한다고 믿는 인권과 내정간섭의 소지가 있는 국제사회의 개입이 교묘히 결합한 것이다.

인도주의 활동가인 카너 폴리는 국제사면위원회와 유엔난민기구(UNHCR) 등 각종 인권 단체와 인도주의 기구에서 근무하면서 세계 여러 분쟁 지역과 재해 지역에서 활동했다. 그 경험을 바탕으로 분쟁 지역에 대한 인도주의적 무력 개입과 정치적 목적을 둘러싼 논란의 배경, 그리고 구호 활동가들이 겪는 아이러니한 현실과 그 이면에 존재하는 문제의 핵심을 드러낸다.

인도주의 활동가인 저자 카너 폴리가 1999년 코소보에서 유엔난민기구 직원으로 소수민족인 세르비아계와 로마족 난민을 돕고 있을 때의 일이다.

유니세프 소속 변호사가 코소보 사회복지사들을 대상으로 아동의 권리를 설명하는 시간이었다. 문화적 배경이 다를 텐데도 참가자들은 열심히 노트 필기만 했다. 세미나가 끝난 뒤에 사무실로 돌아가면서 코소보 동료에게 생각을 물었다. 동료는 "옛 유고슬라비아 시절에 누구든 전문직에 임명되려면 먼저 마르크스-레닌주의 시험을 통과해야 했다. 다들 그게 말도 안 되는 일인 줄 알면서도 무조건 외워서 시험관이 듣고 싶어 하는 내용을 읊어 준 다음 일자리를 잡고 나서 다 잊었다. 그때는 공산주의자들이 지배했고 지금은 당신들이 지배한다는 점만 다를 뿐 상황은 마찬가지다"라고 대답했다.

인도주의라는 이름의 기구는 이미 정부보다 강력하다. 1999년 '국경없는의사회'가 노벨 평화상을 받았다. 이에 대해 커스틴 셀라스는 날카로운 비평을 가했다. "'백인의 의무'를 이행하려는 충동을 안고 랜드 쿠르저와 위성전화와 신판 자유주의·제국주의적 신념으로 중무장한 일군의 NGO(비정부 기구)가 모가디슈, 고마, 사라예보로 행진했다. 현지 정부는 뒤로 물러나고 이들 지역은 순식간에 인도주의 군단의 통제를 받는 사실상의 점령지로 변했다." 물론 약간은 부당하다.

정치적 인도주의가 있다. 특정 정치적 입장을 옹호하는 개입론자 축에 드는 인권 단체가 있고, 특정 범주의 사람들을 한시적으로 돕는 일에 스스로를 의식적으로 한정시키는 인도주의 NGO가 있다. 두 가지 유형의 운동이 서로 가까워지면서 정치적 인도주의라는 관념이 탄생했다. 사실 정치적 인도주의는 용어부터가 모순이다. 정치적 문제는 거론하지 않는 것이 인도주의의 특징이었기 때문이다. 1990년대에 들어 영국과 미국을 중심으로 일부 인도주의 기구들이 중대한 인도적 위기 상황에 대해 국제사회의 군사 개입을 주장하기 시작했다. 보편적 인권을 근거로 특정 상황에서 현지에 개입해 주민을 보호하고 기초적인 윤리 기준을 유지할 국제사회의 '권리'와 '의무'까지 주장했다. 반대편에서는 "인도주의 단체는 서로 연대를 강화해 구호 활동에서 정치적·군사적 논리가 강제로 우선될 경우 이에 공동으로 저항할 수 있어야 한다"고 주장했다.

그러나 인도주의 단체들은 지당한 충고를 무시하고 현장 활동을 통해 서구의 개입 논리에 점점 더 적극적으로 협력해 나갔다. 많은 논평가는 이러한 인도적 개입 논쟁이 19세기 말 '아프리카 쟁탈전'이 벌어지던 시질의 논쟁과 눈에 띄게 닮았다고 주장한다. 선교사, 교사, 의사들은 전 세계로 유럽 병사들을 따라다니며 자기들이 '미개한 인종'에게 '문명의 혜택'을 전파한다고 믿은 것이다. 이러한 새 인도주의는 수십억 달러 규모의 산업으로 성장했고, 국제관계와 유럽 및 북미의 국내 정치에 중대한 영향을 미치게 됐다. 이 덕분에 인도주의는 각종 분쟁 지역에서 공격 대상으로 전락했다.

정치적 인도주의에 대한 공과는 엇갈리고, 성공 사례도 있고 실패 사례도 있다. 저자의 분석에 따르면 성패를 가른 핵심 요인은 '보호 책임' 같은 대단한 원리 원칙보다 수임 사항, 파견 목적, 인적·물적 자원 같은 좀 더 구체적인 요소들이었다. 또 현지에서 개입 세력을 중립적이라고 인지하면 대개는 긍정적인 요소로 작용했다.

저자는 인권에 근거한 개입에 관해 이제까지와는 다른 담론을 형성할 필요가 있다고 주장한다. 개입의 한계는 겸손하게 인정하되 완수해야 할 임무를 더욱 대담하게 수긍하라는 것이다. 그러기 위해선 서구 자유주의가 고안하고 정제해 수출용으로 포장한 인권 개념만이 유일한 인권 개념은 아니라는 점부터 먼저 인정하고 이를 출발선으로 삼자는 것이다.

저자에게 인도주의는 해답이 아니라 '문제'의 일부였던 것이다. 얼마 전에 우리는 국제 평화유지 활동의 군사적 개입을 상설화하는 법을 만들었다.

석학이 바라본
한반도 통일 전망은

『스칼라피노 교수의 신동방견문록』

로버트 A. 스칼라피노 지음 | 최규선 옮김 | 중앙북스 펴냄

로버트 A. 스칼라피노는 1959년 미 상원에 제출한 『콘론 보고서』에서 남한에 군사쿠데타가 발생할 것이라고 정확히 예측했다. 1980년대에는 한국의 군사정권에 평화적인 정권 교체를 권고했고, 1990년대에는 한국 정부에 러시아, 중국 등에 대한 새로운 북방 정책을 채택할 것을 조언했다. 이 조언은 미국과 한국 정부의 정책 결정에 깊은 영향을 끼쳤다. 한반도를 객관적으로 분석하고 앞으로의 상황을 예측하는 그의 통찰 덕분에 정·재·학계에서 그는 정세 '예언가'로 통한다.

그런 그가 자신의 90년 인생을 통해 우리나라를 비롯한 아시아 각국의 과거와 미래를 살필 수 있는 회고록을 펴냈다. 저자는 아시아의 과거를 독자들에게 다시 한 번 상기시킨다. 그리고 안타깝고 힘든 역사를 반복하지 않고 앞으로 나아가기 위해서는 시대의 흐름을 읽고 대비하는 자세를 가져야 함을 강조한다.

이 책이 한국어판으로 번역되면서 원문에는 없는 '스칼라피노 교수의 동북아 미래 전망 10제'가 첨가되었다. 동북아에 대한 그의 생각을 쉽게 알아볼 수 있다는 점에서 의미가 있다.

학자의 길을 걷기로 마음먹은 로버트 스칼라피노 교수의 첫 관심사는 오로지 유럽이었다.

하버드대학교에서 '국제연맹이 실패한 이유'를 주제로 석사 논문을 쓸 예정이었다. 그런데 아무도 예상할 수 없었던 진주만 피습이 일어났다.

일본어를 공부해 어학 장교로 군에 입대하게 됐다. 진주만에서 근무하게 된 어학 장교에게 떨어진 첫 임무는 일본군 통신문을 해독하는 일. 미군의 일본 진주와 함께 교수의 동아시아와의 인연은 시작됐다.

전쟁의 경험은 학문적 인생을 바꿔 놓았다. 미국의 아시아에 대한 정책과 정치, 국제관계를 전공하겠다고 결심한 것이다. 1946년 가을 학기에 복학한 그는 자연스레 일본 정치 분야부터 공부하기 시작했다. 논문 주제는 '전쟁 전 일본의 민주화 실패'. 당시 정치학과 교수들 가운데에는 일본 정치에 정통한 사람이 없었기 때문에 동양어문학과 에드윈 라이샤워 교수에게 논문 지도와 심사를 맡아 달라고 요청했다. 일본의 전근대와 근대에 관해 폭넓은 견문을 쌓은 라이샤워는 훌륭한 지도교수가 돼 주었다. 그러나 애초 하버드대학교에 복학하면서 한 나라에 집중하기보다는 동아시아 전체를 아우르기로 결심했기 때문에 논문 작성과 동시에 중국어 속성 강좌에 등록했다.

한국과의 인연은 어떻게 시작됐을까. 한국전쟁 발발 당시 스칼라피노 교수는 일본에서 강의를 하고 있었다. 전후 상황을 지켜보면서 한국이라는 나라에 관심을 두게 됐다. 그러나 정작 한국 땅을 밟은 것은 1957년이 돼서였다.

1972년께 버클리대학교 캠퍼스 내 좌익 운동은 급격히 잦아들었다. 이 시기에 교수는 북한을 주제로 한국인 제자 이정식과 『한국 공산주의 운동사』를 공동 집필했다. 이 책은 정부 및 국제관계와 관련한 1973년 출판 저작물 가운데 최우수 작품에 주어지는 우드로월슨재단상을 받는 영광을 안겼다. 미국 내 한국학 1세대라고 평가할 수 있는 스칼라피노 교수는 역사적으로 볼 때 한국이 독립을 유지하기 위해 세 가지 조치를 취해 온 것으로 구분한다. 첫 번째는 외부로부터 자신을 고립시키기다. 두 번째는 이웃 국가와의 우호적이고 동등한 관계를 유지하는 방식이다. 세 번째는 지리적으로 멀리 떨어졌으면서 위협적이지 않은 강대국과 동맹 관계를 유지하는 것이다. 과거의 한국은 주로 고립을 선호해 왔다. 이 첫 번째 조치는 현재의 북한이 사용하는 대응이다. 그러나 글로벌 시대에 더 이상 외부 세계와 차단돼 살아간다는 것은 불가능하다. 그래서 김대중, 노무현 두 대통령은 두 번째와 세 번째 방안을 혼합해 어느 정도 성과를 거두기도 했다고 평가하고 있다.

2009년 4월 90세 생일을 맞이한 교수가 회고록을 완성했다. 석학이 바라본 한반도 통일에 대한 전망은? 어둡다. "북한의 붕괴나 전쟁이 발발하지 않는 한 한반도 통일은 당분간 불가능해 보인다. 나아가 군의 지배를 받아 온 북한 주민에게 남북통일은 심각한 정치적 혼란을 가져올 수 있다. 따라서 통일이 이루어지려면 반드시 북한 내부에서 대대적인 정치·경제 변화가 선행돼야 한다"고 분석한다. 이런 어려움을 딛고 한반도가 통일에 성공한다면 한반도의 위상은? 크지는 않다. "한국은 지정학적으로 분명 세계에서 중요한 지역에 위치한 나라 중 하나로 상당한 의의를 가지고 있다. 하지만 나라 규모와 자원의 부족으로 남북통일을 이루더라도 한국은 세계열강으로 등극할 가능성은 희박하다."

덕담이 아니어서 차라리 편하다. 1980년대 후반에야 『한국 공산주의 운동사』가 번역 출간됐다. 냉전의 시절, 충격은 얼얼했다. 책을 통해 알게 된 북한에 대한 이해만으로도 불온하던 시절이었다. 역사는 변한 게 없다. 한반도의 통일과 이데올로기의 시계는 1973년께로 되돌아갔다.

강대국 중국을 바라보는
'우리의 눈', '서구의 눈'

『중국의 내일을 묻다 : 중국 최고지성들과의 격정토론』

문정인 지음 | 삼성경제연구소 펴냄

저자 문정인은 연세대학교 정치외교학과 교수로 2009년 가을 학기에는 베이징 대학교 국제관계학원에서 초빙교수를 지냈다. 이 책은 저자가 베이징대학의 초빙교수로 머무는 동안 중국 외교 안보의 흐름을 주도해 왔고 또 앞으로 이끌어 갈 중국 국제정치학계의 주요 인사들과 나눈 진솔한 대담을 담고 있다.

21세기 중국은 매우 빠르게 변화하고 있다. 중국은 더 이상 과거 우리가 알던 교조적이고 닫힌 사회가 아니라 다원적이고 역동적인 사회로 나아가고 있다. 이는 정책 결정에 조언하고 참여하는 중국 학계의 브레인 역할이 지속적으로 증대되고 있음을 의미하며, 변화하는 중국의 모습을 중국의 시각, 곧 중국 학자들의 눈을 통해서 보다 심층적으로 바라볼 필요가 있음을 반증한다.

중국은 이제 무시하거나 외면할 수 있는 상대가 아니다. 우리의 평화와 생존, 그리고 번영에 사활적 변수로 얽혀 있기 때문이다. 보다 냉정하고 긴 안목에서 중국을 알고 이해하며 선린 관계를 쌓아갈 지혜가 어느 때보다 절실한 지금, 이 책은 그런 지혜를 제공한다.

『중국이 세계를 지배하면 : 패권국가 중국은 천하를 어떻게 바꿀 것인가』

마틴 자크 지음 | 안세민 옮김 | 부키 펴냄

떠오르는 중국이라는 하나의 축은, 더 이상 미국과 동등한 위치에서만 논할 수는 없다. 주로 경제적인 측면에서 미국을 역전할 것이라 생각되는 중국은 문화, 정치 등 모든 면에서 다른 국가들을 압도하게 될지도 모른다.

그렇게 되면 과연 어떠한 일이 일어날 것인가? 더 이상 미국으로 대표되어 우월한 지위를 누려 왔던 서구의 지위는 격하될 것이다. 서구의 민주주의와는 확연히 다름에도 불구하고 높은 지지와 안정을 가져오고 있는 공산당, 중화사상과 조공으로 대표되는 중국 중심의 세계관과 국제 질서, 경제 헤게모니의 이동 등은 세상의 질서 자체를 바꿔버릴 수도 있을 것이다.

저자인 마틴 자크는 런던 정치경제대학교 부설 국제관계 및 외교전략연구소 아시아경제연구센터의 초빙 연구위원으로 이 책에서 중국이 세계의 중심으로 대두될 가능성을 다각도로 다룸으로써 서방세계의 몰락과 중국 세계의 부상으로 그려질 수 있는 미래를 담아낸다.

"코끼리가 사랑을 해도 잔디밭은 망가지고, 코끼리가 싸움을 해도 잔디밭은 망가진다."(스리랑카 속담) "도랑에 든 소가 되어 휘파람을 불며 양쪽의 풀을 뜯어먹을 것인지, 열강의 쇠창살에 갇혀 그들의 먹이로 전락할 것인지 그것은 전적으로 우리에게 달렸다."(김대중 전 대통령)

한반도의 지정학적·지경학적 운명이다. 2009년 한중 교역액은 1,410억 달러, 우리나라 전체 교역액의 20.5퍼센트를 차지한다. 이는 미국(9.7퍼센트)과 일본(10.4퍼센트)을 합친 것보다 많다. 중국은 이미 경제규모에서 일본을 제치고 세계 2위로 올라섰다. 세계는 바야흐로 G2의 시대다.

두 권의 책이 있다. 우리 시대 외교·안보의 석학 문정인 교수는 '우리의 눈'으로 중국의 내일을 물었다. 영국 런던 정치경제대학교 마틴 자크 연구위원은 현재 지배적인 '서구의 눈'으로 중국을 탐색했다.

『중국의 내일을 묻다』는 직설적이다. 현존 중국 지성들과의 무삭제 인터뷰다. 진창룽 교수는 중국의 특징을 '이중 정체성'으로 규정한다. 하나는 선진국과 개도국의 이중성, '도시의 유럽화, 농촌의 아프리카화'다.

또 하나는 '취약한 강대국'(fragile big power) 이론이다. 중국은 강대국 중에서 유일하게 통일 문제를 해결하지 못한 분단국가이며, 빈부 격차, 민족문제, 부패, 도덕적 해이 등의 문제를 안고 있다고 고백한다.

토론에 응한 대부분의 학자들은 중국이 미국과 G2로 규정되는 데 대해 여전히 겸손하다. '베이징컨센서스'에 대해서도 마찬가지 맥락이다. 그럼에도 중국의 현재와 미래를 둘러싼 내부의 논의는 백가쟁명이다.

한반도와 한국 정치를 바라보는 따가운 시선도 있다. "한반도는 두 가지 병이 있다. 북한에는 과도한 안보 불안증, 남한에는 냉전 의식 신드롬"(위메이화) "미국과 군사동맹을 맺고 있으면 됐지, 왜 거기에 가치 동맹까지 가미하는 것인가? 가치 동맹의 표적은 중국과 북한 아닌가?"(자청궈) "한국 정치는 기복이 너무 심하다. 한국인의 정서도 마찬가지다. 솔직히 우리도 미숙하지만 한국도 아직 미숙한 점이 있다고 생각된다."(왕지쓰)

중국을 대국으로, 한국을 소국으로 규정하는 몇몇의 솔직함이 솔직히 불편하다. 얼마 전 만난 우 지에 『환구시보』 부총편집국장이 문 교수의 책을 추천하기에 적이 놀랐다.

『중국이 세계를 지배하면』 어떻게 될까. 서구의 반응은 크게 두 가지다. 첫째는 경제적인 관점에서만 중국을 바라보는 것이고, 둘째는 중국의 부상을 회의적으로 여기면서 이것이 실패로 끝나기를 은근히 바라는 것이다.

저자는 서구의 눈으로, 서구 중심의 시각을 벗어나야 한다고 제안한다. 서구의 헤게모니는 자연스러운 것도 아니고 영원한 것도 아니기 때문에 언젠가는 종식될 수밖에 없다는 것. 그렇다면 중국의 영향력을 바로 보자는 것이다.

그래서 중국의 역사와 문명을 좇는다. 전통적 의미에서 국민국가가 아니라 문명국가인 중국, 특유의 인종관과 민족관을 가진 중국, 베스트팔렌 체제가 아니라 조공관계의 관점에서 주변국들을 바라보는 중국, 대륙 규모의 영토를 통치하며 1949년 이래 공산주의 체제를 견지해 온 중국을 종횡으로 누빈다.

키쇼어 마부바니 싱가포르대학교 리콴유공공정책대학원장이 추천했다. "이 책은 중국의 부상뿐 아니라 중국의 부상이 새로운 국제 질서와 사람들의 생활 방식에 끼칠 영향에 대해서도 답을 준다. 깊은 사유를 보여 주는 저자에게서 미래를 꿰뚫는 혜안을 얻을 수 있다." 한반도의 운명을 적절히도 표현했기에 필자가 수년째 사용 중인 스리랑카 속담을 한국 사회에 맨 처음 소개한 이가 마부바니 교수라서인지 특별한 느낌이다.